야고보서에 반하다

하나님 앞에서의 위대한 경건

다함
도서출판 은

1. 다윗과 아브라함의 자손
아브라함과 다윗의 자손으로, 하나님 구원의 언약 안에 있는 택함 받은 하나님 나라 백성을 뜻합니다.

2. 마음과 뜻과 힘을 다하여 하나님을 사랑하라
구약의 언약 백성 이스라엘에게 주신 명령(신 6:5)을 인용하여 예수님이 가르쳐 주신 새 계명
(마 22:37, 막 12:30, 눅 10:27)대로 마음과 뜻과 힘을 다해 하나님을 사랑하겠노라는 결단과 고백입니다.

사명선언문
1. 성경을 영원불변하고 정확무오한 하나님의 말씀으로 믿으며, 모든 것의 기준이 되는 유일한 진리로 인정하겠습니다.
2. 수천 년 주님의 교회의 역사 가운데 찬란하게 드러난 하나님의 한결같은 다스림과 빛나는 영광을 드러내겠습니다.
3. 교회에 유익이 되고 성도에 덕을 끼치기 위해, 거룩한 진리를 사랑과 겸손에 담아 말하겠습니다.
4. 하나님 앞에서 부끄럽지 않도록 항상 정직하고 성실하겠습니다.

야고보서에 반하다
하나님 앞에서의 위대한 경건

초판 1쇄 인쇄 2025년 01월 21일
초판 1쇄 발행 2025년 02월 05일

지은이 | 한병수

교　정 | 김석현
펴낸이 | 이웅석
펴낸곳 | 도서출판 다함
등　록 | 제402-2018-000005호
주　소 | 경기도 군포시 산본로 323번길 20-33, 701-3호(산본동, 대원프라자빌딩)
전　화 | 031-391-2137
팩　스 | 050-7593-3175
블로그 | https://blog.naver.com/dahambooks
이메일 | dahambooks@gmail.com

ISBN　979-11-989435-4-5 (04230) | 979-11-90584-17-3 (세트)

Fall in love with JAMES

야고보서에 반하다
JAMES

한병수 지음

하나님 앞에서의 위대한 경건

J

다함
도서출판

목차

추천사

한병수 교수님의 〈반하다 시리즈〉가 계속해서 출간되고 있어서 목회자로서 너무나도 기쁩니다. 이미 〈반하다 시리즈〉를 보신 독자들은 이번 야고보서도 많은 기대를 가지고 있으리라고 생각합니다. 이 책은 그 기대에 걸맞는 책입니다. 각 절마다 필요한 헬라어 원문을 분석하여 텍스트 자체의 의미를 정확하게 드러내는 동시에 교부들의 해석과 통찰을 참고함으로 의미의 풍성함을 전해주고 있습니다.

저자는 바울 서신과 야고보 서신의 긴장감을 이야기하며 이들은 동일한 경건을 가르치되 강조점의 차이를 보인다고 말합니다. 야고보는 경건의 더욱 실질적인 측면, 즉 세상에서 고난을 당하며 살아가는 신자에게 참 경건에 이르는 구체적인 지침들을 논하고 있다고 말합니다. 특별히 야고보는 예수님의 산상수훈 말씀과 구약의 잠언 전반부를 경건의 기초로 삼아 자신의 시대에 꼭 필요한 실천적인 지침들을 제공하는 서신을 적고 있다고 말합니다. 그래서 저자는 야고보서를 읽으면 경건의 길이 보인다고 말하고 있습니다.

이 책은 야고보서를 자세하게 공부하길 원하는 성도들, 특별히 야고보서를 한 절씩 자세하게 강해하길 원하는 목회자에게 탁월한 안내서가 될 것입니다.

김관성 목사 (낮은담교회 담임, 『낮은 데로 가라』 저자)

기다렸던 책이고 읽고 싶은 책입니다. 이 책을 읽는데 무언가 내 머리를 쾅 치고 지나가는 것 같았습니다. 나는 어떤 대목에선 행복했고 어떤 대목에선 부끄러움을 느꼈습니다. 부끄러움이 뭔지 어렴풋이 짐작하고 있었는데 저자의 시선으로 보니 선명합니다. 머물 것인지 성장할 것인지 선택해야 한다는 게 느껴집니다.

야고보서는 참으로 아름다운 서신인데 저자는 야고보서의 아름다움을 조탁하듯 보여줍니다. 한 단어 한 문장 어느 하나 소홀히 지나치는 법이 없습니다. 꼼꼼하고 세심하게 마치 시를 쓰듯 보여주고 소설 쓰듯 묘사합니다. 그래서일까, 저자가 풀어내는 시선을 따라 천천히 야고보서를 다시 읽으며 난 말씀에 푹 빠졌습니다.

그 느낌이 꼭 세속의 먼지를 떨어내는 것 같습니다. 바쁘게 살다 모처럼 교회에 와서 예배할 때 마음이 새로워지고 정결해지면서 경건함이 마음속에 자리를 잡는 느낌을 받습니다. 난 이 책을 읽으며 그런 느낌을 받았습니다. 그게 꼭 햇살 속에서 춤을 추는 것 같습니다. 이 책은 참된 경건이 뭔지 세심하게 느끼게 합니다.

누구나 이 책을 완독하면 깨달을 것입니다. 산이 깊을수록 메아리는 깊고 크다는 것을요. 산이 깊은 건 저자가 고민했기 때문입니다. 저자가 고민한 덕분에 우리는 지금껏 보지 못한 말씀의 풍성함을 맛봅니다. 저자는 부드러우나 예리한 도끼 같은 문장으로 얼어붙은 감성을 깨트려서 하나님의 사람으로 살도록 격려합니다.

저자는 신학자의 눈과 시인의 눈으로 야고보서를 읽습니다. 이 시대를 살아가는 우리에게 필요한 메시지가 가득합니다. 이 책을 읽지 않았다면 결코 느끼지 못했을 신앙의 지혜가 빼곡합니다. 성장 사회가 끝나 혼자만의 삶을 살아가기에 우리에겐 야고보서의 지혜가 필요합니다. 이 책을 모두에게 기쁘게 추천합니다.

이정일 목사 (문학연구공간 상상 대표, 『소설 읽는 그리스도인』 저자)

서문

야고보서에 반하며

가장 위대한 최고의 피조물인 동시에 가장 심각한 최악의 피조물로 무한한 변화의 가능성을 가진 동시에 지극히 모순적인 인간에 대하여, 칼뱅은 인간이 타락하기 전에는 "위대한 고귀성"을 가졌으나 타락한 이후에는 "우상의 공작소"로 전락한 희대의 비극을 언급하며 이제 인간에게 참된 경건은 자신을 철저히 부인하고 하나님의 형상을 온전히 회복하는 것이라고 말합니다. 이러한 칼뱅의 이해는 주로 바울의 글에 근거한 것입니다. 그러나 야고보도 바울처럼 온전함을 강조하되 경건의 더 실질적인 측면, 즉 세상에서 고난을 당하며 살아가는 하나님의 모든 성도에게 하나님 앞에서의 참 경건에 이르는 구체적인 지침들을 논합니다. 바울은 "경건의 비밀"이 크다는 사실(딤전 3:16)과 경건이 "범사에 유익"하고 "금생과 내생에 약속이 있"다는 놀라운 기능에 대해 논했지만(딤전 4:8) 야고보는 위대한 경건의 실천적인 정의를 내립니다(약 1:26-27). 야고보와 바울은 동일한 경건을 가르치되 강조점의 차이를 보입니다.

우주의 그 어느 것보다 더 심각한 부패와 거짓으로 가득 찬 인간의 본성에 하나님의 형상이 온전히 회복되는 온전한 경건은 결코 쉬운 일이 아닙니다. 죄가 하나님과 인간 사이에 돌아올 수 없는 강처럼 막대한 간극을 만들어서, 참된 경건은 온 우주의 만물을 동원하고 인류의 역사 전체를 연습 기간으로 삼아도 이루어질 수 없는 거룩한 그림의 떡처럼 보입니다. 이에 야고보는 예수님의 산상수훈 말씀과 구약의 잠언 전반부를 경건의 기초로 삼아 자신의 시대에 꼭 필요한 실천적인 지침들을 제공하는 서신을 썼습니다. 이 서신을 읽으면 경건의 길이 보입니다. 그 길을 탐색하다 보면 경건이 뜬구름 잡기가 아니라 냉혹한 현실의 피 묻은 고난 속에서 서서히 한 뼘씩 자란다는 진실을 배웁니다.

경건은 마치 머리끝에서 발끝까지 하나님의 법에 순응하는 춤과 같아서, 내면과 외면, 언어와 행동, 개인과 사회의 모든 영역에서 조화로운 선율을 이루고 있습니다. 온전한 영혼과 마음과 몸으로 구성된 경건은 한없이 깊고 넓은 강물처럼 우리의 삶을 감싸 안으며, 모든 순간을 신성한 향기로 가득 채웁니다. 1장은 온 세상에 흩어진 하나님의 사람들이 이루어야 할 경건을 개관하되 경건의 교실은 시험과 고난이고 경건을 빚어내는 도구는 인내와 지혜이며 경건의 결과는 사랑과 거룩임을 논합니다. 2장은 고아와 과부를 비롯한 모든 연약한 사람들을 차별하지 않는 사랑을 먼저 다룹니다. 3장은 저주가 아니라 찬양과 감사가 가득한 혀의 거룩함을 말하고 땅의 지혜와 하늘의 지혜를 비교하며 논합니다. 4장과 5장 앞부분은 하늘의 지혜를 따라 인간의 내면적인 거룩, 하나님과 이웃에 대한 관계 속에서의 거룩함 추구, 인간과 물질의 관계에 대한 거룩을 세세하게 다룹니다. 그리고 5장 뒷부분은 욥과 엘리야를 언급하며 원숙한 인내와 의로운 기도를 통해 경건의 열매가 맺어질 때까지 포기하지 말라고 권합니다.

야고보가 이러한 포괄적인 경건을 이 서신에 담을 수밖에 없는 이유는 이 글이 특정한 개인이나 특정한 공동체에 제한되지 않고 온 세상에 흩어진 열두 지파 모두를 위한 공적인 편지라는 사실과 무관하지 않습니다. 가장 어려운 시대에 가장 냉혹한 세상 속에서 살아가는 하나님의 모든 사람이 다양한 이유로 아프고 괴롭고 억울하고 힘들지만 모두에게 적용되는 경건의 보편적인 비법들을 전수하는 신약의 현자 야고보는 주님의 형제로서 하나님의 모든 지혜와 지식을 십자가에 담으신 예수님을 많이 닮아있습니다.

특별히 저는 야고보와 바울의 사상적 조화와 일치에 큰 관심을 기울이며 이 책을 썼습니다. 바울을 믿음만 편들고 행위는 무시하는 사도로 오해하고 야고보를 믿음은 무시하고 행위만 두둔하는 사도로 오해하는 사람이 있다면, 이 책에서 그 오해의 대부분이 풀어질 것입니다. 제가 이해한 두 사도는 서로 충돌되는 신학적 논적이 아니라 서로를 윤택하게 하는 보완적인 관계이며 어느 한 사도가 없으면 다른 사도가 균형 있게 읽어지지 않을 정도로 상호 의존적인 관계라는 것입니다. 신약에서 바울이나 야고보 중 하나라도 없었다면 기독교의 절반이 날아갔을 것입니다. 두 사도를 면밀히 읽어보면, 사랑이 말과 혀로만 되는 게 아니라 진실함과 행함으로 되듯이 믿음도 입의 고백과 몸의 행함으로 이루어져 있다는 사실은 야고보와 바울이 동의하는 바입니다. 사랑으로 역사하는 바울의 믿음과 행함이 없이는 죽었다는 야고보의 믿음은 다르지 않습니다. 존 바클레이(John M. G. Barclay) 또한 갈라디아서 해석에서 바울에게 "실천은 그리스도 믿는 믿음의 표현" 혹은 "실천은 믿음의 표현에 필수적"인 것(바울과 선물, 736, 743)이라고 말합니다.

이 책은 저만의 고유한 창작이 아닙니다. 야고보의 서신을 번역할 때에는 라틴 불가타, 루터의 독일어 역, 칼뱅의 라틴어 역 그리고 다양한 국역을 참조하며 했습니다. 해석의 내용에 있어서는 여러 교부들, 종교개혁 인물들, 정통주의 인물들 그리고 현대의 경건한 학자들의 문헌들을 참조하며 썼습니다.[1] 문장이나 생각을 인용할 때에는 각주 처리 없이 저자의 이름만 거명했고 인용의 원자료는 그 저자의 주석서 내에 해당 구절을 찾아가면 확인하실 수 있습니다.

경건한 선배들이 남긴 야고보서 해석들이 없었다면 집필할 엄두도 내지 못했을 것입니다. 특별히 다양한 시대의 해석들을 살피면서 해석의 시대적 한계를 극복하며 제가 발견한 것은 야고보의 서신이 1세기에 흩어진 열두 지파뿐만 아니라 다른 모든 시대에도 필요하고 적용되는 경건의 보편적인 지침들을 제공하고 있다는 것입니다. 이는 문화적 색채가 다소 약한 이 서신만의 고유한 특징이 아닐 것입니다. 다른 모든 성경을 해석할 때에도 그 의미를 저술이나 편집의 시점에 가두는 것은 말씀의 항구적인 수명을 경

---

1 이 강해서는 야고보서 해석과 관련된 다양한 책들을 참조했다. 제럴드 브레이 엮음. 『교부들의 성경주해: 신약성경 XIII, 야고보서, 베드로 1, 2서, 요한 1, 2, 3서, 유다서』 (서울: 분도출판사, 2015); 랄프 P. 마틴, 『WBC 성경주석: 야고보서』 (서울: 솔로몬, 2001); 채영삼, 『공동서신의 신학: ‘세상 속의 교회,’ 그 위기와 해법』 (서울: 이레서원, 2017); Jerome, *De viris illustribus*, PL 23; John Calvin, *Commentarius in Iacobi apostoli epistolam*, CO 45; Thomas Manton, *A Practical Commentary, or an Exposition with Notes on the Epistle of James* (London: John Macock, 1653); John Mayer, *Ecclesiastica interpretatio: or The expositions upon the difficult and doubtful passages of the seuen Epistles called catholike, and the Reuelation* (London: Haviland, 1627); David Gibson, *Radically Whole: Gospel Healing for the Divided Heart* (Nottingham: IVP, 2022); Thomas Goodwin, *The Works of Thomas Goodwin*, vol.2. (Edinburgh: James Nichol, 1861); David Dickson, *An Expositon of All St. Paul's Epistles* (London: Eglesfield, 1659); John Calvin, *Commentarius in Iacobi Apostoli epistolam*, CO 45; Richard Turnbull, *An Exposition upon the Canonical Epistle of Saint James* (London, Iohn Windet, 1592); William Est, *The right rule of a religious life* (London: Nicholas Okes, 1616); Theophylactus, *Expositio in epistolam catholicam S. jacobi*, PG 125; John Gill, *The Exposition of the Bible* (https://www.christianity.com/bible/commentary/john-gill/james); Matthew Henry, *Complete Bible Commentary* (https://www.christianity.com/bible/commentary/matthew-henry-complete/james); Ulrich Zwingli, *Brevis et luculenta in epistolam beati Iacobi expositio* (Tiguri: ex Officina Froschoviana, 1533); Niels Hemmingsen, *A learned and fruitefull Commentarie vpon the Epistle of James the Apostle* (London: Thomas Woodcocke and Gregorie Seton, 1577); Johannes Piscator, *Analysis Logica Septem Epistolarum Apostolicarum, Quae Catholicae Appellari Solent: videlicet Jacobi I. Petri II. Johannis III. Judae I* (Herborn: Christoph Rab, 1593); Theodore Beza, *Novum Testamentum* (Genava, 1598).

시하는 일입니다. 서신의 1차 독자와 2차 독자를 과도하게 구분하여 의미는 전자에게 할당하고 적용은 후자에게 할당하는 것도 인간적인 저자성에 지나친 의미를 부여하는 것으로, 이는 모든 사람이 구원에 이르기를 원하셔서 온 인류를 고려하신 하나님의 근원적인 저자성을 가볍게 여기는 것입니다.

1세기의 흩어진 열두 지파를 넘어 모든 시대의 모든 성도에게 현실적인 경건의 비밀을 가르치는 공동서신, 야고보의 편지가 있다면 제국의 군홧발이 식민지의 지친 등을 짓밟는 역대급 박해가 위협해도 지혜롭게 인내하며 온전한 경건의 계기로 삼을 수 있을 것 같습니다.

서론

야고보의 이 서신은 믿음의 보편적 수신자를 위해 쓰여진 공동서신(catholic epistles) 중에서도 가장 앞부분에 수록된 책입니다. 존 매이어(John Mayer, 1467-1550)는 이 책이 "모든 나라에 흩어진 모든 유대 사람 혹은 세상의 모든 나라에 있는 모든 그리스도인"을 위한다는 "보편성" 때문에 "보편적인 편지"라는 이름이 합당해 보인다고 말합니다. 그리고 이 서신이 순서에 있어서 베드로의 서신보다 앞선 자리를 차지하는 이유에 대해서는 야고보가 베드로에 비해 뛰어나기 때문이 아니라 다른 서신들이 이방인을 대상으로 쓰여진 것과는 달리 야고보의 서신은 "모든 나라에서 하나님의 첫 백성이고 복음이 최초로 선포된 모든 유대인"을 위해 쓰여진 것이기 때문이라고 말합니다(Mayer, 2). 비록 라틴 사람들이 베드로의 편지를 야고보의 편지 앞에 두었지만 라틴 불가타 성경(Latin Vulgata)을 번역하고 편집한 히에로니무스가 야고보의 편지를 맨 앞자리에 둔 이유도 동일한 것이라고 마이어는 말합니다. 그러나 성경적인 이유도 없지는 않습니다. 바울이 기둥처럼 여긴 사도들의 이름을 열거할 때의 순서도 "야고보와 게바와 요한"으로 이루어져 있습니다(갈 2:9). 그리고 로마서를 쓰면서 복음의 능력이 나타난 일이 "먼저는 유대인에게요 그리고 헬라인에게"(롬 1:16)라는 바울의 표현과도 무관하지 않습니다. 물론 바울이 공동서신 순서의 결정에 관여한 증거는 없습니다. 그러나 그 순서를 결정하는 사람들이 지극히 큰 계시를 받은 바울의 이 언급을 참조했을 가능성은 있습니다.

야고보서는 참으로 아름다운 서신인데 기독교 역사의 초기부터 정경성과 저자성에 대한 의구심에 줄곧 시달려 왔습니다. 이런 의문을 제기한 교부들 중에서 유세비우스(Eusebius of Caesarea, 260/265-339)는 기독교의 교리를 체계화한 "초기의 많은 인물들이 이 [서신]에 대해서나 유다서에 대해서 일곱의 공동서신 중의 하나라고 언급하지 않았다"는 이유를 댔습니다(Eusebius, xxxiii). 히에로니무스(Eusebius Sophronius Hieronymus, 342/347-420)는 야고보가 "하나의 서신만 썼는데 그것은 다른 사람에 의해 그의 이름으로 편집된 것이라고 주장되고 있다"고 했습니다(Jerome, ii). 그런데 맨톤(Thomas Manton, 1620-1677)이 지적한 것처럼 두 교부의 의문은 자신의 직접적인 근거가 아니라 타인의 간접적인 근거를 제시하는 방식을 취하고 있습니다. 하지만 두 교부는 의심의 고대적인 근거를 제시했을 뿐이고 이 서신의 정경성과 사도성에 대한 긍정의 근거들도 제시하며 "그들 자신은 이에 대하여 의심하지 않는다"고 매이어는 말합니다(Mayer, 3-4). 의심한 사람들이 있다는 이유로 야고보 서신의 정경성과 사도성을 의심할 필요는 없습니다. 맨톤은 의구심이 있다는 이유로 성경의 한 조각을 제거하면 "곧장 마귀가 목적을 달성할 것이라"는 끔찍한 결과를 말하면서 야고보의 서신을 향한 모든 의심의 화살들을 더 예리한 펜으로 막고자 했습니다(Manton, prolegomena).

야고보의 이 서신에 대한 초기 개신교의 부정적인 평가는 루터(Martin Luther, 1483-1546)와 야고보서 사이의 악연과 무관하지 않습니다. 모든 책을 평가하는 루터의 "참된 시금석"(der rechte Prüfstein)은 그리스도 예수를 증거하고 있느냐는 것입니다. 루터가 보기에는 바울이나 베드로가 기록한 책이라도 예수님을 가르치지 않는다면 사도적인 글이 아니며, 헤롯이나 빌라도가 썼더라도 예수님을 가르치고 있다면 사도적인 글입니다. 루터는 야고보서 안에 "많은 좋은 교훈들"이 있어서 사람들의 독서를 말리고 싶지는 않지만 그 서신을 성경의 진짜로 주요한 목록에는 넣고 싶지 않다는 자신의 속내를 밝힙니다. 그의 눈에 그리스도 예수를 가르치지 않는 듯한 야고보의 서신은 모든 성경이 자신을 가리켜 기록된 것이라는 예수님의 말씀에도 부합하지 않다고 말합니다. 그래서 루터는 이 서신이 "하나님의 율법을 강하게 주장하고" 복음은 말하지 않는다고 보았기 때문에 성경의 다른 책들에 비하면 "진짜 지푸라기 서신"(eine recht stroherne Epistel)일 뿐이라고 말합니다.[1]

　　루터의 이러한 평가는 그의 이신칭의 중심적인 그리스도 이해와 무관하지 않습니다. 사실 믿음으로 말미암아 의롭다 하심을 얻는다는 이신칭의 교리는 루터 시대의 신학적인 문제를 푸는 독보적인 열쇠였기 때문에 그 교리의 관점으로 야고보의 서신을 저울질한 루터의 평가는 우리가 역사적 한계라는 측면에서 얼마든지 납득할 수 있습니다. 그러나 야고보의 서신이 복음이신 예수님을 가르치지 않는 듯하다는 루터의 이해에는 약간의 반론이 필요해 보입니다. 물론 야고보의 이 서신에는 그리스도 예수님의 이름이 두 번만(약 1:1, 2:1) 거명되고 있어서 기독론에 무관심한 서신처럼 보일 수 있습니다. '예수님을 가르치는 책이라면 그의 이름으로 도배가 되어야지 고작 두 번의 언급이 뭐냐'고 비판할지도 모릅니다. 그러나 이름이 언급되지 않는다고 해서 그에 대한 가르침도 없다는 주장은 타당하지 않습니

1　Martin Luther, *Das Neue Testament Deutsch 1522*, Vorrede, WA DB 6, 10, 33-34.

다. 예수님은 크신 분입니다. 모든 이름 위에 뛰어나신 분입니다. 그의 이름이 거명되지 않더라도 이 세상의 모든 진실한 정의와 사랑과 선함과 정직함과 아름다움 같은 가치들은 모두 예수님을 가리키고 있습니다. 이는 예수님의 이름이나 삶에 대한 직접적인 언급이 없더라도 구약 전체가 그를 가리켜 기록된 책이라는 사실과 그 맥락이 같습니다. 이런 관점에서 보면, 고난과 인내와 온전함과 차별과 믿음과 언행의 문제를 다루는 야고보서 또한 그리스도 예수님을 가르치고 있습니다.

그러므로 예수님에 대한 가르침의 여부라는 루터의 기준으로 보더라도 야고보의 서신이 성경에 포함되는 것은 당연한 일입니다. 루터는 비록 1522년에 출간된 신약성서 주석의 초판 서문에서 야고보의 서신을 "지푸라기 서신"으로 여겼지만 1545년의 증보판 안에서는 그 표현이 빠집니다. 게다가 루터는 야고보를 사도라고 칭하고 그의 서신을 언급하며 행함이 있는 믿음과 인내의 중요성을 강조하는 설교도 했습니다. 이는 야고보서 자체의 정경성과 저자의 사도성에 대한 루터의 최종적인 긍정으로 이해해도 좋습니다. 역사적인 측면에서 보더라도, 맨톤이 잘 정리한 것처럼, 야고보의 이 서신이 성경에 포함되는 것은 기독교 초기의 여러 공적 회의들, 즉 라오디게아 공의회(Laodicea, 59장), 밀레비스 공의회(Milevis, 7장), 3차 카르타고 공의회(Carthage, 47장), 오렌지 공의회(Orange, 25장), 샬론 공의회(Chalon, 33장), 톨레도 공의회(Toledo, 3장) 등에서 승인된 일입니다.

칼뱅(John Calvin, 1509-1564)은 당대의 루터뿐 아니라 히에로니무스와 유세비우스의 글을 통해 고대 교회에도 야고보의 서신에 대한 부정적인 여론이 있었다는 것을 알면서도 이 서신의 정경적 권위를 거부하지 않는다고 말합니다. 나아가 이 서신이 값없는 칭의에 대한 바울의 가르침과 충돌되는 듯하지만 성경 내에서도 진리의 본질이 다르지 않으면서 표현의 방식과 강조점과 뉘앙스의 차이가 있을 수는 있기에 그런 종류의 다양성은 얼마든지 용인될 수 있다고 말합니다. 칼뱅이 제시하는 솔로몬과 다윗의 사례를 보십시오. 두 사람의 글은 많이 다릅니다. 솔로몬의 글은 "겉사람을 형성하고 시민적인 삶의 교훈"을 강조하고, 다윗의 글은 "하나님을 향한 영적 예배와 양심의 평안과 하나님의 자비와 값없는 구원의 약속"에 대해 줄기차게 말합니다. 성경은 다양한 관점에서 다양한 장르와 문체로 쓰여진 책들로 구성되어 있습니다. 바울과 야고보는 동일하신 예수님과 그의 몸인 교회에 대해서 말하지만 뉘앙스와 강조점이 다릅니다. 바울은 칭의 설명에 진심이고 야고보는 성화 설명에 진심을 보입니다. 바울은 의로움에 이르는 믿음을 강조하고 야고보는 경건에 이르는 믿음을 강조하고 있습니다.

야고보서의 내용에 대하여, 칼뱅은 이 서신에서 담긴 주된 교훈들이 "인내, 하나님을 향한 기도, 천상적인 진리의 탁월성과 열매, 겸손, 경건한 의무들, 혀의 제어, 평화의 배양, 욕정의 억제, 세상을 혐오함 등"이라고 말합니다. 맨톤은 다른 뉘앙스로 이 서신이 "고통을 인내하는 법, 말씀을 듣는 법, 악한 정서를 제거하는 법, 혀를 다스리는 법, 하나님의 본성에 대해 바르게 생각하는 법, 우리의 고백을 좋은 대화와 온유함과 평강과 사랑으로 윤택하게 만드는 법, 그리고 비참한 시대의 처신법에 대한 교훈들로 채워져 있다"고 말합니다.

이 서신의 다양한 교훈들을 주목하는 칼뱅이나 맨톤과는 달리, 채영삼은 이 서신의 신학적 중심을 주목하며 "진리의 말씀"과 "마음에 심긴 말씀"에서 잘 드러난 야고보서 신학은 "말씀의 신학"으로 표현되고 야고보의 신학과 윤리는 "마음에 심긴 도를 온유함으로 받으라"는 말씀에 압축되어 있다고 말합니다(채영삼, 69, 127). "마음에 심긴 말씀"은 새 언약의 성취로서 복음의 8단계(영원한 속죄, 마음에 심긴 말씀, 성령의 내주, 새 마음, 말씀에 순종하는 새 백성, 열방의 회복, 하나님의 이름과 영광, 새 하늘과 새 땅) 중에서 두 번째 단계에 해당하는 것이라고 말합니다. 깁슨(David Gibson)은 둘로 나누어진 마음의 치유를 위한 "사랑으로 처방된 온전함의 훈련"이 이 서신의 주제라고 말합니다(Gibson, 12-15). 베이커는 바울의 신학적 관점에서 이 서신을 해석하면 성령론의 부재, 기독론의 빈곤, 구원론의 혼돈, 이신칭의 교리의 실종 쪽으로 치우친 평가를 내리기 쉽다고 말합니다(Baker, 196-197).

이들의 설명에는 모두 일리가 있습니다. 그러나 이 서신을 있는 그대로 보면 외관상 하나의 핵심적인 주제를 일관성 있는 논리로 풀어가는 정교한 논문이 아니라 세상에 흩어져 있는 어떠한 믿음의 사람들도 편안한 호흡으로 읽고 이해하기 쉽도록 경건의 다양한 교훈들이 간명하게 기록된 책 같습니다. 하박국의 기록처럼 치명적인 시험에 빠져서 절망적인 위기의 상황이나 불안한 마음의 상태 속에 "달려가면서도 읽을 수 있게 하라"는 주님의 명령을 야고보가 의식한 것처럼 글이 쉽습니다. 그러나 실천은 만만치 않은 글입니다.

그리고 저는 하나님의 온전한 형상에 이르는 믿음의 실천과 더불어 성품과 삶에서 증명되는 실천적인 신앙의 온전함을 강조하는 신학적 윤리가 이 서신의 핵심적인 주제라는 결론을 내립니다. 그러나 저자의 의도를 독자의 인위적인 도식에 구겨 넣는 것은 일종의 폭력이기 때문에 저의 신학적인 틀을 고집하지 않고 야고보서 텍스트가 말하고자 하는 바를 그대로 존중하고 싶습니다. 해석의 모든 주도권을 독자가 아니라 저자 야고보와 궁극적인 저자이신 하나님께 넘기고 싶습니다. 이는 자신이 옳다고 여기는 바를 내려놓는 철저한 자기 부인 없이는 결코 이루어질 수 없는 소망일 것입니다.

1장.	경건의 교실과 본질

J

¹하나님과 주 예수 그리스도의 종 야고보는 흩어져 있는 열두 지파에게 문
안하노라

❖ ❖ ❖

¹하나님과 주 예수 그리스도의 종 야고보는 흩어짐 중에 있는 열두 지파에
게 문안을 드립니다

01   나는 누구인가?

> 1하나님과 주 예수 그리스도의 종 야고보는
> 흩어짐 중에 있는 열두 지파에게 문안을 드립니다

첫 절에는 편지의 발신자와 수신자가 모두 언급되어 있습니다. 그러나 발신자 야고보의 혈통적인 배경이나 사회적인 정체성에 대해서는 구체적인 설명이 없습니다. 성경에는 "야고보"라는 이름이 흔합니다. 세베대와 살로메의 아들이며 요한의 형제인 야고보(마 4:21, 10:2, 17:1,막 1:19, 3:17, 눅 5:10), 알패오의 아들 야고보(마 10:3, 막 3:18, 눅 6:15, 행 1:13), 유다의 아버지 야고보(눅 6:16), 마리아의 작은 아들 야고보(막 15:40), 주의 형제 야고보(갈 1:19) 등이 언급되어 있습니다. 요한의 형제이며 예수님의 제자들 중의 하나인 야고보는 헤롯 아그립바 1세에게 일찍이 순교를 당합니다(행 12:2). 대부분의 사람들은 편지의 수신자가 온 세상에 흩어진 열두 지파이기 때문에 지도자들 중에서도 큰 권위가 있고 교회의 중심적인 인물, 즉 바울이 만난 "주의 형제"이며 그가 베드로와 요한과 더불어 동일한 교회의 "기둥"

(갈 2:9)으로 여긴 야고보일 것이라고 말합니다.

"주의 형제"는 예루살렘 회의에서 의장인 것처럼 회의를 주관하고 결론을 공포한 야고보와 동일한 분이라는 주장에는 대체로 이의가 없습니다. 그러나 "주의 형제"에 대한 해석은 다음과 같이 갈립니다. 성경을 라틴어로 번역한 히에로니무스(Hieronymus, 347-420)는 알패오의 아들 야고보와 작은 야고보와 "주의 형제"가 동일한 인물일 것이라고 말합니다. 에피파니우스(Epiphanius, 310-403)는 요셉의 전처가 낳은 야고보를 "주의 형제"라고 말합니다. 헬비디우스(Helvidius, 340-390)는 요셉과 마리아 사이에서 태어난 친동생 야고보를 "주의 형제"라고 말합니다. 칼뱅은 히에로니무스의 입장을 따라 "주의 형제"를 "알패오의 아들 야고보"로 여깁니다. 그러나 저자가 예루살렘 교회의 지도자 야고보일 가능성과 제자들 중의 하나인 야고보일 가능성도 배제하지 않는다고 말합니다. 메이어와 파레우스(David Pareus, 1548-1622)는 저자인 "주의 형제"가 "요한의 형제 야고보"일 것이라고 말합니다. 경건한 신학자들 중에서도 이렇게 의견이 갈립니다. 저는 글로바의 딸 마리아가 낳은 작은 야고보, 알패오의 아들, 그리고 "주의 형제 야고보" (Ἰάκωβον τὸν ἀδελφὸν τοῦ κυρίου, 갈 1:19)가 동일한 인물이며 이 편지의 저자라고 생각하고, 야고보의 아버지 알패오의 다른 아들인 마태의 형제라고 말하지 않고 "주의 형제"라고 말하면서 바울 같은 사람들이 야고보를 말 그대로 예수님의 친동생인 것처럼 여겼다는 입장을 취합니다.

알패오의 아들 야고보가 "주의 형제"라는 사실에 관한 2세기 교부들의 자료와 그 해석을 살피는 것은 무익하지 않습니다. 클레멘트(Clement of Alexandria)와 헤게시푸스(Hegisippus, 110-180)의 문헌에 근거한 유세비우스의 『교회사』(Historia eccleisiastica) 123-125 페이지에 따르면, 야고보는 동정녀 마리아의 친족인 글로바 마리아 (Μαρία ἡ τοῦ Κλωπᾶ)의 아들(마 27:56, 막 15:40, 요 19:25)이며 그래서 "예수님의 친족이고 히브리 방식을 따라 그의 형제"인 것입니다. 이런 히브리식 호칭은 구약에서 아브라함이 조카 롯을 형제라고 부른 사례에서 확인되고 있습니다(창 13:8). 위의 동일한 문헌에 따르면, 야고보는 어머니의 태중에서 이미 하나님께 드려졌고 나실인의 조항을 따라 포도주와 독주를 마시지 않았고 머리에 삭도를 대지 않았으며 목욕도 하지 않은 분입니다. 클레멘트와 헤게시푸스의 문헌에 따르면, 야고보는 그리스도 자신에 의해 사도 베드로와 야고보와 요한의 추대를 통해 임명된 최초의 예루살렘 감독이며, 그의 복장은 따뜻하고 고급스런 털옷이 아니라 슬픔의 베옷이고, 성전으로 들어가 백성의 죄를 용서해 달라는 기도의 무릎을 너무도 빈번하게 꿇어서 "낙타 무릎"을 가졌다는 소문도 있습니다. 백성을 위하는 그의 경건과 사랑 때문에 그의 이름은 "공의와 백성의 보호"라는 의미를 가진 "오블리아스"(Oblias)로 불렸다고 말합니다. 그는 예수님의 부활을 선포하여 많은 사람들을 믿음의 길로 이끌어서 하나님의 자녀가 되게 했습니다. 그러나 가장 의로운 자의 유력한 입에서 가장 싫어하는 그리스도 예수님의 복음이 선포되는 것을 듣고 분노한 서기관과 바리새파 무리는 야고보를 데리고 성전의 높은 곳으로 올라가 떠밀어서 그를 떨어지게 했습니다. 떨어진 이후에도 죽지 않자 돌로 그를 쳤습니다. 그때 야고보는 십자가 위에서 죽어 가시던 예수께서 올리신 것과 동일한 기도를 올립니다. "오, 주 하나님 아버지, 저들을 용서해 주옵소서. 저들은 자신들이 하는 행위를 알지 못하고 있나이다." 결국 어떤 사람이 곤봉으로 머리를 치는 바람에 야고보는 그곳에서 순교했습니다. 유세비우스는 여러 사료에 근거하여 야고보가 훌륭한 사람이고 그의 공의로움 때문에 사람들의 자자한 칭송을 받았다고 말합니다. 야고보를 지극히 의로운 예수님의 친형제로 이해한 요세푸스의 기록에 근거하여, 유세비우스는 유대인에 의한 야고보 살해를 예루살렘 성읍이 포위를 당하고 몰락하게 된 원인으로 여기는 것은 결코 부당한 판단이 아니라고 말합니다.

"야고보 혹은 이아코보스"(Ἰάκοβος)는 히브리어 "야곱"(יַעֲקֹב)을 헬라어로 음역한 것입니다. 이름의 의미는 "발꿈치를 잡은 자"입니다. 구약에서 야곱은 어머니 리브가가 들은 하나님의 뜻과 섭리를 신뢰하며 모든 것을 하나님께 맡기지 않고 스스로 운명의 발꿈치를 잡고 거짓말도 불사하며 인위적인 조작을 가하다가 얼마나 기구한 인생을 살았는지 모릅니다. 그는 태어날 때부터 형의 발꿈치를 잡고 치열한 장자권 경쟁을 했습니다. 영적인 측면에서 보면 주님의 발꿈치를 상하게 한 뱀을 잡고 스스로 싸우고자 했는지도 모릅니다. 아무튼 인생의 손잡이를 스스로 쥐고 살아온 그는 자신이 지금까지 130년의 "험악한 세월을 보냈다"는 고백을 했습니다(창 47:9).

험악한 세월을 보내는 삶은 아무도 좋아하지 않습니다. 그러나 그런 삶은 하나님을 아는 최고의 지식이 전수되는 기막힌 교실과 같습니다. 아브라함, 이삭, 야곱 중에서 부패한 인간이 하나님을 아는 지식의 분량과 깊이에 있어서는 야곱이 단연 으뜸일 것입니다. 신약의 야고보가 구약의 야곱과 동일한 인물은 아니지만 편지의 내용을 보면 인생의 웬만한 질곡은 다 출입한 사람 같습니다. 바울처럼 "비천에 처할 줄도 알고 풍부에 처할 줄도 알아 모든 일 곧 배부름과 배고픔과 풍부와 궁핍에도 일체의 비결"(빌 4:12)을 배운 인생의 고수 같습니다. 하나님을 신뢰하지 않아서 경험하는 인생의 아픔과 슬픔을 해석하고 수용하고 극복하는 비결이 서신의 각 구절에 보석처럼 박혀 있습니다. "신약의 잠언"이란 별명을 붙여도 전혀 이상하지 않습니다. 험악한 세월의 연단을 거친 야곱이 열두 지파의 원조인 것처럼, 야고보도 열두 지파를 편지의 수신자로 삼습니다. 야곱이 열두 지파 각각에게 인생의 고유한 색깔과 특성과 역할과 운명을 예언의 형식으로 부여한 것처럼, 야고보는 흩어진 열두 지파에게 어떠한 절망 속에서도 무너지지 않는 불굴의 인생을 사는 일체의 비결을 이 서신에서 전합니다. 그 비결의 중심에 그리스도 예수님에 대한 믿음이 있습니다. 믿기 때문에 인내하고 혀를 다스리고 때를 기다리고 빈부의 여부에도 초연할 수 있습니다.

야고보는 자신을 "하나님과 주 예수 그리스도의 종"이라고 밝힙니다. 여기에서 야고보는 예수님을 "하나님"과 "주"와 "그리스도"로 여깁니다. 이 세 호칭은 야고보가 비록 예수님과 혈통적인 관계를 가지고 있었지만 그를 육적인 안목으로 보지 않고 영적인 관점으로 그의 신성과 주권과 권능을 정확히 간파하고 있음을 보입니다. 이처럼 예수님에 대한 야고보의 이해는 다른 사도들의 이해와 전혀 다르지 않습니다. 어쩌면 예수님을 "나의 주님, 나의 하나님"(요 20:28)이라고 한 도마의 고백과 "그리스도시요 살아계신 하나님의 아들"(마 16:16)이라고 한 베드로의 고백을 합한 듯해서 야고보의 고백이 그 둘보다 더 위대해 보입니다. 야고보가 이 서신에서 예수님을 가르치지 않는다는 루터의 주장은 이 첫 구절에서 가볍게 꺾입니다. 야고보는 예수님 의존적인 자신의 정체성을 고백하며 서신 전체의 의미와 방향과 목적을 다 보여주고 있습니다. 이 서신의 중심에는 하나님과 주님과 그리스도 되신 예수님이 계십니다. 야고보는 다른 사도들의 이해와 동일하게 예수님을 육체로 이해하지 않고 창조주 하나님, 구원자 하나님, 온 우주의 주인으로 보는 영적인 안목을 보입니다. 이러한 안목의 소유는 야고보의 서신뿐만 아니라 예수님을 가리켜 기록된 성경 전체를 바르게 이해하는 비결일 것입니다. 사도들이 강조하는 하나님과 주님과 그리스도 되신 예수님의 정체성이 아닌 다른 사안에 학문적인 호기심을 가지고 지나친 관심과 시간과 의미를 부여하는 것은 최대한 자제함이 좋습니다.

야고보는 예수님의 "종"(δοῦλος)입니다. "종"이라는 신분을 좋아하며 스스로 취하는 사람은 아무도 없습니다. 그런데도 야고보는 자신을 종으로 규정하며 싫은 기색을 전혀 보이지 않습니다. 오히려 자신이 예수님의 종이 되는 것을 영광으로 여기는 듯합니다. 에스트(William Est, 1542-1613)는 두 종류의 종, 상태에 따른 종과 고백에 따른 종(servants by condition and by profession)이 있다고 말합니다. 상태에 따른 종은 태생적인 종, 전쟁의 포로, 매매된 종 등을 의미하고 고백에 따른 종은 신앙고백 차원에서 자신의 정체성을 주인에게 맡기는 종을 뜻합니다. 야고보는 후자의 종입니다.

이런 종의 선례가 구약에 있습니다. 구약의 어느 시인은 일국의 왕이라는 최고의 명예로운 지위에서 천 날을 보내는 것보다 단 하루 "내 하나님의 성전 문지기로 있는 것이 좋다"는 고백을 했습니다(시 84:10). 맨톤의 말처럼, 하나님을 위하여 높은 지위와 대단한 사역을 거느리는 책임자가 되는 것보다 "하나님에 대한 지극히 낮은 사역과 직무는 [더] 명예로운 일"입니다. 자신을 낮추면 주님께서 높여 주십니다. 하나님과 동등하실 정도로 지극히 높으신 예수님은 지극히 낮은 사형수의 자리로 자신을 낮추셔서 하나님의 위대한 일을 수행하신 분입니다. 지극히 큰 격차로 낮아지신 예수를 본받으며 최대한 낮은 자리에서 섬기는 것보다 더 명예로운 일은 없을 것입니다. 자신을 "종"으로 낮추는 사도들의 관행은 바울의 글에서도(롬 1:1, 갈 1:10, 빌 1:1, 딛 1:1), 베드로와 유다의 글에서도(벧후 1:1, 유 1:1) 보입니다.

야고보가 만약 예수님을 육적으로 알았다면 그를 "형"이라고 불렀을 것이고 자신을 그의 "동생"으로 규정했을 것입니다. 그러나 그는 예수님을 영적으로 알아서 자신을 그의 "종"으로 여깁니다. 예수님과 우리의 관계도 육신에 따른 것이 아니라 영에 따른 것입니다. 그의 육신을 강조하면 우리도 그와의 영적인 관계가 위태롭게 될 수 있습니다. 물론 하나님의 아들이며 하나님 자신이신 예수께서 육체로 오신 것을 부인하는 자는 미혹하는 이단이며 주를 대적하는 자입니다(요이 1:7). 그러나 바울은 예수께서 비록 "신성의 모든 충만이 육체로 거하시"나(골 2:9) "육신을 따라" 알아서는 안 된다고 말합니다(고후 5:16). 이처럼 바울의 견해와 야고보의 자기 규정은 다르지 않습니다. 바울은 "육신을 따라" 예수님을 알지 않으려는 자신의 소신을 모든 사람에게 적용하여 "어떤 사람도 육신을 따라 알지" 않겠다고 말합니다(고후 5:16).

야고보는 진짜배기 자아를 그리스도 앞에서 찾았고 그의 종이라는 정체성을 확립했고 예수님의 말씀에 순종하는 종의 인생을 살아간 분입니다.

나를 찾기 위해 나 자신을 부지런히 살피는 것은 꼭 필요한 일이지만 진짜 나와의 만남에 이르지는 못합니다. 나를 알기 위해서는 눈을 너에게로 돌리는 게 좋습니다. 아담과 하와는 하나의 사람으로 지어진 짝입니다. 아담이 자신을 알기 위하여 자신만 응시하면 결코 진짜 자신을 만나지 못합니다. 그의 가장 소중한 부위인 갈비뼈가 밖에 있습니다. 하와라는 자아의 노른자를 알지 못하면 아담은 다른 자아의 다른 인생을 살아갈 수밖에 없습니다. 너를 알지 못하면 나를 알지 못하게 만드신 것은 하나님이 뜻하신 일입니다. 그러나 나와 너를 아는 것에 만족하면 신학이 아니라 철학일 뿐입니다. 피조물은 내 안에 계신 창조자의 형상과 네 안에 계신 창조자의 형상을 서로 비추어 보면서 창조자를 알아갈 때에 자신을 이해할 수 있습니다. 인간을 비롯한 모든 만물은 창조주 의존적인 정체성을 가지고 있으며 그런 정체성에 맞게 살아갈 도리가 있습니다. 도리인 동시에 그런 삶이 우리 자신에게 가장 행복하고 즐거운 삶입니다. 야고보가 그리스도 앞에서 자아를 발견한 것은 그 자체로 우리의 인생에 소중한 본입니다.

우리는 자신을 어떻게 이해하고 있습니까? 재산과 인맥과 가문과 학연과 지연과 같은 육신적인 것들을 따라 부끄럽게 여기거나 자랑하고 있지는 않습니까? 우리 각자의 지인들 중에는 "육신을 따라" 알지 않고 영적인 안목으로 아는 사람이 얼마나 있습니까? 육신을 따라 타인을 이해하고 대하지는 않습니까? 혈통적인 부모와 자식과 부부와 친족을 대할 때에 과연 그들과의 영적인 관계도 고려하고 있습니까? 그리스도 안에서 하나님을 동일한 왕으로 부르는 동등한 시민이요 그분을 동일한 아버지로 부르는 형제와 자매라는 관계의 호칭이 입술에만 출입하지 않고 마음과 의식에도 파고들어 관계의 근본적인 혁신이 일어나지 않는다면 우리는 육신을 따라 타인을 이해하고 대하는 것입니다. 아들과 딸을 대할 때에도 그들이 주님의 자녀요 나의 영적인 형제라는 사실을 의식의 아랫목에 두시기를 바랍니다. 그러면 이 땅에서의 어떠한 관계 속에서도 갑과 을의 부당한 관계는 형성되지 않을 것입니다. 야고보의 "종" 의식은 믿음의 사람들이 세상에서 지혜롭게 승리하며 살아가는 가장 중요한 비결이며 보석처럼 귀하게 간직해야 할 선물이 아닐까 싶습니다.

"종" 됨의 중요성은 "종"이 되는 것 자체보다 누구에게 속한 "종"이냐에 있습니다. 야고보는 다른 어떠한 사람의 종이 아니라 예수님의 종이라고 말합니다. 예수님의 종이 되는 순간 다른 어떠한 자에게나 것에게도 종속되지 않은 해방을 얻습니다. 인간은 창조될 때부터 종의 기질을 가지고 있습니다. 이는 외부의 어떤 존재에게 종속되지 않으면 살아갈 수 없다는 뜻입니다. 인간은 태초부터 항상 자신을 창조하신 하나님께 종속된 삶을 살아야만 했습니다. 그런데 오만한 독립을 선언하며 하나님과 같아지려 했습니다. 결국 하나님의 다스림을 벗어나는 순간 거짓의 아비인 마귀에게 종 노릇을 해야만 했습니다. 그러나 예수님의 종이 된다는 것은 마귀의 속박에서 벗어나는 해방을 뜻합니다. 이 세상의 그 무엇에 의해서도 결박되지 않는 진정한 자유를 예수님의 종이 되는 방식으로 얻습니다. 마치 모순처럼 결박과 해방이 의미의 등을 맞대고 있습니다.

"종"은 주인의 말을 듣고 주인의 메시지를 전합니다. 지금 야고보는 "종"이라는 자신의 신분을 언급하며 그의 주인이신 예수님의 뜻과 교훈을 전한다고 말합니다. 그렇다면 야고보가 표면적인 저자라고 할지라도 궁극적인 저자는 야고보의 주인이신 예수라는 사실을 수용하고 그의 뜻을 알고자 하는 그리스도 중심적인 해석학은 결코 교조적인 접근법이 아닙니다. 이를 해석학적 억지 견해로 치부하는 것은 저자가 자신을 예수님의 종이라고 스스로 밝힌 의도를 오히려 존중하지 않는 것입니다.

주님의 심부름을 하는 심정으로 야고보는 온 세상에 흩어짐을 당한 열두 지파에게 주님의 뜻을 문서에 담아 보냅니다. 칼뱅은 열두 지파의 역사적인 흩어짐이 앗수르와 바벨론 포로기에 이루어진 것과 그리스의 알렉산드로스 대제에 의해 이루어진 것으로 구성되어 있다고 말합니다. 칼뱅의 말처럼, 야고보의 서신이 헬라어로 쓰였다는 사실에 근거하여 그리스 시대에 흩어진 자들을 위한 편지라고 여기는 것도 가능할 것입니다. 그러나 저는 사도들의 시대에 이루어진 박해의 결과로 흩어진 믿음의 온 이스라엘 백성을 위해 쓰여진 편지라고 생각합니다.

누가는 스데반이 죽은 날 예루살렘 교회에 "큰 박해"가 있었고 "사도 외에는 다 유대와 사마리아 모든 땅으로 흩어"진 상황을 설명하고 있습니다(행 8:1). 나아가 "환난으로 말미암아 흩어진 자들이 베니게와 구브로와 안디옥" 지역까지 갔다고 말합니다(행 11:19). 열두 지파가 흩어져 있는 장소와 관련하여 베드로는 자신의 편지에서 본도, 갈라디아, 갑바도기아, 아시아, 비두니아(벧전 1:1) 등을 언급하고 있습니다. 야고보의 표현과는 달리, 베드로는 그곳으로 흩어진 자들을 "택하심" 받은 나그네로 여깁니다. 그리고 베드로의 서신과는 달리, 야고보서 안에는 수신자의 구체적인 거처가 명시되어 있지 않다는 특징이 있습니다. 이것은 아마도 야고보가 베드로 서신의 수신자 규모보다 더 포괄적인 대상을 의식하고 있다는 증거로 보입니다. 물론 수신자의 지역과 관련된 베드로의 구체성과 야고보의 보편성은 각자 고유한 가치를 가지고 있습니다. 전자는 지역의 특성을 고려하게 만들고 후자는 지역과 무관하게 메시지를 주목하게 만듭니다.

"흩어짐"(διασπορά)은 미지의 신세계로 떠나는 즐거운 여행이나 설레는 이민이 아니라 불가피한 도망을 치거나 유배나 추방을 당한 결과로서 억울하고 괴롭고 아프고 비참한 인생의 상태를 표현하는 말입니다. 흩어진 사람의 고단한 발이 디디고 있는 땅은 고향이 아닙니다. 익숙하지 않고 따뜻하지 않고 안전하지 않은 땅입니다. 비빌 언덕이 보이지 않습니다. 어디에서 살더라도 원주민이 아니라 떠돌이의 삶입니다. 불안과 초조함이 토양을 적시고 있습니다. 걱정과 근심이 이미 처지고 위축된 어깨 위에 야속한 무게를 얹습니다. 흩어진 사람의 마음에는 흩어지기 전에 사랑하는 이들과 함께 누리던 행복이 없습니다. 찢겨진 관계의 조각들이 왕래할 수 없는 먼

곳에 널브러져 있습니다. 그래서 흩어짐은 뼈아픈 그리움과 외로움의 다른 표현이고 험악한 세월의 다른 말입니다.

고향을 떠나 타지로 흩어진 나그네는 하나님이 "아침마다 찾으시고 순간마다 시험을 주신다"는 욥의 고백(욥 7:18)을 날마다 실감했을 것입니다. 바울이 인용한 구절처럼 "우리가 종일 주를 위하여 죽임을 당하게 되며 도살당할 양 같이 여김을 받았"을 것입니다. 이러한 자들에게 필요한 것은 칼뱅의 분석처럼 이론적인 교리가 아니라 삶의 현장에서 믿음으로 살아갈 수 있도록 돕는 "권고들을 통한 격려"일 것입니다. 지혜자는 "경우에 합당한 말은 아로새긴 은 쟁반에 금 사과"라고 했습니다(잠 25:11). 야고보는 이 서신에서 수신자의 기구한 상황에 맞도록 교리적인 예수님이 아니라 교훈적인 예수님을 가르친 것입니다. 루터처럼 자신이 알고 원하는 교리적인 내용이 충분히 담겨 있지 않다는 이유로만 야고보 서신의 정경성과 사도성을 의심하는 것은 올바르지 않습니다.

특정한 개인이나 공동체를 수신자로 지목한 바울의 서신과는 달리, 이 서신의 수신자는 특정한 개인이나 특정한 지역이나 특정한 나라가 아니라 온 세상에 흩어져 있는 "열두 지파"로 표기되어 있습니다. "열두 지파"는 예수님을 믿고 거듭난 이스라엘 백성 전체를 표현하는 대표적인 말입니다. 바울의 지적처럼, 야고보는 요한 및 베드로와 더불어 할례받은 자들을 섬기는 종입니다(갈 2:9). 그럼에도 불구하고 "열두 지파"라는 표현은 혈통적인 유대인이 아니라 예수님을 믿고 거듭난 유대인과 이방인 모두를 포함하는 하나님의 백성 전체를 가리키는 말이라고 적용해서 읽어도 좋습니다. 같은 의미에서, 딕슨(David Dickson, 1583 – 1663)은 이 서신이 "보편적인 교회의 활용을 위하여 쓰여진" 책이라고 말합니다. 주님은 이방 땅에서 나그네와 같이 흩어진 자기 백성에게 관심을 보내시고, 생명과 빛을 전하시고, 치유와 위로를 행하시며, 고단한 인생에게 천국의 열쇠를 쥐어주시는 분입니다. 이에 그의 백성은 흩어짐 속에서도 천국의 문을 열고 들어가 하늘의 지면을 디디며 하늘의 시민권을 누립니다. 누려도 되는 은총이 수북한 산더미를 이룹니다. 흩어져 있지만 혼자가 아닙니다. 주님께서 우리의 고단한 곁을 온기 가득한 서신으로 지켜 주십니다. 졸지도 않으시고 주무심도 없으시고 눈을 깜빡이는 경우도 없습니다. 우리의 겉만 주목하지 않으시고 우리의 마음과 양심도 꿰뚫어 보시기 때문에 24시간 가동되는 CCTV 이상의 투시력과 정밀도를 가지고 우리를 지키시는 분입니다. 그러므로 흩어짐이 저주나 재앙만은 아닙니다.

하나님의 모으심과 흩으심은 인류의 역사를 구성하고 있습니다. 대체로 모으심은 회복을 의미하고 흩으심은 심판을 뜻합니다. 대표적인 흩으심은 아담과 하와를 에덴에서 내쫓으신 것입니다. 그리고 시날 평지에서 바벨탑을 쌓은 인류를 언어의 혼돈과 더불어 서로 알아듣지 못하는 방식으로 흩으신 것입니다. 그리고 이스라엘 백성을 앗수르와 바벨론과 메디아와 페르시아와 그리스와 로마로 흩으신 것입니다. 그리고 예루살렘 교회를 사방으로 흩으신 것입니다. 그러나 심판의 흩으심 속에도 하나님의 긍휼이 늘 깃들어 있습니다. 마치 흩으심은 마치 씨앗의 뿌려짐과 같습니다. 하나님의 백성은 흩어질 때마다 복음의 씨앗을 가는 곳마다 뿌립니다. 사도들의 시대에 곳곳으로 흩어져 있는 믿음의 유대인도 다른 유대인과 헬라인 모두에게 "주 예수를 전했다"고 누가는 기록하고 있습니다. 딕슨의 말처럼, 그들은 비록 세상으로 흩어져 있지만 예수님에게로 모여 있으며 많은 자들을 예수님에게로 모으고 있습니다. 흩어진 복음의 씨앗들이 썩지 않고 복음의 제사장 직무를 잘 수행할 수 있도록, 흩어지지 않고 예루살렘 교회에 머물러 박해를 견디는 야고보는 아비의 심정으로 그들을 품고 피 묻은 격려의 서신을 그들에게 띄웁니다.

야고보의 의식은 혈통적인 가족이나 지역의 특정한 교회나 특정한 나라나 민족에 국한되지 않고 온 세상에 흩어진 "열두 지파" 즉 하나님의 백성 전체를 더듬고 있습니다. 그런데 의식의 테두리가 손바닥 크기인 사람들이 교회에 많습니다. 이는 자신의 개인적인 성공에 매달리는 이기적인 목회자에 의해 길들여진 것인지도 모릅니다. 내 교회, 내 양떼, 내 제자, 내 목회라는 1인칭 단수의 의식에 사로잡힌 목회자를 예수처럼 받들며 닮아가는 성도를 보면 안타까운 마음보다 미안한 마음이 앞섭니다. 그들이 못난 목회자의 희생물이 되는 듯합니다. 목회자는 하나님의 백성 혹은 하나님의 자녀라는 교회의 거대한 범주를 늘 의식하며 그런 하나님의 집에서 사환으로 함께 섬긴다는 의식을 한순간도 망각하면 안 됩니다. 바울은 그리스도 예수의 몸을 온전히 세우는 것이 목회자의 존재 이유라고 했습니다(엡 4:12). 목회자는 그 몸의 한 지체만 섬기는 사람이 아닙니다. 한 사람을 우주처럼 섬기되 개교회의 울타리를 넘어 온 세상에 흩어져 있는 하나님의 모든 백성을 사랑하고 섬겨야 한다는 보편교회 의식을 가지고 온 성도와 더불어 그 의식을 공유하는 자입니다.

그리고 야고보의 편지는 온 세상에 흩어진 하나님의 백성 전체를 수신자로 삼고 있어서 특정한 교파나 특정한 지역이나 특정한 상황이나 특정한 사건이나 특정한 필요에 맞추어진 내용이 아니라 모든 시대의 모든 사람을 위한 교훈을 담고 있습니다. 그런 면에서 우리는 이 편지에서 기독교 진리의 가장 기본적인, 가장 핵심적인, 가장 보편적인 요소들을 만나게 될 것입니다.

약 1:2-4

²내 형제들아 너희가 여러 가지 시험을 당하거든 온전히 기쁘게 여기라 ³이는 너희 믿음의 시련이 인내를 만들어 내는 줄 너희가 앎이라 ⁴인내를 온전히 이루라 이는 너희로 온전하고 구비하여 조금도 부족함이 없게 하려 함이라

❖ ❖ ❖

²나의 형제 여러분, 다양한 시험들에 빠질 때마다 여러분은 모든 것을 기쁨으로 여기시기 바랍니다 ³여러분이 [겪는] 믿음의 시련이 인내를 이룬다는 것을 아시면서 [말입니다] ⁴그 인내가 온전한 사명을 감당하게 하십시오 그러면 여러분은 온전하고 완전하여 어떠한 것에서도 부족함이 없게 될 것입니다

02 기쁨으로 인내하라

2나의 형제 여러분, 다양한 시험들에 빠질 때마다
여러분은 모든 것을 기쁨으로 여기시기 바랍니다

고국을 떠나 사방으로 흩어져서 고단하고 외롭고 서글픈 열두 지파를 야고보는 "나의 형제"라고 부릅니다. 이처럼 주님에 대해서는 자신을 그의 종으로 규정하고, 흩어져 있는 열두 지파에 대해서는 자신을 그들의 형제로 규정하고 있습니다. 이는 바울이 육적인 혈통이 아니라 영적인 혈통에 따라 주님에 대해 자신을 사도와 종이라고 규정하고 성도들에 대해서는 지극히 작은 자보다 더 작은 자로 규정하고 세상에 대해서는 복음의 빚쟁이로 규정한 것도 맥락이 같습니다. 야고보서 안에서는 17번 사용된 "형제"라는 단어가 세 가지의 형태, 즉 "나의 형제," "형제," "나의 사랑하는 형제"로 쓰입니다. 흩어져서 만나지는 못하지만 여전히 마음은 그들과 하나로 연합되어 있는 야고보의 사랑이 참지 못하고 17번이나 글의 길목마다 불쑥불쑥 드러난 것입니다. 야고보는 자신이 가진 교회의 제도적인 권위를 내세우며 고압적인 자세를 취하지 않습니다.

타인과 관계를 맺을 때, 도움을 되돌려 받을 가능성 없이 도와야만 하는 연약한 대상과는 손절하는 것이 일반적인 일입니다. 반면, 출세의 동아줄로 여기는 유력한 자들에게 관계의 끈적한 줄을 대려는 사람들은 대단히 많습니다. 우리의 관계망 속에는 연약한 자와 유력한 자의 비율이 어디로 기울어져 있습니까? 야고보는 불쌍한 자들을 자신과 더불어 같은 "자궁에서 나온 자"(ἀδελφός) 즉 자궁 동기로 여깁니다. 정서적인 공감이 남다른 분입니다. "너희는 다 형제"(마 23:8)라는 예수님의 가르침에 충실한 종입니다. 형제이기 때문에 그들이 당하는 일상적인 일들은 자신과 무관하지 않습니다. 그래서 그들의 사정을 속속들이 파악하고 있습니다. 그 형제들이 지금 "많은 종류의 시험들"을 당하고 있다고 말합니다. 야고보는 지금 "나의 형제"라는 친밀한 호칭으로 공감대를 형성하고 그들의 뼈아픈 문제를 진단하고 최적의 명쾌한 해결책을 제시하는 순서를 따라 글을 이어가고 있습니다.

"시험"(πειρασμός)은 무엇일까요? 주체를 따라 구분하면 우리의 신앙과 인격을 연단하여 복을 주시려는 하나님의 테스트(test), 우리의 신앙과 인생을 파괴하기 위한 마귀의 유혹(temptation), 자신의 세속적인 욕망에 이끌려 당하는 고통이나 슬픔이나 억울함에 빠지는 시련(tribulation) 등을 의미하는 말입니다. 경우에 따라서는 하나의 동일한 시험에 세 주체와 세 목적이 동시에 개입할 수도 있습니다. 마틴은 이 시험이 "종교적 확신을 통해서 감내해야 하는 압제와 박해의 표시"라고 말합니다. 당시에는 유대인의 이름만 가졌어도 핍박의 대상이 되었는데 하나님의 자녀라는 조건이 더해지면 "가장 지독한 원수들"로 여겨졌기 때문에 "더더욱 비참하게 되었다"고 칼뱅은 봤습니다. 시험의 조건을 하나라도 제거하면 덜 힘들고 덜 비참했을 텐데, 흩어진 열두 지파는 그렇게 하지 않은 듯합니다. 우리가 붙들어야 하는 불변의 사실은 모든 시험의 주도권이 하나님께 있다는 것입니다. 그래서 혹시 우리가 마귀의 미혹과 타인이나 자신의 욕망으로 인해 시험에 빠졌다고 할지라도 하나님은 그 모든 것을 선으로 바꾸셔서 인격적인 연단과 신앙적인 성숙의 도구로 쓰십니다. 제가 보기에 하나님이 허락하신 시험은 모두 자아를 버리라는 메시지 같습니다. 인간이 온전히 성장하는 비결은 자기를 부인하는 것입니다. 지독하게 자기중심적인 인간은 아무리 강한 시험이 와도 좀처럼 자신을 포기하지 않습니다. 오히려 자아에 더욱 집착하여 의식과 행동이 자아를 중심으로 똘똘 뭉칩니다. 그러나 그렇게 살고자 하면 고통만 커지고 어떠한 성장의 유익도 얻지 못합니다.

야고보에 의하면, 사방에 흩어진 열두 지파는 하나의 시험을 당하는 것이 아니라 동일한 시험을 여러 번 당하기도 하지만 종류까지 많아서(ποικίλοις) 시험의 수효는 헤아릴 수조차 없습니다. 하나님의 통치 하에서 발생하는 시험이 왜 하나가 아니라 다수일 필요가 있는지, 한 대만 때려도 아픈데 왜 때린 데 또 때리는지, 인생을 왜 그렇게도 구석구석 때리는지, 제 머리에는 풀리지 않는 의문이 생깁니다. 그러나 우리가 얼마나 심각한 상태에 있는지를 알면 수긍할 수밖에 없습니다. 우리의 존재 중에 망가지지 않은 부위가 하나도 없습니다. 우리의 총체적인 문제는 몇 개의 시험으로 고쳐지지 않습니다. 문제의 부위별로 맞춤형 시험들이 골고루 주어지면 그것들이 합하여서 일그러진 존재의 무질서를 구석구석 고칩니다. 인생에 시험이 많다는 것이 자랑은 아니지만, 많은 시험을 거치면 그 시험의 분량만큼 인격과 신앙에 있어서 성장하는 건 확실해 보입니다.

바울을 보십시오. "자지 못하고 주리며 목마르고 여러 번 굶고 춥고 헐벗"고 "옥에 갇히기도 더 많이 하고 매도 수없이 맞고 여러 번 죽을 뻔하"기도 하며(고후 11:23-27) 모든 종류의 시험을 다 당하였기 때문에 어떠한 형편에 처해도 극복할 수 있는 일체의 비결을 배웠다고 말합니다. 이와 유사하게 시인은 고난을 당하면서 하나님의 말씀을 배우게 되어서 자신에게 유익이 되었다고 말합니다(시 119:71). 바울과 시인의 이러한 고백은 하나님의 아들이라 할지라도 "받으신 고난으로 순종함을 배워서 온전하게 되"신(히 5:8) 예수님의 본에 충실한 것입니다. 일체의 비결은 입만 벌리고 있으면 뚝 떨어지는 감이 아닙니다. 성장에는 공짜가 없습니다. 심지어 예수님도 온전함을 위해 고난의 학교에 등록해서 3년을 꼬박 다니셔야 했습니다. 하물며 우리처럼 부족한 자들은 일평생 그 학교로 등교해도 졸업하지 못할 것입니다. 그런데 그런 고난의 학교에 출입도 하지 않는다면 어찌 온전함을 바랄 수 있겠습니까!

야고보는 흩어진 열두 지파가 그런 시험들을 단순히 무늬로만 만나거나 옆으로 지나가는 것이 아니라 그들이 거기에 "빠진다"(περιπίπτω)고 말합니다. 이는 실제 상황이며 몰래카메라나 가상훈련이 아닙니다. 아를의 힐라리우스(Hilarius Pictaviensis, 315-368)는 이 구절에서 사람이 유혹에 빠지는 것이 세 가지의 단계 즉 꼬드김과 이끌림과 동의로 구성되어 있다고 주장하며 이렇게 말합니다. "사탄은 꼬드기고 육은 이끌리고 마음이 거기에 동의하는 것입니다." 유혹에 빠지는 원인은 하나님께 있지 않고 마귀와 우리에게 있습니다. 성경에서 "빠진다"는 동사는 이곳 외에도 강도를 만나서 모든 것을 빼앗기고 거반 죽게 된 어떤 사람의 이야기(눅 10:30)와, 바울과 군인들이 탄 배가 바다의 급류에 휩쓸린 이야기(행 27:41) 속에서 사용된 말입니다. 이처럼 스스로의 힘으로는 헤어 나올 수 없는 시련을 당한 유대인 성도들은 마치 나라를 잃고 떠돌아다니는 오늘날의 난민과 같습니다. 낯선 곳에서 낯선 사람들과 낯선 언어로 대화를 나누다 보니 소통이 꼬여서 수많은 실수와 오해의 주먹질을 당합니다. 심한 경우에, 그들의 재산은 빼앗기고 그들의 몸은 성적인 노리개가 되고 그들의 노동은 돈벌이의 수단으로 빼앗기는 등 부당한 착취들을 당합니다. 그들이 흩어진 곳의 이질적인 문화와 사상과 종교로 인해 예수님에 대한 신앙이 흔들리는 경우도 헤아릴 수 없습니다.

그런데 야고보는 해결책을 제시하되 "다양한 시험들"을 유발하는 구조적인, 환경적인 원인들을 제거하는 일에는 큰 관심을 보이지 않습니다. 갑과 을의 위치를 뒤집어 엎으라는 제도적인 혁신을 말하지도 않습니다. 이방의 사상과 종교를 공격하고 조형물을 부수라고 권하지도 않습니다. 그런 외적인 환경의 변화가 아니라 내적인 태도의 변화로서 "모든 것을 기쁨으로" 여기라고 말합니다. 야고보의 이런 처방을 존중한 것처럼, 사도들은 예수의 "이름을 위하여 능욕 받는 일에 합당한 자로 여기심을 기뻐"했고 (행 5:41), 바울도 "우리가 환난 중에도 즐거워" 한다고 말합니다(롬 5:3). 이처럼 환난을 기쁨으로 대응한 것은 모든 사도의 가르침인 동시에 삶이었습니다. 이러한 삶의 태도는 불의하고 거짓되고 고단한 환경을 방치해도 된다는 뜻이 아닙니다. 시험의 환경 속에서도 선을 이루시는 하나님의 자비로운 섭리를 인정하고 존중해야 한다는 뜻입니다.

하나님을 사랑하는 자에게는 하나님의 사랑과 섭리 때문에 실제로 "모든 것이 합력하여 선을" 이루니까 기쁘지 않을 수 없습니다(롬 8:28). "모든 것"의 목록에는 "먹음직도 하고 보암직도 하고 지혜롭게 할" 달콤한 유혹들도 있지만 "환난이나 곤고나 박해나 기근이나 적신이나 위험이나 칼"과 같이 쓰라린 역경들도 포함되어 있습니다(롬 8:35). 그러나 맨톤의 표현처럼 선한 자와는 달리 "악한 자에게는 모든 상태가 올무인데, 그는 번영으로 말미암아 부패하고 역경으로 말미암아 실의에 빠집니다." 이로 보건대, 야고보와 바울의 신학은 비록 강조점은 다르지만 본질적인 내용은 다르지 않습니다. 바울은 모든 것이 합력하여 선을 이룬다는 신뢰의 보편적인 근거를 말하였고, 야고보는 그런 사실에 대처하는 인내의 구체적인 자세를 강조했습니다. 야고보의 권고는 칼뱅의 말처럼 당시의 유대인 성도뿐만 아니라 땅에서의 인생이 "포성 없는 전쟁의 연속"인 모든 믿음의 사람에게 필요해 보입니다.

사실 "시험"의 상황에서 "기쁨"의 반응은 어울리지 않습니다. 정상적인 조합은 시험과 슬픔, 축복과 기쁨일 것입니다. 그런데도 야고보는 그런 모순적인 조합을 거침없이 권합니다. "기쁨" 외에 다른 처방에는 관심이 없습니다. 질병마다 그것에 상응하는 약을 쓰듯이, 칼뱅은 "야망, 탐욕, 시기, 폭식, 방탕, 세상에 대한 집착과 무수히 많은 정욕들"이 하나의 "같은 약으로는 치료될 수 없다"고 말합니다. 그런데도 야고보가 "기쁨"만을 치료제로 권하는 것은 "우리의 기쁨을 방해할 것은 아무것도 없다"는 뜻이라고 말합니다. 칼뱅의 말처럼, 희락은 성령의 열매이며, "하나님의 자녀들이 성령의 인도를 받아 육신의 슬픔을 초월하는 것"은 그 누구도, 그 무엇도 막지 못합니다. 같은 취지에서, 맨톤은 하나님의 약하심이 사람보다 더 강하다(고전 1:25)는 바울의 말에 근거하여 "은총의 최악이 세상의 최상보다 낫다"고 말합니다. 아무리 작은 기쁨도 지극히 큰 시련을 이길 수 있습니다. 맨톤의 말처럼 "성도는 겨울에도 봄인 것처럼 노래하는 새입니다. 모세의 가시덤불 속에서도, 불속에서도 살아갈 수 있고 타지만 소모되지 않을 수 있습니다." 어느 유행가의 가사처럼, 겨울에도 여름처럼 웃을 수 있습니다.

사실 우리가 눈에 보이는 현상만 고려하면 "기쁨"만 권하는 야고보의 조언은 경청할 가치가 없습니다. 그러나 야고보는 자신을 하나님과 주님 되시는 그리스도 예수의 종으로 간주하고 있습니다. 하나님과 예수님의 종이라는 것은 종교적인 구호가 아닙니다. 하나님과 예수님을 고려하지 않고서는 어떠한 생각도, 어떠한 말도, 어떠한 행동도 하지 않는 신분을 가졌다는 말입니다. 그런 종으로서 야고보는 범사에 자신의 주인 되시는 주님을 기준으로 삼고 항상 생각하고 말하고 행합니다. 하나님을 인정하면 비록 "현상"은 변하지 않더라도 "사실"은 완전히 바뀝니다. 그러나 하나님을 부정하면 제대로 된 사실을 하나도 보지 못합니다. 사실의 표면만 더듬을 뿐입니다. 어떠한 상황이든 하나님의 섭리를 존중하면 이전에는 결코 발견하지 못한 사실이 보입니다. 경건한 욥을 보십시오. 그는 자신의 인생 전체를 송두리째 뒤집어 엎은 역대급 재앙도 비록 사탄과 하늘의 불과 북방 민족들의 폭력을 통해 일어난 것이지만 하나님의 섭리에 근거하여 "전능자의 화

살"(욥 6:4)로 여깁니다.

그런데 이 세상에는 하나님의 섭리가 개입되지 않은 것이 하나도 없습니다. 어떠한 시대에도 개입되지 않은 적이 없습니다. 그래서 우리는 좋아하는 것뿐만 아니라, 특정한 순간뿐만 아니라, 불쾌한 것까지도 포함한 모든 것이 하나님의 섭리 아래에 있다는 이유 때문에 어떠한 시험과 환란 속에서도 기뻐할 수 있습니다. 이 기쁨은 선택의 대상도 아니고 일시적인 것도 아닌 보편적이며 항구적인 것입니다. "모든 것"(πᾶς)에 대한 기쁨이기 때문에 단 하나의 예외도 없습니다. 동일한 의미로, 바울은 "항상" 기뻐하는 것이 하나님의 뜻이라고 말합니다(살전 5:16-18). 실제로 바울은 "우리의 모든 환란에 대하여 기쁨이 넘친다"고 말합니다(고후 7:4). 너무도 모순적인 말입니다. 그러나 교회의 태생적인 배경을 알면 모순으로 여겨지지 않습니다. 맨톤의 말처럼, "처음에 교회는 피에 세워졌고 피에 젖을 때 최고로 번성하며, 그리스도의 피 속에 세워졌고 순교자의 피에서 [성장의] 수분을 얻습니다." 그리스도 예수와의 동거에 대한 열망 때문에 "고대의 성도들은 사면되는 것보다 정죄될 때 더 기뻐하고 화형대에 입맞추며 집행하는 자에게는 고마움을 전했다"고 맨톤은 말합니다.

모든 시험을 기쁨으로 "여기라"(ἡγήσασθε)는 명령형 동사도 주목할 필요가 있습니다. 맨톤의 말처럼 우리의 감각에 근거하면 시험을 기뻐할 수 없습니다. 그런데도 기쁨으로 "여기라"는 말은 감각보다 더 중요한 기관의 적극적인 반응을 권합니다. 로마의 황제 네로의 스승인 세네카(Lucius Annaeus Seneca, B.C. 4 - A.D. 65)는 "어떠한 의견도 더해지지 않는다면 고통도 가볍다"(Levis est dolor si nihil opinio adjecerit)고 했습니다. 이는 고통이 그것에 대한 사람의 인간적인 감각과 견해가 더해져서 커진다는 말입니다. 감각에 의해서는 아픔과 슬픔으로 간주되는 시련도 "영적인 판단"에 의해서는 기쁨으로 여겨질 수 있다고 맨톤은 말합니다. "영적인 판단"은 보이지 않는 것의 증거인 믿음의 반응을 뜻합니다. 신체적인 감각은 사태의 표면을 읽지만 영적인 감각인 믿음은 사태의 이면을 읽습니다. 시험과 환란의 표면을 보면 기뻐할 수 없지만 그 이면의 의미와 기능과 보상을 보면 기뻐하지 않을 수가 없습니다. 우리는 시험과 환란 자체를 기뻐하는 것이 아니라 그것이 제공하는 하나님의 은총을 기뻐하는 것입니다. 무엇보다 모든 시험은 믿음의 근육을 사용하게 만들고 단련하여 성장하게 만듭니다. 그래서 딕슨은 복음 때문에 환란에 빠진다면 하나님의 섭리로 말미암아 우리의 신앙과 죄를 검증하고 하나님께 더욱 다가갈 수 있도록 만들기 때문에 그 환란을 "최고의 기쁨"으로 여겨야 한다고 말합니다. 그러나 고난 자체가 성장을 주지는 않습니다. 환란을 믿음으로 해석하고 온몸과 마음으로 고난과 치열하게 씨름하며 뒹굴기 전까지는 어떠한 성장도 없습니다.

하나님의 자녀들이 가진 판단력은 신체적인 감각과 인간적인 추론에 근거한 세상의 판단력을 초월하기 때문에 바울은 이렇게 말합니다. "성도가 세상을 판단할 것을 너희가 알지 못하느냐"(고전 6:2). 심지어 "우리가 천사도 판단할 것"이라고 말합니다(고전 6:3). 이러한 판단은 믿음의 영적인 분별력에 의해서만 가능한 일입니다. 바울의 이 주장은 구약의 사례가 지지하고 있습니다. 모세는 "하나님의 백성과 함께 고난 받기"와 "그리스도를 위하여 받는 수모를 애굽의 모든 보화보다 더 큰 재물로 여"(히 11:25-26)기는 방식으로 당시의 세상인 애굽의 가장 높은 가치들을 판단한 바 있습니다. 영적인 판단력을 포기하면 오히려 세상에 의해서도, 천사에 의해서도 판단을 받게 될 것입니다.

"많은 종류의 시험들"과 관련하여 우리는 근심과 기쁨 중에서 언제 "기쁨"을 택합니까? 그 많은 시험들이 주는 슬픔과 억울함과 고통보다 그 고통으로 말미암아 얻는 유익의 크기가 더 컸을 때입니다. 하나님의 형상이 내 안에서 온전하게 회복되는 유익을 다른 모든 유익보다 더 선호할 때에 우리는 다른 모든 유익을 빼앗는 어떠한 시험도 기쁨으로 여기며 기꺼이 맞이할 수 있습니다. 사람마다 승리의 기준을 어디에 두느냐에 따라 승패가 갈립니다. 우리에게 시험의 승리는 기쁨 자체를 지킴에 있습니다. 상황의 호전이 아니라 기쁨을 상실하지 않는 마음의 유지에 있습니다. 슬퍼하며 두려움에 떨면 시험에 패하는 것이지만, 기뻐하면 시험을 이기는 것입니다. 이는 고통과 환란이 아니라 기쁨을 인생의 질서로, 삶의 기준으로 끝까지 고수하는 것입니다. 이로써 우리는 세상의 질서에 갇히지 않고 자유롭게 벗어나게 됩니다. 더 높은 질서를 따라 사는 것입니다.

궁극적인 승리는 어떠한 상황 속에서도 하나님께 감사와 영광을 돌리는 것이라는 차원에서, 시련 속에서도 기뻐하는 것은 그 기뻐함을 "하나님께 예물로 바치는 것"이라는 오리게네스(Origenes of Alexandria, 185 – 253)의 통찰은 참 깊습니다. 이때 하나님께 드리는 기쁨의 예물은 질이 다를 것입니다. 그래서 군윈은 환란 속의 이 즐거움은 "최상의 기쁨"이라고 말합니다. 이러한 기쁨이 평소에는 나오지 않습니다. 지독한 시험과 환란에서 나오는 것입니다. 욥을 보십시오. 그가 하나님께 드린 가장 순수한 찬양의 제사는 모든 재산을 잃고 모든 자녀를 잃고 아내를 잃고 자신의 건강까지 잃었을 때, 찬양의 조건들이 모두 사라졌을 바로 그때에 나온 것입니다. 그 기쁨은 이 세상의 그 무엇보다 크신 하나님을 체험한 자에게 주어지는 사랑의 표정과 같습니다. 그러므로 "고난은 참된 보증이요 더 위대한 사랑으로 이끄는 격려이며 영적 완전함과 깊은 신심의 토대"라고 한 크리소스토모스(Johannes Chrysostomus, 347-407)의 말은 결코 과장이 아닙니다. 베드로는 "여러 가지 시험"으로 말미암은 "믿음의 확실함"이 "금보다 더 귀하다"고 말하면서 그 이유로는 주님께서 다시 오실 때에 "칭찬과 영광과 존귀를 얻게 할 것"이라고 밝힙니다(벧전 1:7).

3여러분이 [겪는] 믿음의 시련이 인내를 이룬다는 것을 아시면서 [말입니다]

야고보는 기뻐해야 할 첫 번째 이유로서 시련이 우리에게 제공하는 유익을 말합니다. 여기에서 시련은 "믿음의 시련"(τὸ δικίμιον τῆς πίστεως), 즉 믿음 때문에 당하는 역경, 진실한 믿음의 여부를 확인하는 시험, 믿음에서 불순물을 제거하고 순수하게 만드는 연단, 혹은 믿음으로 이해하고 믿음으로 대응하는 시련 등을 말합니다. 누구든지 예수님을 올바르게 믿으면 이 세상에서 환난을 당하고 어려움이 생깁니다(요 16:33). 바울의 표현을 빌리자면, "무릇 그리스도 예수 안에서 경건하게 살고자 하는 자는 박해를 받"습니다(딤후 3:12). 그렇게 환난을 당하고 박해를 받으면 위축되고 두려움이 생깁니다. 그 결과, 때로는 믿음 자체를 철회하고, 때로는 속으로만 믿고 믿음을 따라 경건하게 살지 않는 판단을 내립니다. 이런 식으로 시련 앞에 무릎을 꿇습니다.

그러나 "믿음의 시련"은 다릅니다. 시련을 믿음으로 맞이하는 사람은 맥락 없이 닥치는 "불 시험"도 "이상한 일 당하는 것 같이 이상히 여기지" 않습니다(벧전 4:12). 시련을 믿음으로 받으면 믿음의 근육을 사용하게 되고 믿음이 자랍니다. 맨톤의 표현처럼, "향료는 타거나 상처를 입었을 때 가장 향기롭고, 구원의 은총도 어려운 시기에 최고의 향기를 발합니다." 믿음도 시련의 풀무 속에서 더욱 순수하게 되고 단단하게 되고 향기롭게 변합니다. 시련이 있기 전까지는 자신의 믿음이 어떠한 상태에 있는지를 알지 못합니다. 베드로는 예수님이 잡히시고 심문을 당하실 때 저주와 거짓과 맹세를 동원하여 있는 힘껏 예수님을 부인하는 자신을 경험하기 전까지는 정금 같은 믿음을 가졌다는 착각에 빠져 있었습니다. 로마 군인들과 유대인의 위협이 가해지자 베드로는 겨처럼 가벼운 믿음의 초라한 실상을 발견하고 통회의 눈물을 흘렸습니다. 시련이 종교적인 자각을 선물한 것입니다. 맨톤은 "우리가 고난 앞으로 소환될 때 우리가 증명되고 경건도 증명될 것이라"고 말합니다.

맨톤은 형벌과 시련을 구별하며, "형벌의 열매는 절망과 불평이고 시련의 열매는 인내와 달콤한 항복"이라고 말합니다. 우리의 믿음이 세상의 시련을 접수하면 고통과 두려움이 아니라 인내라는 유익을 얻습니다. 맨톤의 말처럼, 믿음은 "세상의 유혹에 대항하는 우편의 절제와 세상의 압제에 대항하는 좌편의 인내로 말미암아 보호를 받습니다." 나아가 그는 "병환에 인내가 더해지면 건강보다 낫고 손실에 인내가 더해지면 소득보다 낫다"고 말합니다. 턴불(Richard Turnbull, d.1593)은 시련 속에서의 인내를 "그리스도 및 성령의 학교이며 보육원"과 같다고 보고, 경건한 자들에게 시련은 인내를 통해 "연약함의 교정, 찬양의 고무, 하나님을 향한 초대장, 본성적인 부패의 억제자, 열정의 증대자"가 된다고 말합니다. 이와는 달리 악한 자들은 시련을 "분노, 폭력, 째려보기, 투덜대기, 하나님을 향한 원망 그리고 극도의 절망 속에서 그의 신성을 모독하는" 근거로 삼습니다. 시련은 동일해도 대응은 사람마다 다릅니다.

인내의 어원적인 의미는 "무언가의 아래에 머무는 것"(ὑπομονή)입니다. 즉 인내는 시련의 상황을 벗어나서 투항하는 것이 아니라 그 속에서도 견디며 참아내는 힘입니다. 시련이 나를 괴롭혀도 나의 생각과 삶을 좌우하지 못하게 만드는 힘입니다. 시련은 인내 때문에 나의 운명을 결코 주관하지 못합니다. 이러한 인내의 힘은 믿음에서 나옵니다. 그래서 믿음으로 맞이한 시련이 인내를 이룬다는 이러한 사실을 알지 못하면 우리는 시련을 기뻐할 수 없습니다. 시련의 유익을 누리지도 못합니다. 믿음 없는 시련은 아무런 유익이 없습니다. 인격에 굳은살만 생깁니다. 각자의 개성에 굳은살이 박히면 그것을 완고함 혹은 고집이라 부릅니다. 모든 상황의 주관자 되시는 하나님에 대해서는 원망과 거부감이 생깁니다. 시련의 원인 제공자에 대해서는 '가만 두지 않겠다, 두고 보자'는 증오심과 보복심이 생깁니다. 시련과 인내의 이 인과적인 관계를 시련 당할 때마다 기억의 우물에서 퍼올리면 어떠한 시련이 와도 기뻐할 수 있습니다.

⁴그 인내가 온전한 사명을 감당하게 하십시오
그러면 여러분은 온전하고 완전하여 어떠한 것에서도
부족함이 없게 될 것입니다

인내는 참아내는 것인데, 인내의 대상은 외부에만 있지 않습니다. 인내는 외적인 시련에 굴복하지 않는 힘이면서 동시에 내적인 적에게도 무릎 꿇지 않는 힘입니다. 하나님의 형상이 파괴된 우리의 부패한 본성은 외부의 적들보다 훨씬 더 강하고 고약한 적입니다. 시련의 궁극적인 표적은 바로 내부의 적입니다. 꾹 참는다고 해서 외부의 환경이 바뀌는 것은 아닙니다. 그런데 참으면서 나 자신이 바뀝니다. 인내는 환경이 아니라 나 자신이 바뀌도록 참는 것입니다. 바뀌는 내용에 대해 야고보는 "온전하고 완전하여 어떠한 것에서도 부족함이 없게 될 것"이라고 말합니다. 이는 하나님의 형상이 온전하게 회복되는 것을 풀어서 설명한 것입니다. 그런데 하나님의 형상은 우리 안에서 저절로 회복되지 않습니다. 그런 회복이 쉽지도 않습니다. 우리는 본성의 차원에서 하나님께 진노의 자녀일 정도로 존재의 근본이 무너져 있습니다. 자신을 괜찮은 존재로 여기면 우리가 당하는 시험은 불필요한 것이며 인내는 따분한 것으로 여겨질 것입니다.

그러나 인간은 상상을 초월할 정도로 심각한 상태에 있습니다. 가정이나 사회에서 발생하는 끔찍한 범죄나 국가 간의 참혹한 전쟁은 부패한 인간 자신의 심각성을 잘 드러내고 있습니다. 이런 상태에서 하나님의 형상을 회복하기 위해서는 외부의 절대적인 도움이 필요하고 동시에 우리도 본성의 뼈를 깎아내는 고통을 감수하지 않으면 안됩니다. 하나님은 만물보다 부패하고 심히 거짓된 인간의 마음을 고치시기 위해 때때로 최악의 도구들도 쓰십니다. 이는 맨톤의 비유처럼 "마치 순전한 금이 지극히 게걸스레 삼키는 불이라는 녀석에게 던져지고 결백이 부당함에 의해 가장 잘 단련되는 것"과 같습니다. 신적인 형상의 본체이신 예수, 즉 우리 가운데로 오신 말씀이 우리 안에서 존재의 질서가 되기 위해서는 죄가 저지른 본성의 무질서를 인정하고 거부하며 말씀으로 교체하는 극도의 훈련을 거치지 않으면 안됩니다. 그런 훈련에서 무질서의 뼈가 꺾이고 존재의 기저가 흔들리는 막대한 고통이 생깁니다. 그 고통은 죄의 무질서가 나를 말씀에게 빼앗기지 않으려고 결사적인 저항을 하기 때문에 생기는 것입니다. 그 고통을 견뎌내지 못하고 죄의 손목을 붙잡으면 옛사람의 노예로 살아갈 수밖에 없습니다. 여기에 인내의 필요성이 있습니다.

외부의 시련은 하나님의 형상이 온전하게 회복되고 하나님을 더욱 알아가고 더욱 사랑하고 더욱 신뢰하게 되는 계기일 뿐입니다. 인내는 시련에서 이러한 온전함의 회복으로 건너가는 교각과 같습니다. 세상의 모든 환난과 죄의 박해를 조금만 견디면 금새 믿음이 건강한 미소를 짓고 영광이 마중을 나올 것입니다. 바울의 말처럼 "현재의 고난은 장차 우리에게 나타날 [그] 영광과 비교할 수 없습니다"(롬 8:18).

인내는 무익이나 손해가 아니라 "온전한 결과"를 가져옵니다. 즉 손해를 참아내기 때문에 손해를 수용하는 것처럼 보이는 인내는 우리를 "온전하고 완전하여 어떠한 것에서도 부족함이 없게" 만듭니다. 강하고 지속적인 시련의 폭풍이 몰아치면 모든 의식이 깨어나고 온몸을 전부 사용할 수밖에 없습니다. 그러면 우리의 전부가 자극을 받습니다. 맨톤의 말처럼, 우리의 몸을 보더라도 "활동이 가장 왕성한 몸의 지체들이 가장 견고하게 되고 자주 흔들리는 나무들이 뿌리를 깊게 내리는 법입니다." 무엇이든 왕성하게 활동하고 부지런히 흔들리는 성실함이 부자를 만듭니다(잠 10:4). 건강이든 재물이든 경건이든 하나님은 행한 대로 갚아 주십니다. 인격과 신앙과 생각과 감정과 의지와 도덕성과 신체를 자극하는 모든 종류의 시련은 베일에 가려진 하나님의 축복으로 여겨도 좋습니다.

중요한 것은 인내가 자신의 "온전한 업무"(ἔργον τέλειον)를 완수하게 해야 한다는 것입니다. 칼뱅은 이 말이 "실질적인 인내는 끝까지 견디는 것이라"는 뜻이라고 말합니다. 이는 인내의 온전함에 이를 때까지 시련의 도중에 절망하고 원망하고 불평하고 포기하지 말라는 말입니다. 인내에도 채워져야 할 총량이 있습니다. 그것이 채워질 때 인내의 온전한 유익을 얻습니다. 그러나 인내가 얕아서 너무도 쉽게 빨리 바닥을 드러내는 대부분의 사람들은 총량이 채워지기 전에 너무도 힘들어서 백기를 올립니다. "긴 병에 효자 없다"는 속담처럼 오랜 고난에도 장사가 없습니다. 고난이 길어지고 강해지면 인내도 고갈되고 결국 끝까지 버티지 못하고 포기나 타협을 택합니다. 그런데도 끝까지 버티며 인내의 온전함을 이루는 사람이 있습니다. 그런 사람들은 하나님을 신뢰하며 그분이 세상의 모든 것을 주관하고 계시다는 사실과 감당하지 못할 시험 당함을 허락하지 않으시는 분이라는 사실을 믿습니다. 그분께 도움을 구하면 피할 기막힌 길을 내십니다. 인내가 바닥을 드러낼 때 우리가 하나님께 인내를 구하면 그분은 여러분의 인내를 아낌 없이 넘치도록 주십니다. 그러한 은총을 베푸시며 우리로 하여금 어떠한 시험도 "능히 감당하게 하십니다"(고전 10:13).

바울은 선을 행할 때에도 인내가 필요함을 말합니다. 선을 행하여도 감사할 줄 모르면 실망하기 쉽습니다. 선을 행하여도 감사는 고사하고 오히려 악으로 돌려 받으면 실족하기 쉽습니다. "악으로 선을 대신하는 자들"은 거기에서 멈추지 않습니다. 시인은 그런 자들이 "내가 선을 따른다는 것 때문에 나를 대적"하는 일까지 겪었다고 말합니다(시 38:20). 그런데도 시인은 선행을 중단하지 않고 하나님께 신속한 도움과 구원을 구합니다. 같은 취지에서, 바울은 "우리가 선을 행하되 낙심하지 말지니 포기하지 아니하면 때가 이르매 거둘 것이라"고 말합니다(갈 6:9). 뒤집어서 말하면, 선을 행하다가 도중에 포기하면 선의 열매를 거두지 못한다는 말입니다. 여기에서 정해진 언약의 "때"(καιρός)가 이르도록 선행을 포기하지 않는 것은 인내의 온전함을 이루는 것과 같습니다.

야고보가 인내의 결과라고 말하는 "온전한 것"(τέλειος)은 "어떤 사물이 존재할 때부터 내재되어 있는 본래의 목적에 도달한 상태"를 뜻합니다. 모든 피조물은 창조자가 정하신 존재의 방향과 목적이 있으며, 그것은 그 누구도 변경하지 못합니다. "완전한 것"(ὁλόκληρος)은 "어떤 사물이 그 사물의 모든 부분에서 어떠한 결함도 없이 온전한 상태에 이른 것"을 뜻합니다. 온전함은 사물의 목적에 강조점이 있고 완전함은 사물의 본질에 강조점이 있습니다. 야고보가 말하는 온전함과 완전함은 우리가 사랑으로 열망해야 하고 믿음으로 이루어야 하는 것입니다. 이러한 도리는 아브라함 시대에도 주어졌습니다. "너는 내 앞에서 행하여 완전하라"(창 17:1). 이는 믿음의 조상으로 하여금 창조의 원리와 목적에 따라 살고 동시에 택하시고 부르신 주님께서 보시기에 온전하게 살라는 말입니다. 이를 위해서 히브리서 기자는 우리가 언제나 현재에 만족하지 말고 "이보다 더 좋은 것"이 있음을 확신하고 받기 위하여 성실해야 한다고 말합니다(히 6:9-11). "이보다 더 좋은 것"은 온전하고 완전한 것을 뜻합니다. 온전하고 완전한 것은 하나님이 약속하신 것입니다. 그리고 히브리서 저자는 오직 "믿음과 오래 참음으로 말미암아 약속들을 기업으로 받는 자들을 본받는 자가 된다"고 말합니다(히 6:12). "오래 참아서 약속을 받은" 구체적인 증거로서 아브라함 가족을 제시하고 있습니다(히 6:13-15). 아브라함 역시 인내 없이는 이 완전함을 이룰 수 없었다는 말입니다.

창조주와 구원자 되시는 하나님의 온전하고 완전한 뜻은 하나이며 언제나 같습니다. 태초부터 부여된 인간의 온전함은 하나님께 영광의 찬송 됨에 있으며, 인간의 완전함은 인간의 모든 부분이 각각 그 영광의 심포니에 하나의 조각으로 전부 참여함에 있습니다. 이에 더하여 힐라리우스는 야고보가 말하는 온전함과 완전함이 "하나님에 대한 사랑"에 있다고 말합니다. 진실로 사랑은 온전하여 모든 종류의 두려움을 내어 쫓습니다(요일 4:18). 그런데 우리가 세속적인 손해를 두려움의 대상으로 여기며 인내하지 않고 표면적인 유익의 보존에 집착하면 본질적인 유익을 상실할 수밖에 없습니다. 돈은 많아지고, 지위는 올라가고, 인기는 넓어질지 모르지만, 그러는 중에 하나님의 영광과 형상이라는 온전함과 완전함은 회복의 기회를 잃습니다. 그러면 무엇보다 인간성의 보루인 하나님의 형상을 상실하고, 인생은 찬송이 아니라 저주가 되고, 겸손이 아니라 교만이 되고, 온유가 아니라 분노가 되고, 공존이 아니라 갈등이 되고, 대화가 아니라 폭력으로 바뀝니다.

온전한 인내로써 온전하고 완전하게 된 사람은 손해나 빈곤을 맞이하지 않고 오히려 부족함이 없습니다. "부족함이 없다"(λείπω)는 말은 지적인 부족이나 금전적인 부족이나 인간적인 어떤 부족이 아니라 인간이 창조의 때로부터 의도된 상태와 목적에 도달하는 것과 관계된 말입니다. 즉 하나님의 아들의 형상을 온전히 이룸에 있어서 어떠한 면에서도 미달됨이 없는 상태를 뜻합니다. "부족함이 없다"는 말에서 다윗의 고백이 마음에 떠오릅니다. 그가 부족함이 없다고 고백한 이유는 하나님이 그의 목자였기 때문입니다. 부족함이 없어지는 비결은 나 자신의 어떤 실력이나 의지나 충분한 소유물의 확보가 아니라 하나님과 나의 관계에 있습니다. 혹시 나에게, 우리에게, 부족함이 있다면, 그 대응책은 무언가를 소유하고 확보하는 방식이 아니라 하나님과 자신 사이의 관계를 점검하고 올바르게 확립하는 것입니다. 그리고 "여호와를 경외하라 그를 경외하는 자에게는 부족함이 없도다"(시 34:9)는 어느 시인의 고백도 떠오릅니다. 이 고백에 따르면, 인생의 목적인 하나님 경외를 지향하면 부족함이 사라질 것입니다.

부족함의 여부는 소유물의 분량이 아니라 주님과의 관계 및 그분을 향한 경외에 의해 좌우되는 것입니다. 목자와 양의 관계, 아버지와 자녀의 관계, 주인과 종의 관계, 창조자와 피조물의 관계, 구원자와 죄인의 관계를 믿고 존중하며 고백하는 자, 어떠한 환경 속에서도 그 믿음을 버리지 않고 인내하며 고수하는 자에게는 부족함이 없습니다. 신적인 형상의 본체이신 예수님과 그 형상을 온전하게 이루어야 하는 우리의 관계를 알고 예수님이 내 안에 거하시고 내가 그분 안에 거하는 형상의 온전함을 이루기 위해서는 필히 기다리고 감수하고 견디는 인내가 필요합니다.

　믿음의 종착지는 온전한 인내를 통한 인격과 삶과 관계의 온전함과 완전함에 있습니다. 여기에 도달하기 전까지는 우리가 함부로 만족하지 않고 걸음을 멈추지도 않을 것입니다. 히브리서 저자는 도의 초보에 머물지 말라고 말합니다. 믿음의 새로운 터를 닦지도 말라고 말합니다. 오히려 "완전한 데"로 나아갈 것을 권합니다(히 6:2). "완전한 데"가, 히브리서 저자에 의하면, 거룩하고 흠이 없는 것입니다. 인내는 하나님의 의롭다 하심과 관계된 것이 아니라 하나님의 거룩하게 하심과 관계되어 있습니다. 우리가 끊임없이 자라가는 성화의 길을 걸어서 온전한 거룩함에 이르러 주님과 깊은 교제 속으로 들어가는 것은 세상의 창조 이전부터 영원 속에서 정하여진 것입니다(엡 1:4-5). 온전함에 대한 바울과 야고보의 관심과 이해는 다르지 않습니다.

⁵너희 중에 누구든지 지혜가 부족하거든 모든 사람에게 후히 주시고 꾸짖지 아니하시는 하나님께 구하라 그리하면 주시리라 ⁶오직 믿음으로 구하고 조금도 의심하지 말라 의심하는 자는 마치 바람에 밀려 요동하는 바다 물결 같으니 ⁷이런 사람은 무엇이든지 주께 얻기를 생각하지 말라 ⁸두 마음을 품어 모든 일에 정함이 없는 자로다

❖ ❖ ❖

⁵만약 여러분 중에 누군가가 지혜가 부족하면 모든 이에게 후히 주시고 꾸짖지 않으시는 하나님께 구하세요 그러면 그에게 주어질 것입니다 ⁶그러나 어떠한 것도 의심하지 말고 믿음으로 구하시기 바랍니다 의심하는 자는 바람에 밀려 요동하는 바다의 물결 같습니다 ⁷그런 사람은 주에게서 어떠한 것도 얻을 것이라고 생각하지 마십시오 ⁸그는 그의 모든 길에서 안정됨 없이 두 마음을 가진 자입니다

03 지혜를 구하라

⁵만약 여러분 중에 누군가가 지혜가 부족하면 모든 이에게 후히 주시고
꾸짖지 않으시는 하나님께 구하세요 그러면 그에게 주어질 것입니다

흩어져서 환란을 당하는 열두 지파에게 야고보는 대응의 대전제인 "기쁨
으로 여기라"고 언급하고 "인내"라는 소극적인 대응을 제안한 이후에 인내
하는 자에게 필요한 적극적인 대응을 권합니다. 온전한 대응은 시련을 기
쁨으로 여기며 가만히 있는 것이 아닙니다. 적극적인 대응이 배제된 수동
적인 참기도 능사가 아닙니다. 야고보는 온전한 인내의 한 요소로서 지혜
와 거룩함과 의로 구성된 하나님의 형상 중에서 지혜를 구하라고 말합니
다. 최고의 대응은 인간의 천부적인 기본기 즉 하나님의 형상으로 돌아가
는 것입니다. 물론 온전한 인내만 있으면 다른 대응이 필요하지 않습니다.
그런데도 야고보는 부족함이 있다면 무엇이든 하나님께 구하라고 말합니
다. 이로 보건대, 온전한 인내로 인해 부족함이 없어지게 된다는 말에는 무
언가가 부족할 때에 하나님께 구하면 주어져서 결국 부족함이 없어질 것

이라는 개념도 포함되어 있는 듯합니다. 이는 하나님의 뜻은 반드시 이루어질 것이지만 그래도 우리가 그 뜻의 성취를 추구해야 한다(겔 36:37)는 에스겔 선지자의 기록과 같습니다. 즉 온전한 인내가 우리의 기도를 배제하지 않는다는 말입니다.

야고보는 시험에서 이기고 환란에서 벗어나는 해법으로 재물이나 권력이 아니라 지혜를 권합니다. 환란은 인격과 신앙의 훈련소와 같습니다. 사람의 성장에 환란보다 좋은 교실은 없습니다. 그런데 극복하기 위해 외적인 수단을 의지하면 아무런 성장이 없고 오히려 인간적인 잔머리만 굵어질 뿐입니다. 그러나 지혜를 의지하면 나 자신의 성품과 인격이 자랍니다. 시험과 시련에 빠지는 궁극적인 원인은 외부의 환경이 아니라 나의 내부에 있습니다. 당연히 시험을 극복하는 비결도 외부가 아니라 내부에 있습니다. 야고보는 시험과 시련에 빠져 굴복하는 것이 지혜의 부족 때문이고 극복하는 것이 지혜의 충만으로 말미암은 것이라고 말합니다. 지혜가 부족하면 지극히 약한 시험에도 쉽게 빠집니다. 그러나 지혜가 충만하면 아무리 강한 시험에도 빠지지 않습니다. 오히려 그 시험과 시련을 통해 더욱 단단한 신앙과 인격을 얻습니다.

야고보가 부족함의 한 사례로서 제시한 "지혜"(σοφία)는 하늘의 지혜일 것입니다. 땅의 지혜가 아닙니다. 두 지혜의 차이는 야고보가 3장에서 자세히 논합니다. 여기서는 학자들의 정의를 몇 가지 소개하고 싶습니다. 알타머(Andreas Althamer, 1500-1539)에 따르면 지혜는 "하나님에 대한 참 지식이며 올바른 믿음이며 거룩하고 신적인 말씀으로 말미암아 우리가 하나님 앞에서 어떻게 살고 행하며 타인과 더불어 어떻게 행동하며 십자가와 고난이 무엇인지 인지하고 깨닫는 것"입니다. 에스트는 지혜의 문맥적인 의미가 고난의 원인 혹은 목적을 깨닫는 것이라고 말하면서 네 가지 원인을 이렇게 밝힙니다. 첫째, 고난은 죄의 형벌을 위한 것입니다. 둘째, 고난은 믿음의 연단을 위한 것입니다. 셋째, 고난은 하나님의 영광을 더욱 잘 드러내기 위한 것입니다. 넷째, 고난은 세상과 함께 정죄되지 않도록 할 우리의 회개를 위한 것입니다. 이러한 원인들을 아는 지혜가 없다면 우리는 환난의 의미도 모르고 온전한 인내도 이루지 못하고 온전해질 수도 없을 것입니다.

저에게 지혜의 근본적인 의미는 하나님을 경외하는 것입니다. 하나님을 경외함 외에 지혜롭게 되는 다른 방법은 없습니다. 지혜의 근본은 지혜의 하나님을 경외함에 있습니다(시 111:10, 잠 9:10). 하나님을 경외하는 자는 그의 말씀을 진리로 인정하고 지킵니다. 지혜는 그 말씀에 농축되어 있습니다. 순종으로 하나님을 경외하는 자는 지혜롭지 않을 수가 없습니다. 하나님을 경외하는 자의 지혜는 생명을 포함하여 우리에게 주어진 모든 만물의 기원과 본질과 기능과 목적을 알고, 그것들을 어떻게 사용하고, 우리가 처한 환경을 어떻게 분별하고, 어떻게 처신해야 하는지를 아는 것입니다. 이처럼 지혜는 다양한 시험과 시련에 빠진 인생에게 가장 요긴합니다. 국가와 비교하면, 지혜는 행정부와 사법부와 입법부로 구성된 국가의 종합적인 시스템에 해당합니다.

문제는 이러한 지혜가 공동체나 개인에게 부족한 정도가 아니라 거의 없다는 것입니다. 더 심각한 문제는 지혜가 없는 자신을 여전히 지혜로운 자라고 착각하는 개인들과 조직들이 많다는 것입니다. 그런 자들에 대해 이사야는 이렇게 적습니다. "스스로 지혜롭다 하며 스스로 명철하다 하는 자들은 화 있을진저"(사 5:21). 모든 인간은 스스로 지혜롭지 않고 스스로 명철하지 않습니다. 그런데도 자신을 스스로 지혜롭게 여긴다면 화를 자초하는 일입니다.

"화"는 고통이나 수치나 비애를 가리키는 말입니다. 스스로 지혜롭게 여기니까 타인의 조언을 듣지 않습니다. 자신과 다른 주장은 틀렸다고 판단하고 결코 수용하지 않습니다. 틀림이 아니라 다름일 뿐인데 다를 때마다 분을 쏟고 화를 던집니다. 평소에 말하는 것 자체가 화풀이요, 인생이 무슨 분풀이인 사람도 있습니다. 스스로 명철하게 여기는 사람은 자신의 무지와 우매함을 알 기회도 놓치고 지혜롭게 될 가능성도 스스로 박탈하고 자신의 미련함이 지혜인 줄 알고 마구 드러내고 퍼뜨리며 그 미련함을 인생의 질서로 삼고 나아가 사회적인 질서로 만들려는 억지를 부리며 공동체적 민폐까지 끼칩니다. 그런다고 해서 인간이 지혜롭게 되지는 않습니다. 우매함만 가중될 뿐입니다.

지혜의 부족함을 해결하는 방법은 스스로나 다른 사람들의 도움을 구하는 것이 아닙니다. 많은 책장을 넘긴다고 해서 지혜가 주어지는 것도 아닙니다. 해결책은 오직 하나님께 나아가 그의 도우심을 "구하는 것"(αἰτέω)입니다. 지혜는 주님께서 그냥 알아서 모두에게 주시지 않고 구하는 자에게만 주십니다. 물론 우리는 에라스무스의 말처럼 "하나님의 풍성함에 합당하지 않고 하나님의 진노에 합당"하나 하나님은 "본성이 선하고 자비로운 분"이시기 때문에 구하면 지혜를 주십니다. 지혜를 얻음은 우리의 공로가 아니라 하나님의 성품에 근거한 것입니다. 진실로 하나님은 유일하게 스스로 지혜로운 분입니다. 지혜에 어떠한 부족함도 없이 완전한 지혜를 가지셨고 지혜 자체이며 모든 지혜의 원천이신 분입니다. 하나님께 지혜를 구한다는 것은 그런 지혜의 하나님을 인정하고 그에게 전적으로 의지하는 경외심을 전제하는 말입니다.

하나님은 자신의 지혜를 구하는 모든 자에게 어떠한 꾸지람도 없이 후히 주시는 분이라고 야고보는 말합니다. 하나님은 누구도 배제함이 없이 구하는 "모든 자에게"(πᾶσιν) 실제로 지혜를 주십니다. 그에게는 차별이 없습니다. 남녀노소 빈부귀천 동서고금, 그 누구도 가리시지 않습니다. 그러므로 만약 우리가 지혜롭지 않다면 그 원인은 하나님의 인색함이 아니라 우리의 구하지 않음에 있습니다. 나이가 어리거나 등록금이 없다거나 직장이 없다는 것은 지혜 없음의 원인이 아닙니다. 노인이나 아이도, 백수나 직장인도, 부한 자나 가난한 자도 주께 구하면 얼마든지 지혜의 사람이 될 수 있다는 말입니다.

하나님은 구하는 자에게 조금씩 아껴서 주시지 않고 "후히"(ἁπλῶς) 주십니다. 칼뱅은 "후히" 주신다는 말을 해석하며, 그것이 "주심의 신속성"을 뜻한다고 말합니다. 하나님은 지혜 베푸실 기회를 얼마나 기다리고 계신지 모릅니다. 맨톤은 그 단어에 "단순성"의 의미를 부여하고 있습니다. 즉 하나님은 계산하지 않으시고 순수한 사랑으로 그냥 주신다는 것입니다. 다른 목적을 달성하기 위해 미완의 응답을 미끼로 사용하지 않는다는 것입니다. 절반만 주시고 나머지 절반으로 기도자를 조정하려 하지 않으시고 전부를 주신다는 것입니다. 그러나 제가 보기에 "후히"에는 "단순성"과 "신속성" 외에도 "어떠한 망설임도 없이 넘치도록 많이 기꺼이 기쁘게" 주신다는 뜻도 있습니다. 이런 견해는 주님이 "우리가 구하거나 생각하는 모든 것에 더 넘치도록 능히 하실 이"라는 바울의 고백에 근거한 것입니다(엡 3:20).

후히 주시는 하나님의 마음에는 아낌도 없고 인색함도 없습니다. 아낌이나 인색함은 모든 것을 무한히 가지시고 사랑이 무한하신 분에게는 없습니다. 그것은 유한하고 옹졸한 자에게나 적용되는 말입니다. 성경에는 하나님께 구한 것보다 더 후하게 받은 사람들이 적지 않습니다. 맨톤이 잘 정리한 것처럼, 솔로몬은 "듣는 마음"의 지혜를 구했으나 부와 명예까지 주셨으며(왕상 3:9, 13), 야곱은 여행을 위해 음식과 의복만 구했으나 가족을 두 무리나 얻었으며(창 32:10), 믿음의 조상은 아들 하나를 구했으나 하늘의 별과 바다의 모래 같이 많은 후손을 얻었다(창 22:17)는 사실에서 우리는 하나님의 후하심을 배웁니다. 후히 주신다는 야고보의 말은 구약에 근거한 말입니다.

하나님은 지혜 구하는 자를 "꾸짖지 않으시는"(μὴ ὀνειδίζοντος) 분입니다. 칼뱅의 말처럼, 사람에게 도움을 요청할 때에는 아무리 무심한 사람도 공손한 태도를 갖추고 격식을 차립니다. 부탁했던 것을 또 부탁하면 민망함도 스스로 느낍니다. 그리고 인간의 문맥 안에서는 무언가를 부탁할 때

거절의 두려움을 갖습니다. 동일한 부탁을 반복하면 역정과 꾸짖음의 반응이 예측되고 당연히 위축되는 경우가 많습니다. 실제로 부탁을 들어주는 사람들 중에는 부탁한 자를 혼내도 되는 자격이나 명분을 가진 것처럼 군림의 밑천으로 부탁의 수락을 활용하는 자들도 적지 않습니다.

그러나 하나님께 구할 때는 다릅니다. 야고보는 기도자가 위축되지 않도록, 반복적인 기도에도 수치심을 느끼지 않도록, 꾸짖지 않으시는 하나님의 자상한 성품을 말하면서 기도의 발목을 잡을 만한 모든 걱정을 제거하고 기도의 문턱도 완전히 낮춥니다. 사실 지혜가 부족한 인간이 하나님께 지혜를 구하는 것은 죄가 아닙니다. 지혜 요청은 인간의 지극히 정상적인 것이고, 지극히 본성적인 것입니다. 피조물인 인간은 지혜에 있어서도 창조자 하나님을 의존할 수밖에 없습니다. 그래서 하나님은 꾸짖지 않는 정도가 아니라 오히려 자신에게 힘써 구하기를 원하고 계십니다.

심지어 지혜자는 "지혜가 제일이니 지혜를 얻으라 네가 얻은 모든 것을 가지고 명철을 얻으라"고 말합니다(잠 4:7). 지혜는 우리의 인생 전부와 교환해도 될 정도로 고귀한 것입니다. 바울은 예수님을 만세 전부터 감추어진 지혜라고 말합니다(고전 1:24, 2:7). 모든 것에 대해 하나님께 수없이 기도해도, 구한 것을 또 구해도 잘못이 아닙니다. 오히려 성경은 우리에게 범사에 무시로 쉬지 말고 하나님께 구하라고 말합니다. 맨톤은 "우리가 하나님께 더 자주 갈수록 더 환영을 받으며 우리가 그와 더 친할수록 더 좋은 복이 우리에게 온다(욥 22:21)"고 말합니다. 사람에 대해서는 반복적인 발언과 잦은 방문이 몰염치한 일이지만 하나님에 대해서는 신뢰의 일입니다.

그리고 하나님의 지혜를 구하면 그것이 실제로 구하는 자에게 "주어질 것입니다"(δοθήσεται). 이는 변하지 않으시는 하나님의 본성과 그의 확고한 약속에 근거한 말입니다. 본성의 차원에서 하나님은 선하시고 선을 행하시는 분입니다(시 119:68). 행위는 본성을 배신하지 않습니다. 그에게는 본성이 행위와 다르지 않습니다. 말과 행위도 다르지 않습니다. 하나님의 약속은 "구하면 주신다"는 것입니다(마 7:7). 하나님은 인생과 다르시기 때문에 거짓말을 하시지 않습니다(민 23:19). 그래서 하나님은 반드시 구하는 자에게 주십니다. 그러므로 '나는 원래 지혜가 없다'고 자조하며 그저 태생적인 우매자로 살아가는 것은 결코 올바르지 않습니다.

부족함은 죄가 아닙니다. 수치도 아닙니다. 하나님을 더 신뢰하고 더 찾으라는 착한 신호일 뿐입니다. 부족함을 그렇게 해석하며 기도와 신앙의 디딤돌로 쓰십시오. 하나님께 믿음으로 나아가면 어떠한 부족함도 부족함 그대로 머물지 못할 것입니다. 주님을 신뢰하되 부족함이 없도록 이끄시는 자신의 목자로 여기며 전심으로 신뢰한 다윗은 실제로 "내게 부족함이 없다"는 고백을 했습니다(시 23:1). 다윗이 고백한 부족함의 없음은 사실에 대한 선언이며 결코 추측이나 희망의 고백이 아닙니다. 기도에 확실한 응답이 있다는 것은 살아계신 하나님을 믿는 기독교의 고유한 특징입니다. 지혜를 구하는 기도는 결과 없는 기도가 아닙니다. 반드시 응답이 있습니다. 진실한 기도, 합당한 기도는 한 마디도 땅에 떨어지지 않습니다.

6그러나 어떠한 것도 의심하지 말고 믿음으로 구하시기 바랍니다
의심하는 자는 바람에 밀려 요동하는 바다의 물결 같습니다

야고보는 지혜를 구하는 기도자의 자세를 논합니다. 무엇보다 먼저 의심하지 말아야 한다고 말합니다. 그 이후에 믿음으로 구하라고 말합니다. 의심의 문제를 제거하는 것이 우선이고 믿음의 해결책을 제시하는 것은 그 다음의 일입니다. 동시에 두 가지는 동전의 양면과 같습니다. 먼저 "의심하다"(διακρίνω)는 말은 "면밀하게 조사하다, 철저히 분리하다, 반대하다" 등을 뜻합니다. 의심은 있는 그대로를 수용하지 않고 다른 어떤 증거를 확인해야 비로소 인정하는 마음의 불안전한 상태를 뜻합니다. 어쩌면 학자들이 주장

의 객관성과 공신력을 확보하기 위해 더 높은 권위를 가진 다른 학자들의 말을 인용하는 것도 학계의 보편적인 문화로 굳어진 것이지만 그 배후에는 의심이 작용한 것은 아닌가, 저는 의심하는 바입니다. 많은 사람들이 경제적인 결정을 내리기 전에 경제 전문가의 조언에 귀를 기울이고, 신체적인 문제를 해결하기 위해 건강 전문가의 진단에 귀를 기울이는 것은 마음의 불안을 해소하기 위한 것입니다. 물론 이러한 것들이 악은 아닙니다.

의심은 무지에서 벗어나 더 깊은 탐구의 세계로 들어가게 만드는 순기능도 있습니다. 17세기 프랑스의 철학자 르네 데카르트(René Descartes, 1596-1650)는 의심을 학문의 객관성 확보의 방편으로 삼은 분입니다. 보이는 것은 착시일 수 있어서 의심하고, 들리는 것은 환청일 수 있어서 의심하고, 먹는 것도 상상의 맛일 수 있어서 의심하며 의심할 수 있는 모든 것을 사실이 아닌 것으로 여깁니다. 그리고 아무리 의심해도 결코 의심할 수 없는 것을 학문의 제1원리로 삼습니다. 그런 원리에 근거하여 그는 이런 결론을 내립니다. "생각한다, 고로 존재한다(cogito, ergo sum)." 이처럼 합리론에 방법론적 초석을 마련한 최초의 철학자가 제시한 의심은 거짓과 오류를 걸러내고 비본질적 요소를 제거하여 가장 객관적인, 가장 논리적인, 가장 정확한 진리의 검증된 지식으로 우리를 인도하는 최고의 안내자로 여겨져서 지금까지 지성인의 각광을 받아 왔습니다.

그러나 문제는 그 의심의 대상이 누구냐에 따라 평가가 갈린다는 것입니다. 의심은 더 큰 권위를 통해서 진위를 확인받고 싶어하는 정서적 기질 같은 것입니다. 그런데 최고의 권위 앞에서도 여전히 의심하는 것은 그 권위가 최고가 아니라고 주장하는 셈입니다. 즉 그 권위를 무시하는 것입니다. 토마스 페인(Thomas Paine)의 말처럼, 그런 "의심은 천박한 영혼들의 동료요 모든 좋은 사교에 말썽"을 일으키는 것입니다. 하나님은 최고의 권위를 가지신 분입니다. 그래서 하나님은 의심의 대상이 아닙니다. 하지만 사람들은 하나님도 의심의 대상으로 삼습니다. 야고보는 의심의 대상을 혼돈하지 말라고 말합니다. 하나님과 그의 약속에 대한 의심을 버리라고 말합니다. 하나님을 의심하는 것은 자신이 최고의 권위가 되겠다는 것입니다. 아담과 하와가 하나님과 비기려고 한 배신의 배후에는 의심의 꼬드김이 있습니다. 하나님은 보이지 않으시는 분입니다. 보이지 않는 존재를 지우는 방법은 불로 태우거나 먼 곳으로 보내는 것이 아닙니다. 의심하는 것입니다. 사람은 보이지 않는 존재를 의심으로 지웁니다. 이와는 반대로 하나님이 계시다는 사실은 믿음으로 붙듭니다(히 11:6).

의심을 일으키는 원인과 관련하여 저는 존자 베다(Bede the Venerable, 672/673-735)의 주장에 마음이 끌립니다. 베다는 "마음을 찌르는 양심 때문에 자신이 하늘의 선물을 과연 받을 수 있을지"에 대한 의심이 생긴다고 말합니다. 양심은 선물 받을 자격도 없고 실력도 없고 조건도 구비하지 못한 우리의 실상을 고발하며 송곳처럼 우리의 마음을 찌릅니다. 찔린 마음은 사실 앞에서 아무런 이의도 제기하지 못합니다. 그러나 기도에 대한 하나님의 응답은 양심이 고발한 우리의 실상에 근거한 것이 아닙니다. 아우구스티누스(Aurelius Augustinus, 354-430)는 "순수하게 인간의 공로인 것은 악" 밖에 없다고 말합니다. 그렇게 악한 우리에게 주어질 하나님의 응답은 형벌과 심판뿐일 것입니다. 그럼에도 불구하고 하나님은 당신의 무궁한 긍휼과 자비 때문에 악한 자에게도 하늘의 선물을 베풀어 주십니다. 우리의 악한 본색보다 하나님의 선한 속성을 더 신뢰하는 사람은 의심하지 않고 하나님께 기도를 드립니다.

본문에서 야고보는 믿음과 의심을 대조하고 있습니다. 이것은 "믿고 의심하지 아니하면"(마 21:21) 모든 기도에 응답이 주어질 것이라는 예수님의 가르침에 충실한 것입니다. 믿지도 않으면서 기도하는 것은 하나님을 떠보는 것이고 감히 그를 시험하는 것입니다. 그래서 믿음 없는 기도는 기도가 아닙니다. 턴불이 잘 지적한 것처럼, 믿음으로 행하지 않은 모든 것이 죄라는 말에 근거하여 믿음 없는 "우리의 기도는 죄가 될 것"입니다. 기도의 의로움도 "행위의 법에 의해서가 아니라 믿음"으로 말미암아 불의함과 구별되는 것입니다. 나아가 턴불은 어느 교부를 인용하며 "선행처럼 보이는 어떠한 것도 믿음 없이 이루어진 것이라면 죄이거나 죄로 바뀔 것이라"고 말합니다.

믿음은 기도에 앞섭니다. 칼뱅의 말처럼, "믿음은 하나님의 약속을 신뢰하는 것입니다." 믿음의 기도는 하나님이 약속하신 것을 우리에게 이루어 주시라고 겸손히 구하는 것입니다. 기도의 내용에 있어서 하나님의 약속과 무관한 것을 구하고 믿음과 무관한 것을 구하는 것은 올바른 기도가 아닙니다. 어떠한 기도도 약속의 보증이 없으면 응답되지 않습니다. 육체적인 욕망, 세속적인 성공, 경제적인 풍요 등의 썩어 없어지는 것들은 하나님의 약속에 속한 것들이 아닙니다. 약속된 것들은 하나님의 영광, 그의 나라와 의, 사랑과 정의, 공의와 진리, 자비와 선함, 그와의 영원한 연합, 성령의 열매 등입니다. 이것들은 주기도문 안에 잘 요약되어 있습니다.

그리고 믿음은 하나님을 최고의 권위로 여기며 모든 결론의 근거를 그분의 말씀 혹은 약속에 두는 마음의 자세를 뜻합니다. 하나님께 기도를 드린다는 것은 최고의 권위에게 필요를 채워 주시라고 요청하는 것입니다. 그런데도 그런 요청이 불안하여 그보다 더 높은 권위가 있는 것처럼 다른 권위에게 응답의 물증이나 보증을 구하는 것은 의심하는 것입니다. 하나님 외에 다른 무언가에 의해 불안함이 사라지는 사람은 그 무언가를 하나님 이상으로 신뢰하는 자입니다. 그러면 하나님에 대한 신뢰는 상대화될 수밖에 없습니다. 그런 식으로 그는 우상을 은밀하게 숭배하는 것입니다. 그에게는 하나님이 그 우상보다 못한 존재가 되는 것입니다.

야고보는 믿음의 깊은 뿌리가 없이 의심하는 사람을 "바람에 밀려 요동하는 바다의 물결" 같다고 말합니다. 인생에는 바람 없는 날이 없습니다. 인생은 종류도, 크기도, 길이도 알지 못하는 바람들에 무방비로 노출되어 있습니다. 그런데 항상 부는 인생의 바람은 어디에서 와서 어디로 가는지도 알지 못합니다. 무슨 대단한 뒷배가 있는지, 바람은 연약한 인생을 아무리 심하게 흔들어도 구속된 적이 없고 기소된 적도 없고 그 촘촘한 법망을 요리조리 잘도 빠져 나갑니다. 그런 바람에 바다의 물결은 직접적인 영향을 받습니다. 의심하는 사람은 그렇게 바람을 따라 무시로 변하는 주변의 환경에 떠밀려 요동하며 무시로 변하는 자입니다. 출처와 방향을 알지 못하는 바람이 지배하는 인생이 얼마나 고단한지 모릅니다. 날마다 불안 속에서 살아갈 수밖에 없습니다. 이러한 삶을 칼뱅은 "하나님의 약속을 의심하는 사람들의 불신이 초래한 형벌"로 여깁니다. "우리의 영혼은 하나님의 진리에 의지하지 않고서는 결코 평안함을 얻을 수 없습니다." 영혼의 안식처는 진리에 있습니다.

그리고 의심하는 사람은 이상한 습관과 성향에 빠집니다. 의심은 의심하는 자를 판단의 주체와 기준으로 세웁니다. 의심을 해소하고 확신을 주면 믿겠다는 태도는 자신이 불신과 신뢰의 결정자가 되겠다는 뜻입니다. 의심은 의심하는 자를 괴물로 만듭니다. 자기 중심적인 괴물, 자신을 기준으로 삼는 괴물, 하나님도 그 순위에 있어서는 자신보다 못한 후순위로 밀어내는 그런 괴물 말입니다.

주님은 믿음으로 구하는 자, 당신을 신뢰하는 자에게 기도의 응답을 주십니다. 무화과 나뭇잎이 마르라고 명하여도 응답될 것이고 산에게 들려서 바다로 가라고 명하여도 응답될 것이라고 하십니다. 그런데 이런 기도의 응답에는 믿음으로 구하고 조금도 의심하지 말아야 한다는 단서가 붙습니다(마 21:21). 히브리서 기자는 믿음을 보지 못하는 것의 증거라고 말합니다(히 11:1). 보이지 않으면 사람들은 의심부터 하지만 믿음의 사람들은 보이지 않아도 그것을 증거로 취합니다. 이 세상에는 보이는 것보다 보이지 않는 것이 더 많습니다. 보이는 세계보다 보이지 않는 세계가 더 넓습니다. 오늘날 과학은 물질보다 비물질의 세계가, 일반적인 에너지나 물질보다 암흑 에너지나 암흑 물질이 훨씬 크다고 말합니다. 의심하는 사람들은 지극히 작은 가시적인 세계의 테두리를 벗어나지 못합니다. 그러나 믿음의 사람들은 더 넓은 세계를 누빕니다. 의심이 지식을 넓혀주는 것이 아니라 믿음이 우리의 시야와 지식을 넓힙니다.

그런데 믿음으로 구하되 무엇을 믿어야 할까요? 히브리서 기자는 주님께 무언가를 구하기 위해 그에게 나아가는 자는 반드시 그가 계신 것과 그가 응답의 상을 주신다는 사실을 믿어야만 한다고 말합니다(히 11:6). 하나님의 존재와 상 주시는 자비의 속성을 신뢰하는 자가 구하는 기도에는 반드시 응답이 있습니다. 하나님은 영이시기 때문에 보이시지 않습니다. 그러나 언제나 계시는 분입니다. 가시적인 물증을 제시하여 설명할 수는 없습니다. 그러나 믿음으로 그의 존재를 알 수 있습니다. 그리고 하나님은 당신을 가까이 하는 자에게 반드시 상을 주십니다. 그것은 하늘에서 주어지는 상입니다. 이 땅에서는 주어질 수 없습니다. 기대한 것보다 훨씬 더 좋은 것을, 기도한 것보다 더 많이 주십니다.

실제로 우리의 현실을 정직하게 살펴보면, 기도하고 받은 응답보다 기도하지 않았는데 이미 받은 응답이 더 많습니다. 예수님의 해석에 의하면, "구하기 전에 너희에게 있어야 할 것을 하나님 너희 아버지"가 이미 아시고 구하기도 전에 그것을 은밀하게 주십니다(마 6:8). 하나님은 우리에게 필요한 모든 것을 오른손도 모르게 왼손으로 주십니다. 은밀한 주심의 차원에서, 바울은 우리에게 있는 것 중에 하늘에서 주어지지 않은 것이 하나도 없다고 말합니다(고전 4:7). 우리에게 필요한 것을 다 아시는 주님께서 알아서 다 주시는 것들은 기도와 응답의 형식을 취하지 않습니다. 주어지는 방식과 과정이 너무도 은밀해서 우리는 받지 않았다는 착각에 빠집니다. 그래서 은밀한 응답에 대하여 하나님께 영광과 감사를 드릴 의식도 없고 그럴 의향도 없습니다. 하지만 바울은 기도의 형식이 없거나 우리가 그 형식을 모른다고 해서 받지 않은 것은 아니라고 말합니다. 그래서 믿음의 사람은 응답의 여부를 몰라도 범사에 감사를 드립니다.

⁷그런 사람은 주에게서 어떠한 것도 얻을 것이라고 생각하지 마십시오
⁸그는 그의 모든 길에서 안정됨 없이 두 마음을 가진 자입니다

의심하는 사람은 주님과 그의 약속에 대한 의심을 가진 자입니다. 그는 "주에게서"(παρὰ τοῦ κυρίου) 어떠한 것도 얻을 것이라고 생각하지 말라고 말합니다. 이것은 참으로 무서운 말입니다. 모든 피조물의 존재와 존속은 모두 주님에게서 왔습니다. 모든 은총의 출처는 주님께 있습니다. 그런 주님에게서 그 어떠한 것도 기대하지 말라는 것, "어떠한 것"(τι)도 얻지 못한다는 것은 멸절과 멸망을 의미하는 말입니다. 땅의 모든 육체에게 주어지는 일반적인 은총도 얻지 못한다는 뜻입니다. 주님은 일반적인 은혜로서 "생명과 호흡과 만물"을 친히 만민에게 언제나 주셨고 지금도 주고 계십니다(행 17:25). 그러한 것들조차 공급되지 않는다면 어떠한 피조물도 존속할 수 없습니다.

그런데도 사람들은 하나님을 의심하면 어떠한 것도 그에게서 받기를 기대하지 못한다는 이 엄중한 사실을 모릅니다. 하나님을 버려서 존재와 존속의 곡기를 끊는 일에 겁이 없습니다. 스스로 존재할 수 없는 인간이 하나님을 의지하지 않고서도 살 수 있다는 오만에 빠지지 않고서야 어떻게 그럴 수 있을까요? 아담과 하와도 스스로 계시는 하나님과 같아지기 위해 독립을 선언하고 주님을 떠났는데, 어떻게 됐습니까? 독립된 아담과 하와는 온도도, 중력도, 기압도, 만물도, 밀도도, 색깔도, 존재도 모두 스스로 만들어야 하고 관리해야 했을 것입니다. 떠날 때에는 "주에게서" 주어진 모든 것을 반납해야 하지 않습니까? 만약 그랬다면 남아나는 게 있을까요? 하나도 없습니다. 그런데도 하나님을 당당하게 떠납니다. 지금도 아담이 보인 그런 막무가내 기질을 온 인류가 보유하고 드러내고 있습니다. 아담과 하와가 하나님을 떠나도 여전히 생존해서, 온 인류가 그것이 하나님의 무한한 긍휼 때문인 줄 모르고 하나님을 떠나도 탈이 없다는 아주 못된 담력만 생긴 듯합니다.

"생각하지 말라"(μὴ οἰέσθω)는 표현도 주목할 필요가 있습니다. 맨톤의 말처럼, "사람들은 대체로 헛된 기대와 생각으로 자신을 속입니다." 모든 어리석고 부패한 행위는 "헛된 생각"에 뿌리를 내리고 있습니다. "생각하지 말라"는 사도의 말은 "아무것도 받지 않을 것이라"는 말이 아니라 "어떠한 것을 받을 것이라고 생각하지 말라"는 말입니다. 의심하는 자가 주님에게서 아무것도 받지 못한다는 말보다 받는다는 생각조차 하지 말라는 말의 뉘앙스는 더 강합니다. 그런데 무서운 말인 동시에 긍정적인 의도도 있습니다. 사실 받을 것이라는 기대를 하고 받지 못하면 억울함과 불평이 나오기 쉽습니다. 그러나 받을 생각도 하지 않으면 받지 못하여도 민원을 제기하지 않습니다. 그래서 저는 "생각하지 말라"는 야고보의 말이 의심하는 자들에게 자신들의 분수를 알고 생각을 접으면 최소한 심기의 불편함이 생기지는 않을 것이라는 자상한 배려로도 들립니다.

의심하는 사람들에 대해 야고보는 모든 길에서 안정됨이 없고 "두 마음"을 가진다는 그들의 특징을 말합니다. 베다는 "두 마음"이 하나님께 기도하는 마음과 양심에 찔린 마음을 뜻한다고 말합니다. 베다에 의하면, "이 세상에서 즐겁게 살기를 바라는 동시에 하늘에서 하나님과 함께 다스리길 바라는 사람"도 두 마음을 품은 자입니다. "자신의 선행에 대해 하나님께 영적 보상을 받기보다 사람들의 칭찬을 듣고 싶어하는 사람도 두 마음을 품은 자입니다." 예수님의 표현을 빌리자면 두 마음의 소유자는 하나님도 섬기고 재물도 겸하여 섬기려는 자입니다. 에스트도 두 마음의 소유자는 하나의 마음은 하나님을 향하고 다른 하나의 마음은 세상을 향한다고 말합니다. 대체로 이런 사람의 입은 하나님을 향하는데 마음은 세상을 향합니다. 이런 사람은 "이 백성이 입술로는 나를 가까이 하며 입술로는 나를 공경하나 그들의 마음은 내게서 멀리 떠났다"(사 29:13)는 하나님의 꾸지람과 무관하지 않습니다. 나아가 마음은 하나님의 법을 따르지만 육신은 죄의 법을 섬긴다는 바울의 생각(롬 7:24-25)과도 다르지 않아 보입니다.

에스트에 따르면, 알렉산드리아의 클레멘스는 두 마음의 소유자를 이집트의 신전에 비유하며 겉으로 화려하나 속은 치명적인 독사들이 가득하고 불결한 짐승으로 가득한 우상의 소굴과 같다고 했습니다. 크리소스토모스는 두 마음의 소유자가 본성은 부패하고 역겹고 불결하고 악취를 풍기지만 겉으로는 화려한 옷과 이미지로 아름다운 것처럼 꾸미는 창녀와 같다고 말합니다. 베르나르는 두 마음의 소유자가 자의로는 예수의 십자가를 짊어지고 싶지 않았지만 군병들의 강요에 의해 억지로 짊어져야 했던 구레네 시몬과 같고, 비록 소돔을 떠났지만 소돔의 즐거움에 미련이 있어서 뒤를 돌아보다 소금 기둥으로 변한 롯의 아내와 같다고 말합니다. 성경에는 두 마음의 소유자가 더 많이 나옵니다. 에스트는 출애굽 이후에도 애굽의 화려한 먹거리를 떠올리며 하나님께 불평한 이스라엘 백성도, 하나님께 예배를 드리면서 믿음의 올바른 예배를 드리는 동생 아벨을 질투의 돌로 찍어서 죽인 가인도, 스승에게 입을 맞추며 가장 진실한 제자인 것처럼 꾸몄으나 배신한 유다도 그런 자라고 말합니다.

의심은 마음을 둘로 나누면서 사람으로 하여금 모든 면에서 불안하게 만듭니다. 의심하는 자는 안정감이 없습니다. 그 불안의 원인은 마음의 갈라짐에 있습니다. 의심은 마음을 베어 나누는 칼입니다. 마음에 치명적인 상처를 입힙니다. 의심하는 사람은 뱀의 혀처럼 마음이 갈라져서 두 마음을 가집니다. "두 마음"($\delta i\psi v \chi o\varsigma$)은 정신적인 활동의 주체가 둘이라는 뜻입니다. 마음이 둘이면 관심이 갈라지고 뜻이 갈라지고 방향이 갈라지고 인생이 갈라질 수밖에 없습니다. 내면에는 늘 갈등과 대립이 생깁니다. 공동체 안에서도 구성원의 마음과 생각과 뜻이 일치하지 않으면 평화가 없듯이, 한 사람의 내면에도 두 마음이 있으면 자아의 분열과 불화가 생깁니다. 심하면 이중인격 혹은 다중인격 증상도 보입니다. 그런 사람의 눈동자는 떨립니다. 표정도 불안하고 몸도 흔들리고 손도 떨립니다. 이처럼 의심이

한 개인의 기질을 통째로 바꿉니다.

맨톤은 "위선자"가 두 마음을 품은 자라고 말합니다. "위선자"는 겉 다르고 속 다른 사람을 뜻하는 말입니다. 그에 의하면, 두 가지의 기준을 가지고 사는 자도 두 마음의 품은 자입니다. 기준이 둘이면 동일한 사물과 사안에 대해서도 두 가지의 판단을 내립니다. 자신의 이익을 위해 이 말을 했다가 저 말을 하는 가증한 자입니다. 기준과 판단의 인간적인 변덕과 관련하여 지혜자는 "한결같지 않은 저울추는 여호와께 가증한 것이라"고 말합니다 (잠 20:23). 호세아 10장 2절에 근거한 맨톤의 주장에 의하면, 하나님도 경외하고 다른 신들도 경외하는 사람 또한 마음이 둘로 갈라진 자입니다.

둘로 갈라진 마음의 상태는 요한의 말처럼 하나님만 섬긴다고 하면서도 마음이 "차지도 아니하고 뜨겁지도 아니"한 것입니다(계 3:15). 그러나 야고보의 문맥에 가장 적합한 "두 마음"의 의미는 "다양하고 불확실한 움직임과 더불어 이리저리 흔들리는 마음"이며 "이 때는 추정의 파고로 부풀어 올랐다가 저 때는 절망의 심연으로 곤두박질치고 하나님의 받아들여 주심에 대해 희망과 두려움이 갈라지는" 마음을 뜻한다고 맨톤은 말합니다. 전심으로 신뢰해도 부작용이 없고 배신을 당하지 않는 유일한 대상은 하나님 외에 없습니다. 그분에게 인생의 뿌리와 토대를 둔다면 이 세상이 통째로 바람이 되어 흔들어도 결코 흔들리지 않습니다. 그러나 두 마음은 세상의 불안하고 변동적인 것들을 의지하기 때문에 모든 분야에서 불안함을 벗어나지 못합니다. 이는 부자와 빈자에 대한 야고보의 비교에서 확인할 수 있습니다. 나중에 야고보는 두 마음을 가진 사람들의 마음이 청결하지 않다는 평가를 내립니다(약 4:8).

⁹낮은 형제는 자기의 높음을 자랑하고 ¹⁰부한 자는 자기의 낮아짐을 자랑할 지니 이는 그가 풀의 꽃과 같이 지나감이라 ¹¹해가 돋고 뜨거운 바람이 불어 풀을 말리면 꽃이 떨어져 그 모양의 아름다움이 없어지나니 부한 자도 그 행하는 일에 이와 같이 쇠잔하리라 ¹²시험을 참는 자는 복이 있나니 이는 시련을 견디어 낸 자가 주께서 자기를 사랑하는 자들에게 약속하신 생명의 면류관을 얻을 것이기 때문이라

❖ ❖ ❖

⁹낮은 형제는 자신의 높음을 자랑하고 ¹⁰부한 자는 자신의 낮아짐을 [자랑해야 하는데] 이는 그가 풀의 꽃처럼 지나갈 것이기 때문입니다 ¹¹열기와 함께 태양이 떠오르면 풀을 말립니다 그것의 꽃은 떨어지고 그 모양의 맵시도 사라지는 것처럼 부한 자도 그의 여정 속에서 쇠잔할 것입니다 ¹²시험을 참는 사람은 인정된 자가 [주께서] 자기를 사랑하는 자들에게 약속하신 생명의 면류관을 가질 것이기 때문에 복됩니다

인내의 열매

> ⁹낮은 형제는 자신의 높음을 자랑하고 ¹⁰부한 자는 자신의 낮아짐을
> [자랑해야 하는데] 이는 그가 풀의 꽃처럼 지나갈 것이기 때문입니다

마음을 쪼개는 의심의 제거에 힘쓰라는 말을 마치고, 야고보는 어떠한 요동함도 없기 위하여 어떠한 의심도 없이 믿음으로 깨달아야 할 것 즉 인내를 온전히 이루는 비결과 관련하여 낮은 형제와 부한 자를 비교하며 말합니다. 야고보는 부자와 빈자라는 주제를 꺼내면서 빈부에 대한 독특한 세계관을 펼칩니다. 세상은 낮은 자가 낮고 부한 자가 높다고 말합니다. 그러나 야고보는 높아짐을 빈자에게 돌리고 낮아짐을 부자에게 돌립니다. 그의 세계관은 세상의 가치관을 뒤집고 세상으로 하여금 어지럽게 만들 정도로 특이합니다.

첫째, 그는 낮은 형제가 자신의 높음을 자랑해야 한다고 말합니다. 낮은 형제가 높다는 말은 역설처럼 들립니다. 여기에서 "낮다"(ταπεινός)는 것은 낮은 지위나 권력이나 재력이나 건강과 같은 외적인 상태를 의미하는 듯

합니다. 분명한 것은 낮은 형제가 어떠한 면이든지 다른 사람보다 낮은 곳에 있다는 것입니다. 자신을 스스로 낮추는 사람일 수도 있고 낮추어진 사람일 수도 있습니다. 여기에서 낮음을 겸손으로 이해할 수도 있습니다. 맨톤은 낮은 형제가 교만하게 될 유혹이 작고 겸손하게 될 이유가 큰 상황을 가진 자라고 말합니다. "낮다"는 말은 예수께서 자신의 겸손한 마음을 표현하실 때에 실제로 사용된 말입니다(마 11:29). 그래서 저는 낮은 사람을 겸손한 사람으로 이해하고 있습니다. 테오필락투스(Theophylactus of Ohrid, 1055-1107)는 자신의 야고보서 주해에서 겸손한 형제의 높음과 관련하여 "겸손이 모든 선의 분배자(bonorum omnium distributrix)며 그것 없이는 어떠한 선도 없다"고 말합니다.

어떠한 이유로 낮아진 사람 혹은 자신을 스스로 낮추는 겸손한 사람이 사람들의 눈에는 낮습니다. 그러나 하나님의 눈에는 그 사람이 높습니다. 왜 그럴까요? 에스겔의 기록을 보십시오. "낮은 자를 높이고 높은 자를 낮출 것이니라"(겔 21:26). 지혜자도 하나님은 "겸손한 자에게 은혜를 베푸시"는 분이라고 말합니다(잠 3:34). 낮은 자를 높인다는 것은 하나님의 섭리로 정해진 것입니다. 하나님의 이러한 섭리를 믿는 사람은 낮은 자신의 초라한 외모에 스스로 위축되지 않습니다. 오히려 하나님의 높이심을 확신하며 자신의 예정된 높아짐을 자랑하는 태도를 취합니다. 낮아지는 것은 부끄러운 것이 아닙니다. 자신의 낮아짐과 타인의 높아짐을 불평하지 마십시오. 낮아질 때마다 하나님의 섭리에 근거하여 자신의 높음을 기뻐하며 누리시기 바랍니다. 맨톤이 말한 것처럼, 태양은 최고의 고도에서 가장 작은 그림자를 얻지만 서쪽으로 기울며 낮아지면 더 큰 그림자를 얻습니다. 같은 맥락에서 예수라는 태양도 지극히 높으신 분의 아들로 계실 때보다 하나님과 동등됨을 취할 것으로 여기지 않으시고 종의 형체라는 지극히 낮은 곳으로 내려오셨을 때에 모든 이름 위에 뛰어난 이름을 얻으신 것입니다.

그리고 "형제"는 신분을 가리키되 예수님을 믿고 하나님의 자녀가 되어 하나님을 아버지로 부르는 가족의 관계를 가진 자를 뜻합니다. 그래서 칼뱅은 이 구절을 해석하되 낮은 자들에게 하나님의 자녀로 입양된 것을 영광으로 여기라는 뜻이라고 말합니다. 예수님의 동료가 된다는 것은 "비교 불가한 최고의 영예"(summa et incomparabilis dignatio)이며 이런 은총에 비하면 다른 모든 것은 "보잘 것 없습니다"(susque deque). 하등한 것들의 상실 때문에 좌절과 슬픔에 빠진다면 이는 하나님의 자녀됨이 그에게는 무의미한 것임을 보일 뿐입니다. "형제"만이 환란과 가난 속에서도 기뻐할 수 있습니다. 가난한 형제는 천국을 소유하는 심령이 가난한 자이지만 그냥 가난한 사람은 지갑만 가난한 자일 뿐입니다. 맨톤의 말처럼, "모든 나사로가 아브라함 품에 안기는 건 아닙니다." 가난한 자에게나 부한 자에게나 형제가 되기 위한 비용의 크기는 다르지 않습니다. 그리스도 예수라는 비용을 믿음으로 취한 사람만이 형제이고 그는 부하든 가난하든 어떠한 형편에 있든지 기뻐할 수 있습니다. 가난하면 하나님의 높이심에 대한 기쁨이 예비되어 있고 부하면 나눔의 실천으로 주님의 사랑을 나누는 기쁨이 예비되어 있습니다. 그래서 항상 기뻐할 수밖에 없습니다.

그리고 그리스도 안에 있는 모든 형제 사이에는 신분의 높낮이가 없습니다. 게다가 하나님의 보좌 우편에 계신 예수님과 나란히 그 하늘에 앉혀져 있기 때문에(엡 2:6) 모든 형제는 더 높아질 수 없을 정도로 이미 가장 높습니다. "자랑한다"(καυχάομαι)는 "목"(αυχένας)이라는 단어의 파생어로 "머리를 높이 들다"는 말입니다. 성경의 용례를 보면 대체로 자신을 높이는 교만의 부정적인 용도로 쓰입니다. 그러나 본문의 맥락에서 "자랑한다"는 말은 하나님이 주신 지극히 높은 신분을 가지고 하늘의 확신을 가지고 살아가는 것을 뜻합니다. 하나님의 형상을 따라 지음을 받은 존재요, 만물보다 귀한 최고의 피조물인 동시에 예수님의 생명에 준하는 가치를 가진 존재라는 사실에 근거하여 기쁨과 감격 속에서 살아가는 것입니다.

둘째, 야고보는 부한 자가 자신의 낮아짐을 자랑해야 한다고 말합니다.

낮은 형제와 높음의 관계처럼 부자와 낮아짐도 서로 어울리지 않습니다. 한 사회에서 부자는 높은 사람으로 여겨지고 높임을 받습니다. 그런데 어떻게 자신의 낮아짐을 자랑할 수 있을까요? 메이어는 부자가 세속적인 것의 상실 속에서 인내하는 것은 천상적인 것의 상실 속에서 인내하신 예수를 닮는 것이어서 복되다고 답합니다. 그러나 제 생각에는 부자의 낮아짐에 대한 자랑이 부의 덧없음에 대한 인식과 관계된 것 같습니다. "부하다"(πλούσιος)는 것은 권위나 지위나 재물이나 인맥이나 세속적인 "무언가를 많이 소유하고 있다"는 것입니다. 소유의 내용물은 하늘의 영원한 것이 아니라 이 땅의 일시적인 것입니다. 그것은 세월이 흐르면 그 유무와 다소가 변합니다. 있다가 없어지고 없다가 생기며, 많다가 적어지고 적다가 많아집니다. 변동적인 것들을 많이 가진 "부자"라는 정체성은 "풀의 꽃처럼 지나가는 것"입니다. 이사야의 예언처럼 "모든 육체는 풀이요 그의 모든 화려함은 들의 꽃과 같"습니다(사 40:6).

이처럼 신앙에 의해 평가된 모든 세속적인 부함의 가치는 칼뱅의 말처럼 "아무것도 아니거나 지극히 작은 것"입니다. "자신의 낮아짐"을 자랑해야 한다는 것은 이처럼 부의 덧없음을 알라는 말입니다. 아무리 많이 가져도 영원한 내 것이 아닙니다. 아무리 오래 가져도 무덤에 들어가기 직전에는 반드시 반납해야 합니다. 단 하나의 예외도 없습니다. 이러한 사실을 깨달은 부자는 재물에 소망을 두지 않습니다. 더 높은 소망의 좌소를 찾습니다. 메이어의 해설처럼 덧없는 세속적인 재물의 상실로 인한 낮아짐은 천상적인 것에 대한 소망으로 이끌어 주니 그런 낮아짐을 자랑할 수밖에 없습니다. 나아가 부자도 자신의 재물 속에서 겸손하며 자신을 마음이 가난한 자로 만들기에 가난한 자의 영적인 높아짐을 얻는다고 메이어는 말합니다.

부에 미련을 두지 마십시오. 부에 집착하지 말고, 부를 의지하지 말고, 부를 자랑하지 말고, 안개처럼 사라지는 부의 급속한 소멸을 인지하며 "부"

라는 거품이 빠진 자신의 낮아짐을 인정하는 자가 되십시오. 그러면 부한 자는 부 때문에 높아지는 것이 아니라 하나님의 자녀이기 때문에 높아지는 것임을 깨달을 것입니다. 그러나 칼뱅이 지적한 것처럼 "천상적인 왕국의 영원성에 대한 진리를 듣도록 주님께서 귀를 열어 주지 않으시면" 아무리 아름다운 노래도 "귀먹은 자들에게 울리는" 꽹과리일 뿐입니다. 귀먹은 부자는 자신도 모르게 재물이나 권력이나 인맥이나 직위에 자신의 존재감와 우월감을 싣습니다. 더 심하면 부자는 자신의 다양한 부를 동원하여 가난한 자들을 괴롭히고 약탈하고 비무장 상태에 있는 의인들도 살해하는 지옥의 흉기로 변합니다. 이러한 부자들의 횡포와 무서운 종말에 대해 야고보는 5장에서 상세히 다룹니다.

그러니 부를 자랑하지 마십시오. 사활을 걸고 자신을 낮추고 자신의 낮아짐을 최고의 자랑으로 삼으시기 바랍니다. 하나님은 "지혜로운 자는 그의 지혜를 자랑하지 말라 용사는 그의 용맹을 자랑하지 말라 부자는 그의 부함을 자랑하지 말라"(렘 9:23)고 하십니다. 아우구스티누스는 자신이 위대하나 그럼에도 불구하고 높아지지 않는 사람이 진실로 위대한 자라고 했습니다. 위대함은 지극히 강한 자의 온유함과 지극히 높은 자의 겸손함에 있습니다.

주님은 우리에게 자랑의 유일한 이유가 이 세상의 그 무엇도 아닌 "명철하여 나를 아는 것과 나 여호와는 사랑과 정의와 공의를 땅에 행하는 자인 줄 깨닫는 것이라"고 하십니다(렘 9:24). 하나님 자신과 그가 땅에 행하시는 사랑과 정의와 공의를 안다는 것의 영광은 이 세상의 다른 어떠한 것과도 비교할 수 없습니다. 그러므로 하나님에 대한 진리가 출입하는 귀를 열어 주시라고 기도를 하십시오. 그리한 후 나를 돋보이게 만드는 가시적인 것들을 내려 놓으면 진짜 내가 보입니다. 자신뿐 아니라 가난하고 낮은 형제들도 다르게 보입니다. 진정한 높음의 의미와 가난한 형제들의 높음을 보는 안목이 열립니다.

동시에 우리가 범사에 누구와 함께해야 하는지의 안목도 생깁니다. "겸손한 자와 함께하여 마음을 낮추는 것이 교만한 자와 함께하여 탈취물을 나누는 것보다 낫다"(잠 16:19)는 지혜자의 금쪽 같은 목소리도 들립니다. 유력한 자들의 측근이 아니라 무력한 자들의 측근이 되십시오. 바울도 "높은 자들에게 마음을 쓰지 말고 낮은 자들과 함께 거하"라고 말합니다(롬 12:16). 그의 경고처럼 만약 부와 권력에 집착하는 방식으로 자신의 가난함을 부끄럽게 여기거나 빈궁한 형제들을 부끄럽게 만든다면 그것은 하나님의 교회를 멸시하는 것입니다(고전 11:22). 심지어 지혜자의 말처럼 "가난한 자를 조롱하는 자는 그를 지으신 주를 멸시하는 자"입니다(잠 17:5).

사실 부한 사람은 스스로 높아지기 쉽고 주변에서 높여줄 가능성도 높습니다. 자신의 부에 보내는 타인의 박수를 즐기지 마십시오. 힘써 거부하는 방식으로 자신을 스스로 낮추지 않으면 부라는 거품이 잔뜩 들어간 신분과 상태에 중독될 수 있습니다. 그러므로 낮아짐을 사모하고 낮아짐을 자랑의 대상으로 여기며 자신을 힘껏 낮추시기 바랍니다. 그렇게 자신을 낮추면 부가 아무것도 아니라는 것을 깨닫는 동시에 부로 꾸며지지 않은 자신의 진짜 정체성을 만나니 얼마나 큰 복입니까? 게다가 낮아짐을 사모하고 자랑하면 주님의 복까지 누립니다. 예수님은 "자기를 높이는 자는 낮아지고 자기를 낮추는 자는 높아질 것이라"고 하십니다(눅 14:11). 이 말씀을 따라 낮아진 자는 주께서 높이시는 섭리의 수혜자가 될 것입니다. 야고보의 가르침은 바울의 교훈과 다르지 않습니다. 바울이 자랑한 것도 자신의 강함이나 위대함이 아니라 자신이 약하다는 것과 죄인 중에서도 괴수라는 것입니다. 그는 실제로 모든 사람이 자랑하고 싶어하는 것들 즉 모든 유대인이 흠모하던 할례 받은 신체의 선명한 물증과, 신의 택하심을 받은 민족의 자부심과, 태조를 배출한 가문의 영광과, 단일 혈통의 순수한 종교성과, 당대 최고 석학의 제자라는 지성과, 지식을 살아내는 뜨거운 열정과, 도덕에 있어 흠이 전혀 없다는 남다른 의로움 등의 화려한 스펙들을 모두 배설물로 여깁니다. 이는 세상의 상식과 논리로는 이해되지 않고 세상의 어느 문법도 설명하지 못합니다.

동일한 대상과 사건이라 하더라도 어떠한 기준과 관점으로 보느냐에 따라 그 실상은 달라질 수밖에 없습니다. 육신의 눈으로 보면 낮은 형제는 낮아 보이고 부한 형제는 높아 보입니다. 그러나 믿음의 눈으로 보면 낮은 형제는 높이시는 하나님의 은총이 주어질 최상의 준비가 이루어진 상태에 있고 부한 형제는 천국의 입성이 심히 어려워 위태로운 상태에 놓여 있습니다. 어리석은 사람은 육신의 눈을 신뢰하고 지혜로운 사람은 믿음의 눈을 신뢰하는 자입니다. 환란을 당하고 시련에 빠져 있는 열두 지파는 대체로 가난하고 낮은 지위에 있을 것입니다. 그런데 야고보는 지금 그들에게 "자신의 높음"을 자랑해야 한다고 말합니다. 같은 맥락에서 서머나 교회에 보내진 주님의 편지에도 "내가 네 환난과 궁핍을 알거니와 실상은 네가 부요한 자니라"고 기록되어 있습니다(계 2:9). 가난한 자들의 귀에는 이 말이 잘못하면 조롱이고 좋게 보더라도 그림의 떡으로 들릴 것입니다. 하지만 지혜로운 자의 귀에는 달콤한 진리와 위로로 들릴 것입니다.

야고보의 이 권면으로 인해 우리 중에 부자는 두려움을 느끼고 자신을 속히 낮추어야 하고 빈자는 주님의 높이심을 기대하며 감사해야 할 것입니다. 이렇게 세상이 자랑하는 부의 높음을 가볍게 무시하고 세상이 수치로 여기는 가난의 낮음을 오히려 소중하게 여기는 야고보의 가치관은 단순히 흩어져서 여러 환란을 당하는 열두 지파뿐 아니라 모든 믿음의 사람을 위한 것입니다. 바울은 야고보의 사상을 다양한 분야에 적용해서 이렇게 말합니다. "우리는 속이는 자 같으나 참되고 무명한 자 같으나 유명한 자요 죽은 자 같으나 보라 우리가 살아있고 징계를 받은 자 같으나 죽임을 당하지 아니하고 근심하는 자 같으나 항상 기뻐하고 가난한 자 같으나 많은 사람을 부요하게 하고 아무것도 없는 자 같으나 모든 것을 가진 자"입니다(고후 6:8-10).

맨톤의 말처럼 하나님의 은혜로 주어진 "기독교의 특권들은 세상의 모든 수치를 갈아 엎습니다." 그러므로 맨톤은 "키스를 했다면 금이 없다는 이유로 불평하지 말라"는 크세노폰 작품의 한 문구를 인용하며 하나님의 자녀가 되었다면 나에게 세상의 보화가 없다는 이유로 불평하지 말라고 권합니다. 그리스의 고대 문헌에는 이런 문구도 있습니다. "테로를 보면 나는 모든 것을 본 것입니다 그러나 모든 것을 봐도 테로를 보지 못했다면 결국 나는 아무것도 보지 못한 것입니다"(그리스 성 풍속사, 261). 하나의 아름다운 청년을 보았어도 이런 고백이 나오는데 지극히 위대하신 하나님의 자녀가 되었어도 여전히 세상에 군침을 흘리는 것은 하나님의 가치를 조롱하는 것과 같습니다.

11열기와 함께 태양이 떠오르면 풀을 말립니다
그것의 꽃은 떨어지고 그 모양의 맵시도 사라지는 것처럼
부한 자도 그의 여정 속에서 쇠잔할 것입니다

야고보가 낮은 자에 대해서는 짧게 말하고 부자에 대해서는 길게 말합니다. 그 이유에 대해 힐라리우스는 "다른 사람들이 부자들을 본보기로 삼아 따르는 일이 없게 하려는 것"이라고 말합니다. 이 구절에서 사도는 부의 덧없음에 대한 설명을 보탭니다. 태양은 열기를 가지고 풀을 말립니다. 태양의 열기를 이기고 버티는 풀은 없습니다. 여기에서 태양은 시간, 열기는 변화를 일으키는 원인, 풀은 부, 마름은 소멸을 뜻합니다. 시간은 모든 것의 변화를 일으키고 부도 소멸되는 그 변화에서 자유롭지 않습니다. 특별히 존재의 가장 아름다운 부위이고 생존의 가장 화려한 절정에 해당하는 꽃도 태양의 뜨겁고 지속적인 괴롭힘 때문에 필히 떨어지고 "그 모양의 맵시"도 추한 몰골로 바뀝니다. 풀의 운명처럼 "부한 자도 그의 여정 속에서

쇠잔할 것입니다."

여기에서 "여정 속"이라는 표현에 대해 칼뱅은 "여정"(πορείαις)이 대체로 수용되는 독법이기 때문에 "여정 속에서"(in viis)로 번역을 하였지만 에라스무스의 입장에 동의하며 "엡실론"(ε)이 빠진 "부함(πορίαις)으로 읽혀져야 한다"고 말합니다. 그러나 "풍요로움 안에서"(in abundantia)로 해석한 에라스무스의 입장과는 달리 "부함과 더불어"(cum opibus)로 해석하는 것이 더 좋다고 말합니다. 칼뱅의 주장도 일리가 있기에 수용할 수 있지만 저는 번역뿐 아니라 해석에 있어서도 수용된 독법을 따라 "부함"보다 "여정"을 선호하는 편입니다. 부하든 가난하든 떠나야 한다는 인생의 흘러가는 "여정"(πορεία)은 누구도 저지할 수 없습니다. 인생의 여정에는 정지나 후진이 없습니다.

베드로는 이사야의 기록에 근거하여 인생의 덧없음에 대해 말하되 "모든 육체는 풀과 같고 그 모든 영광은 풀의 꽃과 같으니 풀은 마르고 꽃은 떨어지"고 마는 것이라고 했습니다(벧전 1:24). 에스트가 덧없는 인생의 사례들을 성경에서 찾아 잘 요약한 것처럼 바빌론의 왕 벨사살은 술로 잔치를 벌이는 중에도 공포에 휩싸였고 다음 날 밤 적에게 살해당했으며, 느부갓네살은 왕궁의 영화를 누렸으나 곧장 짐승들 중에 버려짐을 당했으며, 하만은 이스라엘 백성을 처단할 희망에 부풀어 있었으나 자신이 곧장 처단당했으며, 헤롯도 신처럼 떠받듦을 받았으나 벌레의 먹거리가 되었음을 우리는 잘 알고 있습니다. 그렇게 풀과 꽃처럼 덧없이 지나가는 인생과 함께 쇠잔하지 않는 부귀는 없습니다. 우리가 아무리 열심히 일하고 아무리 정직하게 살아도 부는 그 본성상 우리를 떠납니다. 혹시 부가 가만히 있더라도 우리가 떠납니다. 어떤 식으로든 쇠잔의 운명을 가진 세상적인 것의 지나감을 막고 그것에 매달리는 것은 지혜롭지 않습니다. 소멸되는 것에 매달리는 인생은 그것과 더불어 소멸될 수밖에 없습니다.

부가 덧없이 소멸되는 현상은 양호한 것입니다. 전도자의 교훈에 따르면, 부는 해로움이 된다는 더 심각한 부작용이 있습니다(전 5:13). 예수님은 부의 치명적인 부작용을 지적하며 부자가 천국에 들어갈 가능성이 마치 낙타가 바늘귀로 들어가는 것과 같다고 하십니다(막 10:25). 부는 천국의 길을 가로막는 장애물과 같습니다. 낙타가 바늘귀로 들어가는 방법은 살을 빼거나 바늘귀를 늘이는 것입니다. 그런데 바늘귀의 크기는 고정되어 변경할 수 없습니다. 그래서 대부분의 낙타는 바늘귀로 들어가려 하지 않습니다. 예수님의 말씀처럼 "생명으로 인도하는 문은 좁고 길이 협착하여 찾는 이가 적습니다"(마 7:14). 이 땅의 부귀와 영화를 많이 챙기면 챙길수록 덩치는 커지고 바늘귀는 더 작아지고 들어갈 의향도 더 작아질 것입니다. 그곳으로 들어가는 유일한 방법은 살을 빼는 것입니다. 그러나 살만 뺀다고 낙타가 바늘귀로 들어갈 수는 없습니다. 유일한 해결책은 죽는 것입니다. 세상의 부와 명예를 다 버리는 것입니다. 바늘귀의 크기보다 작아질 때까지 자신을 부인하고 비우는 것입니다. 그래서 없어지는 것입니다. 그러면 바늘귀로 들어갈 수 있습니다. 바울처럼 자신에게 유익하던 것조차 배설물로 여기며 미련 없이 버리면 바늘귀가 동굴처럼 커 보일 것입니다. 재물이 주는 내세적인 피해는 현세적인 유익보다 결코 적지 않습니다.

물론 부가 그 자체로는 하나님의 선물이며 그의 약속에 포함되어 있습니다(대상 29:12, 시 112:3, 전 3:13). 그러나 이것이 부에 소망을 두라는 말은 아닙니다. 그래서 바울은 덧없는 재물에 소망을 두지 말고 "오직 우리에게 모든 것을 후히 주사 누리게 하시는 하나님께" 두라고 말합니다(딤전 6:17). 전도자는 부뿐만 아니라 아예 해 아래에서 하는 모든 일이 아무리 매달려도 "모두 다 헛되어 바람을 잡으려는 것"이라고 말합니다(전 2:17). 돈을 아무리 많이 벌어도, 통장이 터질 정도로 많이 입금해도 밑 빠진 독에 물 붓기와 같습니다. 지나가는 것은 막지 말고 그냥 지나가게 하십시오. 지혜가 부족한 자는 지나가는 것을 붙잡고 매달리는 자입니다. 불안정한 것에 매달리면 모든 것에 불안함이 깃들고 어떠한 안정도 없습니다. 지혜는 이러한 사실들을 깨닫는 것입니다.

그래서 야고보는 우리에게 재물이 아니라 지혜를 구하라고 말합니다. 믿음으로 구하고 조금도 의심하지 말라고 말합니다. 그러나 풀과 꽃처럼 헛되이 사라지는 부를 추구하는 것은 어리석은 짓이라고 말합니다. 그런데도 인간은 그것을 구합니다. 주어지지 않으면 산더미의 원망과 불평을 쏟아내며 난동을 부립니다. 기도할 때 우리의 인간적인 기호를 존중하지 마십시오. 성경은 기도하는 우리에게 마땅히 구할 바, 자랑해도 되는 것, 성령께서 말할 수 없는 탄식으로 우리를 위해 친히 구하시는 것을 기도의 내용으로 삼으라고 말합니다.

우리는 사람이 낮춘다고 해서 낮아지지 않습니다. 존재와 인생의 높낮이는 그의 재물에 근거하지 않고 낮추시면 낮아지고 높으시면 높아지게 만드시는 하나님께 근거한 것입니다. 낮은 형제는 비록 돈은 없지만 하나님의 자녀가 된 믿음의 형제를 의미하고, 부한 자는 그냥 돈이 많은 사람을 뜻합니다. 전자는 하나님을 택하고 후자는 재물을 택한 자입니다. 전자는 세상에서 자랑할 것 없기 때문에 낮습니다. 자랑할 것이 그에게는 없습니다. 그러나 야고보는 그가 높다고 말합니다. 높음을 자랑하라 말합니다. 후자는 세상에서 가진 것이 많아 부한 자입니다. 자랑할 것이 많습니다. 그런데 야고보는 그가 낮다고 말합니다. 낮다는 사실을 깨닫고 그 사실을 자랑의 대상으로 삼으라고 말합니다. 우리는 가끔 우리 자신을 무시하며 낮추는 사람을 만납니다. 그렇게 낮아질 때마다 우리는 불평이나 보복이 아니라 감사함이 마땅해 보입니다. 여전히 내가 낮아질 수 있는 높이에 있음을, 아직도 가장 낮은 밑바닥 겸손에 이르지 못했음을 인식하게 만들고 더 낮아지게 해서 더 높아질 가능성을 만들어 주기 때문입니다.

¹²시험을 참는 사람은 인정된 자가 [주께서] 자기를 사랑하는 자들에게 약속하신 생명의 면류관을 가질 것이기 때문에 복됩니다

야고보는 시험을 참는 자의 복에 대해서 말합니다. 에스트의 주장처럼, 세상은 우연을 행복으로 여기고, 지저분한 쾌락을 숭상하는 자들은 동물적인 것을 복으로 여기고, 더러운 탐욕을 희락으로 여기며, 구두쇠는 금을 신으로 여기고, 성욕에 취한 사람은 사창가를 낙원으로 여깁니다. 그러나 믿음의 사람은 십자가를 짊어지고 고난을 당하며 믿음의 시련을 겪는 것을 복으로 여깁니다. 시험 당하는 자의 복은 참는 것 자체에 있습니다. 시험장을 뛰쳐나가 홀가분한 해방감을 누리는 것은 복이 아닙니다. 해방의 몸부림은 어쩌면 굴러온 복을 차버리는 어리석은 일인지도 모릅니다. 인간은 무지하고 무능해서 시험의 강도와 길이를 알지도 못하고 조절할 수도 없습니다. 그래서 시험을 참으면서 다 지나갈 때까지 묵묵히 기다릴 수밖에 없습니다. 이것은 마치 실패자의 모습 같지만 오히려 인내하는 동안에 인격의 뾰족한 부위가 깎이고 인생의 근육이 생기고 신앙이 단단해 지는 복을 얻습니다. 그래서 디디무스(Didymus the Blind, 313 – 398)는 "완전한 인내는 다른 곳에서 더 좋은 상을 받을 것이라는 희망 때문이 아니라 [시련] 그 자체를 견디는 데 있다"고 했습니다. 인내는 보상의 추가로 온전하게 되는 게 아닙니다.

사실 아무리 지독한 시험도 하나님의 주권 아래에서 일어나는 일입니다. 그리고 하나님은 반드시 시험 당하는 자에게 피할 길을 내시는 분입니다(고전 10:13). 이런 하나님을 믿는다면 시험을 대하는 우리의 태도는 달라질 수밖에 없습니다. 시험을 피하는 게 능사가 아니라는 사실을 알고 피할 길 찾기에 골몰하지 않습니다. 오히려 그 시험을 허락하신 하나님의 뜻을 찾습니다. 그 뜻을 찾을 때까지 시험을 그냥 지나가게 놔두지도 않습니다. 하나님은 우리가 그 뜻을 찾기 전까지는 피할 길을 가리시고 찾으면 그때

서야 열어 주십니다. 그러나 피할 길을 내시는 하나님을 신뢰하지 않으면 인내하지 않고 발버둥을 칠 것입니다. 시험을 빨리 끝내고 결별하고 싶어서 서두를 것입니다.

그리고 시험을 참으면 모든 시험을 오직 하나님의 지혜와 능력으로 대처해야 한다는 안목과 판단력도 생깁니다. 아이성 같이 조그마한 적도 하나님의 도우심 없이는 싸워서 승리하지 못합니다. 엄밀하게 보면, 살아서 숨쉬고 움직이며 행하는 모든 일은 우리가 스스로 하는 것이 아닙니다. 이러한 사실을 평소에는 잘 모르다가 불가피한 시험에 빠지면 비로소 깨닫고 느낍니다. 나아가 지금까지 시험 없는 멀쩡한 인생을 살아온 것은 하나님의 은혜이며 나의 실력으로 말미암은 것이 아님도 배웁니다. 이처럼 하나님의 뜻을 분별하고 그를 전적으로 신뢰하며 그의 능력을 의지하는 것은 인내 자체가 챙겨주는 복입니다.

야고보는 인내하는 사람을 "검증된 자 혹은 인정된 자"(δόκιμος γενόμενος)라고 말합니다. "인정"은 한 사람의 됨됨이와 자질의 어떠함이 확실히 그렇다고 여기는 것을 말합니다. "인정됨"의 의미에 대해 헨리는 인내자의 "은총이 참되다"는 것이 확인되고 그의 "진실성이 드러나고" "모든 것이 심판자 앞에서 승인되는 것"이라고 말합니다. 무엇보다 "하나님의 인정을 받는 것이 모든 시련 속에서도 추구해야 할 기독인의 위대한 목표"라고 말합니다. 존 길(John Gill, 1697-1771)은 검증된 자를 "금이 불 속에서 연단되는 것처럼 고난의 불로 말미암아 연단되고 정결하게 된 자"라고 말합니다. 그러므로 우리는 "불 시험"이 우리를 연단하여 티와 흠을 제거하기 때문에 "이상한 일 당하는 것처럼 이상히 여기지 말라"(벧전 4:12)는 베드로의 말처럼 오히려 감사하게 여기며 환영하는 태도를 취함이 좋습니다.

시험이 지나가면 한 사람의 실체가 속살을 보입니다. 아무리 감추어도 시험 앞에서는 가려지지 않습니다. 성도가 시험을 견딘다는 것은 그 자체로 하나님의 섭리를 자신의 손익보다 더 존중하는 것입니다. 인내하는 자는 그런 섭리에 자신을 맡기는 사람으로 인정된 자입니다. 하나님의 뜻이 자신을 통해 성취되어 그의 영광이 드러날 수 있도록 아픔과 슬픔을 묵묵히 삼키는 자입니다. 고통은 나에게, 영광은 그에게 돌리는 식으로 자기를 부인하는 자입니다. 하나님의 뜻을 존중하고 하나님의 영광을 일순위로 삼고 하나님을 의지하며 사는지 그렇지 않은지의 검증은 인내의 여부로 가늠됩니다. 한 사람의 가치관과 인생관이 평화의 시대에는 잘 확인되지 않습니다. 첨예한 이해관계 속으로 들어가면 그가 취하는 태도에서 비로소 보입니다. 어설픈 흉내로는 자신의 본색이 가려지지 않습니다.

그리고 인내는 저절로 되지 않습니다. "자기를 사랑하는 자들에게", 이 구절에 인내의 비결이 암시되어 있습니다. 즉 사랑이 시련을 이깁니다. 사랑하지 않으면 고생만 하고 상처만 남습니다. 인내는 나의 실력이 아닙니다. 스스로 버티면 인격과 삶에 굳은살만 배깁니다. 버틸수록 더 독한 사람으로 변합니다. 그러나 하나님을 사랑하면 어떠한 시련도 참고 견딥니다. 사랑으로 인내하면 강한 사람, 아름다운 사람, 부드러운 사람, 겸손한 사람으로 변합니다. 하나님을 사랑하지 않으면 시련을 단 한 순간도 버티지 못합니다. 시련은 헛된 애착을 제거하고 하나님을 사랑할 수밖에 없도록 인생의 등을 떠밉니다. 참된 사랑의 길잡이와 같습니다. 사랑으로 인내하는 자에게 주어지는 선물이 있습니다. 사랑은 선물을 받기 위한 숙제가 아닙니다. 택하신 하나님의 백성에게 주어진 최고의 특권은 바로 하나님을 사랑함에 있습니다. 사랑도 특권인데 선물까지 주신다는 것입니다. 이 세상의 모든 것, 심지어 악까지도 하나님을 사랑하는 자에게는 선을 이루는 도구로 바뀝니다(롬 8:28). 이런 일시적인 은총과는 구별되는 주님의 선물은 자기를 사랑하는 자들에게 "주님께서 약속하신" 것입니다. 요한은 주님이 약속하신 그것을 "영원한 생명"이라 했고(요일 2:25), 바울은 우리에게 "의의 면류관"(딤후 4:8)이 예비되어 있으며 "영원한 생명"은 "거짓이 없으신 하나님이 영원 전부터 약속하신 것"이라고 했습니다(딛 1:2). 이러한 사도들의 말과 같은 맥락에서 야고보는 인내하는 자가 약속된 "생명의 면류관을 가질 것"이라고 말합니다.

이 땅에서는 아무리 위대한 승리를 이루어도 생명을 부상으로 주지는 않습니다. 죽은 자가 살아나는 상급은 이 세상이 주지 못합니다. 그러나 하나님은 "생명의 면류관"을 최고의 상급으로 주십니다. 영원 전부터 약속된 영원한 생명의 이 면류관은 예수님 외에 다른 무엇이 아닙니다. 이처럼 "생명의 면류관"이 주어지는 것은 사람의 공로 때문이 아닙니다. 하나님의 약속에서 비롯된 것입니다. 게다가 약속의 주체가 무력하고 불안정한 사람이 아니라 주님이기 때문에 그 약속은 반드시 이행될 것입니다. 맨톤의 말처럼 약속의 확실성과 성취의 보증과 소망의 토대는 주님의 약속에 있습니다. 그래서 이 세상의 어떠한 재앙과 비참함과 절망도 주님께서 약속한 복을 제거하지 못하고 가로막지 못합니다. 그래서 우리는 항상 기뻐할 수 있습니다.

나아가 칼뱅은 우리를 시험으로 내모는 많은 악들과의 씨름(certamina)이 생명의 면류관 수령을 준비하는 도구이기 때문에 "우리의 행복에 도움"(adiumenta)이 된다고 말합니다. 그러니 온갖 시험을 만나도 기쁘게 여기라는 말입니다. 하나님을 더 사랑하고 더 신뢰하게 만드는 착한 시험들이 방문하면 환대해 주십시오. 하박국 선지자는 무화과가 무성하지 못하고 포도나무 열매가 없고 감람나무 소출이 없고 밭에 양식이 없고 우리에 양이 없고 외양간에 소가 없어도 절망하지 않습니다. 오히려 그때 비로소 "여호와로 말미암아" 기뻐하며 하나님 한 분만으로 기뻐하는 것이 인생의 본질이요 진정한 복이라는 사실을 깨닫고 노래를 부릅니다(합 3:17-18).

생명보다 더 소중하고 근본적인 선물은 없습니다. 시험을 참으면 생명만이 본질이고 다른 모든 것은 비본질에 불과한 것임을 깨닫는 지성적인 복을 누립니다. 시험을 참는 것은 내게 있는 많은 것들을 빼앗기고 상실하고 파괴되는 것을 감수하는 것입니다. 그런 시험을 통해 없어지는 땅의 소유물은 진정한 복이 아님을 배웁니다. 진정한 복은 하나님에 의해서만 주어지는 것으로서 어떠한 시험을 당하여도 빼앗기지 않는 것, 빼앗기지 않는 방식으로 피할 수 있는 것, 영원히 소유할 수 있는 것입니다. 예수라는 영원한 생명이 바로 그 복입니다. 여기에서 우리는 어떠한 것을 포기할 수 있는지, 어떠한 것까지 포기해도 되는지에 대한 분별력을 얻습니다. 영원한 생명이 최고라는 사실, 어떠한 것을 잃더라도 결코 상실할 수 없는 최고의 복이라는 사실을 배우기 위해서는 놀랍게도 일평생이 걸립니다. 이 진리를 머리로는 알더라도 우리가 무덤에 들어가기 전까지는 우리의 전부를 걸고 수용할 의사가 없기 때문입니다.

여러분은 무엇을 얻으려고 인내를 하십니까? "생명의 면류관" 외에는 아무것도 기대하지 마십시오. 어리석은 기대에 발등이 찍힙니다. "면류관"(στέφανος)은 경기에서 승리한 자의 머리에 씌워주는 영광의 관입니다. 참는 자가 면류관을 취한다는 것은 시험에서 승리하는 비결이 인내라는 말입니다. 인내는 환란과 고난을 피하지 않고 뚫고 지나가는 것입니다. 생명의 면류관은 그냥 주어지지 않습니다. 가나안 입성도 광야와 황무지를 거쳐야 했습니다. 예수님의 말씀처럼, 천국으로 가는 길에는 인내를 고문하는 멸시와 박해가 가로막고 있습니다(마 5:10).

이처럼 야고보는 인내의 가치를 대단히 높이 평가하고 있습니다. 이는 예수님의 가르침에 충실한 것입니다. "너희의 인내로 너희 영혼을 얻으리라"(눅 21:19). "끝까지 견디는 자는 구원을 얻으리라"(마 10:22). 인내가 주는 선물은 영혼의 구원이고 이것은 결코 소멸되지 않는 것입니다. 썩어 없어지는 것들의 없음을 인내하는 이유를 다른 썩어 없어지는 것들에 대한 기대라고 여기는 사람은 어리석은 자입니다. 생명의 면류관과 영혼의 구원 외에 다른 것을 취하려는 인내는 진정한 인내가 아닙니다. 사실 주님은 자신이 인내의 왕이시며 지금도 우리 영혼의 구원을 위해 우리의 죄를 "길이 참으시는" 분입니다(롬 3:25). 그런 분으로서 본을 보이시며 인내의 비밀을 가르치고 계십니다. 인내의 가치가 너무나도 높은 근거는 주님께서 인내의 왕이라는 사실에 있습니다.

약 1:13-17

¹³사람이 시험을 받을 때에 내가 하나님께 시험을 받는다 하지 말지니 하나님은 악에게 시험을 받지도 아니하시고 친히 아무도 시험하지 아니하시느니라 ¹⁴오직 각 사람이 시험을 받는 것은 자기 욕심에 끌려 미혹됨이니 ¹⁵욕심이 잉태한즉 죄를 낳고 죄가 장성한즉 사망을 낳느니라 ¹⁶내 사랑하는 형제들아 속지 말라 ¹⁷온갖 좋은 은사와 온전한 선물이 다 위로부터 빛들의 아버지께로부터 내려오나니 그는 변함도 없으시고 회전하는 그림자도 없으시니라

❖ ❖ ❖

¹³누구든지 시험을 당하거든 "내가 하나님께 시험을 당한다"고 말하지 마십시오 하나님은 악에게 시험을 받으실 수 없고 친히 아무도 시험하지 않으시는 분입니다 ¹⁴각자가 시험을 당하는 것은 자신의 욕심에 이끌려서 미혹되기 때문인데 ¹⁵욕심이 잉태하여 죄를 낳고 죄가 온전하게 되어 사망을 낳는 것입니다 ¹⁶내 사랑하는 형제들이여 미혹되지 마십시오 ¹⁷모든 좋은 주어짐과 모든 온전한 선물은 위로부터 존재하고 빛들의 아버지로부터 내려오는 것입니다 그에게는 변함도 없고 회전하는 그림자도 없습니다

05 오해하지 말라

13누구든지 시험을 당하거든 "내가 하나님께 시험을 당한다"고 말하지 마십시오
하나님은 악에게 시험을 받으실 수 없고
친히 아무도 시험하지 않으시는 분입니다

시험을 당할 때 많은 사람들이 오해하여 그 시험의 책임을 하나님께 돌립니다. 이런 오해는 하나님과 인간 자신에 대한 무지에서 비롯된 것입니다. 그래서 야고보는 시험을 당하는 자들에게 오해하지 말라고 타이르고 오해를 푸는 비결로서 인간의 욕심에 대한 심각성과 하나님에 대한 지식을 나눕니다.

　환란과 고난 같은 외부의 시험들과 우리를 정화시킬 하나님의 시험을 언급한 야고보는 이제 인간의 내적인 시험을 다룹니다. 문맥상 이 시험은 본성의 부패에서 나와 우리로 하여금 죄를 저지르게 만드는 내적인 시험을 뜻합니다. 이 시험은 주기도문 안에서도 사용된 말입니다. 제네바 성경의 설명처럼 "모든 사람은 스스로 이러한 시험들의 저자이며 하나님은 아

닙니다." 그런데도 많은 사람들은 이런 시험을 당할 때 "내가 하나님께 시험을 당한다"(πειράζομαι)고 말합니다. 이러한 말의 대표적인 사례가 아담의 말입니다. 아담은 선악과 금지령을 위반한 이후에 위법의 책임을 하나님과 타인 모두에게 돌리면서 "하나님이 주셔서 나와 함께 있게 하신 여자"(창 3:13) 때문에 먹었다는 인류 최초의 핑계를 댔습니다. 이는 아담이 자신의 문제나 잘못이 아니라 여자 때문이고 그 여자를 자신의 곁으로 보내신 하나님 때문에 시험을 당해 넘어진 것이라는 말입니다. 외관상 틀린 말은 아니지만 자신의 책임은 저버린 말입니다.

아담 이후로 온 인류가 이런 핑계의 대열에 섰습니다. 그런데도 부끄러운 줄을 모릅니다. 오히려 자신의 죄와 부패한 본성을 은닉하기 위해 주님이 믿음의 조상에게 이삭을 바치라고 하신 시험의 구체적인 사례를 언급하며 성경의 증언으로 교묘한 정당화를 취합니다. 물론 하나님도 시험을 하십니다. 그러나 안드레아스의 설명처럼 하나님의 시험은 "악이 아니라 선을 위한 것"이지만 "마귀[의 시험]은 그가 유혹하는 이를 죽이기 위한 것입니다." 목적이 다릅니다.

그런데도 대부분의 사람들은 시험에 빠지면 실제로 자신의 잘못을 돌아보지 않고 그 원인을 제공한 책임을 남에게 떠넘기는 비겁한 반응을 보입니다. 원인을 타인에게 씌우려고 그의 가장 아픈 약점을 찌르고 그 아픔을 후비면서 사실과 무관한 그의 동떨어진 잘못을 실토하게 만듭니다. 그 잘못의 부각을 통해 본래 사안의 원인을 슬그머니 가립니다. 아담처럼 그 책임을 타인뿐 아니라 하나님께 돌리는 경우도 많습니다. 하나님이 자신으로 하여금 죄를 짓게 하셨다고 말하거나 죄 짓는 자신을 왜 막지 않았냐고 따집니다. 그러나 야고보는 그러지 말라고 말합니다. 사실 문제의 책임을 통감하지 않고 타인에게 떠넘기면 성장의 기회를 잃습니다. 나에게 잘못이 없다고 생각하면 스스로를 돌아보지 않게 되고, 돌이키고 개선할 필요성도 느끼지 못합니다. 그런 사람은 이마에 세월의 주름이 아무리 깊이 파여도 성장하지 않습니다. 그러나 모든 문제에서 자신의 잘못을 인정하고 책임을 지려는 사람은 모든 부분에서 날마다 자랍니다. 날마다 자라니까 내일의 변화와 성장에 대한 기대가 늘 있습니다. 그런 사람은 1년 후에 어떤 위대한 사람으로 변할지 모릅니다.

　책임을 떠넘기면 성장의 부진뿐만 아니라 타인과 자신의 관계가 깨어지는 부작용도 생깁니다. 자신의 잘못을 정직하게 인정하는 사람은 타인의 신뢰를 얻습니다. 나아가 타인의 잘못을 나의 것으로 여긴다면 타인의 존경까지 받습니다. 덕스러운 사람은 좋은 성과가 발생하면 공로를 타인에게 돌리고, 나쁜 결과가 나오면 그 책임을 자신에게 돌립니다. 그러나 자신의 잘못을 타인에게 돌리면 거짓을 말하고 불의를 저지르는 자가 되는 것입니다. 그 타인과의 관계는 깨집니다. 관계가 깨어지는 정도가 아니라 적대적인 관계로 변합니다. 그래서 죄를 짓고서도 면피하는 사람의 주변에는 이웃이 없고 적대적인 사람들로 붐빕니다.

　시험의 책임을 타인이 아니라 하나님께 돌리는 것은 더더욱 어처구니없는 일입니다. 문제의 책임은 잘못을 저지른 사람에게 있습니다. 그러나 하나님은 어떠한 잘못도 행하시지 않는 분입니다. 헨리는 두 가지로 구분해서 하나님께 책임이 없음을 밝힙니다. 첫째, 하나님의 본성에는 비난받을 만한 어떠한 것도 없습니다. 선함과 거룩함과 의로움과 정직함과 진실함에 있어서 어떠한 결핍도 없으신 분입니다. 둘째, 하나님의 섭리에는 비난받을 이유가 하나도 없습니다. 하나님은 의로우신 분이기 때문에 행하시는 것마다 의로운 일입니다. 그런데도 사람들은 하나님께 책임을 돌립니다. 이에 대해 지혜자는 "사람이 미련하기 때문에 자기 길을 굽게 하고 마음으로 여호와를 원망"하는 것이라고 말합니다(잠 19:3). 그런데 어떤 사람은 사람의 미련함 자체가 하나님의 부실한 창조에서 기인한 것이라고 말합니다. 이에 대하여 전도자는 "하나님은 사람을 정직하게 지으"셨지만 "사람이 많은 꾀들을 낸 것"이라는 진단을 내립니다(전 7:29). 사람의 존재와 행실에 대해 하나님은 어떠한 잘못이나 책임도 없습니다. 존재가 부패하고 행실이 불의한 문제의 책임은 오롯이 인간 자신에게 있습니다. 하나님을 원망하는 것은 하나님에 대한 무지에서 비롯된 것입니다.

야고보는 두 가지 근거를 제시하며 하나님께 시험을 받았다고 "말하지 말라"고 말합니다. 마음으로 생각만 해도 합당하지 않지만 그것을 말로 꺼내면 자신에게 최면을 걸고 사실을 왜곡하여 타인의 판단도 흐리게 만듭니다. 이 문제를 수습하기 위해서는 더 많은 거짓말을 쏟아내야 하는 악순환이 반복되어 사태는 걷잡을 수 없이 커집니다. 야고보가 제시하는 첫째 근거는, 하나님은 악에게 시험을 받으실 수 없다는 것입니다. 이것의 의미에 대해 존 길은 구약에서 악한 자들과 악한 것들이 하나님을 감히 시험한 사례들이 있지만 그로 하여금 "악을 행하시게" 시험할 수는 없었다고 말합니다. 이는 주님으로 하여금 우리를 시험하게 만드는 외부의 어떠한 요인도 없다는 뜻입니다. 시험은 연약한 자가 자기보다 강한 자에 의해 당하는 것입니다. 무지한 자가 똑똑한 자에게 당하는 것입니다. 그런데 하나님은 무한히 강하신 분입니다. 하나님은 악보다 작지 않으시고 비교할 수 없을 정도로 다른 무엇보다 더 크십니다. 모든 것을 완벽하게 아시고 가장 지혜로운 분이시기 때문에 어떠한 악에 의해서도 속임이나 강압이나 유혹을 당하실 수 없습니다. 당하시는 어떠한 종류의 수동태도 없으신 분입니다. 게다가 길의 설명처럼 하나님은 "자신 안에 어떠한 것에 의해서도 시험을 당하실 수 없습니다." 주님은 지극히 순전하고 온전히 거룩하신 분이기 때문에 사람들로 하여금 죄 짓게 만들 시험의 충동을 일으킬 자신의 어떠한 내적 요인도 없습니다.

둘째 근거는, 하나님은 "친히 아무도 시험하지 않으시는 분"이라는 것입니다. 아우구스티누스는 야고보가 여기에서 말하는 시험은 "거기에 속아 넘어가 악마에게 종속되는 나쁜 종류의 유혹"을 뜻하는 것이라고 말합니다. 사람이 당하는 시험은 외부의 유혹과 내부의 동의로 구성되어 있습니다. 그런데 하나님은 악마라는 외부의 유혹을 조성하신 적이 없습니다. 악한 유혹과 동의하는 악한 마음을 인간의 내부에 일으키신 적도 없습니다. 턴불의 말처럼, 인간은 "탐욕을 원함, 간음을 즐김, 살인으로 보복함, 명예에 대한 야망, 경멸을 경멸함, 비판을 싫어함 등 모든 죄에 있어서" 내부의 의지적인 동의로 말미암아 시험을 스스로 받습니다. 그분께는 인간으로 하여금 죄 짓게 만드는 시험을 원하시는 기호 자체가 없습니다. 하박국 선지자의 말처럼 하나님은 너무도 정결한 눈을 가지셔서 "악을 차마 보지 못하시며 패역을 차마 보지 못하시"는 분(합 1:13)이신데 어떻게 악이나 패역을 충동하실 수 있습니까? 하박국 선지자가 경험한 이스라엘 백성의 패망은 주님께서 그들에게 시험이 아니라 정의를 집행하신 것입니다. 맨톤의 말처럼 하나님은 악의 저자가 아니라 악을 응징하는 분입니다.

하나님은 모든 것을 보시기에 좋도록 지으셨고 인간도 보시기에 심히 좋도록 지으셨고 태초부터 지금까지 모든 것이 합력하여 최고의 선을 이루는 방향으로 이끌고 계십니다. 여기에는 어떠한 악의 조짐도 없습니다. 맨톤의 고백처럼, 모든 선의 저자께서 동시에 악의 저자이실 수는 없습니다. 우리는 시험의 동기와 내용과 목적에 있어서 하나님께 어떠한 책임도 돌리거나 물을 수 없습니다. 그런데도 책임을 돌린다면 하나님에 대한 자신의 무지를 자백하는 것입니다.

성경이나 삶에서 경험하는 시험들을 보면, 마치 하나님이 주시는 것처럼 보이지만 사실은 그렇지 않습니다. 즉 어떤 계기를 주시지만 사람들의 악의를 저지하지 않으신 것이고, 선을 악으로 바꾸시지 않고 악을 악으로 갚으셔서 선을 이루신 것이고, 악을 주입하지 않으면서 은총만 제하신 것이고, 눈의 시력을 주시면서 조명해 주지 않으신 것이고, 사람의 마음을 더럽히지 않으시고 그들의 정욕대로 더러움에 내버려두신 것일 뿐입니다. 하나님의 이러한 허용은 방관이 아닙니다. 그런 허용으로 말미암아 인간의 죄가 죄로 드러나게 하십니다. 이 죄와 관련하여 하나님의 다양한 성품들이 드러나 결국 하나님의 영광에 도구로 쓰입니다. 맨톤이 정리한 것처럼, 용서를 통해 그의 자비를, 징계를 통해 그의 정의를, 경과를 통해 그의 지혜를, 통치를 통해 그의 능력을 보여주십니다.

14각자가 시험을 당하는 것은 자신의 욕심에 이끌려서 미혹되기 때문인데

각자가 시험을 당하는 것의 책임은 외부가 아니라 인간 내부에 있다고 야고보는 말합니다. 박윤선의 말처럼 우리에게 "최대의 원수는 밖에 있는 것이 아니라 우리의 마음 속에 잠복하고 있"습니다. 턴불이 말한 것처럼, "시험들의 진짜로 본성적인, 고유하고 즉각적인 원인은 우리 자신의 욕심이지 하나님이 아닙니다." 시험은 "자신의 욕심" 때문에 외부의 악한 속임수에 스스로 미혹되는 것입니다. 물론 이러한 시험도 하나님은 우리를 위한 연단의 방편으로 쓰십니다. "욕심"(ἐπιθυμία)은 "무언가에 대한 강한 욕구, 갈망, 혹은 소원"을 의미하는 말입니다. 존 길은 "욕심"이 "인간의 마음에 거주하는 부패한 본성의 원리이며 인간에게 본성적인 것이면서 유전적인 것이어서 자신의 것"이라고 말합니다. 그에 의하면, 이 욕심은 "원초적인 타락으로 말미암아 우리 안에 거하는 육적인 부패"를 가리키는 말입니다. 헤밍슨(Niels Hemmingsen, 1513-1600)은 "욕심"이 "모든 죄와 모든 악의 모체이고 원천"이며 원죄를 가리키는 용어라고 말합니다. 구약에서 이 "욕심"은 "계획하는 바 혹은 도모"(יֵצֶר, 창 8:21)에 상응하는 말입니다. 구약에서 마음의 이 "도모"는 사람이 "어릴 때부터 악한 것"이라고 말합니다.

그러나 마음의 이 "욕구"는 선한 사람과 악한 사람 모두에게 있습니다. 당연히 부정적인 의미로도 쓰이고 긍정적인 의미로도 쓰이는 말입니다. 주님과 함께 거하기를 원한다는 바울의 욕구(빌 1:23)는 긍정적인 의미로 쓰인 경우입니다. 욕구가 없다면 인생과 사회와 문명이 모두 마비될 것입니

다. 그러나 맨톤은 이 욕구가 부정적인 의미로서 우리를 체포해서 죄의 법 아래로 끌고 가는 "마음의 법"(롬 7:23)이며 이 욕구는 가장 강력하고 주도적인 영혼의 기능을 하기 때문에 "영혼 전체에 법을 부여하며" 다른 모든 기능을 조정하고 압도하고 삼킨다고 말합니다.

야고보는 지금 이런 "욕구" 자체를 정죄하는 게 아닙니다. 문제의 핵심은 우리가 누구의 욕구를 갖느냐에 있습니다. 야고보는 시험의 원흉이 욕구 자체가 아니라 하나님의 영광과 무관한 인간 "자신의"(ἰδίας) 욕구라고 말합니다. 이러한 욕구를 바울은 경계하며 따르지 말아야 할 "육체의 욕구"라고 말합니다(갈 5:17). 인간의 욕구가 그 자체로는 선한 것이 하나도 없습니다. 주님께서 그 안에 선한 소원을 두시기 전까지는 말입니다. 아우구스티누스는 이 욕구가 하나님의 소원을 따라 하나님의 영광을 지향하면 "사랑"(caritas)으로 승화되고 하나님의 영광을 지향하지 않으면 죄를 향한 인간의 성향 즉 "탐욕"(concupiscentia)으로 전락할 것이라고 말합니다.

마음의 "욕심"은 이끌고 빠뜨리는 성향이 있어서 욕구하는 주체가 어딘가로 "이끌리고 미혹되는"(ἐξελκόμενος καὶ δελεαζόμενος) 결과를 낳습니다. 맨톤의 조사에 따르면, 파레우스 같은 신학자는 이 두 단어의 의미를 죄의 두 부분으로 이해하되 "참된 선에서 떠남"과 "악에게로 밀착됨"을 뜻한다고 말합니다. 피스카토르(Johannes Piscator, 1546-1625) 같은 신학자는 내적인 정욕에 "이끌리고" "죄의 미끼"라는 외적인 쾌락에 "미혹되는" 것이라고 말합니다. 이와 유사하게 존 길은 이 문구가 "미끼에 유혹되고 바늘에 끌려오는 물고기에 빗댄 비유라고 말합니다. 이 주장들 사이에 심각한 차이는 보이지 않습니다. 맨톤은 "은혜 속에서는 악에서의 떠남과 선으로의 밀착됨이 있고 … 죄 속에서는 선에서의 떠남과 악의 유혹이 있다"고 말합니다. 진실로 모든 사람은 육체적인 욕구의 이끌림과 세속적인 쾌락의 미혹을 받습니다. 마음의 소원도 육체의 소욕일 경우가 대단히 많습니다. 이런 맥락에서 바울은 에베소 성도들이 과거에는 "육체와 마음의 원하는 것을 하여 다른 이들과 같이 본질상 진노의 자녀"였다(엡 2:3)고 했습니다. 문제는 모든 사람이 스스로는 육체의 욕구를 이기지 못한다는 점입니다.

그러나 유일한 해결책이 있습니다. 그것은 "성령의 소욕"을 따르는 것입니다. 바울은 성령을 따라 행하면 "육체의 욕심을 이루지 아니"할 것이라고 말합니다(갈 5:16). 성령은 육체의 소욕을 제어하실 수 있는 유일한 분입니다. 그분은 "그리스도 예수의 사람들은 육체와 함께 그 정욕과 탐심을 십자가에 못 박았다"(갈 5:24)는 정체성을 우리에게 부여하실 분입니다. 이 사실을 마귀도 알고 있습니다. 그래서 전략을 세웁니다. 우리가 성령으로 하여금 근심하게 만들도록 속이고 미혹하는 것입니다. 이러한 마귀의 전략을 간파한 바울은 "하나님의 성령을 근심하게 하지 말라"(엡 4:30)는 맞대응을 권합니다. 이는 성령 하나님의 심기를 경호해야 한다는 말이 아닙니다. 인간은 성령 하나님의 마음과 감정을 뒤흔들며 이리저리 좌우할 수 없습니다. 이것은 성령의 생각나게 함과 가르침을 거부하지 말고 소멸하지 말고 그대로 따르라는 말입니다. 그렇게 함으로써 육체의 소욕에 빠지지 않는 복을 우리에게 주기 위한 말입니다.

15욕심이 잉태하여 죄를 낳고 죄가 온전하게 되어 사망을 낳는 것입니다

"욕심"은 인간 "자신의 욕심"을 의미하고 그 욕심이 낳은 자식은 죄라고 야고보는 말합니다. 여기에서 "죄"는 제네바 성경의 해석처럼 "실질적인 죄"입니다. 이는 인간의 욕심이 모든 실질적인 죄를 낳는다는 말입니다. "본다고 하니 너희 죄가 그대로 있다"는 예수님의 말씀처럼, 육체는 소원하는 것마다 죄입니다. 원한다고 하니 죄입니다. 예외가 없습니다. 성령의 소원을 거스르는 모든 욕심이 인간을 이끌어서 빠뜨리는 함정은 바로 죄입니다. 게다가 이 죄는 생물처럼 자랍니다. 죄의 왕성한 번식력은 인간의 욕

심이 주님께서 금하시는 "음행과 더러운 것과 호색과 우상 숭배와 주술과 원수 맺는 것과 분쟁과 시기와 분냄과 당 짓는 것과 분열함과 이단과 투기와 술 취함과 방탕함"과 같은 열매들을 맺는다는 바울의 말에 잘 나타나 있습니다(갈 5:19-21).

죄가 자라고 또 자라면 사망에 이릅니다. 야고보는 "죄가 온전하게 되어 사망을 낳는 것"이라고 말합니다. 죄는 그저 단순한 상태나 사실이 아니라 특정한 목적을 지향합니다. 말씀도 단순한 문자가 아니라 거룩한 운동력이 있는 것처럼, 죄에도 가만히 있지 못하고 사망으로 질주하는 맹목적인 역동성이 있습니다. 즉 죄는 가장 어두운 목적인 죽음을 지향하고 있습니다. 이것은 신약의 새로운 주장이 아닙니다. 구약에 따르면, 죄를 지으면 "반드시 죽을 것이라"는 것은 창세기의 선언이며(창 2:17), 에스겔 선지자도 "범죄하는 그 영혼은 죽을 것이라"고 했습니다(겔 18:4). 이처럼 태초부터 지금까지 죄의 절정은 사망이고 그 사망은 죄의 끝입니다. 바울의 표현을 빌리자면, 사망은 죄의 최종적인 삯입니다(롬 6:23). 표현을 바꾸어서 장성한 죄의 소유자는 "하나님의 나라를 유업으로 받지 못할 것"이라고 바울은 말합니다(갈 5:19-21). 이는 그가 영원한 생명을 받지 못하고 영원한 죽음에 이른다는 뜻입니다. 이처럼 죄에 대한 야고보와 바울의 교리는 같습니다.

육체의 어떤 욕구가 생기면 죄를 낳습니다. 그 죄가 죄답게 차오르면 사망에 이릅니다. 턴불은 이 구절을 풀어서 설명하되, 쾌락이 유혹하고 동의가 장착되고 일이 수행되고 관행이 완성되는 시험의 수순이 있다고 말합니다. 이 무서운 수순은 누구도 바꾸지 못합니다. 아담과 하와의 경우를 보십시오. 하나님이 금지하신 선악과가 먹음직도 하고 보암직도 하고 지혜롭게 할 만큼 탐스러운 나무로 보인 것은 욕구의 단계이고, 그 욕구가 행동으로 옮겨져서 선악과를 따먹은 것은 죄의 단계이며, 그 죄가 자라서 하나님을 기준과 원리와 관점과 가치관과 왕으로 여기지 않고 그들이 자신들의 밝아진 눈으로 보며 왕처럼 살아가는 것은 원숙한 죄이며, 그 죄로 말미암아 결국 천국에 상응하는 에덴동산에서 쫓겨난 것은 사망의 단계에 해당되는 것입니다. 다윗이 밧세바를 간음하고, 아합이 나봇의 포도원을 강탈하고, 유다가 예수를 배신한 경우도 이런 단계들로 이루어져 있습니다.

이처럼 욕구와 죄와 사망은 분리되지 않습니다. 그래서 욕심이 잉태할 때마다 주님께 도움을 구하며 욕심에 제동을 거십시오. 죄를 지었다면 장성하지 못하도록 신속히 회개하십시오. 악행의 지속적인 반복으로 중독되어 있다면 하나님께 살려 달라고 하십시오. 때로는 극단적인 처방을 주실 수도 있습니다. 죄에 사로잡힌 몸 자체가 움직이지 못하도록 건강을 제거하실 수도 있습니다. 범죄의 밑천인 소유물이 도산으로 인해 다 빼앗기는 경우도 있습니다. 모든 관계가 단절되어 범죄의 대상 자체를 없애는 경우도 있습니다. 예수님은 손이 죄를 범하게 만든다면 자르고 눈이 죄를 범하게 만든다면 뽑으라고 하십니다. 문자적인 의미로 해석하면 안되지만 예수님의 말씀에서 죄가 기질과 성향이 된 사람에게 내릴 수 있는 처방이 얼마나 심각할 수 있는지에 대한 경각심은 생깁니다.

칼뱅의 시대에 로마 가톨릭은 이 구절에 근거하여 욕심은 죄가 잉태되기 전 상태이기 때문에 죄와 구별되고 죄가 아니라고 했습니다. 그러나 칼뱅은 그런 주장을 반대하며 야고보가 이 구절에서 죄와 탐욕을 분리하는 것이 아니라 죄의 뿌리가 인간 내면에 있다는 사실을 강조하고 있다고 말합니다. 그에 의하면, "장성한 죄"라는 말도 "어떤 하나의 행위"가 아니라 "죄짓기의 전 과정"(cursum peccandi completum)을 뜻하는 말입니다. 턴불의 설명처럼, "어떤 것은 죄의 원인인 동시에 여전히 죄일 수도 있습니다." 죄를 잉태하고 출산하는 "욕심"은 밖으로 표출되지 않았다고 해서 죄가 아닌 것이 아닙니다. 하나님의 계명은 분명히 "탐하지 말라"고 말합니다. 예수님도 여자를 보고 음욕을 품으면 간음한 것이라고 하십니다(마 5:28). 요한도 형제를 미워하면 살인한 것이라고 말합니다(요일 3:15). 엄밀한 의미에서 보면, 죄의 근원인 부패한 본성 자체도 죄입니다.

기독교는 죄와 사망도 간과하지 않으면서 욕구를 싸움의 일순위 대상으로 삼습니다. 그런데 대부분의 사람들은 사망의 먹살부터 잡습니다. 사망에 이르지만 않는다면, 어떤 비용도 지불할 용의가 있고 자신의 모든 역량과 전 재물을 거래하는 일도 서슴지 않습니다. 아무리 큰 액수도 아깝게 여기지를 않습니다. 그리고 많은 사람들은 누구에게 죄가 있는지 관련하여 시시비비 따지기에 혈안이 되어 있습니다. 자신은 맞고 타인은 틀렸다는 점을 입증하기 위한 욕망에 모든 지성을 갈아 넣습니다. 죄의 외적 원인들과 싸우고 사망과도 싸우면서 정작 자신을 향한다는 자기중심적인 욕구의 심각성에 대해서는 까맣게 망각하고 극복할 의지도 없습니다.

우리가 진짜 싸워야 할 대상은 욕망, 즉 우리 내부에 숨어 있습니다. 욕망에 이끌리지 말고 오히려 욕망을 제어하고 이끄는 싸움을 소홀히 여기지 마십시오. 결과에 해당하는 범죄나 사망에 매달리면 범죄와 사망을 이기는 듯하여도 여전히 그것들의 원흉인 자기 욕망의 노예로 살아갈 수밖에 없습니다. 욕망의 먹잇감이 아니라 욕망의 조정자가 되십시오. 자신의 욕구와 싸워 이기는 사람은 세상도 이깁니다.

마음을 다스리는 절제는 성령의 열매 중에서도 마지막에 있습니다. 성령의 모든 열매가 절제라는 마지막 열매의 제어를 받습니다. 절제의 둑이 무너지면 욕심이 범람하고 영혼까지 압도되어 사망에 이릅니다. 마음을 다스리는 절제는 십계명 중에서도 마지막에 있습니다. 하나님은 십계명의 모든 계명을 아우르는 마지막 조항으로 탐심을 금하고 계십니다. 인간의 욕심을 견제하는 "탐내지 말라"(출 20:17)는 과도한 욕구 금지령은 두 종류의 탐심을 금합니다. 첫째, 탐심은 마땅히 구해야 할 것을 추구하지 않고 구하지 말아야 할 것을 추구하는 것입니다. 바울은 "위의 것을 생각하고 땅의 것을 생각하지 말라"(골 3:2)고 말합니다. 그의 관점에서 보면, 생각하는 것조차 금하여야 할 땅의 것을 소원하는 탐심은 우상을 숭배하는 것입니다(골 3:5).

둘째, 탐심은 마땅히 구해야 할 필요 그 이상의 분량을 욕구하는 것입니다. 광야에서 모세는 이스라엘 백성에게 당일에 각 사람이 "먹을 만큼만" 거두라고 명하고(출 16:16), 예수님은 주기도문 안에서 "일용할 양식"을 구하라고 명하시고(마 6:11), 어느 지혜자는 "빈하게도 마옵시고 부하게도 마옵시고 오직 필요한 양식으로 나를 먹"여 주시라는 기도를 드립니다(잠 30:8). 특별히 지혜자가 경제적 적정선을 기도한 이유는 부하면 게으름이 고개를 들고 빈하면 도벽이 일어나 두 상태가 다 하나님의 이름을 욕되게 할 것이기 때문입니다.

절제에 실패하면 사람들은 필요 이상의 종류와 분량을 구합니다. 예수께서 일용할 양식의 기도를 가르치신 것은 하나님의 뜻이 필요만 구하는 것이라는 뜻입니다. 하나님의 뜻이기 때문에 일용할 양식만 구하는 것은 우리에게 좋은 것입니다. 우리에게 유익한 것이라도 필요 이상의 분량을 구하는 것은 해를 자초하고 자해하는 것입니다. 그래서 전도자는 "지나치게 악이 되지도 말며 지나치게 우매한 자도 되지 말라"(전 7:17)고 말하면서 "지나치게 의인이 되지도 말며 지나치게 지혜자도 되지 말라"(전 7:16)고 권합니다. 선한 일이라는 이유로 구제를 과도하게 행하는 것도, 의로운 일의 과도한 실천도 욕심의 발로일 수 있습니다. 구제라는 것은 가난한 자의 필요를 파악하고 그 필요를 채우는 것이지 필요 이상의 것을 주는 것이 아닙니다. 과도한 구제는 타인으로 하여금 필요 이상의 것을 가지게 함으로써 탐심을 자극할 수도 있습니다. 주님께서 우리에게 무언가를 구하고 생각한 것 이상으로 주시되 필요 이상의 것을 주시지 않는 이유도 같습니다. 나쁜 것뿐 아니라 좋은 것도 과하면 좋지 않습니다. 탐심은 선과 악을 가리지 않습니다. 탐심은 악의 공작소일 뿐만 아니라 선도 악으로 바꿉니다. 선도 욕심의 광기에서 안전하지 않습니다.

무엇이든 지나치지 않도록 부한 사람은 나누어서 적정선을 유지하고 빈한 사람은 더 열심히 일해서 적정선을 유지함이 좋습니다. 그러나 일할 수 없는 빈한 사람들의 경우에는 더 많이 가진 사람들이 그들에게 나누는 수밖에 없습니다. 모세의 시대에 각자가 필요한 만큼만 취하라고 하였으나 "그 거둔 것이 많기도 하고 적기도" 했습니다(출 16:17). 그런데 놀랍게도 "많이 거둔 자도 남음이 없고 적게 거둔 자도 부족함이 없이 각 사람은 먹을 만큼만" 먹었다고 모세는 말합니다(출 16:18). 우리는 이런 현상의 배후에 부자와 빈자 사이에 나눔이 있었다는 추정을 할 수밖에 없습니다. 육체적인 욕구를 무력하게 만드는 최고의 비결은 나눔에 있습니다. 욕구가 없어지면 죄가 기거할 숙주가 사라지고 죄가 없으면 사망의 삯을 지불할 필요도 없습니다. 우리의 시간, 재물, 재능, 마음, 뜻, 힘을 나누는 것을 넘어 생명까지 나눈다면 그것은 최고의 사랑이고 나눔의 절정이며 욕심을 완전히 정복하는 비결이 될 것입니다.

16내 사랑하는 형제들이여 미혹되지 마십시오

야고보는 동일한 부모의 뱃속에서 나온 "형제"라는 따뜻한 호칭을 건네면서 "미혹되지 말라"(μὴ πλανᾶσθε)고 권합니다. 이는 시험 해석이 자칫하면 미혹될 수 있는 예민한 주제라는 뜻입니다. 저는 미혹의 더 큰 근거가 어떤 주제보다 주체에게 있음을 지적하고 싶습니다. 아담과 하와가 순수하고 하나님이 보시기에 좋았던 상태 속에서도 미혹을 당했다면 타락 이후의 인간이 미혹될 가능성은 훨씬 높을 것입니다. 그런데 야고보는 자신이 "사랑하는 형제"도 미혹될 가능성이 있어서 주의를 시킵니다. 예수님을 주로 믿고 왕으로 섬기는 사람도 미혹에서 자유롭지 않습니다. 미혹에 있어서는 예외가 없고 성역이 없습니다.

맨톤의 말처럼, 예수님의 제자들도 그의 말이 심히 어렵다고 고백하며 잘 보여주었듯이(요 6:60) 인간은 본성적인 부패로 인해 진리를 쉽게 파악하지 못합니다. 모르니까 오해하고 미혹되고 망하는 것입니다. 사실 모르면 진리에 대한 자신의 무지를 인정하며 겸손히 배우려는 자세를 취해야 하는데, 오히려 그 무지의 혐의를 털려고 서둘러 자신의 편견 쪽으로 기웁니다. 자신의 편견이 진리로 간주되는 순간 진리를 배척하는 지독한 아집에 빠집니다. 진리를 진리로 인정하기 위해서는 자신이 진리라고 간주한 편견을 진리가 아니라고 시인해야 하는데 그럴 용기가 없습니다. 그래서 사사로운 생각의 진리화를 거부하지 못하는 자에게는 진리가 머리 둘 곳이 없습니다. 진리는 다 이해하지 못해도 믿는 것입니다. 이해하게 해 달라고 진리의 영에게 기도해야 합니다. 믿음의 경건한 선배들을 보십시오. 크리소스토모스는 그들이 주님께 더 어려운 말씀이 아니라 쉬운 말씀을 달라고 기도하지 않고 그 말씀을 보는 자신들의 눈을 열어 주시라는 기도를 드렸다고 말합니다. 자신들의 눈이 어둡다는 사실을, 그래서 주님의 말씀을 잘 모른다는 사실을 인정하면 이런 기도가 나옵니다.

미혹의 내용은, 좁게 본다면, 시험의 원인을 하나님께 돌리는 것, 즉 하나님을 악의 저자로 여기는 것입니다. 확대하면 시험에 관한 야고보의 설명 전체라고 볼 수 있습니다. 지금까지 야고보가 설명한 시험의 원인과 해결책과 선물을 그대로 믿으면 속는 것이라고 느끼는 사람들이 의외로 많습니다. 사실 야고보의 설명은 좁고 협착한 문처럼 그리로 들어가는 자가 많지 않기 때문에 다수결에 길들여진 사람들의 귀에는 거짓처럼 들립니다. 대부분의 사람들은 넓은 길을 선호하고, 많은 사람들이 출입하는 검증된 길을 택합니다. 그러나 오히려 그런 길이 우리를 대놓고 속입니다. 교활한 자들은 다수의 사람들이 선택한 길이라는 이유로 안심하는 인간의 정서를 역이용해 아주 은밀하게 속입니다. 겉으로만 믿음직한, 그럴듯한 길에 현혹되지 마십시오.

하나님은 시험을 주시는 분도 아니고 받으시는 분도 아닙니다. 모든 시험은 하나님의 문제도 아니고 타인의 문제도 아니고 환경의 문제도 아닌 각자 자신의 욕심이 잉태한 것입니다. 욕심에 이끌려 시험에 들면 죄의 덫에 걸리고 죄의 몸집이 불어나 사망에 이릅니다. 욕심과 시험과 죄와 사망의 *끈끈한* 사슬을 간파하지 못하면 속임수에 빠집니다. 야고보의 이 권면은 우리가 가만히 있으면 반드시 현혹되고, 현혹되지 않으려면 힘써야 한다는 뜻입니다. 시험이 피해가는 사람은 없습니다. 모든 사람의 발 앞에는 시험의 돌부리가 있습니다. 발견하고 피하지 않으면 넘어질 수밖에 없습니다. 그 돌부리를 사전에 제거하는 방법은 욕심의 광기를 제어하는 것입니다. 그 욕심을 제어하는 방법은 하나님을 바르게 알고 사랑하고 그의 섭리를 신뢰하는 것입니다. 그리고 우리가 인내하면 생명의 면류관을 받는다는 약속을 믿고 기대하는 것입니다. 자신도 현혹되지 말고 타인도 현혹하지 마십시오. 모든 형제는 서로에게 자신의 욕심을 버리라는, 현혹되지 말라는 권면을 서로 나누는 것이 좋습니다.

> ¹⁷모든 좋은 주어짐과 모든 온전한 선물은 위로부터 존재하고
> 빛들의 아버지로부터 내려오는 것입니다
> 그에게는 변함도 없고 회전하는 그림자도 없습니다

야고보는 흩어진 나그네를 향해 이 세상에 현혹되지 말라는 권면만 들려주지 않고 현혹되지 않는 적극적인 비결도 나눕니다. 그 비결은 하나님을 아는 지식에 있습니다. 시험을 주지도 않으시고 받지도 않으시는 하나님은 우리에게 언제나 좋고 온전한 것을 주신다는 것입니다. 그러므로 우리가 좋고 온전한 것을 원한다면 다른 누구도 아닌 모든 좋은 것의 샘이신 하나님께 기도해야 하고 기도한 것이 나에게 있다면 하나님께 감사해야 한다고 헤밍슨은 말합니다. 칼뱅은 신이 인간에게 어떠한 재앙도 주시지 않는다는 플라톤의 안이한 생각을 비판하며 하나님은 사람의 죄악을 심판하

기 위해 재앙을 수단으로 삼으실 수 있다고 말합니다. 즉 정의를 이루는 재앙은 좋은 것이라는 뜻입니다. 칼뱅에 의하면, 이 구절이 말하고자 하는 야고보의 핵심은 공의로운 심판의 하나님을 부정하는 것이 아니라 그분을 비난할 어떠한 근거도 없음을 증거하는 것입니다.

이 구절에서 "좋은" 것은 하나님이 보시기에 좋은 것입니다. "온전한" 것은 모든 사물과 사건의 목적 되시는 하나님의 영광에 이르는 것입니다. 좋거나 온전한 것이라면, 무엇이든 위로부터 빛들의 아버지에 의해 주어진 것입니다. 그러나 좋은 것이 아니라면, 온전한 것이 아니라면, 어떠한 것이든 하나님에 의해 주어진 것이 아닙니다. 아래에서 주어진 것이고 하나님이 아닌 다른 누군가 혹은 무언가에 의해 주어진 것입니다. 당연히 좋지 않거나 온전하지 않은 것들의 시험 혹은 미혹은 외부의 악한 세력들이 시작한 일이고, 내부 즉 자신의 욕심에 이끌린 결과이고, 땅에서 주어진 것입니다. 이 사실을 붙들고 있는 동안에는 시험에 빠지지 않고 현혹되는 법도 없습니다. 시험과 미혹에 걸려 넘어지지 않고 오히려 인내가 자라며 연단을 받습니다.

"모든 좋은 주어짐과 모든 온전한 선물"에서 "주어짐"(δόσις, datum)은 박윤선의 설명처럼 주어지는 행위에 초점이 있고 "선물"(δώρημα, donum)은 주어지는 내용에 초점이 있습니다. "네게 있는 것 중에 받지 아니한 것"이 하나도 없다는 바울의 말(고전 5:6)은 인간에게 있는 모든 좋고 온전한 것이 스스로 생성된 것은 하나도 없고 모두 하나님에 의해 주어진 것임을 뜻합니다. 인간의 전부가 주어진 것입니다. 자랑의 대상은 받은 자가 아니라 주신 분입니다. 그래서 인간 자신이 아니라 하나님만 자랑할 수밖에 없습니다. 주어지는 도구를 자랑하지 마십시오. 유명한 친척이나 유력한 인맥이나 풍요로운 환경은 혹시 좋고 온전한 선물이 주어지는 통로일 수는 있겠으나 자랑의 대상은 아닙니다. 추구할 대상도 아닙니다.

"모든 좋은 주어짐과 모든 온전한 선물"은 탐욕의 손을 뻗어서 취하는 것이 아닙니다. 사람들 사이에 합의된 인위적인 가치의 기준을 따라 좋은 것이 아닙니다. 사람들이 규정해 놓은 사물과 사건의 목적에 도달하는 것도 온전한 것이 아닙니다. 물론 위로부터 하나님에 의해 주어지는 것이 사람이나 사건을 통해 우리에게 주어질 수는 있습니다. 여기에서 사람이나 사건은 주어지는 경로와 도구와 계기일 뿐입니다. 그런데 경로와 도구가 긍정적인 종류뿐만 아니라 부정적인 종류일 때도 있습니다. 때로는 기근, 때로는 슬픔, 때로는 상처, 때로는 손해라는 경로를 통해, 때로는 원수를 통해 우리는 좋고 온전한 것을 위로부터 얻습니다. 바울은 주님께서 "모든 것"이 자기를 사랑하는 자들에게 선을 이루도록 하신다고 말합니다. 여기에서 "모든 것"에는 좋고 온전한 것들뿐만 아니라 "환난이나 곤고나 박해나 기근이나 적신이나 위험이나 칼"도 포함되어 있습니다(롬 8:35).

이런 부정적인 경로들 자체만 주목하면 주님께서 나쁜 것을 주셨다는 오해와 불평이 생깁니다. 그러나 그 경로들 너머에는 반드시 하나님의 좋은 선물이 있습니다. 물론 주님이 자기를 사랑하는 자들을 위하여 예비하신 모든 것이 눈으로 보지 못하고 귀로 듣지 못하고 마음으로 생각하여 깨닫지 못하는 것이기 때문에 모를 수는 있습니다(고전 2:9). 그러나 하나님의 깊은 것도 통달하고 계신 성령께서 가르쳐 주신다면 그 선물을 알 수 있고 모든 것에서 그것이 보입니다. 그러면 그 선물을 취하고 누릴 수 있습니다. 심지어 "환란 중에도 즐거워" 할 수 있는 이유는 여기에 있습니다(롬 5:3).

좋고 온전한 것을 주시는 하나님의 세 가지 특징을 야고보는 소개하고 있습니다. 첫째, 그는 하나님을 "빛들의 아버지"라 부릅니다. 칼뱅은 "빛들의 아버지"가 하나님의 "모든 탁월성과 지극히 높으신 위엄"을 뜻하는 문구라고 말합니다. 나아가 최고의 것을 주시는 하나님도 가리키는 말입니다. 상식에 따르면, "빛들"은 태양과 달과 별입니다. 이 빛들은 모두 아래가 아니라 위에 있습니다. 위로부터 우리에게 주어지는 좋고 온전한 것들 중에서도 가장 아름다운 것은 빛입니다. 마틴의 분석처럼, 당시 유대인의 인식에서 빛은 하나님의 선물들 중에서 가장 좋고 가장 온전한 것입니다. 그래서 하나님은 그런 빛을 창조의 첫날에 만들어 주십니다. 야고보는 그를 무수한 창조물 중에서도 빛의 아버지라 부릅니다. 만드신 분을 아버지라 부르는 것은 결코 이상하지 않습니다. 하나님을 첫째 날의 창조물인 빛의 아버지로 소개하는 것은 그가 이후로 창조된 모든 것의 창조주도 되신다는 뜻입니다. 최고의 은사인 빛을 만들어서 주셨는데 어찌 다른 좋고 온전한 것들을 주시지 않을까요? 일부만 선별해서 주시지 않고 "모든 것"을 주실 정도로 하나님은 풍요롭고 너그러운 분입니다. 우리는 빛과 빛들의 아버지가 다르다는 점을 놓치지 마십시오. 하나님은 이 세상의 어떠한 빛보다도 위대하신 분입니다. 하나님은 교회를 온 세상에서 태양보다 더 밝은 빛으로 만드신 그 교회의 빛이시기 때문에 이 세상에서 가장 눈부신 것보다 더 눈부신 분입니다.

둘째, 하나님은 변함이 없으신 분입니다. 하나님의 불변성은 항상 변하는 피조물이 결코 이해할 수 없는 신비로운 것입니다. 이 세상에는 이를 해석할 문법과 설명할 논리가 없습니다. 그러나 이 신적인 불변성의 문맥적인 함의는 이해할 수 있습니다. 즉 하나님은 우리에게 언제나 좋고 온전한 선물을 변함 없이 주십니다. 하나님은 어떠한 때에라도 우리에게 좋은 것 주시기를 멈추지 않으시고 나쁜 것은 주시지를 않습니다. 지금도 그는 만민에게 생명과 호흡과 만물을 친히 주고 계십니다(행 17:25). 자비로운 선물은 좋고 정의로운 징계는 나쁜 것이 아닙니다. 둘 다 좋습니다. 이 사실을 결코 의심하지 않는 근거는 하나님의 선하신 불변성에 있습니다. 바울의 표현처럼, 하나님은 "항상 미쁘"시고 "자기를 부인하실 수 없"는 분입니다(딤후 2:13). 변하지 않다가 변하거나, 변하다가 변하지 않는 그런 분이 아닙니다. 그런 분이시기 때문에 우리는 하나님에 대해 어떠한 의심이나 불안함도 없습니다.

셋째, 하나님은 회전하는 그림자가 없으신 분입니다. 여기에서 그림자는 빛과 관련되어 있고 회전은 빛의 움직임 즉 시간과 관련되어 있습니다. 세상의 모든 것은 빛에 영향을 받습니다. 빛이 비치면 밝아지고 빛이 없어지면 어둠이 모든 것을 덮습니다. 빛이 비치면 모든 것에 그림자가 생깁니다. 시간이 흐르면 그 그림자가 생물처럼 움직이며 키와 모양이 변합니다. 그림자는 어떤 사물이 태양보다 밝지 않기 때문에 생깁니다. 물론 그림자가 생기고 변한다고 해서 어떤 사물의 실체가 변하는 것은 아닙니다. 그러나 하나님은 그런 그림자조차 없으신 분입니다. 그에게는 어떠한 빛을 비추어도 그림자가 생기지 않습니다. 하나님의 그림자가 없다는 것은 그가 가장 밝은 최고의 빛이라는 뜻입니다. 태양도 그 앞에 서면 하나님이 태양보다 더 밝으시기 때문에 하나님의 그림자가 아니라 태양의 그림자가 생깁니다. 태양의 그림자는 하나님 앞에서만 생깁니다.

사람들은 태양보다 밝은 빛을 모릅니다. 그런 빛의 존재와 실체와 질서도 알지 못합니다. 그래서 요한은 그 "빛이 어둠에 비치되 어둠이 깨닫지 못한다"고 말합니다(요 1:5). 그 빛은 다른 어떠한 것에 의해서도 소멸되지 않고 감소되는 법도 없으며 영향도 받지 않습니다. 오히려 그 빛 안에서는 기존의 빛과 질서가 존재감을 상실하고 새로운 질서 속에서 비로소 높은 차원의 새로운 의미를 얻습니다. 시인은 "주에게는 흑암과 빛이 일반"이기 때문에 "밤이 낮과 같이 비췬다"고 말합니다(시 139:12). 태양이 만드는 밝음과 어둠의 구분은 피조물인 우리에게 적용될 뿐이고 하나님께 적용되는 것은 아닙니다. 나아가 "흑암이 정녕 나를 덮고 나를 두른 빛은 밤이 되리라 할지라도 주에게는 흑암이 숨기지 못"합니다(시 139:11). 주님께서 자신을 드러내실 때에는 누구도 어둠 속으로 자신을 숨기지 못하며, 그가 자신을 드러내지 않으시면 누구도 그를 알아볼 수 없습니다. 하나님은 이 세상의 흑암과 빛에 전혀 종속되지 않으시는 분입니다. 나아가 이사야의 예언처럼, 그런 하나님을 찾는 자에게는 "네 빛이 흑암 중에서 떠올라 네 어둠이 낮과 같이 될 것"입니다(사 58:10).

나아가 태양 아래에서 일어나는 기쁨과 슬픔, 희망과 절망, 행복과 불행, 의와 불의, 심지어 선과 악도 하나님께 적용되는 구분들은 아닙니다. 모든 것을 바꾸는 빛과 시간의 마법도 그에게는 통하지 않습니다. 하나님 자신의 존재성과 그의 성품을 바꾸거나 하나님의 속성을 바꾸는 어떠한 요인도 없습니다. 그런 하나님을 믿는다면 "다시는 낮에 해가 네 빛이 되지 아니하며 달도 네게 빛을 비추지 않을 것"이라고 말합니다. 대신 "오직 여호와가 네게 영원한 빛이 되며 네 하나님이 네 영광이" 되실 것입니다(사 60:19). 하나님을 자신의 영원한 태양으로 삼은 자에게는 "다시는 네 해가 지지 아니하며 네 달이 물러가지 아니할 것"이며 "네 슬픔의 날이 끝날 것"입니다(사 60:20). 진실로 하나님은 "나의 슬픔이 변하여 내게 춤이 되게 하시며 나의 베옷을 벗기고 기쁨으로 띠 띠우"시는 분입니다(시 30:11). 모르드개의 말처럼 그런 하나님과 동행하는 자에게는 불안함이 아니라 "평안함을 얻어 슬픔이 변하여 기쁨이 되고 애통이 변하여 길한 날"이 될 것입니다(에 9:22).

　이처럼 하나님은 빛들의 아버지요, 어떠한 변함도 없으시고, 심지어 회전하는 그림자도 없으신 분입니다. 하나님을 아는 이러한 지식에 확신을 가진다면 우리가 어떠한 의심도 가지지 않고 어떠한 미혹에도 빠지지 않을 것입니다. 우리의 신앙에도, 우리의 삶에도 회전하는 그림자가 없어질 것입니다. 어떠한 흔들림도, 어떠한 두려움도, 어떠한 불안함도 없을 것입니다. 주님은 자신을 신뢰하는 자, 그래서 마음의 "심지가 견고한 자"를 평강에 평강으로 지켜 주신다고 이사야는 말합니다(사 26:3). 신앙의 닻을 하나님의 불변성에 내려서 최고의 평강을 누리시기 바랍니다.

¹⁸그가 그 피조물 중에 우리로 한 첫 열매가 되게 하시려고 자기의 뜻을 따라 진리의 말씀으로 우리를 낳으셨느니라 ¹⁹내 사랑하는 형제들아 너희가 알지니 사람마다 듣기는 속히 하고 말하기는 더디 하며 성내기도 더디 하라 ²⁰사람이 성내는 것이 하나님의 의를 이루지 못함이라 ²¹그러므로 모든 더러운 것과 넘치는 악을 내버리고 너희 영혼을 능히 구원할 바 마음에 심어진 말씀을 온유함으로 받으라

❖ ❖ ❖

¹⁸[그는] 진리의 말씀으로 우리를 낳으셔서 우리가 그의 피조물들 중에 어떤 첫 열매가 되게 하시려고 결의하신 분입니다 ¹⁹그러므로 내 사랑하는 형제들이여 모든 사람은 듣기는 신속하며 말하기는 더디 하며 성내기도 더디 하십시오 ²⁰사람의 성냄은 하나님의 의를 이루지 못합니다 ²¹그러므로 여러분은 온갖 더러움과 넘치는 악을 내버리고 여러분의 영혼을 능히 구원할, 심겨진 말씀을 온유한 [마음]으로 받으시기 바랍니다

06   말씀을 받으라

18[그는] 진리의 말씀으로 우리를 낳으셔서 우리가 그의 피조물들 중에
어떤 첫 열매가 되게 하시려고 결의하신 분입니다

야고보는 하나님을 아는 지식을 꺼내면서 그분은 우리를 시험하실 분이 아
니라는 사실을 계속해서 말합니다. 회전하는 그림자도 없으신 불변의 하나
님은 "결의하는 분"(βουληθείς), 즉 스스로 뜻과 계획을 세우시고 누구도 감
히 변경하지 못하도록 친히 이루시는 분입니다. 하나님은 우리에게 일어나
는 모든 선한 일의 처음과 나중 되십니다. 이런 야고보의 말은 바울의 입장
과 다르지 않습니다. 바울은 하나님이 은밀하게 "너희 안에서 행하시는 분"
이라고 말하면서 행하시는 방식에 있어서는 "자기의 기쁘신 뜻을 위하여
너희 안에 소원을 두고 행하게 하신다"고 말합니다(빌 2:13). 바울은 이렇게
도 말합니다. "너희 안에서 착한 일을 시작하신 이는 그리스도 예수의 날까
지 이루실" 분입니다(빌 1:6). 이는 나의 모든 착한 일이 겉으로는 나의 소
원과 행위와 성취로 보이지만 은밀한 중에 하나님이 시작하신 일이고 그

가 친히 행하시고 성취하신 일이라는 말입니다.

불변의 하나님은 자신뿐 아니라 자신의 뜻과 계획에도 회전하는 그림자가 없으신 분입니다. 한번 뜻하시면 하나님 자신도 식언하지 않으시고, 다른 누구도 그의 뜻을 변경하지 못합니다. 우리와 관계된 하나님의 불변적인 뜻은 중생의 선물을 주시고 우리를 첫 열매로 삼으시는 것입니다. 우리의 중생과 관련하여 턴불은 세 가지 원인을 언급하되, 중생의 유효적 원인은 하나님의 자유로운 의지이고, 중생의 도구적인 원인은 하나님의 말씀이며, 중생의 목적적인 원인은 첫 열매가 되는 것이라고 말합니다. 중생과 첫 열매의 은총도 부모나 목회자가 주지 못하고 자기 자신도 스스로 취할 수 없는 일입니다. 이것은 오직 빛들의 아버지로부터 나옵니다. 이 놀라운 은총에 변덕스런 그림자가 없으니 얼마나 좋습니까? 이처럼 영원한 생명과 영광을 친히 값없이 반드시 베푸시는 하나님을 우리가 어떻게 우리로 시험에 빠지게 하시는 분이라고 오해할 수 있습니까? 오히려 우리가 모든 선의 근원이신 그분에게 피조물들 중에서 가장 큰 감사와 경배를 돌려야 마땅하고, 변함이 없으시니 변함없는 감사와 경배를 영원토록 돌려야 마땅합니다.

첫째 뜻은 중생, 즉 모든 피조물 중에서 우리를 진리의 말씀으로 낳으시는 것입니다. 존 길은 이러한 중생이 빛들의 아버지가 주시는 좋고 온전한 것들 중의 대표적인 것이며 가장 먼저 주어지는 것이라고 말합니다. 첫째와 관련하여 우리는 영적인 출생의 비밀을 여기에서 읽습니다. 우리의 영적인 출생은 우리의 의지나 공로로 말미암은 것이 아니라 하나님의 뜻과 그 의논으로 말미암은 일입니다. 그리고 야고보가 하나님의 행위를 "낳는다"(ἀποκυέω)는 동사로 표현한 것은 우리가 하나님의 단순한 조형물이 아니라 그분의 자녀라는 사실을 암시하고 있습니다. 애정 가득한 동사를 쓴 야고보의 구원론은 하나님의 자녀가 "사람의 뜻으로 나지 아니하고 오직 하나님"에 의해 출생한 것이라는 요한의 구원론과 다르지 않습니다(요 1:12-13). 이처럼 하나님의 절대적인 주권과 전적인 은혜로 말미암은 구원을 요한과 더불어 강조하는 야고보가 인간의 행위적인 공로를 구원의 원인으로 삼고 바울의 입장과 반대되는 구원론을 말한다는 일각의 주장은 터무니없습니다.

그리고 우리의 영적인 출생은 진리의 말씀으로 이루어진 일입니다. 우리의 영적인 존재가 진리의 말씀에서 나온다는 것은 이상하지 않습니다. 히브리서 기자는 본래 온 세상이 하나님의 말씀으로 지어진 것이라고 말합니다(히 11:3). 그러므로 말씀으로 말미암아 존재하게 되지 않는 피조물은 하나도 없습니다. 말씀은 창조의 능력을 가지고 있습니다. 그런데 야고보는 재창조의 능력도 말씀에 있다고 말합니다. 말씀이 들어가면 절망적인 상황 속에서도 희망이 생깁니다. 절망이 된 희망이 말씀으로 말미암아 다시 본래의 희망으로 돌아오는 일도 있습니다. 진리의 말씀으로 영광을 드렸다가 치욕의 늪에 빠져도 그 영광은 동일한 진리의 말씀으로 말미암아 되돌아올 수 있습니다. 희망이 달아난 절망의 상황이 오래 되었다고 할지라도 말씀을 붙잡으면 희망은 돌아올 것입니다.

그런데 "진리의 말씀으로"(λόγῳ ἀληθείας) 구절에 쓰인 여격의 쓰임새를 특정하는 것은 쉽지 않습니다. 진리의 말씀이 영적인 출생의 도구로 쓰였다는 말인지, 방법으로 쓰였다는 말인지, 출생의 처소로 쓰였다는 말인지를 정확히는 모릅니다. 그러나 "진리의 말씀"이 이 출생에 개입된 것만은 누구도 부인할 수 없습니다. 야고보는 죄의 출생에 대한 욕심의 개입을 언급한 바 있습니다. 진리의 말씀으로 말미암은 우리의 영적인 출생과 욕심으로 말미암은 죄의 출생이 절묘한 대비를 이룹니다. 욕심은 인간이 인간으로 가득하고 인간적인 소원이 마음에 고이는 것입니다. 이런 욕심을 내면에서 비우는 아주 간단한 방법은 진리의 말씀으로 내면을 채우는 것입니다. 그래서 시인은 욕심이 잉태한 죄를 범하지 않으려고 주의 말씀을 마음에 두었다고 말합니다(시 119:11). 욕심의 멱살을 쥐고 매달리지 않습니다. 말씀의 수용이 답입니다.

"진리의 말씀"은 그리스도 예수를 가리키는 말입니다. 예수님은 자신을 진리라고 밝히신 분이며(요 14:6), 요한이 보기에도 예수님은 진리가 충만하신 분이고 우리를 향하신 은혜도 충만하신 분입니다(요 1:14). 그런 예수님을 수용하면 누구든지 영적인 출생을 경험하며 하나님의 자녀로 신분이 바뀝니다. 예수님이라는 진리의 말씀은 우리로 하여금 욕심이 안내하는 사망에 도달하지 않고 영원한 생명에 이르도록 안내할 것입니다. 말씀 외에 욕심을 이길 다른 방법이나 비책은 없습니다.

우리의 육신을 낳아 주신 부모를 공경하는 것처럼 우리의 영적인 출생을 가능하게 만든 진리의 말씀을 존중하는 것, 범사에 부모에게 순종하는 것처럼 모든 말씀에 항상 순종하는 것은 마땅한 일입니다. 죄는 자신의 자궁인 욕심을 존중하여 끊임없이 욕심을 키우면서 자신의 몸집을 불립니다. 그러나 눈은 보아도 만족하지 못하고 귀는 들어도 채워지지 않습니다. 땅을 파서 호수를 만들고 숲을 밀어서 정원을 꾸며도 그 욕심은 해소되지 않습니다. 더 강하고 더 크고 더 넓고 더 높은 탐욕에 빠집니다. 죄는 우리가 죽을 때까지 욕심을 키우고 또 키웁니다.

태초는 이런 욕심의 광기가 본색을 드러낸 때입니다. 아담과 하와는 하나님의 은혜로 모든 것을 최상의 상태로 소유해도 만족할 줄을 모릅니다. 자신의 발 아래에서 온 세상을 가졌지만 여전히 만족을 모르고 하나님과 같아지고 싶어서 신의 자리까지, 어쩌면 신보다 더 높아지는 자리까지 노립니다. 이토록 집요한 욕심은 끝을 모르는 무저갱과 같습니다. 그러나 하나님의 자녀로 출생한 우리는 어떠한 삶의 태도를 취합니까? 죄가 성장하는 속도 이상으로 진리의 말씀을 아는 지식에서 날마다 자라가고 있습니까? 말씀의 주제인 하나님과 이웃 사랑의 실천에 가장 많은 분량의 땀을 흘리고 있습니까? 진리를 나눔에 있어서 목숨을 조금도 귀하게 여기지 않을 정도로, 자신이 닳도록 복음을 땅끝까지 전파하고 있습니까? 욕심이 결국 죽음에 이르는 것처럼, 진리의 말씀으로 출생한 우리도 그리스도 예수만 우리 안에 살고 우리는 날마다 죽음에 이르는 것이 좋습니다.

둘째, 모든 피조물 중에서 우리로 하여금 첫 열매가 되게 하시려는 것입니다. 여기에서 우리가 주의해야 할 것은 예수님께 부여된 "낳는다"는 말과 "첫 열매"라는 말이 우리에게 쓰였다고 해서 우리를 예수님과 동급으로 여기지는 말아야 한다는 것입니다. 이는 헨리의 말처럼 우리가 "피조물들 중에"라는 경계를 넘어 신성을 넘보는 일이 없어야 한다는 말입니다. 동시에 우리는 주님께서 우리에게 주신 막중한 책임감을 느낍니다. "피조물들 중에" 우리를 낳으신 주님은 "피조물들 중에" 우리를 어떤 "첫 열매"(ἀπαρχή)가 되게 하십니다. 그런데 야고보는 "어떤(τινα) 첫 열매"라고 말하면서 첫 열매의 구체적인 실체에 대해서는 입을 다뭅니다. 그래서 유추할 수밖에 없습니다. 성경에서 첫 열매 개념은 생소하지 않습니다. 예레미야 선지자는 이스라엘 백성을 "여호와를 위한 성물 곧 그의 소산 중 첫 열매"라고 말합니다(렘 2:3). 즉 "첫 열매"는 하나님 이외에 다른 누구를 위한 존재가 아니라는 말입니다. 바울은 그리스도 예수가 "첫 열매"라고 말합니다(고전 15:23).

이 첫 열매의 의미는 출애굽 사건과 무관하지 않습니다. 출애굽 직전에 애굽의 장자들은 다 죽었으나 양의 피를 문설주와 인방에 바른 집의 장자들은 죽음을 면합니다. 여기에서 양의 피는 예수의 죽음을 의미하며 그 죽음으로 말미암아 이스라엘 백성은 죽음에서 살아난 것입니다. 첫 열매는 이처럼 희생과 관련되어 있습니다. 칼뱅의 말처럼 이 "첫 열매"는 "소수의 신자들에 국한되지 않고 [진리의 말씀으로 태어난] 모든 사람을 가리키는 보편적인 말"입니다. 또한 우리가 첫 열매이신 예수님을 따라 모든 피조물의 첫 열매가 된다는 뜻입니다. 이는 야고보가 "우리"(ἡμᾶς)라는 말을 사용한 의도를 잘 반영한 해석 같습니다. 우리를 첫 열매로 삼으신 하나님의 목적은 모든 사람에 대한 첫 열매의 책임과 관련된 것입니다. 즉 우리로 하여금 예수님처럼 자신을 희생하며 온 세상에 생명의 복음을 전달하는 것입니다.

성경에서 모든 "첫 열매"는 대체로 하나님께 구별된 하나님의 것입니다. 지혜자는 첫 열매가 "1등 먹었다"는 세속적인 자랑이 아니라 "여호와를 공경"하는 구별된 도구라고 말합니다(잠 3:9). 지극히 거룩하신 하나님께 구별된 것이기에 최고의 거룩함이 요구될 것입니다. "내가 거룩하니 너희도 거룩하라," 이 명령의 의미는 우리로 하여금 하나님의 신적인 거룩을 공경하는 도구의 품격에 이르라는 뜻입니다. 그래서 두렵고 떨립니다. 동시에 "첫 열매"는 다른 모든 열매의 대표성을 띠는 말입니다. 그래서 주님의 피조물들 중에 "첫 열매"가 된다는 것은 다른 무엇과도 바꿀 수 없는 영광과 관련된 것이면서 대표자의 책임 즉 거룩한 부담과도 관련된 말입니다. 영광과 관련하여, 우리에게 베풀어진 출생의 비밀은 하나님의 "피조물들 중에" 다른 어떤 생물과도 공유하지 않습니다. 오직 우리만 진리의 말씀으로 잉태되었습니다. 책임과 관련하여, 이러한 영광의 특혜 때문에 우리는 다른 피조물이 엄두도 내지 못할 최고의 감사와 영광을 하나님께 돌림이 마땅할 것입니다. 은혜와 그 은혜에 따르는 책임은 결부되어 있습니다. 받은 은혜가 크면 하나님께 감사와 영광을 돌려야 할 책임도 그 은혜의 크기에 비례하여 큰 법입니다.

나아가 다른 모든 피조물에 대한 책임도 첫 열매인 우리에게 있습니다. 태초에 하나님은 인간을 창조하신 이후에 모든 만물을 인간의 발 아래에 두시면서 정복하고 다스려야 할 대상으로 정하신 바 있습니다. 그런데 인간이 하나님께 반역하는 바람에 온 땅은 저주를 받았으며 지금까지 그 저주 아래에 있습니다. 그 저주 때문에 모든 피조물은 고통 가운데서 탄식하고 있습니다. 피조물의 바람은 바울이 밝힌 것처럼, 하나님의 아들들, 즉 온 땅을 진리의 말씀으로 정복하고 다스리는 하나님의 아들들이 나타나는 것입니다(롬 8:19). 죄와 타락으로 피조물 전체를 망친 죄책이 인간에게 있습니다. 그렇게 망가진 피조물 전체의 회복에 대한 책임도 인간에게 있습니다. 피조물도 그 회복을 고대하고 있습니다. 우리의 책임을 완수하고 피조물의 소망에 부응하는 방법은 복음을 땅끝까지 전파하여 하나님의 아들들이 나타나고 진리를 가르쳐서 하나님의 아들다운 아들들이 나타나게 만드는 것입니다. "첫 열매"는 이러한 사명의 다른 이름입니다. 이런 점에서도 야고보와 바울의 생각은 일치하는 듯합니다.

이 구절의 의미를 종합하면, 우리의 중생은 행복한 은총의 시작이고 첫 열매가 됨은 나중 즉 그 은총에 따르는 영광스런 책임에 대한 것입니다. 중생과 첫 열매의 사명은 하나님의 불변적인 뜻이며 어떠한 고난과 역경 속에 있더라도 모든 믿음의 사람에게 적용되며 이런 적용은 태초부터 종말까지 지속될 것입니다.

이 구절에 대한 루터의 해석을 잠시 살피고 싶습니다. 자신의 로마서 주석에서 루터는 로마서 3장 21-22절을 해석하는 중에 야고보서 1장 18절의 "첫 열매"를 인용하며 의로움에 대한 교리를 다룹니다. 거기에서 루터는 "첫 열매"의 의미를 주님께서 "우리를 의롭게 하신 것, 즉 의로운 자와 의로움을 온전히 완성하신 것이 아니라 완성하기 위해 시작하신 것(incepit ut perficiat)"이라고 말합니다. 이는 마치 거반 죽게 된 사람이 여관에 "치유되기 위해 들어가게 된 것"(curandus susceptus)과 같다고 말합니다. 그러나 이런 설명은 제가 보기에는 루터의 해석학적 비약으로 보입니다. 즉 "첫 열매"라는 말에 시작의 의미를 과도하게 부과한 것입니다.

19그러므로 내 사랑하는 형제들이여 모든 사람은 듣기는 신속하며
말하기는 더디 하며 성내기도 더디 하십시오

야고보는 중생을 언급한 이후에 시험을 이기기 위해서는 우리 자신의 올바른 처신도 필요하다고 말합니다. "그러므로"(Ἴστε)라는 말로 야고보는 지극히 선하신 불변의 하나님을 아는 지식과 우리에게 요구되는 순종을 원

인과 결과인 듯 묶습니다. 그는 하나님에 대한 이론적인 지식의 중요성을 강조한 후 그 지식에 상응하는 우리 편에서의 실천적인 순종이 뒤따라야 한다는 점도 놓치지 않습니다. 야고보는 이론을 배제하지 않는 실천을, 신앙을 배제하지 않는 선행을 강조하고 있습니다.

맨톤의 말처럼 "모든 의무의 규정에는 명령의 말과 약속의 말이 있습니다." 명령은 우리의 순종을 위함이고 약속은 우리의 격려를 위한 것입니다. 믿음으로 구원을 받은 사람에게 명령이 주어지는 것과 관련하여 칼뱅은 "영적인 중생이 한 순간의 일"이 아니며 "육신이 폐하여질 때까지 새롭게 함이 삶을 관통해야 한다"는 의미라고 말합니다. 명령의 순종은 숙제가 아니라 이로써 우리는 주님께서 베푸신 복을 받을 수 있도록 준비되고 또한 누리는 것입니다.

"내 사랑하는 형제들이여," 하나님의 백성을 가족으로 품은 야고보의 자상함이 느껴지는 호칭입니다. 상대방을 사랑하면 권면의 입에서 최고의 언어가 나갑니다. 사랑이 엄선한 가장 좋은 교훈을 전합니다. 그 교훈은 "듣기"와 "말하기"와 "성내기"에 대한 명령인데 야고보는 "모든 사람"(πᾶς ἄνθρωπος)에게 명합니다. 예외가 없습니다. 야고보는 유식한 사람이나 무식한 사람이나 부한 사람이나 가난한 사람이나 남자나 여자나 아이나 어른을 막론하고 모두에게 명합니다. 맨톤의 말처럼, "배우지 않아도 될 정도로 노련하고 지혜롭고 고귀한 사람은 없기 때문"인 듯합니다.

야고보는 먼저 "듣기"(ἀκοῦσαι)에 신속해야 한다고 권합니다. 듣는다는 것은 타인의 인격을 존중하며 그에게 관심을 기울이는 것입니다. 타인의 외모를 보지 않고 마음에 청진기를 대듯 내면에 주의하는 것입니다. 자신과 타인의 물리적인 간격을 없애고 타인에게 가장 가까이 다가가는 것입니다. 가까이에 있어야 정확하게 들립니다. 제대로 들으면 하나의 우주가 들립니다. 들으면 또 하나의 세계가 있음을 알고 자신의 세계를 넓힙니다. 좋은 세계이면 배우고 나쁜 세계이면 반면교사 차원에서 배우는 방식으로 넓힙니다.

　듣기는 더딤이나 망설임과 어울리지 않습니다. 듣기는 신속하고 민첩해야 할 일입니다. 이에 대해 맨톤은 두 가지 즉 듣기의 신속함과 들음의 기회를 취하고자 하는 성실함을 뜻한다고 말합니다. 저는 즉각적인 들음을 주목하고 싶습니다. 타이밍을 놓치면 타인의 생각이 신속하게 공중으로 흩어져 듣기가 가능하지 않습니다. 하나님의 말씀에 대해서도 우리의 듣기가 발화의 시점에서 멀어지면 듣지 않음과 같습니다. 오히려 위험한 오해가 빚어질 수도 있습니다. 맨톤은 이런 점을 설교의 듣기와 연결하여 "집에서 더 나은 설교를 읽을 수 있다"는 안도감에 빠져 지금의 설교를 "가볍게 듣는 것은 죄"라고 말합니다. 말씀이 선포되는 순간에 들어야 한다는 말입니다. "시기를 놓친 의무들은 그 본질을 잃습니다." 이는 특정한 시점의 존중이 의무의 핵심적인 부분이기 때문입니다.

　그리고 듣는 매 순간을 소중하게 여기지 않으면 생각이 귀에 정확하게 뿌려져도 그저 파장만 붐비고 들리지는 않습니다. 상대방의 목소리가 아니라 인격에 집중할 때에 더 잘 들립니다. 물론 인격뿐 아니라 말의 뉘앙스와 강조점과 분위기가 스며들어 있는 그의 몸과 동작 전체를 주시하면 더 잘 들립니다. 눈은 초점과 투명도로 말하고, 표정은 주름의 위치와 개수와 굵기로 말하고, 몸은 기울기로 말하고, 손은 동작의 크기와 빈도로 말하고, 발은 스텝과 음향으로 말합니다. 이처럼 듣기는 현재성과 현장성과 실제성과 인격성과 신체성과 관계성이 골고루 버무려진 종합예술 같습니다. 이런 듣기의 자세로 귀를 기울여야 하는 가장 중요한 대상은 하나님의 입입니다. 우리를 거듭나게 한 하나님의 말씀은 거듭난 이후에도 인생의 귀를 맡겨야 할 대상이기 때문에, 성경 읽기나 설교나 기도나 친교의 대화나 다른 무엇을 하더라도 항상 예수님께 귀를 기울이고 그가 우리에게 말하시면 지체하지 말고 신속하게 들으시기 바랍니다. 이는 경건의 사소한 기술이 아닙니다. "너희는 그의 말을 들으라"(마 17:5)고 하신 아버지 하나님의 명령에 순종하는 것입니다.

맨톤은 다른 사람의 말에도 신속한 듣기를 실천해야 한다고 말합니다. 그렇게 하면 "다양한 수단들 안에서 일어나는 성령의 다른 숨결을 발견하는 유익"을 얻습니다. 성령님이 오직 나에게만 진리를 들려주신다는 오만은 배움의 적입니다. 주님은 당나귀의 입도 쓰시고 돌도 쓰십니다. 지극히 작은 자에게도 귀를 닫지 마십시오. 맨톤이 잘 정리한 것처럼, 유니우스 (Franciscus Junius, 1545-1602)는 밭 가는 농부와의 대화를 통해 개종했고, 단순한 평신도 한 분의 견해로 니케아 공의회는 비성경적 내용을 교회에 퍼뜨리는 아리우스 일파를 꺾었으며, 예수님은 한 아이를 통해 천국의 비밀을 전하셨고, 지극히 고귀한 금이 허접한 질그릇에 담길 수도 있습니다.

민첩한 듣기와는 달리, 야고보는 "말하기"($\lambda\alpha\lambda\tilde{\eta}\sigma\alpha\iota$)를 더디 해야 한다는 일종의 침묵을 권합니다. 이는 "너희가 어떻게 들을까 스스로 삼가라"(눅 8:18)는 주님의 말씀에 대한 야고보의 답입니다. 야고보가 강조하는 말하기의 더딤은 침묵을 의미하며 이는 슬기로운 듣기의 다른 말입니다. 길의 말처럼 피타고라스 학파는 배우는 자들에게 5년의 침묵을 권하였고 유대 문화에서 말은 1세겔의 가치이고 침묵은 2세겔의 가치라는 금언이 있을 정도로 침묵은 값진 것입니다. "조금 말하고 많이 행하라"는 샴마이 학파의 조언도 있습니다. 듣기와 말하기는 동시에 이루어질 수 없습니다. 침묵의 협조가 없으면 들을 수 없습니다. 귀는 두 개로, 입은 하나로 주님께서 창조하신 것은 듣기에 비하여 절반의 속도로 절반의 분량을 더디게 말하라는 교훈을 위함이 아닌가 싶습니다. 귀는 항상 열려 있기에 수시로 듣고 입은 늘 닫혀 있기에 꼭 필요할 때에만 가려서 말하는 게 좋습니다. 게다가 귀의 용도는 듣기밖에 없지만 입의 용도에는 말하기뿐만 아니라 먹고 마시고 숨쉬는 것까지도 있습니다. 이런 쓰임새를 보더라도 입이 귀보다 더 바쁩니다. 말하기의 분량은 줄어들 수밖에 없습니다. 사실 말하기는 생각에 소리의 옷을 입히는 것입니다. 속에 있는 자아를 밖으로 꺼내는 것입니다. 외모가 아니라 내면의 자아를 보여주는 것입니다. 말할 때마다 자아가 맨살을 드러내면 부끄럽지 않습니까? 그런데도 자신을 드러내기 좋아하는 사람들은 말하기에 민첩함을 보입니다. 타인을 수용하는 것보다 자신이 수용되는 것을 원합니다. 그래서 그들의 입은 늘 분주하고 바쁩니다.

자신의 의사 표하기를 기뻐하는 사람는 미련한 자라고 지혜자는 말합니다(잠 18:2). 미련한 자는 상대방이 인정해 줄 때까지 말하기를 멈추지 않습니다. 말하는 일에 분주하면 타인을 수용할 여유가 없습니다. 나에게 없는 새로움과 다름을 수용하지 못하기에 배움도 없습니다. 이처럼 과도한 말하기가 자신에게 무익하고 심지어 해롭다는 사실도 잘 모릅니다. 더디 해야할 말하기에 유독 민첩한 사람들은 또한 성질도 급합니다. 약간의 손해 가능성만 감지되면 성난 언어를 급하게 격발하는 반응을 보입니다. 빠른 속도로 발화된 말에는 언제나 불량한 감정의 함유량이 높습니다. 말의 속도는 그 자체로 메시지일 때가 많습니다. 한 템포 늦게 반응하는 것은 말한 상대방의 들을 준비를 위한 배려입니다. 늦은 말하기와 신속한 듣기는 서로 1대 2의 비율로 협력하는 것이 좋습니다. 듣기를 더디 하고 말하기를 속히 하면, 소통에 충돌과 막힘이 반드시 생깁니다.

듣기와 말하기의 자세는 창조자와 무관하지 않습니다. 전도자는 말하기를 "코람데오"(Coram Deo) 정신과 결부시켜 말합니다. "너는 하나님 앞에서 함부로 입을 열지 말며 급한 마음으로 말을 내지 말라"(전 5:2). 그리고 "마땅히 말을 적게 할 것이라"는 권면의 이유로서 "하나님은 하늘에 계시고 너는 땅에 있음"을 제시하고 있습니다(전 5:2). 여기에서 전도자는 함부로 말하기, 급하게 말하기, 많이 말하기를 경계하고 하나님 앞에서의 경건한 말하기를 권합니다. 기도처럼 하나님께 직접 말씀 드릴 때, 땅에 있는 인간이 경솔하게 급하게 많이 말하는 것은 합당하지 않습니다. 말하기를 더디 하고 귀를 더 많이 기울여야 마땅한데 우리는 그분께서 말씀하실 기회도 드리지 않습니다. 사실 그분은 우리가 입으로 꺼내지 않은 마음의 말도 다 들으시기 때문에 우리의 말하기는 별로 절박하지 않습니다. 이와는 반대로, 우리는 그분의 마음에 담긴 말씀을 하나도 모릅니다. 귀를 쫑긋 세워도 깨닫지 못하는 경우가 많습니다. 상황이 이러한데, 귀도 기울이지 않는다면 어떻게 깨달을 수 있습니까? 시험의 때에 말을 많이 급하게 한다고 문제가 해결되지 않습니다. 들어야 하는데, 수많은 목소리가 들립니다. 그중에서도 하나님의 음성 듣기에 집중해야 하고, 그러면 시험조차 우리에게 선을 이루시는 하나님의 자비로운 마음이 들립니다.

여러 사람들과 대화하는 상황 속에서도 우리가 하나님 앞에 있다는 사실은 바뀌지 않습니다. 당연히 말하기를 더디 하고 듣기를 속히 하는 자세를 고수함이 좋습니다. 주님은 당신의 이름으로 두 세 사람이 모인 곳에는 반드시 계십니다. 그런데도 하나님 앞이라는 사실을 망각하면 자세가 흐트러져 우리는 귀를 닫고 입을 벌립니다. 성급한 입에서 오류가 쏟아지고 결례가 나옵니다.

야고보는 "성내기"(ὀργή)도 더디 할 것을 권합니다. "노하기를 더디 하는 자는 크게 명철하"고(잠 14:29) 노하기의 더딤이 "사람의 슬기"라고 지혜자는 말합니다(잠 19:11). 실제로 시험에 빠지면 분노가 생깁니다. 그러나 화를 낸다고 시험을 이길 수는 없습니다. 화가 사라지는 것도 아닙니다. 오히려 시험을 이기는 신속한 듣기와 더딘 말하기를 방해하는 원흉이 성내기 혹은 화입니다. 화를 격발하면 수습해야 할 일들이 더 많이 생깁니다. 그래서 성내면 더 깊은 시험으로 빠집니다. 화는 들을 귀를 차단하고 입을 출구로 삼습니다. 입에서 출고될 때마다 화는 가장 차갑고 까칠한 언어의 옷을 엄선해서 입습니다. 상대방의 마음에 깊은 상처를 남깁니다. 그래야 화가 풀리는 듯합니다. 그러나 화는 타인에게 고통을 주기 전에 먼저 자신의 마음을 분노의 공장으로 만듭니다. 분노를 생산하는 중에 자기 마음의 초토화가 먼저 일어나기 때문에 타인에게 화를 쏟아붓기 전에 자신에게 화가 있습니다. 화가 빈번하고 많을수록 타인보다 자신이 더 심각하게 황폐해질 것입니다. 그래서 지혜자는 "노하기를 속히 하는 자는 어리석은 일을 행하고"(잠 14:17) "다툼을 일으키고 성내는 자는 범죄함이 많다"고 말합니다(잠 29:22). 분노가 어리석은 일과 다툼과 범죄와 같은 마귀의 일을 일으키는 이유는 바울의 말에서 유추할 수 있습니다. 바울은 우리가 분을 품으면 마귀에게 틈을 주고 그 마귀를 초대하는 것이라고 말합니다(엡 4:26-27). 마귀는 그런 달콤한 틈을 결코 놓치지 않습니다. 그러므로 노하는 자는 분노의 감정을 표출하는 것으로 그냥 끝나지 않습니다. 예수님은 "형제에게 노하는 자마다 심판을 받게 된다"고 하십니다(마 5:22).

그리고 성내기는 타인이 자신에게 입힌 피해나 아픔이나 모독에 대해 스스로 보복하는 것입니다. 타인은 다시 그 보복을 되돌려줄 것이기 때문에 보복의 악순환은 끊어지지 않을 것입니다. 그리고 자신이 성내는 순간 그는 심판자가 된다는 문제가 생깁니다. 원수 갚는 것도 하나님께 있고 심판의 권한도 하나님께 있는데 스스로 분노의 심판을 내린다면 하나님의 권위에 도전하는 것이고 그런 방식으로 하나님을 무시하는 것입니다.

더딘 성내기에 대한 교훈은 사람과 사람의 관계에 대한 것이기도 하지만 더 중요한 목적은 하나님의 말씀을 가르치고 배우는 사람들을 위한 것입니다. 하나님의 진리를 들으면 자유와 기쁨을 느껴야 하는데 많은 사람이 분노를 느낍니다. 특별히 인간의 보편적인 상식과 합당한 논리를 거부하는 듯한 진리를 들을 때입니다. 하나님의 진리는 하나님을 떠나 자신을 질서로 삼은 인간에게 이질적일 수밖에 없습니다. 그래서 사람들 사이에 합의된 가치와 규범이 성경의 가르침과 상충될 때가 많습니다. 그때마다 타락한 인간의 죄악된 본성은 크게 자극되고 좌우에 날 선 어떤 검보다도 예리한 말씀에 의해 깎입니다. 이때 겸손히 인내하지 않고 분노하며 진리에 의한 교정을 거부하면 더욱 완악하게 될 뿐입니다. 분노한 사람에게 말씀의 신속한 듣기는 기대할 수 없습니다. 성내기를 해결하는 방법으로 어떤 사람은 알파벳을 반복해서 읊으라고 말합니다. 잘 보이지 않는 먼 산으로 명을 때리라고 말합니다. 숙면을 취하라고 권합니다. 이런 방법들은 모두 활화산 같이 달궈진 분노를 식히려고 의식을 재우거나 다른 곳으로 따돌리는 것입니다. 그러나 야고보가 제시하는 방법은 다릅니다. 즉 하나님의 의를 주목하는 것입니다.

[20]사람의 성냄은 하나님의 의를 이루지 못합니다

야고보는 사람의 성냄이 하나님의 의를 이루지 못한다고 말합니다. 하나님의 나라와 의를 구하지 않고 오히려 방해하는 종교적 논쟁이나 종교전쟁 발발의 원흉이 분노라는 맨톤의 진단은 옳습니다. 지혜자는 "조용히 들리는 지혜자의 말이 우매한 자들을 다스리는 자의 호령보다 낫다"고 말합니다(전 9:17). 그리고 "노하기를 더디 하는 자는 시비를 그치게 한다"고 말합니다(잠 15:18). 시비를 그친다는 것은 화목하게 된다는 것입니다. 평화는 예수께서 하나님과 인간, 나와 너 사이에서 이루신 하나님의 의입니다. 바울은 우리가 "화목하게 하는 직책"을 받았다고 말합니다(고후 5:18). 바울의 입장과 유사하게 야고보는 성내는 것과 성내지 않는 것 사이에서 감정을 선택하는 기준이 "하나님의 의"(δικαιοσύνην θεοῦ)이어야 한다고 말합니다.

구약에는 하나님의 의를 이루지 못한 요나 이야기가 나옵니다. 박넝쿨의 그늘이 사라지자 노를 격발한 선지자 요나를 향해 하나님은 "성내는 것이 어찌 옳으냐"고 하십니다(욘 4:9). 그러나 요나는 하나님의 말씀에 수긍하지 않고 오히려 갑절의 반감을 드러내며 "성내어 죽기까지 할지라도 내가 옳다"고 말합니다(욘 4:9). 사실 지금 요나의 분노는 단순히 박넝쿨로 말미암은 것이 아니라 이스라엘 백성을 저격한 앗수르의 수도 니느웨의 회개와 회복에 대한 하나님의 뜻과 명령으로 말미암은 것입니다. 요나의 눈에는 니느웨의 회복이 아니라 멸망이 마땅해 보입니다. 민족적인 관점에서 보면 요나의 성내기는 그 자신의 말처럼 올바른 의분으로 보입니다. 그러나 그의 분노는 사람의 의를 이룰 뿐이고 하나님의 의를 이루지는 못하기에 옳지 않다는 하나님의 말씀이 옳습니다.

하나님의 의를 이루지 않는다면 어떠한 감정의 선택도 합당하지 않습니다. 기독교는 분노와 증오를 분명히 금합니다. 그런데 그런 부정적인 감정뿐만 아니라 유쾌함과 기쁨과 차분함도 그의 의를 이루지 못한다면 선택의 대상일 수 없습니다. "하나님의 의"를 기준으로 감정을 선택하고 조절해야 한다는 야고보의 조언은 제 감정의 일상을 돌아보게 만듭니다. 하루 종일 소비된 감정의 종류와 분량과 타이밍은 과연 하나님의 의를 이루기 위해 선택된 것인지를 말입니다. "너희는 먼저 그의 나라와 그의 의를 구하라"는 예수님의 말씀에 야고보는 충실해 보입니다. 범사에 하나님의 의를 의식하며 사는 것이 기독교적 삶입니다. 이런 삶에는 감정의 선택도 배제되지 않습니다.

21그러므로 여러분은 온갖 더러움과 넘치는 악을 내버리고 여러분의 영혼을
능히 구원할, 심겨진 말씀을 온유한 [마음]으로 받으시기 바랍니다

하나님의 의를 이루지 못하는 방법 중의 하나인 성내기를 언급한 이후에 야고보는 그 의를 이루는 방법도 말합니다. 그 방법은 동전의 양면처럼 두 가지로 구성되어 있습니다. 하나는 내버리는 것이고 다른 하나는 취하는 것입니다. 먼저 내버려야 하는 것은 "모든 더러움과 넘치는 악"이라고 말합니다. 칼뱅은 이 구절에서 믿음의 사람들도 "온갖 더러움과 넘치는 악"이 있다는 점, "그것들은 우리 본성의 내적인 악"이라는 점, "우리는 이생에서 온전히 깨끗해질 수 없다"는 점, "그것들의 싹이 끊임없이 돋아나고 있다"는 점을 예리하게 꺼냅니다.

더러움과 악이 내면에 채워져 있는 동안에는 하나님의 의를 이루지 못합니다. 어떠한 일을 하더라도 아름답고 선한 것이 아니라 내면의 더러움과 악만 배출될 것입니다. 생각하면 더럽고 악한 사상이 나오고, 말하면 더럽고 악한 언어가 나오고, 행하면 더럽고 악한 행실이 나오고, 눈빛에도 그 더러움과 악이 묻어서 나올 것입니다. 여기에서 우리는 하나님을 떠난 인간에게 더러움과 넘치는 악이 있다는 사실을 배웁니다.

버려야 할 첫번째로 "더러움"(ρυπαρία)은 성경에서 여기에만 유일하게 사용된 단어이기 때문에 정확한 의미를 특정하기 쉽지 않습니다. 어떤 학자는 2세기에 쓰여진 문헌에 근거하여 이 단어가 "더럽고 때묻은 의복"을 언급할 때에 쓰였다고 말합니다. 제 생각에는, 본래의 상태에 이물질이 많이 끼어서 깨끗하지 못한 모든 것을 가리키는 단어로 이해해도 무방할 것 같습니다. 그렇다면 본래의 인간에게 없던 이물질이 죄로 말미암아 추가되어 변질된 상태가 인간의 더러움일 것입니다. 이런 추정에 따르면, 인간의 더러움은 죄가 스며든 모든 것입니다. 그래서 야고보는 "모든 더러움" 즉 더러운 성품과 더러운 생각과 더러운 계획과 더러운 말과 더러운 표정과 더러운 습관과 더러운 행위를 버리라고 말합니다. 바울은 더러운 것을 "그 이름조차도 부르지 말라"고 말합니다(엡 5:3). 더러움은 공기의 형태로 입술에 닿는 것조차도 허용하지 말라는 말입니다.

버려야 할 두번째는 "넘치는 악"입니다. 정확히는 "악의 과잉 혹은 넘침"(περισσείαν κακίας)으로 번역될 수 있습니다. 저는 야고보의 이 표현에서 인간이 악이라는 바다에 침수된 존재라는 인상을 받습니다. 칼뱅은 "누구든지 자신을 잘 살펴보면 자신 안에 막대한 악의 혼돈이 있음을 발견하게 될 것이라"고 말합니다. 악은 작은 분량으로 인간의 내면에 존재하지 않고 그 내면이 비좁다는 듯이 터질 것처럼 차고 넘칩니다. 그러면 인간은 악에 압도당합니다. 이는 본성의 악함과 무관하지 않습니다. 존재의 가장 깊은 곳이라고 할 본성이 부패하면 인간의 각 부분과 전체가 부패할 수밖에 없습니다. 시간이 흐를수록 악의 농도는 짙어지고 악의 분량은 확대되고 악의 종류는 늘어나고 악의 효력은 커집니다.

우리는 심각한 존재이며, 결코 괜찮은 존재가 아닙니다. 자신을 함부로 믿거나 옹호하지 마십시오. 자신을 위해 살지도 마십시오. 대부분의 사람들은 지독한 악을 위한다는 사실을 모르면서 자신을 위합니다. 이토록 기하급수적으로 증대하는 악을 어떻게 내버릴 수 있을까요? 모든 더러움은 또한 어떻게 내버릴 수 있을까요? 주님께서 우리를 대신하여 자신을 주심으로 말미암아, 그리고 성령의 깨끗하게 씻으심을 통하여, 우리는 깨끗함을 얻고 넘치는 악과의 분리라는 은총을 얻습니다. 그래서 주님은 우리에게 "악에서 구해" 달라는 기도를 가르치신 것입니다.

우리가 기도해야 할 구체적인 내용은 우리가 받아야 할 것과 관계되어 있습니다. 야고보는 하나님의 말씀을 받으라고 말합니다. "받는다"(δέχομαι)는 것은 경청하는 것이며 믿는 것이며 영접하는 것입니다. 말씀을 받는다는 것은 말씀을 예수님인 것처럼 듣고 믿고 영접하는 것입니다. 그 말씀은 우리 안에 "심겨진" 것입니다. 에스트는 말씀의 들음이 "하나님이 우리의 마음으로 들어오실 문"이라고 말합니다. 칼뱅은 들어온 "말씀과 우리의 심령이 결합되게 하는 생동적인 이식"(viva insitio)을 뜻한다고 말합니다. 맨톤은 "심겨진 말씀"이 "들음의 목적과 열매"라고 봤습니다. 제가 보기에 "심겨진"(ἔμφυτος)이라는 단어는 "천부적인, 혹은 타고난"의 의미도 가지고 있습니다. 아마도 "심겨진 말씀"은 태초에 인간이 창조될 때에 본성에 새겨진 존재와 인생의 질서 혹은 규정일 것입니다. 부패 이전의 양심으로 보아도 좋을 것입니다. "심겨진 말씀을 받으라"는 야고보의 말은 죄로 말미암아 본성과 인생이 부패한 인간으로 하여금 본래적인 질서의 회복을 이루라는 말이고, 이미 믿은 자에게는 부패의 잔재를 제거하고 거룩함의 지속적인 성장을 이루라는 권고와 같습니다.

심겨진 말씀과 더불어 태초에 밖으로 나타난 말씀의 질서는 생육하고 번성하고 충만하고 정복하고 다스리라 하신 명령과 동산 중앙에 있는 나무의 열매를 먹지 말라는 명령일 것입니다. 이처럼 본래부터 주어진 말씀은 심겨진 내적 말씀과 선포된 외적 말씀으로 구성되어 있습니다. 지금의 상황에서 내적인 말씀은 성령의 증언으로 작용하고 외적인 말씀은 성경을 읽음으로 작용하고 있습니다. 심겨진 말씀을 받는다는 말은 성령과 성경을 수용하는 것을 뜻한다고 봄이 좋습니다.

비워지지 않으면 채워지지 않습니다. 모든 더러움과 넘치는 악을 먼저 내버려서 빈 공간이 생겨야 비로소 새로운 것을 받아들일 여백이 생깁니다. 그리고 버리기만 하고 취하지 않는다면 더 심각한 문제가 생깁니다. 더러운 귀신이 집처럼 거주하던 사람을 떠나가고 그 사람의 마음이 텅 비어지고 청소되고 수리된 이후의 상황을 보십시오. "저보다 더 악한 귀신 일곱을 데리고 들어가서 거하니 그 사람의 나중 형편이 전보다 더욱 심하게 되느니라"(마 12:45). 여기에서 우리는 더러움과 넘치는 악을 깨끗하게 비운 이후에는 빈 상태를 방치하지 않고 반드시 하나님의 말씀으로 채워야 한다는 교훈을 얻습니다.

말씀을 수용하는 방법에 대해서는 온유한 마음으로 받으라고 말합니다. 턴불은 이 "온유함"(πραΰτης)을 "배우고자 하는 마음의 신속함과 준비된 열망"이라고 부릅니다. 이에 더하여 어떠한 씨앗을 심더라도 뿌리가 내리고 싹이 나고 열매를 맺는 옥토와 같은 마음의 상태도 뜻합니다. 이 "온유함"을 예수님은 아버지 하나님의 뜻을 전적으로 수용하신 자신의 마음(마 11:29)이라고 말하시고, 바울은 성령의 열매(갈 5:23)라고 말합니다. 부패한 인간은 말씀에서 심히 멀어져 있고 진리에 대해 적대적인 마음을 가지고 있기 때문에 말씀을 스스로 받는 것은 결코 가능하지 않습니다. 말씀이 우리 안으로 들어오는 은혜 없이는 불가능한 일입니다. 은혜 없이 좌우에 날 선 어떤 것보다도 예리한 하나님의 말씀을 그 누구도 받지 못합니다. 우리가 그 말씀을 대하되 과격하고 저항적인 태도가 아니라 철저한 자기부인 속에서 진실하고 순응적인 태도, 즉 성령이 주시는 온유한 마음을 가질 때에만 그 말씀을 받을 수 있습니다. 이는 하나님의 말씀을 나 자신보다 더 신뢰할 때에 가능한 일입니다. 그래서 칼뱅은 "하나님의 생동적인 심으심"(viva Dei plantatio)을 원한다면 "우리가 우리의 오만한 마음을 억누르고 겸손하고 양처럼 되도록 힘써야 한다"고 말합니다.

심겨진 말씀의 기능에 대하여 야고보는 우리의 "영혼을 능히 구원할" 것이라고 말합니다. 말씀이 우리 안으로 수용되면 우리의 영혼은 진실로 구원을 얻습니다. 같은 의미로, 시인도 고통 당하는 자들이 하나님께 부르짖어 기도하면 "그가 그의 말씀을 보내어 그들을 고치시고 위험한 지경에서 건"져 주신다고 했습니다(시 107:20). 어떤 시인은 "이 말씀은 나의 고난 중의 위로라 주의 말씀이 나를 살리셨기 때문"이라는 고백도 했습니다(시 119:50). 우리의 영혼으로 하여금 사망에 이르게 만드는 죄를 범하지 않기 위하여 동일한 시인은 "주의 말씀을 내 마음에 두었"다고 말합니다(시 119:11). 이처럼 하나님의 말씀은 사망에서 생명으로 옮기고 생명에서 사망으로 다시 돌아가지 않도록 우리의 영혼을 능히 구원할 수 있습니다. 실제로 우리는 그 말씀이 육신으로 오신 그리스도 예수로 말미암아 영혼의 구원을 받고 영원한 생명으로 이미 옮겨진 자입니다.

야고보의 말처럼 하나님의 말씀이 구원의 도구라면 말씀을 알아가는 일에 결코 게으를 수 없습니다. 칼뱅은 야고보의 말을 "우리의 게으름을 벌하는 예리한 회초리"로 여깁니다. 영원한 생명에 버금가는 열정으로 말씀을 읽는 것과 연구하는 것과 묵상하며 즐기는 일에 매진하지 않으면 인생의 종아리는 무사하지 못할 것입니다. 왕이라는 고위직의 중다한 업무를 수행하는 중에라도 하나님의 말씀을 사랑하여 읽기와 묵상을 꿀처럼 주야로 즐긴 다윗의 경건을 따라 우리도 말씀에 인생을 거는 것이 좋습니다.

²²너희는 말씀을 행하는 자가 되고 듣기만 하여 자신을 속이는 자가 되지 말라 ²³누구든지 말씀을 듣고 행하지 아니하면 그는 거울로 자기의 생긴 얼굴을 보는 사람과 같아서 ²⁴제 자신을 보고 가서 그 모습이 어떠했는지를 곧 잊어버리거니와 ²⁵자유롭게 하는 온전한 율법을 들여다보고 있는 자는 듣고 잊어버리는 자가 아니요 실천하는 자니 이 사람은 그 행하는 일에 복을 받으리라 ²⁶누구든지 스스로 경건하다 생각하며 자기 혀를 재갈 물리지 아니하고 자기 마음을 속이면 이 사람의 경건은 헛것이라 ²⁷하나님 아버지 앞에서 정결하고 더러움이 없는 경건은 곧 고아와 과부를 그 환난중에 돌보고 또 자기를 지켜 세속에 물들지 아니하는 그것이니라

❖ ❖ ❖

²²그러나 여러분은 말씀의 준행자가 되고 듣기만 하여 자신을 속이는 자가 되지는 마십시오 ²³만약 누군가가 말씀의 청자가 되고 준행자가 되지 않는다면 그는 거울로 자신의 생긴 얼굴을 쳐다보는 사람과 같습니다 ²⁴자신을 보고 나가면 그 [모습]이 어떠함을 곧장 잊기 때문입니다 ²⁵자유의 온전한 법을 바라보고 가까이에 머무는 자는 망각의 청자가 아니라 행위를 산출하는 자입니다 이 [사람]은 자신의 행위 안에서 복된 자입니다 ²⁶누구든지 [자신을] 경건한 자라고 생각하되 자신의 혀를 제어하지 않고 자신의 마음을 속인다면 이 [사람]의 경건은 헛됩니다 ²⁷하나님 아버지로 말미암은, 정결하고 더러움이 없는 경건은 이러한데, 고아와 과부를 그들의 어려움 속에서 돌아보고 세속에 물들지 않도록 자신을 지키는 것입니다

07 행함으로 경건하라

22그러나 여러분은 말씀의 준행자가 되고 듣기만 하여
자신을 속이는 자가 되지는 마십시오

야고보는 하나님의 말씀을 받는 구체적인 방법을 말합니다. 그 방법은 듣기와 행하기로 구성되어 있습니다. 듣지도 않고 행하기만 하거나 듣기는 하지만 행하지는 않는다면 하나님의 말씀을 받은 것이 아닙니다. 행하기가 없는 듣기는 생명력이 없습니다. 듣기가 없는 행하기는 맹목적인 것입니다. 그래서 야고보는 하나님의 말씀을 듣기도 하고 행하기도 하라고 말합니다. 말씀의 종착지는 귀가 아니라 손과 발입니다. 들음은 행함을 지향하고 행함은 듣기의 지도를 받습니다. 츠빙글리(Ulrich Zwingli, 1484-1531)는 선행의 열매 없이 "믿음과 하나님과 덕들에 대하여 많이 지껄이는 자들은 공허하고 위선적인" 사람일 뿐이라고 말합니다. 그가 잘 진단한 것처럼, "많은 사람이 가슴으로 복음을 배워 그것을 암기까지 하고 그리스도 예수에 대해 근사하게 말하고 달콤하게 노래하고 날마다 읽고 날마다 듣고 심지어 타인을 가르치는 일까지 하면서도 복음의 권능과 정신에 대한 숙고는 결코 하지 않습니다."

야고보는 듣기만 하고 행하지 않는다면 자신을 속이는 자가 된다고 말합니다. 스스로 속이고 속는다는 것은 가장 은밀하고 치명적인 피해를 뜻합니다. 이는 속이는 주체가 자신이고 속이는 대상이 자신인데 정작 자신은 스스로 속이는 줄도 모르고 속임을 스스로 당하는 줄도 모르기 때문입니다. 이 구절에는 우리가 듣기만 하면 우리 자신이 속임을 당할 수는 있지만 하나님은 결코 속지 않으신다는 교훈이 암시되어 있습니다. 법에 순종하는 것에 대한 야고보의 교훈은 "하나님 앞에서는 율법을 듣는 자가 의인이 아니요 오직 율법을 행하는 자라야 의롭다 하심을 얻는다"(롬 2:13)는 바울의 지적과 겉으로는 비슷하나 본의는 다릅니다.

헤밍슨은 말씀을 준행하는 것의 유형을 둘로 나눕니다. 첫째는 "율법의 규범"에 따라 행하는 것이고 둘째는 "복음의 은총"에 따라 행하는 것입니다. 바울의 지적은 첫째에 해당하고 야고보의 권고는 둘째에 해당되는 것이라고 말합니다. 턴불도 야고보가 가르치는 은혜에 따른 말씀의 준행이 우리가 하나님께 의로움을 얻기 위함이 아니라 그리스도 예수로 말미암아 우리가 하나님 앞에서 의롭게 되고 그런 은총에 부합한 가치와 의미를 구현하는 선한 행위라고 말합니다. 칼뱅도 야고보가 말하는 "준행하는 자들"(ποιηταὶ)은 "하나님의 법을 충족하고 그것을 모든 분야에서 성취하는 사람(롬 2:13)이 아니라 마음으로 하나님의 말씀을 품고 자신의 생을 걸고 '하나님의 말씀을 듣고 지키는 자는 복되다'(눅 11:28)는 그리스도의 말씀을 따라 실제로 믿는 자"라고 말합니다. 이는 말씀의 순종이 구원이 아니라 복과 관련되어 있다는 말입니다.

그런데 행함이 없는 듣기가 왜 우리로 하여금 "자신을 속이는 자들"(παραλογιζόμενοι ἑαυτούς)로 만드는 것일까요? 그 이유는 말씀의 속성과 무관하지 않습니다. 말씀은 살아있고 운동력이 있으며 좌우에 날 선 검보다도 예리한 진리의 검입니다. 말씀이 귀의 들음으로 어떤 사람에게 들어가면 살아있고 운동력이 있기 때문에 그 사람 안에 잠잠하지 않고 어떤 움직임을 만들고 행하게 만듭니다. 이러한 말씀의 역동성 때문에 시인은 하나님의 말씀을 마음의 빛도 되지만 나아가 "내 발에 등이요 내 길에 빛"이라고 했습니다(시 119:105). 맨톤의 말처럼, 말씀의 준행자와 최고의 경청자는 다르지 않습니다. "들음은 실천에서 종결될 때 최고조에 이르고, 지식도 가장 실천적일 때 최고조에 이릅니다." 그래서 예수님은 아버지의 말씀을 듣고 행하는 자를 지혜로운 자라고 부릅니다. 설교자의 기쁨과 영광도 청중의 귀가 아니라 청중의 실천적인 삶에 있습니다.

맨톤은 세네카가 자기 시대의 사람들이 지식에서 자랄수록 도덕에서 퇴보하는 현상을 봤다는 것을 언급한 후 "성소의 물이 성소의 불을 끄는 것처럼 관념과 지식이 자라면서 열심이 크게 쇠퇴하고 인간은 학식으로 인해 거룩해질 수 없다"고 말합니다. 비록 세네카는 실천이 따르지 않는 들음과 지식의 맹점을 잘 짚어 주었지만, 말씀의 경우는 다릅니다. 말씀에는 운동력이 있고 이 운동력은 마치 심장세포 하나를 다른 곳에 이식하면 그 세포는 이식된 곳에서도 뛰기를 멈추지 않는 것과 같습니다. 만약 행하지 않는다면 그 이유는 말씀에 운동력이 없거나 아니면 그 말씀을 듣지 않았거나 둘 중의 하나일 것입니다. 살아있는 말씀의 운동력은 의심할 수 없습니다. 그렇다면 그 사람이 말씀을 듣지 않았다고 볼 수밖에 없습니다.

말씀은 우리가 제대로 들을 때에만 들립니다. 그렇지 않으면 우리 안에는 거룩한 운동력이 없고 당연히 그 말씀을 행하지도 못합니다. 그런데도 우리는 말씀이 소리의 형태로 귀만 출입해도 들은 것이라는 착각에 빠집니다. 그렇게 스스로 속습니다. 스스로 속았다는 증거는 자신이 듣고서도 행하지 않는다는 것입니다. 말씀을 제대로 듣는 것은 은혜에 속한 일입니다. 하나님은 우리가 당신의 말씀 듣기를 원하시고(시 81:8), 원하시기 때문에 그분은 방법도 알려 주십니다. 귀 있는 자가 들을 것이라고 하십니다(계 2:7).

이는 우리가 올바르게 듣고 행하도록 듣는 믿음의 귀를 달라고 기도해야 한다는 말입니다. 주님의 양은 누구든지 목자이신 주님의 음성을 들을 수 있습니다. 귀의 궁극적인 용도는 주님의 음성 들음에 있습니다. 귀는 장신구가 아닙니다. 하나님을 사랑하는 듣기의 도구로 주어진 것입니다. 귀의 들음에서 믿음이 생기고 그 믿음은 행함으로 온전하게 된다고 야고보는 말합니다. 역으로, 행함이 없다는 것은 믿음이 없다는 뜻이고 한 번 더 소급하면 이는 하나님의 말씀을 듣지 않았다는 뜻입니다. 나아가 들을 귀가 없다는 뜻입니다. 설교를 아무리 많이 듣고 진지하게 들어도 행함이 뒤따르지 않으면 제대로 들은 것이 아닙니다.

23만약 누군가가 말씀의 청자가 되고 준행자가 되지 않는다면
그는 거울로 자신의 생긴 얼굴을 쳐다보는 사람과 같습니다
24자신을 보고 나가면 그 [모습]이 어떠함을 곧장 잊기 때문입니다

듣는 겉모양만 있고 행하지 않는다면 "거울로 자신의 생긴 얼굴을 쳐다보는 사람"과 다르지 않다고 야고보는 말합니다. 자신의 얼굴을 본 다음에 밖으로 나가면 그 생김새를 기억하지 못합니다. 그러면 거울을 본 행위도 무의미할 수밖에 없습니다. 듣기만 하고 행하지 않는 사람도 귀로 들어온 진리의 얼굴을 기억하지 못합니다. 기억되지 않는 말씀은 나에게 아무런 의미도 없습니다. 제대로 들은 말씀은 머리가 아니라 몸에 저장되고, 말씀의 온전한 기억도 머리가 아니라 몸에서 일어나는 일입니다. 거울에 비추어진 자신의 모습을 잊지 않는 방법은 그 거울을 휴대하는 것입니다. 휴대 방법은 실천하는 방식으로 몸이라는 주머니에 말씀을 넣고 다니는 것입니다.

카메라가 없던 시절에 자신을 보는 유일한 방법은 거울에 자신을 비추는 것입니다. 하나님의 말씀은 야고보의 비유처럼 "거울"(ἔσοπτρον)과 같습

니다. 거울은 턴불의 말처럼 다른 사람의 얼굴이 아니라 자신의 얼굴을 보여주기 때문에 거울을 제대로 본 사람은 자신의 불결하고 지저분한 흠결 제거에 관심을 기울이고 타인의 문제에는 함부로 관여하지 않습니다. 타인의 잘못을 지적하고 비방하고 정죄할 요량으로 거울을 보는 사람은 염탐하는 자입니다. 예수님의 말씀처럼 "형제의 눈 속에 있는 티는 보고 네 눈 속에 있는 들보는 깨닫지 못하"는 자입니다(마 7:3).

다른 거울과는 달리 말씀의 거울이 비추어 주는 부위는 우리의 외모만이 아닙니다. 보이지 않는 우리의 벌거벗은 내면도 보여주는 특이한 거울입니다. 그 거울 앞에 서면, 입술의 거짓과 행실의 불의와 관계의 문제만 아니라 본질상 진노의 자녀에게 걸맞은 거짓과 부패가 본성의 암처럼 내면을 가득 채우고 있다는 사실도 보입니다. 이토록 심각한 내면의 상태를 보고서도 잠잠할 사람은 하나도 없습니다. 서둘러서 확실한 대책을 세우고 신속한 조치를 취할 것입니다. 말씀의 거울을 바르게 본 사람은 그냥 밖으로 나가서 말씀을 망각하는 자가 아니라 말씀의 처방을 따라 반드시 행합니다.

야고보의 거울 이야기와 비슷하게 바울도 거울 이야기를 했습니다. 바울에게 거울을 본다는 말은 하나님이 창조하신 모든 보이는 하늘과 땅과 만물을 통해 하나님의 보이지 않는 능력과 신성을 본다는 뜻입니다(롬 1:20). 여기에서 바울에게 거울은 온 세상과 모든 만물을 뜻합니다. 그런데 고린도 교회에 보내는 편지에 등장하는 거울은 온 세상과 모든 만물뿐 아니라 성경도 포함된 것입니다. 거기에서 바울은 성경을 포함한 피조계의 모든 것을 통해 "거울로 보는 것처럼" 하나님을 안다고 말합니다(고전 13:12). 만약 피조물과 성경 자체만 보고 하나님을 보지 못한다면 거울을 제대로 본 것이 아닙니다. 제대로 보면 하나님이 보입니다. 그런데 바울은 하나님에 대한 우리의 지식이 전부가 아니라 일부일 뿐이며 그 일부도 선명하지 않고 희미하게 안다고 말합니다. 선명하고 전체적인 지식을 얻지는 못하지만 희미하고 부분적인 지식으로 인해 우리가 믿음과 사랑과 소망에 이른다면 거울을 보는 것이 영원히 헛되지 않다고 말합니다(고전 13:13).

이상에서 본 것처럼, 야고보는 성경의 거울을 보고 행하지 않으면 스스로 속는다고 했고 바울은 자연과 성경의 거울을 보고 하나님에 대한 믿음과 소망과 사랑을 행하지 않으면 다른 모든 것은 폐하여질 것이라고 했습니다. 두 사도는 성경을 거울로 이해한 것도 같고, 행함이 없는 지식의 무용성과 부작용에 대해서도 의견이 상충되지 않습니다.

25자유의 온전한 법을 바라보고 가까이에 머무는 자는 망각의 청자가 아니라
행위를 산출하는 자입니다 이 [사람]은 자신의 행위 안에서 복된 자입니다

고대 사람들은 지혜가 사람을 자유롭게 한다고, 육체가 아니라 이성이 영혼을 지배하면 자유로운 것이라고 했습니다. 그들의 생각과는 달리, 야고보는 하나님의 말씀을 "자유의 온전한 법"이라고 말합니다. "자유"($\epsilon\lambda\epsilon\upsilon\theta\epsilon\rho\iota\alpha$)는 말이나 행동에 대한 억압이나 제한이 없는 것만이 아닙니다. 외적인 자유를 넘어 인간의 순수한 본성도 제한하지 않는 것입니다. 보다 본질적인 것으로서 진정한 자유는 본성이 어디에도, 무엇에도, 언제라도, 얽매이지 않는 상태를 뜻합니다. 그런데 우리의 본성은 정상이 아닙니다. 창조 당시의 본래적인 상태가 아니라 죄로 말미암아 일그러져 있습니다. 즉 죄가 본성을 무형의 족쇄처럼 제한하고 억압하고 있습니다. 바울의 표현을 빌리자면, 인간은 자유가 박탈된 "죄의 종"입니다(롬 6:20). 본성의 고삐를 쥐고 있는 사탄은 인간에게 외적인 자유만 화려하게 주면서 인간의 눈을 가립니다. 인간은 자신이 자유로운 존재라는 착각에 빠지면서 사탄에게 속습니다. 그런 속임수 속에서 사람은 자신의 욕망을 따라 행하면서 자유를 느낍니다. 그에게는 욕망에 충실하게 사는 것이 곧 자유를 누리는 것입니다. 그러나 위장된

자유는 자유가 아닙니다.

성경은 우리가 본성을 결박하고 있는 죄에서 해방되는 것이 자유라고 말합니다. 이것을 풀어서 에스트는 이 자유가 "사중적인 속박 즉 죄와 사탄과 지옥과 죽음"의 권세에서 벗어나는 것이라고 말합니다. 바울의 주장처럼, 주님께서 우리를 자유롭게 하신 것은 바로 그런 "자유"를 위한 것입니다(갈 5:1). 주께서 자신의 죽음으로 우리를 죄에서 자유롭게 하신 것은 즉각적인 일이고, 그 자유는 지속됩니다. 야고보는 하나님의 말씀이 그 지속적인 자유를 가능하게 만드는 "온전한 법"(νόμον τέλειον)이라고 말합니다. 이것은 구약의 율법이 아니라 복음을 가리키는 말입니다. 율법은 위협과 공포로 가득하고 복음은 사랑과 은혜로 가득하기 때문에 아우구스티누스는 "복음과 율법의 간단한 차이는 사랑과 두려움"(amor et timor)의 차이라고 말합니다. 칼뱅의 말처럼 "법은 사람의 외적인 음성으로 공포되나 하나님의 손가락과 영으로 그 마음에 새겨지지 않으면 죽은 문자일 뿐입니다." "법은 불완전한 것이고 속박의 법입니다."

그러나 하나님의 모든 율법은 그것을 다 이루시고 완성하신 그리스도 예수에게 이르면 "완전한 법"입니다. 길의 말처럼 완전한 지혜를 제공하고 완전한 의로움을 제공하고 죄의 자비롭고 온전한 용서를 제공하고 완전한 구원을 주는 법입니다. 그러므로 속박의 법이 아니라 자유의 법입니다. 그리고 예수님으로 말미암아 이미 완전해진 법은 다른 누군가에 의해 어떠한 것을 더하거나 빼는 작업이 필요하지 않습니다. 그런데도 세상에는 하나님의 법을 아직도 미완성된 것으로 여기며 완성하기 위해 재림한 예수라고 주장하는 간교한 사이비 교주들이 많습니다. 그들이 모두 가짜라는 사실을 우리는 복음이 이미 "완전한 법"이라는 야고보의 교훈에서 확신할 수 있습니다.

진실로 하나님의 온전한 법은 우리를 온전한 자유로 안내하고 우리가 그 자유를 마음껏 누리는 길입니다. 사실 법에 대하여 사람들은 해방이나 자유보다 억압이나 압제라는 거북함을 느낍니다. 그런데 하나님의 말씀은 특이한 법입니다. 말씀은 사람의 본성을 제한하지 않고 그 본성에 침투한 죄라는 무질서와 혼돈을 제어하는 법입니다. 그래서 말씀은 죄사함을 받은 의인이 아니라 죄의 노예로서 살아가는 죄인에게 불편하고 불쾌한 법입니다. 그런데 의인은 오히려 말씀에서 자유를 얻습니다.

하나님의 모든 말씀은 사람의 본래적인 성정과 정교하게 조율되어 있습니다. 그런데 왜 말씀과 인간의 본성은 어울리지 않을까요? 죄 때문에 그런 것입니다. 죄로 말미암아 인간의 성정에 무질서가 생기고 조율도 무너져서 말씀이 인간에게 낯설어진 것입니다. 대체로 하나님의 율법, 명령, 계명, 율례, 규례 등의 말은 죄인에게 자유와 반대되는 억압과 강제라는 뉘앙스를 풍깁니다. 그런 뉘앙스를 느끼는 이유는 만물 중에서도 죄인이 하나님의 명령에서 가장 멀어져 있는 탓입니다. 그 단어만 떠올려도 숨이 막히는 답답함을 느낍니다. 죄인은 본성의 고유한 상태를 상실했고 본래의 상태로 돌아가는 길도 모릅니다. 이런 차원에서 말씀은 인간의 타락 전 본래의 상태를 보여주는 거울이며 본성이 창조의 궤도로 돌아가는 회복의 길입니다. 그래서 하나님의 말씀은 태초에 하나님이 인간의 본성을 따라 부여하신 자유, 즉 모든 만물보다 뛰어나서 땅을 정복하고 다스리는 자유를 다시 인간에게 돌려주는 "완전한 법"입니다. 인간은 하나님에 의해 창조된 존재이고, 말씀은 동일하신 하나님의 입에서 나옵니다. 동일한 저자 때문에 말씀과 인간의 관계는 갈등과 대립이 아닙니다. 오히려 연합과 조화가 정상이며, 그 정상에 이르는 유일한 비결은 그 둘의 저자이신 하나님을 인정하고 경외함에 있습니다.

전도자는 이러한 사실을 다 알고 인간을 정의하되 하나님의 말씀을 준행하는 방식으로 하나님을 경외하는 것이라고 말합니다(전 12:13). 인간이 인간답게 살 것이라고 생각하며 만든 사회법은 서로 싸우지 말고 타인을 힘들게 하지 말자는 취지 정도의 법입니다. 그러나 하나님의 말씀은 인간을 근본적인 차원에서 인간답게 만듭니다. 하나님의 말씀은 인간의 정체성이 담긴 본성과 연결되어 있고 부패한 본성에서 온전한 본성으로 돌아가는 길입니다. 그러므로 말씀은 인간을 창조의 원리에 따라 인간다운 인간으로 되돌리는 가장 자유로운 법입니다.

그런데 생명의 말씀이 바로 곁에 있다고 우리가 저절로 인간답게 되고 자유롭게 되는 것은 아닙니다. 창세기에 보면 생명나무 길로 들어가지 못하도록 "그룹들과 두루 도는 불 칼"을 두셨다고 나옵니다. 히브리서 기자도 말씀이 "좌우에 날선 어떤 검보다도 예리"한 것이기에 잘못하면 영과 혼이 쪼개어질 수도 있다고 말합니다(히 4:12). 특별한 안내자가 없다면 누구도 생명의 말씀으로 다가가지 못합니다. 이와 관련하여 바울은 "주의 영이 계신 곳에는 자유가 있다"고 말합니다(고후 3:17). 주의 영은 진리의 영입니다. 우리를 모든 말씀의 진리 가운데로 인도해 주십니다(요 16:13). 그 말씀의 진리가 우리를 자유롭게 하기 때문에 진리의 영이신 성령이 계신 곳에는 자유가 있습니다. 그 영의 인도함이 없으면 인간을 자유롭게 하는 진리에 그 누구도 다가갈 수 없습니다.

하나님의 말씀은 귀로만 듣고 끝나는 관상용이 아닙니다. 행위를 요구하고 촉발하는 법입니다. 그래서 행하지 않으면 "망각의 청자"(ἀκροατὴς ἐπιλησμονῆς)일 뿐입니다. 들은 것을 행하지 않는 것은 망각과 같습니다. 들은 말씀을 기억하는 기관은 머리가 아니라 몸입니다. 몸에서 발견되지 않은 말씀은 다 망각된 것입니다. 그런데 우리가 말씀의 순종에 이르는 길은 평탄하지 않습니다. 나를 망각하지 않으면 그림의 떡입니다. 나의 가치관을 내려놓고 나의 기호를 접고 나의 목적에서 돌아설 때 비로소 말씀은 내 인생의 질서와 길로 보입니다. 성령은 말씀의 길로 우리를 인도하되 머리만 아니라 몸도 그 길로 인도하는 분입니다. 성령의 인도하심을 따라 순종하는 것이 말씀의 진리 가운데로 들어가는 것입니다.

하나님의 말씀은 순종하는 자에게 복입니다. 하지만 어떤 사람들은 말씀을 "읽는 자와 듣는 자"가 복이 있다는 요한의 글을 근거로 삼아 반론을 펼칩니다. 그러나 읽기와 듣기에 멈추면 자신을 속이는 것이라는 야고보의 생각과 동일하게, 요한도 "그 가운데에 기록한 것을 지키는 자"가 복이 있다는 말(계 1:3)로써 복의 완성은 실천에 있음을 강조하고 있습니다. 야고보는 더욱 분명하게 말씀을 행하는 자는 "자신의 행위 안에서(ἐν τῇ ποιήσει) 복된 자"라고 말합니다. 이는 복의 좌소가 행위라는 말입니다. 하나님의 명령에 대한 순종의 행위가 숙제가 아니라 축제인 이유가 여기에 있습니다. 순종과 복의 필연적인 관계는 하나님에 의해 정해진 것입니다. 사람이 변경할 수 없습니다. 변경하지 마십시오. 말씀은 귀의 질서뿐만 아니라 온몸과 인생 전체의 질서이기 때문에 귀만 즐거운 것을 복이라고 말하지 않습니다. 모세의 생각도 이와 같습니다. 하나님의 말씀을 따라 "여호와의 목전에 선과 의를 행하면 너와 네 후손에게 영구히 복이 있다"고 말합니다(신 19:13). 모세오경 전체의 핵심은 하나님의 말씀을 행하면 복을 받고 어기면 벌을 받는다는 것입니다.

그런데 실천적인 순종 속에서만 복을 받는다는 너무나도 중요한 사실을 무시하는 사람들이 의외로 많습니다. 이는 귀로 들어서 알기만 해도 진리의 포만감이 쉽게 차오르기 때문이 아닌가 싶습니다. 물론 진리를 모르는 것보다는 아는 것이 훨씬 좋습니다. 그러나 복은 진리에 대한 정보의 분량이 아니라 순종의 분량에 비례합니다. 벌은 불순종의 분량에도 비례하나 진리에 대한 정보의 분량에도 비례합니다. 즉 하나님의 말씀에 순종하지 않으면 당연히 벌을 받고, 알고도 행하지 않으면 모르고 행하지 않은 사람보다 더 많은 벌을 받습니다(눅 12:47). 행하지 않을 거면 진리를 모르는 게 차라리 약입니다.

야고보는 "자유의 온전한 법" 즉 복음의 진리를 깨닫기 위한 공부의 중요성을 강조하기 위해 "몸을 구부려서 살피다"(παρακύπτω)는 동사를 썼습니다. 이 단어는 베드로와 막달라 마리아가 예수님의 무덤을 살필 때에 쓰여진 말입니다(눅 24:12, 요 20:11). 예수님의 시신이 무덤에 있어야 하는데 사라진 상황이니 얼마나 면밀히 살피고 또 살펴봤을까요? 지금 야고보는 사라지신 예수님의 시신을 찾을 때까지 찾는 심정으로 "자유의 온전한 법"을 살펴야 한다고 말합니다. 더 정확하게 보려고 의식을 기울이고 몸도 구부려야 한다고 말합니다. 이에 대하여 맨톤은 우리가 성경을 공부하되 "묵상의 깊이"와 "탐구의 성실함"과 "마음에 새겨진 인상의 생동감"이 있어야 한다고 말합니다. 다윗은 공부의 시간에 있어서 "주야로" 하나님의 법을 묵상했고(시 1:2) 공부에 가장 많이 사용하는 몸의 기관인 눈이 닳아서 피곤할 정도로 말씀을 사모한(시 119:123) 분입니다. 구약의 선지자들 모두는 비록 자신의 입술에서 하나님의 약속과 예언이 나왔지만 그 모든 말씀을 얼마나 부지런히 살폈는지 모릅니다(벧전 1:10). 특별히 호세아는 하나님에 대한 무지가 멸망의 원인이기 때문에 민족의 명운을 걸고 "힘써 여호와를 알자"고 말합니다(호 6:3).

26누구든지 [자신을] 경건한 자라고 생각하되 자신의 혀를 제어하지 않고
자신의 마음을 속인다면 이 [사람]의 경건은 헛됩니다

야고보는 이제 복된 자의 경건에 대해 논하되 26절에서 헛된 경건을 먼저 논하고 27절에서 참된 경건을 논합니다. 헛된 경건은 어떤 것일까요? 하나님의 말씀을 많이 듣고 많이 알면 대부분의 사람들은 자신의 기준을 따라 자신을 경건한 사람으로 여깁니다. 비록 자신을 경건하게 여길 수는 있겠지만 이는 자신의 현실과 스스로 멀어지는 일입니다. 그런데도 자신을 경건하게 여긴다면 사실과의 괴리 때문에 스스로 속으면서 거짓과 가식의 키만 키웁니다. 경험에 비추어 보더라도 자신을 경건하게 여기면 자신이 속은 줄도 모르고 자신에 대한 타인의 좋은 평가와 대접도 기대하게 되며

타인이 그 기대를 저버리면 불평과 원망을 쏟아내고 심하면 관계도 끊습니다. 물론 경건을 사모하고 자신을 경건한 자로 여기는 것 자체는 문제가 아닙니다. 경건은 범사에 유익합니다. 금생뿐 아니라 내생에도 유익하기 때문에 경건의 유익에는 기한이 없습니다.

문제는 혀를 제어하지 않는다는 것입니다. 혀를 제어하지 않는다면 경건은 무익한 것입니다. 말씀을 듣기만 하고 행하지 않는 삶은 자신을 속이면서 혀의 방종을 낳습니다. 경건을 몸의 실천으로 보여주지 않고 입의 자랑으로 들려주려 애씁니다. 말씀이 귀로 들어가서 인격과 삶으로 숙성되지 않은 채 혀로만 나오면 경건의 겉모양은 신속하게 꾸미지만 능력과 실속은 없는 껍데기 경건이 되고 말 것입니다. 혹시 경건하다 할지라도 혀를 제어하지 않으면 범사에 유익한 경건의 효능은 흔적도 없이 지워질 것입니다. 이처럼 혀에 대한 경건의 의존도는 대단히 높습니다. 경건의 사활이 혀에 달려 있습니다. 혀를 제어하면 어떤 일이 생길까요? 혀가 침묵하면 그때서야 인품과 몸이 말합니다. 표현의 창구 하나가 막히면 다른 창구가 열립니다. 경건의 증명은 혀가 아니라 몸의 몫입니다. 혀를 제어하면 경건은 절대 무익하지 않고 배신하지 않습니다. 저도 몸보다 혀의 일정이 더 많으면 위기감을 느낍니다. 그러나 혀만 제어해도 묘한 안도감을 느낍니다.

혹시 법의 청취자가 아니라 법의 준행자라 할지라도 혀를 제어하지 않으면 그의 경건은 헛되다고 말합니다. 사실 경건을 헛되게 만드는 인간의 자랑은 끝이 없습니다. 하나님의 법을 들으면 자신의 정보력을 자랑하고 싶고, 이해하면 자신의 지성적인 경건을 자랑하고 싶은 욕구가 생깁니다. 법을 행하면 자신의 실천적인 경건을 더더욱 내세우고 싶습니다. 자신을 경건한 자로 여기며 그렇게 자랑하면 처음에는 경건의 표현일 수 있겠으나 나중에는 사람들의 눈과 귀에 보여주고 들려주는 가식적인 연출로 전락할 것입니다. 결국 자신의 입에서 나온 자랑은 이해와 준행의 순수한 이유와 목적을 더럽히는 부작용을 낳고 사람들의 비방과 멸시라는 역효과를 낳습니다. 그래서 지혜자는 "타인이 너를 칭찬하게 하고 네 입으로는 하지 말며 외인이 너를 칭찬하게 하라"고 권합니다(잠 27:2). 경건의 여부는 우리가 규정하고 알리는 것이 아니라 하나님의 평가에 근거하고 타인에 의해 확인됩니다.

27하나님 아버지로 말미암은, 정결하고 더러움이 없는 경건은 이러한데,
고아와 과부를 그들의 어려움 속에서 돌아보고
세속에 물들지 않도록 자신을 지키는 것입니다

야고보는 참된 경건의 정의를 내립니다. 경건의 주권은 하나님 아버지께 있고 경건의 특징은 정결하고 더러움이 없는 것이며 경건의 실천적인 내용은 사랑과 거룩함 추구로 구성되어 있습니다. 첫째, 참된 경건은 "하나님 아버지로 말미암은" 것입니다. 경건의 출처 혹은 기원은 하나님 아버지께 있습니다. 하나님 외에 다른 모든 것에 근거한 성향은 참된 경건이 아닙니다. 야고보는 "하나님" 호칭뿐 아니라 "아버지" 호칭도 쓰면서 경건이 하나님의 자식이며 경건의 다른 아버지는 없다는 사실에 대못을 박습니다.

둘째, 참된 경건은 "정결하고 더러움이 없"습니다. 몸뿐만 아니라 모든 면에서 정결해야 하고 모든 종류의 더러움이 없어야 한다는 말입니다. 참된 경건에는 하나님 외에 다른 것에 끌리는 영적인 더러움, 하나님의 말씀 외에 다른 가르침에 끌리는 도덕적인 더러움, 자본주의 혹은 공산주의 같은 세속적인 이념에 경도되는 사상적인 더러움, 미움이나 증오나 원망으로 얼룩진 정서적인 더러움, 거짓과 욕설로 인한 언어적인 더러움, 단정하지 못한 행위적인 더러움이 전혀 없습니다.

셋째, 참된 경건은 긍휼과 자비의 사랑인데 특별히 "고아와 과부" 같은 사회적인 약자들을 그들의 "어려움 속에서" 돌보는 것입니다. "고아와 과

부"는 키워 줄 사람이 없고 지켜 줄 사람이 없기 때문에 스스로의 힘으로
는 살아갈 수 없는 약자들을 뜻합니다. "돌보다"는 말은 연약한 사람들의
형편을 살피고 그들의 필요를 채운다는 것을 뜻합니다. 그들의 어려움을
제거하는 것입니다. 아픔과 슬픔과 외로움과 연약함을 외면하면 혀가 경건
의 무늬를 핥으며 아무리 근사한 입방정을 부지런히 떨어도 경건이 아닙
니다. 요란한 잡소리일 뿐입니다. 나의 주변에 가난한 자, 연약한 자, 무지
한 자, 비천한 자, 외로운 자, 억울한 자가 방치되어 있는 동안에는 우리가
결코 경건할 수 없습니다. 가난한 자에게는 물질을 나누고, 연약한 자에게
는 힘을 나누고, 무지한 자에게는 지식을 나누고, 비천한 자에게는 존귀를
나누고, 외로운 자에게는 교제를 나누고, 억울한 자에게는 신원을 나누는
사랑으로 그들을 돌보는 사람이 경건한 자입니다.

고아와 과부를 돌보는 경건은 구약에서 빈번하게 가르쳐진 계명이 신약
에 그대로 계승된 것입니다. 이 경건은 "고아와 과부를 위하여 정의를 행하
시"는 하나님의 뜻과 사역을 대리하는 일입니다(신 10:18). 구약에서 고아와
과부는 "레위인과 객"과 더불어 "모든 소산의 십일조"를 취하는 수혜자의 명
단에 들어가 있습니다(신 26:12). 신약에는 고아와 과부의 돌봄이 율법적인
의무가 아니라 경건한 자의 도리로 명시되어 있습니다. 구약에서 "고아와
과부들이 와서 먹고 배부르게 하라"는 명령에 순종하면 주님께서 "네 손으
로 하는 범사에 네게 복을 주"신다고 하십니다(신 14:29). 집회서에 언급된
"복"의 내용을 보십시오. "고아들의 어미에게 신랑이 되는 대신에 고아들의
아버지와 같이 되십시오. 그러면 당신은 지극히 높으신 이의 아들이 될 것
이며 당신의 어미보다 그가 당신을 더 사랑할 것입니다"(집회서 4:10). 그러
나 만약 고아와 과부를 이롭게 하지 않고 해롭게 한다면 "너희의 아내는 과
부가 되고 너희 자녀는 고아가 되리라"는 엄중한 벌이 따릅니다(출 22:24).
이런 방식으로 하나님은 연약한 자들을 신원해 주십니다. 신약의 맥락에서
보면, 고아와 과부 돌봄에 약속된 "복"은 구약적 의미처럼 범사에 형통하는

것이기도 하겠지만 더 좋은 복으로서 하나님 앞에서 참된 경건의 소유자가 되는 복이 아닐까 싶습니다. 경건(pietas), 즉 하나님을 예수 닮음의 방식으로 가까이 하는 것이 복입니다.

고아와 과부를 대하는 태도에서 참된 경건과 거짓된 경건이 갈리는 것 같습니다. 출세나 성공을 원하는 사람들은 연약한 그들에게 잘 보일 필요가 없습니다. 그래서 그들 앞에서는 경건의 상태가 긴장을 풀고 꾸며지지 않은 본색을 거리낌 없이 보입니다. 그리고 고아와 과부는 누군가가 어려움 중에서 도왔다고 할지라도 보상을 기대할 수 있는 대상이 아닙니다. 그런데 대가를 바라지 못하기에 오히려 경건은 더 순수해질 수 있습니다. 연약한 자들만이 경건을 순수하게 만듭니다. 그러나 보상을 따지는 조건부 도움은 투자일 뿐입니다. 혹시 우리의 도움은 유력한 자, 부한 자, 이용 가치가 있는 자를 대상으로 물색하고 있지는 않습니까? 예수님은 도움의 손길을 "벗이나 형제나 친척이나 부한 이웃"이 아니라 "가난한 자들과 몸 불편한 자들과 저는 자들과 맹인들"(눅 14:12-13)을 향해 뻗으라고 하십니다. 그들에게 도움을 베풀면 "그들이 갚을 것이 없으므로" 복이 된다(눅 14:14)고 하십니다. 갚을 것의 없음과 복의 있음이 연동되어 있습니다. 이는 보답 가능성이 없는 연약한 사람들만 엄선해서 도우라는 말입니다. 이러한 경건은 도움을 주면 어떻게 해서라도 본전을 뽑고 보상을 뜯어내기 위해 불법과 폭력도 불사하는 세상의 문화와는 완전히 다릅니다. 도움을 주어도 생색을 낼 수도 없고 보답도 기대할 수 없는 복지의 사각지대 속으로 내몰린 사람들의 복지는 교회의 고유한 몫입니다. 구제를 보이고 들키고 광고까지 하는 사람들이 있습니다. 그러나 세상에서 박수받은 구제에는 권위와 영예가 없습니다. 구제의 진정한 기쁨과 영광은 오른손이 하는 일을 왼손이 모를 때에 생깁니다.

넷째, 참된 경건은 거룩함 추구인데 "세속에 물들지 않도록 자신을 지키는 것"입니다. 세속에 물들지 않는 방법의 하나는 세상에서 살더라도 세상의 거짓과 불의와 불경과 어둠에 속하거나 그것들을 수용하지 않는 것입니다. 다른 하나는 더 적극적인 것으로서 자신이 세속에 물들지 않고 세속이 자신에게 물들도록 만드는 것입니다. 즉 세상을 능가하는 경건의 역량을 키우는 것입니다. 또 다른 하나는 가장 적극적인 것으로서 내가 세속에 속하여도, 거기에 물들어도 괜찮을 정도로 온 세상의 세속적인 환경 자체를 아예 깨끗하게 만드는 것입니다. 즉 세상을 변혁하는 것, 모든 분야에서 선한 영역을 넓히는 것입니다. 그러나 세속에 물들지 않으려고 산 속으로 혹은 동굴로 피하거나 지구를 떠나는 것은 야고보의 권면이 아닙니다. 그런 자발적인 고립은 세상의 빛과 소금이 되는 사명과도 상충되는 일입니다. 자신을 정결하게 지키는 것에 대해서는 바울도 동일한 견해를 밝힙니다. 복음을 증거하면 위대한 사명의 성취에 도취되어 자칫 자만에 빠지거나 복음이 자신을 지나간 이후에 피조물 본연의 자리로 돌아올 때 찾아오는 공허함 때문에 정욕에 빠지기 쉽습니다. 그래서 바울은 자신이 그런 식으로 세속에 버려지지 않기 위하여 "내 몸을 쳐 복종하게 한다"고 말합니다(고전 9:27). 이처럼 야고보와 바울은 신학의 사상적 논적이 아니라 벗입니다.

이처럼 참된 경건은 신적인 기원과, 더러움 없는 정결한 상태와, 연약한 자들을 위하는 자비로운 마음과, 그들의 어려움과 필요를 해결하는 적극적인 실천과, 세속에 물들지 않도록 자신을 지키는 철저한 관리로 구성되어 있습니다. 이러한 경건에 누가 이를 수 있을까요? 앞에서 언급한 것처럼 하나님의 말씀을 온유한 마음으로 받은 자만이 참된 경건에 이릅니다. 말씀이 육신이 되신 예수님을 범사에 믿음으로 모실 때에 참된 경건의 소유자가 될 수 있습니다. 예수님의 인격과 삶을 보십시오. 그에게는 참된 경건의 요소들이 골고루 구비되어 있습니다. 참된 경건과 예수님의 형상은 다르지 않습니다. 믿음의 주요 우리를 경건하게 하시는 경건의 사도이신 그리스도 예수를 바라보고 따르면 누구든지 참된 경건에 이를 것입니다.

2장부터 5장까지는 마치 야고보가 1장 마지막 부분에서 다룬, 사랑과 거룩함 추구로 이루어진 경건의 구체적인 요소들을 펼쳐 놓은 듯합니다. 2장은 주로 가난하고 연약하고 무지하고 비천한 자들을 사랑하는 경건을 가르치고, 3장에서 5장 초반까지 거룩함 추구를 다루되 3장은 주로 혀의 거룩함을 논하고 4장은 혀를 주관하는 마음의 거룩함과 관계성 속에서의 거룩함을 다루고 5장의 앞부분은 재물과 관련된 경제적인 거룩함을 다루고 5장의 뒷부분은 이 모든 것을 이루기 위한 인내와 기도라는 경건의 방편을 다룹니다. 온 세상에 흩어져서 다양한 방식으로 세속화될 수 있는 열두 지파에게 가장 긴요한 교훈들을 야고보는 이제부터 언급할 것입니다. 즉 사람을 차별하지 않는 것, 믿음을 보이는 것, 혀를 이해하고 다스리는 것, 하늘의 지혜를 분별하는 것, 하나님을 가까이 하는 것, 인간이 유한한 피조물의 분수를 파악하는 것, 재물을 다스리는 것, 가난한 자들을 대하는 것, 상황에 맞게 대처하는 것, 인생의 온갖 문제들에 대해 인내하며 하나님께 기도하는 것 등에 관한 것입니다.

2장.　　　　경건의 부재와 회복

J

약 2:1-7

¹내 형제들아 영광의 주 곧 우리 주 예수 그리스도에 대한 믿음을 너희가 가졌으니 사람을 차별하여 대하지 말라 ²만일 너희 회당에 금 가락지를 끼고 아름다운 옷을 입은 사람이 들어오고 또 남루한 옷을 입은 가난한 사람이 들어올 때에 ³너희가 아름다운 옷을 입은 자를 눈여겨 보고 말하되 여기 좋은 자리에 앉으소서 하고 또 가난한 자에게 말하되 너는 거기 서 있든지 내 발등상 아래에 앉으라 하면 ⁴너희끼리 서로 차별하며 악한 생각으로 판단하는 자가 되는 것이 아니냐 ⁵내 사랑하는 형제들아 들을지어다 하나님이 세상에서 가난한 자를 택하사 믿음에 부요하게 하시고 또 자기를 사랑하는 자들에게 약속하신 나라를 상속으로 받게 하지 아니하셨느냐 ⁶너희는 도리어 가난한 자를 업신여겼도다 부자는 너희를 억압하며 법정으로 끌고 가지 아니하느냐 ⁷그들은 너희에게 대하여 일컫는 바 그 아름다운 이름을 비방하지 아니하느냐

❖ ❖ ❖

¹나의 형제들이여, 차별 속에서 우리의 주 영광의 예수 그리스도에 대한 믿음을 갖지는 마십시오 ²만약 여러분의 회당에 금 가락지를 끼고 화려한 옷을 입은 사람이 들어오고 또 남루한 옷을 입은 가난한 사람이 들어올 때 ³여러분이 화려한 옷 입은 자를 주목하며 "당신은 좋은 이곳에 앉으세요" 라고 말하고 또 가난한 자에게는 "네가 내 발등상 아래에 거기 서 있든지 않든지 하라"고 말한다면 ⁴여러분은 자신들 안에서 차별하고 악한 생각의 심판자가 되는 것 아닙니까? ⁵[잘] 들으세요 나의 사랑하는 형제들이여, 하나님은 믿음에 부요하게 하시고 자기를 사랑하는 자들에게 약속하신 나라의 상속자가 되도록 세상에서 가난한 자들을 택하신 [분] 아닙니까? ⁶그런데 여러분은 가난한 자들을 멸시하고 있습니다 부자들은 여러분을 압제하고 법정으로 끌고 가지 않습니까? ⁷여러분께 부여된 아름다운 이름을 모독하는 자들 아닙니까?

08

차별하지 말라

1나의 형제들이여,
차별 속에서 우리의 주 영광의 예수 그리스도에 대한 믿음을 갖지는 마십시오

야고보는 하나님의 말씀을 귀로만 듣고 말로는 자랑하되 몸으로는 실천하지 않는 헛된 경건의 한 사례로서 믿음의 형제들 사이에서 일어나는 차별의 문제를 다룹니다. 예나 지금이나 차별은 문화와 문명을 움직이는 키워드 같습니다. 모두가 타인보다 더 나은 대우를 받으려고 타인과의 차별화를 시도하기 위해 얼마나 부지런히 공부하고 일하고 이동하고 만나고 말합니까? 남들보다 더 나아지고 싶은 욕구에 대부분의 사람들이 경쟁하듯 사로잡혀 있습니다. 그 욕구는 우리의 판단력에 개입하여 어떤 사람을 다른 사람보다 더 나은지의 여부에 따라 늘 다르게 대우하는 차별의 평범성을 만듭니다. 이렇게 자신의 차별화 욕구와 타인에 대한 차별이 절묘하게 맞물려 있습니다.

본문에서 "차별"(προσωπολημψία)은 "사람을 그의 얼굴에 근거하여 존중

하는 것"을 뜻합니다. 즉 사람의 외모에 따른 존중으로 보아도 좋습니다. 이런 맥락에서 칼뱅은 라틴 불가타 성경과 동일하게 "차별"을 "사람들을 고려함, 혹은 사람들을 맞이함"(personarum acceptio)으로 번역하고 있습니다. 내면이 아니라 가면(πρόσωπον)에 근거하여 사람들을 다르게 맞이하는 것은 합당하지 않습니다. 판단의 근거를 중요하게 여기는 테르툴리아누스 (Tertullianus, 155-220)는 "우리가 사람으로 말미암아 믿음을 판단하지 말고 믿음으로 말미암아 사람을 판단해야 한다"(non iudicamus ex personis fidem, sed ex fide personas)고 말합니다. 교부의 이런 취지를 받아들인 루터는 자신이 "이방인 황제보다 기독인 광대"가 되는 것이 더 좋다고 했습니다. 루터에게 황제나 광대는 가면에 불과합니다. 사람의 어떠함을 따라 믿음을 평가하면 차별의 늪에 빠집니다.

야고보는 본문에서 부자들에 대한 존경 자체를 거부하는 것이 아니라 부자들을 존경하는 동시에 빈자들을 멸시하는 것의 문제점을 지적하고 있습니다. 문제의 핵심은 한 사람에 대한 존경과 멸시의 여부가 "부"라는 외모에 의해 좌우되고 있다는 것입니다. 부의 여부는 사람을 대하는 태도의 기준이 아닙니다. 그런데도 이런 차별을 하면서 주님을 믿는다는 것은 참된 믿음일 수 없습니다. "참된 믿음"과 "차별"은 전혀 어울리지 않습니다. 그럼에도 불구하고 믿는다고 말하는 자들에게 차별이 나타날 수 있음을 야고보는 경고하고 있습니다. 사실 믿음의 사람은 믿음의 본질 때문에 그 누구도 차별할 수 없습니다. 믿음의 본질은 천국을 가고 부자가 되고 건강하게 장수하는 것과 관계된 것이 아닙니다. 그리스도 예수와 관계되어 있습니다.

참된 믿음은 예수님을 "주"(κύριος)로 믿는다는 것입니다. 이는 예수님을 믿는 우리 모두가 그의 동등한 종이라는 말입니다. 종들에게 존재의 키재기는 무의미한 일입니다. 종들 사이에는 권세와 존엄성의 높낮이가 없습니다. 그리고 야고보는 믿음의 사람들을 "나의 형제"라고 부릅니다. 이처럼 우리 모두가 수직적인 관계로는 동등한 종이고 수평적인 관계로는 동등한 형제라는 것입니다. 크리소스토모스의 지적처럼, 예수님을 동일한 주로 믿는다면 "우리 모두가 하나요 서로의 지체들"이 되기 때문에 하나의 몸인데도 서로를 차별하는 것은 자해하는 것입니다.

믿는 모든 자에게 주 되신 예수님은 "영광"($\delta \acute{o} \xi \alpha$)의 주입니다. 그 영광은 세상의 것이 아니라 하늘에서 주어지는 것입니다. 그 영광은 예수님을 믿는 사람들도 받아서 누립니다. 땅의 그 무엇과도 비교할 수 없을 정도로 큰 것입니다. 그 영광을 공유하면 이 땅의 모든 차이가 제거되며, 당연히 그 영광 속에서는 어떠한 차별도 작용하지 못합니다. 즉 그리스도 안에서는 모두가 동일한 하늘의 영광을 가지기 때문에 남자와 여자의 성별 차이, 종과 자유자의 신분 차이, 헬라인과 야만인의 지적 차이가 어떠한 차별로도 작용할 수 없습니다(롬 10:12, 갈 3:28, 골 3:11). 그런데도 차별하는 것은 세상의 어떤 영광을 주님의 영광보다 높이는 것입니다. 이로써 주님의 영광을 존중하지 않고 기대하지 않고 무시하는 일입니다.

차별은 땅의 무언가를 하늘의 영광보다 더 위대하게 여기며 그 무언가의 분량을 따라 타인을 다르게 대하는 것입니다. 이런 맥락에서 지혜자는 "약한 자를 그가 약하다고 탈취하지 말라"고 말합니다(잠 22:22). 하나님은 모세에게 빈하다는 이유로 "가난한 자의 편을 들지 말며 세력 있는 자라고 두둔하지 말라"고 하십니다(레 19:15). 치우치지 않는 공의로 모든 사람을 평등하게 대하라고 하십니다. 차별하지 않으시는 하나님의 이러한 가르침을 따라 모세도 "외모를 보지 말고 귀천을 차별 없이 들으라"고 말합니다(신 1:17). 빈부의 문제도, 권력의 유무도, 용모의 미추도 하나님의 영광보다 크지 않기 때문에 사람을 대함에 있어서는 차별의 근거가 아닙니다. 그런데도 그런 이유들로 인해 차별하면 영광의 주 그리스도 예수에 대한 믿음을 가질 수 없습니다. 그런 믿음을 가지면 어떠한 이유로도 차별할 수 없습니다. 그런데도 차별하는 믿음의 사람이 있다면 그 사람의 믿음은 가짜일 가능성이 높습니다.

하나님의 자녀가 차별하지 말아야 할 가장 궁극적인 근거는 하나님의 성품에 있습니다. 하나님은 차별이 없으신 분입니다. 그런 하나님을 동일한 아버지로, 동일한 주님으로, 동일한 왕으로 믿는 사람이 동등한 자녀들, 종들, 백성 가운데서 차별을 한다는 것은 그 사람이 그분에게 속하지 않았다는 자백 같은 짓입니다. 차별하지 말아야 할 또 하나의 이유는 모든 사람이 동일한 하나님의 형상을 따라 지음을 받아서 각자가 천하보다 귀한 존엄성을 가졌다는 사실에 있습니다. 이 사실은 너무도 확고해서 사람을 차별하여 사람 아래 사람을 두거나 사람 위에 사람을 두어도 되는 근거는 어디에도 없습니다. 그리고 이 사실은 각자의 노력이나 후천적인 변화가 사람들 사이에 아무리 크더라도 변경되지 않습니다.

2만약 여러분의 회당에 금 가락지를 끼고 화려한 옷을 입은 사람이 들어오고 또 남루한 옷을 입은 가난한 사람이 들어올 때 3여러분이 화려한 옷 입은 자를 주목하며 "당신은 좋은 이곳에 앉으세요" 라고 말하고 또 가난한 자에게는 "네가 내 발등상 아래에 거기 서 있든지 앉든지 하라"고 말한다면 4여러분은 자신들 안에서 차별하고 악한 생각의 심판자가 되는 것 아닙니까?

야고보는 회당에서 일어나는 차별에 대해서 말합니다. "회당"(συναγωγή)은 믿음의 사람들이 그의 말씀을 듣고 하나님을 아는 지식에서 자라나는 교회와 같은 곳입니다. 물론 "회당"은 공공의 종교적인 장소뿐 아니라 사적인 장소의 공적인 모임을 가리키는 말일 수도 있습니다. "내 발등상 아래"라는 표현에서 1인칭 단수가 쓰였다는 점을 보면 개인의 집일 가능성도 있습니다. 어떠한 장소이든 모인 사람들이 주 안에서의 형제 즉 교회라는 사실은 변하지 않습니다. 그런데 어떻게 믿음의 공동체 안에서 차별이 발생할 수 있을까요? 세상에는 얼마든지 차별이 일어날 수 있습니다. 그러나 교회는 하나님의 말씀을 법과 질서로 삼은 곳 아닙니까? 지금 야고보는 세상의 차별이 아니라 교회의 차별을 지목하며 교회의 도덕적인 앞가림을 독려하고 있습니다.

　세상이나 교회를 가리지 않고 어디든지 발생하는 다양한 차별들이 있습니다. 피부색, 학벌, 직장, 신체, 직위, 가문, 국적 등에 근거한 차별들도 있지만, 야고보는 빈부의 문제를 차별의 대표적인 사례로 꼽습니다. 사람들은 재산의 많음과 적음에 대단히 미묘한 반응의 차이를 보입니다. 즉 가진 것이 많은 자에게는 대체로 정성껏 준비한 아양을 떨며 경쟁적인 호의를 보이지만 가진 것이 적은 이에게는 무심한 냉대나 적의를 보입니다. 길의 글에 나온 것처럼, 중세의 유대교 랍비 마이모니데스(Maimonides, 1138–1204)의 증언에 의하면 유대인의 헌법을 따라 "두 대적(서로 법적으로)이 있고 그들 중 한 사람은 고귀한 옷을 입고 다른 한 사람은 저속한 옷을 입고 있으면, [재판관은] 고귀해 보이는 사람에게 '네가 [그와] 같게 되거나 동등하게 되도록 너처럼 그를 입히든지 아니면 그처럼 너가 입히든지 하라'고 말합니다"(Hilchot Sanhedrin, c. 21. sect. 2.). 다음 섹션(sect. 3.)에는 이런 문구도 나옵니다. "하나는 앉고 다른 하나는 서는 것이 아니라 둘 다 서야 합니다. 그러나 산헤드린 혹은 법정이라 한다면 그들을 앉게 하고 그들은 앉습니다. 그러나 하나가 위에 앉고 다른 이는 아래에 앉지 않고 하나는 다른 이의 옆에 [앉습니다]." 즉 야고보의 말은 유대교 헌법에도 어긋나는 일이 믿음의 사람들이 모이는 곳에서 벌어지고 있다는 것입니다.

　먼저 "금 가락지를 끼고 화려한 옷을 입은" 사람은 당시에 공적인 권세를 가진 관리 혹은 재벌급 부자일 가능성이 높습니다. 이렇게 부하고 유력한 사람이 회당에 나타나면 그의 관심을 차지하고 싶어서 대단히 예의 바른, 꿀 뚝뚝 떨어지는 시선이 그에게 쏠립니다. 누군가를 더 오래, 더 열렬히 "주목하는 것"(ἐπιβλέπω) 자체가 차별의 행위일 수 있습니다. 상대방의 눈길을 얻으려는 구애로서 시선뿐 아니라 몸도 그에게 끌립니다. 일어나 다가서서 가장 따뜻하고 가장 친절하고 가장 달콤한 말을 꺼냅니다. "이곳에 참 잘 오셨다"고! 그리고는 회당에서 "좋은"(καλῶς) 곳을 권하며 모십니다. 이는 돈이 많은 것과 좋은 것을 동일한 것으로 여기는 그들의 세속적인 가치관이 시킨 일입니다. 그들은 재물을 하나님과 동일하게, 혹은 그보다도 더 사랑하는 사람일 가능성이 높습니다. 게다가 그들은 그냥 좋은 저곳들이 아니라 바로 "여기에"(ὧδε) 앉으라고 말합니다. 이는 부자를 타인에게 빼앗기지 않고 자신의 곁에 두려는 민망한 욕구를 표출한 말입니다. "여기"는 부자를 자신의 주변에 전시해 놓으면 돋보일 것이라는 기대감이 엄선한 장소일 것입니다.

그러나 "남루한 옷을 입은" 가난한 사람이 등장하면 사람들은 그에게 잠시 눈길을 주며 아래위를 훑다가 급히 회수하며 대변을 밟은 것처럼 불쾌한 표정을 짓습니다. 외모에 나타난 남루한 신분이 파악되면 흘기는 눈으로 뾰족하고 모멸적인 시선을 보냅니다. 그가 서든지 앉든지 관심을 보이지 않습니다. 가난한 자들의 지저분한 신발이 교회의 문턱을 더럽히지 않으면 좋겠다는 멸시의 눈빛을 보내고, 상종하는 것도 귀찮다는 싸한 뉘앙스를 은근히 풍깁니다. 그들에게 친절하게 다가가 안부를 묻고 형제의 따뜻한 진심을 나누려는 사람은 아무도 없습니다. 교회에서 가난한 자들은 마치 투명인간 같습니다. 알아주는 사람도 없고 말을 거는 사람도 없고 잠깐의 가벼운 눈길도 그들에게 보내려고 하지 않습니다. 오히려 혹시라도 눈에 걸릴까 봐 피하려고 자연스런 눈길도 다급하게 꺾습니다. 가난한 사람에게 가까이에 있는 사람들은 혹시라도 그와 섞일까봐, 그와 친하다는 오해를 받을까봐, 그리고 자신의 가까이에 있는 부자가 혹시라도 가난한 자의 접근으로 인해 떠날까봐, 서둘러 거리를 만듭니다. 그래서 "여기에"가 아니라 "거기에"(ἐκεῖ) 있으라고 말합니다. 가난한 자에게는 "좋은" 곳이 아니라 발냄새가 나뒹구는 "발등상 아래"가 어울리는 곳이라고 말하며 거기로 떠밉니다. 이처럼 가난한 자를 천하보다 귀하거나 자신과 동등한 영혼의 무게를 가진 사람으로 이해하지 않고 발바닥 밑으로 깔보아도 되는 천민으로 대합니다. 그것도 교회에서 말입니다.

교회에서 발생하는 차별의 양상은 빈부와 관련된 것만이 아닙니다. 헤아릴 수 없을 정도로 많습니다. 우리에게 익숙한 것들로서, 남자는 우등하고 여자는 열등하다 (남녀의 차별), 부자는 우등하고 빈자는 열등하다 (빈부의 차별), 주인은 우등하고 종은 열등하다 (주종의 차별), 고득점 학생은 우등하고 저득점 학생은 열등하다 (성적의 차별), 유식한 저자는 우등하고 무식한 독자는 열등하다 (지식의 차별), 수도권은 우등하고 지방은 열등하다 (지역의 차별), 서양은 우등하고 동양은 열등하다 (문명의 차별), 잘생긴 사람은 우등하고 못생긴 사람은 열등하다 날씬한 사람은 우등하고 뚱뚱한 사람은 열등하다 (외모의 차별), 고위직은 우등하고 하위직은 열등하다 (직위의 차별), 백인은 우등하고 흑인은 열등하다 (인종의 차별), 유능은 우등하고 무능은 열등하다 (재능의 차별) 등의 차별들이 있습니다. 모든 분야에서 우등한 자는 열등한 자를 지배하고 짓누르고 이용하고 유린해도 된다는 이 고약한 생각이 온갖 차별을 낳습니다.

이에 대하여 야고보는 형제들이 그렇게 함으로써 "차별하고 악한 생각의 심판자가 되는 것"이라는 평가를 내립니다. 여기에서 차별은 "부"라는 외모로 타인의 가치를 규정하고 인간의 본래적인 가치가 아니라 사람들에 의해 규정된 가치로 대우하는 것입니다. 그리고 모든 차별의 배후에는 "악한 생각"이 있습니다. 여기에서 "생각"(διαλογισμός)은 "무언가를 꿰뚫고 지나가는 숙고"를 뜻합니다. "악한"(πονηρός)은 선악의 건강한 기준이 내면에서 무너진 상태를 말합니다. 하나님의 영광이 아니라 자신의 영광을 구하고, 이웃의 유익이 아니라 자신의 유익을 구하는 마음의 어긋난 방향을 말합니다. "악한 생각"은 하나님과 이웃에 대하여 악한 의도를 가지고 마땅히 생각할 것 그 이상이나 이하로 생각하는 것, 즉 선한 생각의 적정선을 심사

숙고 끝에 벗어나는 것입니다. 이런 "악한 생각"의 역사는 얼마나 장구한지 모릅니다. 노아의 시대에 홍수로 인류가 멸망한 이유가 바로 "온 땅이 하나님 앞에 부패하여 포악함이 땅에 가득"했기 때문이고, 그렇게 된 이유는 "땅에서 모든 혈육 있는 자의 행위가 부패"했기 때문이고, 그렇게 된 이유는 "마음으로 생각하는 모든 계획이 항상 악할 뿐"이었기 때문입니다 (창 6:5-12).

"악한 생각의 심판자"는 소유격을 고려할 때 악한 생각에 사로잡힌 심판자를 뜻합니다. 이 문구를 베자(Théodore Beza, 1519-1605)는 "그릇되게 추론하는 심판자가 된다"고 번역하고 있습니다. 악한 생각을 가지고 "심판자"가 된다는 것은 더더욱 심각한 문제입니다. 심판의 고유한 권한은 하나님께 있습니다. 그런데 인간 자신이 악한 생각을 가진 심판자가 된다는 것은 태초의 인간과 관련하여 보시기에 심히 좋았다는 평가를 내리신 하나님의 신적 권위를 대놓고 부정하는 짓입니다. 하나님을 무시하는 것이고 그의 권한을 빼앗는 것이고 하나님과 같아지는 것입니다. 이처럼 차별은 타인에게 수치심과 억울함을 끼치는 것뿐 아니라 차별 없으신 하나님을 정면으로 반대하고 그의 신적인 권한까지 박탈하고 심지어 그분보다 높아지려 하는 죄입니다. 즉 타인보다 자신을 높이고, 하나님을 자신보다 낮추는 죄입니다.

이처럼 성도가 가난한 자를 괄시하고 부자를 편애하는 차별은 창조주를 향해서도 사악한 짓입니다. "가난한 사람을 학대하는 자는 그를 지으신 이를 멸시하는 자요 궁핍한 사람을 불쌍히 여기는 자는 주를 공경하는 자니라"(잠 14:31). 즉 차별은 창조주 하나님을 멸시하는 죄악을 저지르는 것입니다. 하나님의 형상을 따라 지어진 한 사람의 가치는 천하보다 귀합니다. 그런데 인간의 존재와 무관한 옷 때문에 차별하면 사람이 옷보다도 못하다는 뜻입니다. 돈 때문에 차별하면 사람이 돈보다 못하다는 뜻입니다. 권력 때문에 차별하고 지위 때문에 차별하면 사람이 권력이나 지위보다 못하다는 말입니다. 권력이나 지위는 사람을 섬기기 위해 주어지는 수단인데, 차별은 목적보다 수단을 높이는 일입니다. 한 사람을 돈이나 권력이나 지위보다 더 소중하게 여기지 않으면 차별의 높은 담벼락은 어느 누구도 허물지 못할 것입니다.

교회가 차별을 행하면 어떠한 일이 생길까요? 가난한 자는 교회에서 자괴감에 빠질 것입니다. 부자는 교회에서 기고만장할 것입니다. 연약한 자는 절망하고 강한 자는 오만해질 것입니다. 이는 연약한 자들을 그 어려움 가운데서 돌보아야 할 교회의 본분을 저버리는 일입니다. 차별의 특혜를 누린 부자와 권력자는 더 큰 편애와 배려와 존경을 얻기 위해 더 큰 부자, 더 큰 권력을 추구할 것입니다. 이처럼 차별은 사람들로 하여금 하나님의 영광이 아니라 사람의 영광을 더 추구하게 만듭니다. 나누고 베풀고 섬겨서 부의 크기가 줄어들면 사람의 존경도 줄 것입니다. 그래서 부의 나눔이 아니라 부의 축적에 대한 집착도 더 커질 것입니다.

그러므로 차별은 가난한 자들을 절망에 빠뜨리고 부자들도 돈의 노예가 되어 자멸하게 만듭니다. 차별의 두 대상뿐만 아니라 차별을 저지른 사람도 무사하지 못합니다. 앞에서 살펴본 것처럼, 가난한 자를 학대하는 것은 그의 창조주 하나님을 멸시하는 것입니다. 하나님을 멸시하는 자의 최후에 대해 사무엘은 이렇게 기록하고 있습니다. "나를 존중히 여기는 자를 내가 존중히 여기고 나를 멸시하는 자를 내가 경멸하리라"(삼상 2:30). 사람이 아니라 하나님의 경멸을 받는다는 것은 상상할 수 없는 공포와 비참함에 빠지는 것입니다.

5[잘] 들으세요 나의 사랑하는 형제들이여, 하나님은 믿음에 부요하게 하시고
자기를 사랑하는 자들에게 약속하신 나라의 상속자가 되도록
세상에서 가난한 자들을 택하신 [분] 아닙니까?

야고보는 관심을 기울이고 집중해서 자신의 설명을 "들으라"고 말합니다. 이는 차가운 명령이 아니라 따뜻한 권면임을 알리고자 수신자를 "나의 사랑하는 형제"라고 부릅니다. 야고보는 차별의 심각한 죄를 저지르는 사람들에 대해서도 사랑을 보이며 형제의 끈끈한 관계를 포기하지 않습니다. 경계선을 그어서 그들과 섞이지 않으려는 자세를 취하지도 않습니다. 야고보는 잘못을 저지른 사람에게 본능적인 분노를 쏟아내지 않고 사랑의 절제된 회초리를 들고 따뜻한 훈계와 권고의 반응을 보이는 신앙의 내공을 가진 분입니다.

길의 말처럼, 야고보가 사용한 "이 의문문은 강력한 긍정문과 같습니다." 가난한 자를 하대하고 부한 자를 존대하는 차별이 얼마나 어리석은 일인 줄 아십니까? 하나님의 관심사를 보면 알 수 있습니다. 하나님이 "택하신"(ἐξελέξατο) 자들은 다양한 차원에서 부유한 자가 아니라 무언가가 부족한 자입니다. 바울도 하나님이 부르신 자들 중에는 "육체를 따라 지혜로운 자가 많지 아니하며 능한 자가 많지 아니하며 문벌 좋은 자가 많지" 않으며 그분이 택한 자들은 "세상의 천한 것들과 멸시 받는 것들과 없는 것들"이라고 말합니다(고전 1:26-27). 야고보와 바울은 가난한 자들에 대한 하나님의 택하심에 대해서도 의견이 같습니다. 진실로 하나님의 따뜻한 시선은 "가난한 자들"에게 머물러 있습니다. 그의 시선이 머무는 곳을 우리가 응시하는 것은 그 자체로 우리에게 복입니다. 그럼에도 불구하고 우리는 가난한 자들을 보면 도와야 한다는 주님의 말씀과 양심의 독촉 때문에 불쾌해서 그들에게 눈길을 주지 않습니다. 오히려 하나님도 주목하지 않으시는 부자에게 각별한 정성을 쏟아 붓습니다. 행실이 마치 청개구리 같습니다.

하나님은 가난한 자들을 택하시고 "믿음에 부요하게"(πλούσιος) 하십니다. 존 길이 지적한 것처럼 믿음에 부요하기 때문에, 혹은 믿게 될 것이기 때문에 하나님의 택하심을 받은 것이 아닙니다. 택하심을 받았기 때문에 믿음에 부요하게 되는 것입니다. 맨톤처럼 이것을 "아무것도 없는 자 같으나 모든 것을 가진 자"라는 바울의 어법으로 표현하면, 가난한 자가 세상의 지갑에는 아무것도 없으나 믿음에 있어서는 모든 것을 가진 자입니다. 그래서 맨톤은 믿음을 "하나님의 모든 풍요로운 공급을 받은 영혼의 열린 손"이라고 말합니다. 하나님 자신도 믿음으로 말미암아 우리의 지극히 큰 상급으로 얻습니다. 진실로 믿음에 부요한 자는 이 세상의 어떠한 부자보다 더 부한 자입니다. 가난한 자의 부요한 믿음은 하나님의 뜻입니다. 누구도 변경하지 못하는 질서라는 말입니다. 그러므로 재물에 부요하지 못한 자는 믿음에 부요한 자일 가능성이 부자보다 높습니다. 재물이 많을수록 하나님에 대한 의존도가 약해지고 재물이 적을수록 하나님 의존도가 강해지는 것은 상식 아닙니까?

가난한 자는 주님을 바라보며 땅의 공급과는 비교할 수 없을 정도로 무한한 하늘의 창고에 대한 기대감과 확신을 갖습니다. 그러나 부자들은 눈에 보이는 재물을 신뢰하고 동시에 그 재물의 한계를 벗어나지 못합니다. 그래서 바울은 마게도냐 성도들에 대하여 "환난의 많은 시련 가운데서 그들의 넘치는 기쁨과 극심한 가난이 그들의 풍성한 연보를 넘치도록 하게 하였다"고 말합니다(고후 8:2). 환난의 많은 시련 가운데에 있으면 슬퍼해야 하지 않습니까? 극심한 가난이 있으면 풍성한 연보의 필요성이 절박한 거 아닙니까? 그런데 지갑이 가난한 자가 마음은 천하를 품을 정도로 풍요로워 보입니다. 극심한 가난과 풍성한 연보의 모순적인 조합에서 가난과 믿음의 절묘한 연관성이 선명하게 보입니다.

하나님은 가난한 자들을 택하셔서 "사랑하는 자들에게 약속하신 나라의 상속자"(κληρονόμος)가 되게 하십니다. 여기에서 우리가 확인하는 것은 믿음을 부요하게 하고 하나님의 나라를 상속하는 자들은 모든 가난한 자들이 아니라 그들 중에서도 하나님을 "사랑하는 자"라는 것입니다. 야고보의 상속자 언급은 하나님을 사랑하지 않는 가난한 자들과 관계된 이야기가 아닙니다. 하나님은 당신을 사랑하는 가난한 자들을 상속자로 택하시고 그의 나라를 주십니다. 가난과 상속의 연관성은 예수님의 가르침에 근거한 것입니다. "가난한 자는 복이 있나니 하나님의 나라가 너희 것임이요"(눅 6:20).

하나님이 상속해 주실 "나라"(βασιλεία)가 어떤 것입니까? 이 세상의 만국을 다 합한 것보다 더 크고 더 위대하며 모든 면에서 그 어떠한 나라보다 낫습니다. 그 나라의 실체를 제대로 설명할 비유가 이 세상에는 없습니다. 젖과 꿀이 흐르는 약속의 땅으로도 설명되지 않습니다. 그래서 우리는 그 나라를 이해하지 않고 믿습니다. 그런 나라의 상속자가 된다는 사실을 믿는다면 이 세상의 자잘한 욕심들과 얼마든지 결별할 수 있을 것입니다. 조금 더 높아지기 위해, 조금 더 부하기 위해, 조금 더 알려지기 위해 불법이나 거짓과도 기꺼이 결탁하며 발버둥과 몸부림을 치는 일은 없을 것입니다. 오히려 자신이 더 낮아지고 더 가난하고 자신을 더 감추려는 역설적인 태도를 취합니다. 세상에서 멸시와 천대와 박해를 받아 가난하고 낮아지고 비천해진 자가 되려고 할 것입니다.

부자는 믿음이 가난하고 하나님의 나라와 무관한 자일 가능성이 높습니다. "낙타가 바늘귀로 들어가는 것이 부자가 하나님의 나라에 들어가는 것보다 쉬우니라"(마 19:24). 이러한 주님의 말씀은 부한 자의 가난한 믿음과 가난한 자의 부한 믿음이 정해진 원리임을 지지하는 듯합니다. 가난과 믿음이 연결되어 있다면 부를 추구하는 것보다 가난을 추구하는 것이 합당해 보입니다. 그러나 부를 싫어하고 가난을 추구하는 사람은 없습니다. 그래서 대부분의 사람들은 어중간한 입장을 취합니다. 재물에 부하면서 믿음도 부하기를 바랍니다. 그러나 하나님과 재물을 겸하여 섬길 수 없다는 예수님의 말씀(눅 16:13)에 따르면 그런 양다리 걸치기는 가능하지 않습니다. 진실로 부 추구와 믿음은 양립할 수 없습니다. 그래서 지혜자는 "부자 되기에 애쓰지 말라"고 말합니다(잠 23:4).

교회에서 차별 가능성을 제로로 만드는 비결은 가난의 자발적인 추구에 있습니다. 가난을 추구하는 것은 천국을 침노하는 것입니다. 가난의 추구를 위해서는 다양한 방법들이 있습니다. 지혜자는 "손을 게으르게 놀리는 자는 가난하게 된다"고 말합니다(잠 10:4). 또한 "연락을 좋아하는 자는 가난하게 되고 술과 기름을 좋아하는 자는 부하게 되지 못한다"고 말합니다(잠 21:17). 같은 맥락에서 "술 취하고 음식을 탐하는 자"와 "잠 자기를 즐기는 자"는 가난하게 되고 헤어진 옷을 입을 것이라고 말합니다(잠 23:21). 믿음의 부요함과 하나님의 나라를 상속하기 위한 가난의 방법은 나태와 게으름과 향락과 술취함이 아닙니다. 가난한 자들에게 자신의 부요한 것들을 나누는 것입니다.

예수님은 제자들을 향해 "여행을 위하여 지팡이 외에는 양식이나 배낭이나 전대의 돈이나 아무것도 가지지 말라"고 하십니다(막 6:8). 주님의 이 명령에는 오직 하나님만 의지하며 믿음으로 복음을 증거하는 자가 되라는 의미도 있지만 양식이나 배낭이나 전대의 돈이나 그 어떤 대가도 바라지 말라는 의미와 혹시 감사의 표시로서 선물이나 대접을 받더라도 그것을 부의 축적 차원에서 소유하지 말고 나누라는 의미도 내포되어 있습니다. 또한 제자로서 주님을 따르며 섬기려는 자는 자기를 부인하고 십자가를 짊어져야 한다는 말씀과도 무관하지 않습니다. 자율적인 가난을 추구하지 않으면 제자가 될 수 없습니다. 자기를 부인하는 자가 부를 축적하면 그 자체가 모순 아닙니까? 부를 축적하지 않더라도 부자에게 과도한 호의를 보이면 민망하지 않습니까?

6그런데 여러분은 가난한 자들을 멸시하고 있습니다
부자들은 여러분을 압제하고 법정으로 끌고 가지 않습니까?
7여러분께 부여된 아름다운 이름을 모독하는 자들 아닙니까?

야고보에 의하면, 하나님이 택하시고 믿음에 부요하게 하시고 천국의 상속자가 되게 하신 가난한 자들을 회당에서 멸시하고 있습니다. 마치 회당이 하나님을 대적하는 듯합니다. 이는 마치 하나님이 아끼시는 자를 회당이 미워하고, 하나님이 지키시는 자를 회당이 공격하고, 하나님이 소중하게 여기는 자를 회당이 무시하는 꼴입니다. 회당의 이런 본색은 가난한 자들을 대하는 그들의 태도가 고발하고 있습니다. 야고보는 부한 자들의 실체를 설명해 주면서 가난한 자들에 대한 회당의 차별이 어리석은 이유를 밝힙니다.

첫째, 부자들은 회당의 형제들을 압제하며 물리적인 고통과 심리적인 압박을 가하는 자입니다. 둘째, 그들은 형제들을 법정으로 끌고 가서 사회적인 비난을 도모하고 제도적인 죄인의 낙인을 찍어 공동체적 따돌림을 감행하는 자입니다. 셋째, 성도라는 형제들의 아름다운 이름, 나아가 (제네바 성경의 해석처럼) 하나님과 그리스도 예수의 영광스런 이름을 모독하며 종교적인 정체성을 제거하는 자입니다. 부자들은 고위직과 높은 권력을 소유한 자들일 가능성이 높습니다. 이런 자들이 가난한 자들과 하나님의 사람들을 대하는 야만성은 야고보 시대의 현상만은 아닙니다. 만약 그 시대만의 현상이라 한다면 우리 시대와 무관한 야고보의 서신을 읽을 필요가 없을 것입니다. 읽더라도 멀리 돌아서 적용하며 억지로 우리의 시대에 껴 맞추어야 할 것입니다.

물론 로마에 의해 조국과 주권을 상실한 야고보는 로마의 권력과 유대교의 유력한 자들이 교회를 박해하고 위협하는 상황을 의식하고 있습니다. 하지만 그가 잘 알고 있는 구약 시대를 보십시오. 이사야의 기록에 의하면 백성의 장로들과 고관들이 "가난한 자에게서 탈취한 물건이 너희 집에 있다"(사 3:14)는 하나님의 책망을 받습니다. 그들은 "백성을 짓밟으며 가난한 자의 얼굴에 맷돌질"도 했습니다(사 3:15). 그때 하나님의 보내심을 받은 이사야, 예레미야, 아모스와 같은 사람들은 권력자에 의해 고통을 당했으며, 야고보의 시대에도 스데반은 순교를 당했으며 그 이후에도 사도들을 비롯한 교회의 연약한 자들이 억압과 순교를 당해야만 했습니다. 부자들의 광기는 시대를 가리지 않습니다.

이렇게 부자들이 종류를 불문하고 다양한 죄를 저지르는 근거는 돈에 대한 사랑에 있습니다. 부자는 대체로 돈을 사랑하는 자입니다. 그런데 바울은 "돈을 사랑함이 모든 악의 뿌리"라고 말합니다(딤전 6:10). 바울은 지금 경제적인 악뿐 아니라 "모든 악"의 뿌리가 돈 사랑에 있다고 말합니다. 야고보와 바울은 모두 대단히 엄격한 화폐관을 가지고 있습니다. 그런데도 교회가 이들의 교훈과는 달리 신체적인 피해와 사회적인 피해와 영적인 피해의 원인 제공자인 부자들을 흠모하며 상석에 앉히며 환대하는 것은 얼마나 모순적인 짓입니까? 멸시하고 압제하고 고소하고 모독하는 부자들의 사악한 행태에는 눈감고 그들의 화려한 옷차림에 사로잡혀 굽실대며 떠받드는 꼴이 당시 회당의 '실력'이고 오늘날 교회의 본색인 듯합니다.

이처럼 당시에는 교회가 가난한 자들을 치사하고 무례하게 대합니다. 이와 달리 부자들에 대해서는 그들의 막대한 재산 앞에서 무릎을 꿇습니다. 온 교회가 돈 앞에 존경의 고개를 숙이고 경외의 무릎을 꿇습니다. 당시의 부자는 교회를 억압하고 법정으로 끌고 가는데도, 심지어 교회의 머리 되시는 그리스도 예수의 아름다운 이름을 능멸해도 그들의 권력과 부 앞에서는 찍소리도 못합니다. 그리스도 예수라는 인생의 방향과 온 세상의 진리와 영원한 생명을 알고 있음에도 불구하고 권력자와 부자가 교회에 출입하면 그들에게 쪼르르 달려가 좋은 각도에서 눈도장을 서둘러 찍습니다. 야비한 아첨과 간지러운 아부의 입술을 크게 벌립니다. 그러니 권력자와 부자는 교회를 아주 우습게 여깁니다. 힘과 돈만 있으면 교회도 얼마든지 쥐락펴락 할 수 있는 세속적인 기관으로 여깁니다. 불의한 돈을 교회에서 마구 세탁하고 교회를 불법의 은닉처로 삼는 일에 거리낌이 없습니다. 또 교회는 그들에게 마땅히 해야 할 일인 것처럼 그들의 불법과 불의에 종교적인 면죄부를 부끄러운 줄도 모르고 넘깁니다. 세상에 이런 교회의 모습을 모르는 사람들은 하나도 없습니다. 그러니 교회를 보며 사람들이 웃습니다. 세상이 웃습니다.

물론 하나님은 "센 머리 앞에서 일어서고 노인의 얼굴을 공경해야 한다"(레 19:32)고 하셨으며 바울도 "존경할 자를 존경해야 한다"고 말합니다(롬 13:7). 이러한 말씀을 따라 적잖은 교부들은 왕이나 권세자를 존경하고 부모를 공경하듯 부자도 그에게 합당한 존경을 보내는 것을 죄가 아니라고 말합니다. 다만 하나님의 은총으로 말미암아 더 많은 "외적인 위엄이나 부나 직위"를 얻은 자들에게 합당한 "외적인 존경"을 돌리면 된다고 말합니다. 그러나 부자가 근본적인 존경의 대상은 결코 아닙니다. 성경에는 부자가 되라고 권하지도 않고 부자가 되기를 기도한 믿음의 사람도 없습니다. 오히려 가난한 자가 복이 있다고 말합니다. 물론 하나님의 은혜로 부자가 될 수는 있습니다. 그러나 물질적인 부의 상태에 머물러 있는 것은 올바르지 않습니다. 부의 보존을 의도하는 자는 부가 제공하는 헛된 권세를 휘두르고 싶은 자입니다. 자신의 가치를 인격의 크기로 승부하지 않고 지갑의 두께에 맡기는 어리석은 자입니다. 부자가 되도록 은혜를 베푸신 하나님의 의도는 부의 소유와 보관이 아닙니다. 지혜로운 사용과 너그러운 나눔에 있습니다.

바울은 다음과 같은 목적 때문에 부자에게 자발적인 나눔을 권합니다. "이제 너희의 넉넉한 것으로 그들의 부족한 것을 보충함은 후에 그들의 넉넉한 것으로 너희의 부족한 것을 보충하여 균등하게 하려 함이라"(고후 8:14). 넉넉한 자는 부족한 자에게 나누라고 말합니다. 그런데 부함을 고집하는 부자는 이웃의 부족한 것에 관심이 없고 자기만을 위하는 이기적인 자입니다. 하나님의 은혜를 받은 초대교회 성도의 아름다운 모습을 보십시오. "믿는 무리가 한 마음과 한 뜻이 되어 모든 물건을 서로 통용하고 자기 재물을 조금이라도 자기 것이라 하는 이가 하나도 없더라"(행 4:32). 그들은 믿음의 사람이고 마음과 뜻이 일치했고 모든 물건을 통용하되 일방적인 통용이 아니라 서로 통용했고 자기의 재물을 조금도 자기의 소유라고 주장하는 자가 없었다고 말합니다. 이는 공산주의 식의 강압적인 명령이 아니라 소유의 자발적인 거절을 뜻합니다. 결국 누가가 관찰해 보니까 그들 중에는 가난한 자가 하나도 없습니다. 부자의 자발적인 가난 선택으로 모든 사람이 가난하지 않게 되었다는 것입니다. 진정한 부자는 그런 자입니다. 나누는 자입니다. 균등하게 하는 자입니다. 성령과 말씀으로 충만한 초대교회 공동체의 아름다운 모습은 바로 나눔과 균등에 있습니다. 넉넉한 상태를 고집하는 것은 부끄러운 일입니다. 워렌 버핏의 롤모델인 카네기의 따끔한 지적을 보십시오. "통장에 백만 불을 남기고 죽는 자는 치욕적인 사람이다. 이처럼 부자로서 사람이 죽는 것은 치욕적인 죽음이다."

그런데 야고보의 말은 기독교의 인권이 아직 미성숙한 고대의 이야기가 아닙니다. 야고보는 마치 라이브로 촬영된 지금의 교회 현실을 생생하게 보고 설명하는 듯합니다. 지금의 교회도 동일하게 망가져 있습니다. 지금도 교회에는 대체로 사회의 부하고 유력한 자들이 웬만한 상석을 차지하며 무조건적 환대를 받습니다. 그러나 그들은 삶의 현장에서 가난한 자들을 벌레처럼 보고 그들의 목소리를 소음으로 간주하고 그들의 정당한 저항을 폭도의 광기로 규정하고 가난한 자들을 멸시하고 있습니다. 그들이 교회에서 환대를 받는 것은 교회도 그들과 다르지 않다는 뜻입니다. 부자들을 환대하고 등에 업은 자들은 교회의 운명을 쥐락펴락하며 교회 안에서도 차별 문화의 보편화와 일상화를 도모하고 있습니다. 하나님을 사랑하는 가난한 자들이 교회의 변방으로 밀려나고 하나님이 택하신 자들을 괴롭히는 부자들이 교권의 노른자를 석권하는 오늘날의 현실에서 과연 교회가 하나님의 나라 맞습니까? 교회는 모든 종류의 차별과 싸워 이겨서 세상의 빛과 소금의 거룩한 직무를 수행해야 하는 곳입니다. 그러므로 차별하지 않음은 차별하는 세상에 대한 교회의 절대적인 저항이며 교회가 차별의 손을 잡는 것은 결코 용납되지 않습니다.

⁸너희가 만일 성경에 기록된 대로 네 이웃 사랑하기를 네 몸과 같이 하라 하신 최고의 법을 지키면 잘하는 것이거니와 ⁹만일 너희가 사람을 차별하여 대하면 죄를 짓는 것이니 율법이 너희를 범법자로 정죄하리라 ¹⁰누구든지 온 율법을 지키다가 그 하나를 범하면 모두 범한 자가 되나니 ¹¹간음하지 말라 하신 이가 또한 살인하지 말라 하셨은즉 네가 비록 간음하지 아니하여도 살인하면 율법을 범한 자가 되느니라 ¹²너희는 자유의 율법대로 심판 받을 자처럼 말도 하고 행하기도 하라 ¹³긍휼을 행하지 아니하는 자에게는 긍휼 없는 심판이 있으리라 긍휼은 심판을 이기고 자랑하느니라

❖ ❖ ❖

⁸그러나 만일 여러분이 성경을 따라 '네 이웃을 네 자신처럼 사랑해야 한다'는 지엄한 법을 이룬다면 잘하는 것이지만 ⁹만일 여러분이 차별을 보인다면 죄를 저지르는 것이며 율법에 의해 범법자로 정죄될 것입니다 ¹⁰누구든지 온 율법을 지키다가 하나에서 넘어지면 모든 것에 유죄가 되는 이유는 ¹¹'간음하지 말라'고 말하신 분이 또한 '살인하지 말라'고 말하셨기 때문입니다 그래서 만약 당신이 간음하지 않아도 살인을 저지르면 율법의 위반자가 되는 것입니다 ¹²여러분은 자유의 법으로 말미암아 심판을 받을 것처럼 이런 방식으로 말하기도 하고 이런 방식으로 행하기도 하십시오 ¹³긍휼을 행하지 아니하는 자에게는 긍휼 없는 심판[이 있습니다] 긍휼은 심판 위에 스스로를 높입니다

09

차별을 해결하라

⁸그러나 만일 여러분이 성경을 따라 '네 이웃을 네 자신처럼 사랑해야 한다'는 지엄한 법을 이룬다면 잘하는 것이지만 ⁹만일 여러분이 차별을 보인다면 죄를 저지르는 것이며 율법에 의해 범법자로 정죄될 것입니다

야고보는 1절에서 차별하지 말아야 할 근거인 동시에 해결책이 그리스도 예수의 신실하심, 즉 예수님에 의한 율법의 신실한 완성에 있다고 했습니다. 그러나 그 신실의 구체적인 내용은 유보해 두었다가 8절에서 드디어 밝힙니다. 야고보는 차별 금지의 근거와 해결책을 모두 "성경을 따라"(κατὰ τὴν γραφὴν) 찾습니다. 그래서 그의 해법은 구약이 제시하는 해법과 다르지 않습니다. 구약과 신약은 같은 하나님의 말씀을 전합니다. 그러나 영적인 성취는 그림자의 시대에도 있었지만 실질적인 성취는 신약의 일입니다. 차별의 해법을 구약의 시대에도 하나님의 백성이 알고는 있었지만 타락한 본성으로 인하여 성취하지 못했을 뿐입니다. 더 소급하여 태초의 인간도 알고는 있었지만 성취에 있어서는 실패를 했습니다. 온 인류와 이스라엘 백

성 전체가 알고도 이루지는 못한 차별의 해법을 예수님은 사랑의 죽음으로 다 이루셨고 우리에게 값없이 베풀어 주십니다.

구약이 제시하는 차별의 구체적인 해결책은 레위기 19장 18절에 기록되어 있습니다. "너는 네 이웃에 대하여 너처럼 사랑해야 한다"(לְרֵעֲךָ כָּמוֹךָ אָהַבְתָּ). 힐라리우스는 이 구절에서 세 가지의 의미를 말합니다. 즉 1) 실제로 가까이 있는 물리적인 이웃을 사랑하는 것, 2) 거리와 무관하게 가까운 관계를 맺고 있는 심리적인 이웃을 사랑하는 것, 3) 사랑 그 자체를 바라보는 것입니다. 물리적인 이웃 사랑은 심리적인 사랑의 촉매이며 심리적인 사랑은 사랑 자체를 사랑하는 경지까지 이르러야 사랑에 흔들림이 없다고 말합니다. 야고보는 이 사랑의 법을 "지엄한 법"(νόμον βασιλικὸν)이라 부릅니다. 이는 "왕의 법"으로도 번역되는 말로서 존 길은 "왕들 중에서도 왕의 법"이라고 부릅니다. 턴불은 네 이웃을 자신처럼 사랑하는 "사랑의 법"이 모든 법의 "우두머리, 머리, 그리고 여왕이며 다른 덕과 의무 위에 있고, 두 번째 돌판의 모든 율법이 포함되고 완전히 성취되는 유일한 것"이라고 말합니다. 사랑의 법은 진실로 법의 왕입니다. 왕 같은 제사장은 이러한 "왕의 법"을 따를 때에 되기에 칼뱅은 이 법을 "왕의 길"(via regia)이라고 부릅니다. 왕의 길을 걷는 자는 부자를 포함한 어떤 이에게도 굽실거릴 필요가 없습니다. 왕의 길을 벗어나 아부의 길을 걷는 자는 왕 같은 제사장이 아닙니다.

그런데 사랑의 법이 왜 차별의 해결책이 되는 것일까요? 이를 이해하기 위해서는 차별의 개념을 다시 정립할 필요가 있습니다. 차별의 일반적인 개념은 타인과 다른 타인을 대하는 태도의 차이로 말미암은 것입니다. 여기에는 아직 "나"라는 대상이 고려되어 있지 않습니다. 차별은 타인과 다른 타인에 대한 자신의 불공정한 대우만이 아닙니다. 자신과 타인 사이에도 불공평이 있다면 차별입니다. 이것의 자세한 함의는 조금 뒤에서 다루겠습니다.

야고보는 9절에서 두 가지를 말합니다. 첫째, 사람을 차별하여 대하는 것은 죄를 짓는 것입니다. 둘째, 율법이 차별하는 자들을 범법자로 정죄할 것입니다. 먼저 사람을 차별하는 것이 왜 죄입니까? 다시 말하지만, 죄의 여부를 규정하는 근거는 하나님께 있습니다. 차별은 차별이 없으신 하나님의 반대편에 서서 하나님을 차별로 대적하기 때문에 죄입니다. 차별의 반대는 하나님의 성품에 우리의 전부를 맞추는 것입니다. 사람에 대하여는 공정한 대우일 것입니다. 공정한 대우의 대상은 한 사람의 존재와 일입니다. 존재에 대해서는 모든 사람이 하나님의 형상을 따라 지음을 받았기 때문에 모든 사람 사이에는 존엄성과 가치의 우열이 없습니다. 각 사람이 가진 내재적 가치에 합당한 대우를 할 때 차별이 없습니다. 사람들 사이에도 차별이 없어야 되겠지만 사람의 내재적 가치에 맞추어 내려진 하나님의 평가를 존중하면 하나님 앞에서도 차별이 없을 것입니다. 그렇지 않으면 사람들 사이에는 형평성이 있더라도 존재의 질서 속에서는 사람들 전체를 차별하는 것으로 간주될 것입니다.

그러나 일에 대해서는 행한 대로 갚아야 공정한 것입니다. 일하지도 않았는데 보상을 주는 것은 부당한 것입니다. 성경은 일하기 싫어하는 자가 누구든지 먹지도 못하게 하라(살후 3:10)고 말합니다. 교회를 보십시오. 각자의 일터를 보십시오. 수고의 크기와 분량에 따라 정당한 대가가 주어지고 있는 교회인지, 그런 대학인지 기업인지 사회인지 국가인지 살펴보십시오. 오늘날 불로소득, 무위도식 현상이 도처에 얼마나 많은지 모릅니다. 어떠한 기관이든 그런 현상의 크기만큼 심각하게 병듭니다. 일에 대해서 비록 세상은 공정하지 못하다고 할지라도 최소한 교회는 행한 대로 갚으시는 하나님의 뜻이 구현되는 곳이어야 하지 않습니까? 그런데 과연 그런 곳입니까? 존재에는 서열을 매기고 일에는 부당한 대우를 하지 않습니까?

야고보가 본문에서 말하는 차별은 일이 아니라 존재와 관련된 것입니다. 사람이 가진 가치의 크기만큼 그를 존중해야 차별을 금하라는 성경의 명령을 준수하는 것입니다. 한 사람의 존재가 가진 가치의 무게를 측량하는 도구는 어떤 것입니까? 옷입니까? 돈입니까? 앞에서 우리는 하나님의 형상이 모든 사람의 가치가 같다는 동등성의 근거라고 했습니다. 그런데 이 하나님의 형상도 막연한 관념으로 치부되기 쉽습니다. 하지만 우리에게 그 형상의 본체 되시는 분 즉 그리스도 예수가 계십니다. 예수님을 기준으로 인간의 가치를 생각해야 한다는 것입니다. 1절에서 야고보는 사람에 대한 차별의 해결책은 바로 이 그리스도 예수에 대한 올바른 믿음에 있다고 말합니다.

신적인 형상의 본체 되시는 예수님의 생명은 우리를 구원하기 위해 지불된 값입니다. 그렇다면 우리의 가치는 단순히 개별적인 피조물의 가치가 아니라 우리를 위해 지불된 예수님의 생명이 가진 가치와 같습니다. 예수님은 남자뿐 아니라 여자를 위해서도 죽으셨고, 부자뿐 아니라 가난한 자를 위해서도 죽으셨고, 어른뿐 아니라 아이를 위해서도 죽으셨고, 고위직에 있는 사람뿐 아니라 하위직에 있는 사람을 위해서도 죽으셨고, 유능한 사람뿐 아니라 무능한 사람을 위해서도 죽으셨고, 서양의 사람뿐 아니라 동양의 사람을 위해서도 죽으셨고, 과거의 사람뿐 아니라 현재와 미래의 사람을 위해서도 죽으신 분입니다.

그러므로 남녀노소 빈부귀천 동서고금 모두를 불문하고 모든 믿음의 사람이 가진 가치와 존엄성의 크기는 서로 다르지 않습니다. 아무리 가난해도, 아무리 무지해도, 아무리 연약해도, 아무리 비천해도, 아무리 특이해도 주님께서 위하여 죽으신 자입니다. 그리스도 예수라는 무한한 가치의 옷을 입으면 이 땅에서 아름다운 옷을 입은 부자와 남루한 옷을 입은 가난한 자 사이에는 일말의 차이도 없습니다. 유대인과 이방인, 지성인과 야만인, 남자와 여자, 아이와 어른 모두가 그리스도 안에서는 차이가 없습니다. 이들이 가진 존재의 가치는 모두 예외 없이 동일하게 그리스도 예수의 생명에 준하는 무게를 갖습니다. 우리가 그리스도 예수를 믿는다면 사람을 눈에 보이는 외모에 근거하여 구별하는 차별의 죄를 저지를 수 없습니다. 생김

새나 가문이나 학력이나 경력이나 지식이나 재능이나 재산이나 권력이나 피부색에 따라 사람을 차별할 수 없습니다.

둘째, 야고보는 율법이 차별하는 사람을 정죄할 것이라고 말합니다. 예수님의 말씀에 의하면, 복음을 이루시고 증거하신 예수님이 아니라 율법을 이스라엘 백성에게 전한 모세가 유대인을 고발하는 자입니다(요 5:45). 이처럼 차별하는 것은 모세를 부정하는 것이고 율법을 어긴다는 말입니다. 율법의 어떤 것을 어기기에 정죄하는 것일까요? 야고보는 9절에서 잘하지 못해서 차별하면 죄를 짓는 것이라고 말하기 이전에 잘해야 하는 것의 내용을 8절에서 먼저 말합니다. 즉 이웃을 나 자신처럼 사랑하는 것입니다. 잘하고(καλῶς ποιεῖτε) 못하는 행위의 여부는 이 사랑에 달려 있습니다. 야고보는 이웃을 자신의 몸처럼 사랑하는 것과 차별의 문제를 8절과 9절에서 대조하고 있습니다. 사랑하면 차별하지 않는 것이고 차별하면 사랑하지 않는 것입니다. 차별은 율법의 총화인 이웃 사랑의 위반이기 때문에 율법에 의해 총체적인 정죄를 받습니다. 차별을 극복하는 방법은 이웃에 대한 사랑에 있습니다.

이처럼 야고보는 차별의 문제를 논하는 문맥에서 차별의 해법처럼 사랑의 법을 언급하고 있습니다. 여기에서 저는 두 가지를 생각하고 싶습니다. 첫째, 차별의 끝은 어디인가? 우리는 차별의 일반적인 의미가 타인과 다른 타인을 외모에 근거하여 다르게 대하는 것이라고 했습니다. 그런데 이 구절에 의하면, 차별의 끝은 타인과 다른 타인 사이의 차별이 아니라 타인과 자신 사이의 차별에 있습니다. 타인과 다른 타인의 존재를 차별하는 것도 죄이지만, 타인과 나 자신의 존재를 차별하는 것도 죄라는 것입니다.

타인보다 나를 더 사랑하면 차별하는 것입니다. 타인보다 나를 더 소중하게 여기고, 타인의 생각보다 나의 생각을 더 두둔하고, 타인의 유익보다 나의 유익을 더 추구하는 것도 차별의 죄입니다. 타인의 행복과 기쁨과 만족보다 나의 것들을 더 추구하는 것도 차별하는 것입니다. 타인과 다른 타인의 차별은 어쩌면 자신을 타인보다 더 사랑하는 차별에서 파생된 차별일지 모릅니다. 너보다 나를 더 위하는 차별 때문에 나에게 무익한 타인보다 나에게 유익한 타인을 편애하는 차별이 생기고, 나를 위하는 너보다 나를 더 위하는 다른 너를 더 편애하는 차별이 생기는 것입니다. 이런 기준으로 본다면, 차별의 죄에서 자유로운 사람은 이 세상에 하나도 없을 것입니다.

둘째, 차별을 금하라는 명령의 완성은 무엇일까요? 차별을 극복하는 해법은 야고보의 말처럼 이웃을 나 자신처럼 사랑하는 것입니다. 내가 나를 사랑하는 것처럼 타인도 동일하게 사랑하는 것입니다. 그렇게 사랑할 때에 차별과의 결별이, 차별의 극복이 가능할 것입니다. 사실 타인을 자신처럼 사랑하는 차별의 해법은 이미 창조의 때로부터 인간의 공동체에 주어진 것입니다. 나와 너, 자신과 타인의 관계에 부여된 최고의 사회적인 질서는 아담의 입에서 나온 말입니다. "이는 내 뼈 중의 뼈요 살 중의 살이라"(창 2:23). 이 고백에는 나와 너의 구분이 없습니다. 서로는 분리될 수도 없습니다. 뼈와 뼈 중의 뼈, 살과 살 중의 살을 발라내는 것은 불가능한 일입니다. 분리되면 죽습니다. 뼈와 뼈, 살과 살을 분리해도 살아남을 사람은 없습니다. 태초의 사회, 태초의 공동체, 태초의 인류는 나와 너를 나누는 차별에서 완전히 자유로운 사랑의 모습을 가지고 있습니다. 아담의 고백에 따르면 하와라는 이웃을 그는 자신처럼 사랑한 것이 아니라 자신보다 더 사랑한 것처럼 보입니다. 그런데 나를 사랑하면 뼈와 살의 수준으로 사랑하는 것이지만, 너를 사랑하면 뼈 중의 뼈, 살 중의 살을 사랑하는 것입니다. 사랑의 차원이 다릅니다. 태초의 공동체는 타인보다 자신을 더 사랑하는 차원이나 타인과 자신을 동등하게 사랑하는 차원이 아니라 자신보다 타인을 더 사랑하는 것이 본성에 부합했던 것입니다.

이러한 이웃 사랑은 인류를 조성하신 하나님의 뜻입니다. 그런데 안타까운 것은 아담과 하와가 비록 고백은 그렇게 했지만 죄로 말미암아 그 고백을 행하지는 못했다는 것입니다. 타락 후 아담의 돌변한 태도를 보십시오. "하나님이 주셔서 나와 함께 있게 하신 여자 그가 그 나무 열매를 내게 주므로 내가 먹었다"(창 3:12)고 아담이 말합니다. 죄 앞에서 아담은 하와를 자신과 구별하고 여자를 남자와 구별하고 여자에게 책임을 돌립니다. 그 여자를 주신 하나님께 죄의 궁극적인 책임을 돌립니다. 차별을 극복할 최고의 해결책을 스스로 내버린 것입니다. 그러나 둘째 아담이신 예수님은 그 고백을 따라 차별을 금하라는 명령을 실행하신 분입니다. 예수는 교회를 향해 "내 뼈 중의 뼈요 살 중의 살이라"고 하십니다. 이 고백이 그에게는 그저 화려한 구호가 아닙니다. 삶입니다. 실제로 예수는 자신보다 우리를 더 사랑했기 때문에 우리에게 영원한 생명을 주기 위해 자신의 생명을 버리신 분입니다. 그런 방식으로 나보다 너를 더 사랑하고, 자신의 생명보다 타인의 생명을 더 사랑하신 예수님은 차별을 금하라는 명령의 중심에 서 계십니다.

그런 예수님이 우리에게 이런 명령을 주십니다. "새 계명을 너희에게 주노니 서로 사랑하라 내가 너희를 사랑한 것 같이 너희도 서로 사랑하라" (요 13:34). 이는 자신보다 우리를 더 사랑하는 사랑을 먼저 행하시고 본 보이신 예수님이 우리도 그 사랑을 따라 서로 사랑해야 한다고 명령하신 것입니다. 그러므로 예수님의 사랑은 우리가 관객처럼 보고 감탄하고 마는 관상용이 아닙니다. 우리도 따라야 할 인생의 본입니다. 아담의 고백에 담긴 사랑의 하한선인 옛 계명은 이웃을 나 자신처럼 사랑하는 것이지만(나와 너의 동등성), 사랑의 상한선인 새 계명은 주님처럼 이웃을 나 자신보다 더 사랑하는 것입니다(나보다 더 소중한 너의 우위성). 이것은 일반적인 차별 없음의 수준을 넘어선 것입니다. 교회는 과연 차별의 어떤 단계에 머물러 있습니까? 우리 개개인은 차별의 어떤 단계에 서 있습니까? 인간은 천하보다 귀한 자입니다. 가치에 있어서 인간보다 앞서는 것은 이 세상에 없습니다. 그래서 천하를 얻더라도 목숨을 잃으면 아무런 유익이 없습니다. 타인과 다른 타인을 차별하지 않음을 넘어서 자신과 타인도 차별하지 마십시오. 차별로 나와 너를 나누면 공동체의 관계에 보이지 않는 상처가 생기고 피가 흐릅니다. 하나의 몸인 우리는 어떤 식으로든 죽습니다.

차별은 그리스도 예수의 관점으로, 믿음의 눈으로 타인을 바라보고 대우할 때에만 해결될 수 있습니다. 믿음으로 우리는 모든 사람이 하나님의 형상을 따라 지음을 받았다는 사실, 그리스도 예수는 모든 종류의 사람을 위해 자신의 생명을 주셨다는 사실, 그 그리스도 예수의 옷을 입으면 모든 종류의 사람이 동일하게 소중한데 존재의 무게가 예수님의 무게와 같다는 사실, 나아가 예수님은 자신의 존재보다 우리의 가치를 더 소중하게 보신다는 사실을 깨달을 수 있습니다. 그리고 차별의 끝은 타인과 다른 타인 사이의 차별을 넘어 자신과 타인 사이의 차별이며 이것을 극복하는 차별을 금하라는 명령의 적극적인 의미는 그리스도 예수의 사랑에 있습니다. 자신보다 타인을, 나보다 너를 더 사랑하여, 생명은 너희에게 역사하고 사망은 우리에게 역사하는 것을 이웃 사랑으로 여기는 마음을 가질 때에 차별은 성도들 사이에, 그리고 교회 안에서 발붙일 곳이 없어질 것입니다.

이러한 성경의 가르침을 알고도 내 이웃을 나 자신처럼 사랑하는 무차별의 실천을 주저하는 분들이 많습니다. 그런 주저함의 배후에는 차별하지 않으면, 나보다 너를 더 사랑하면, 자신보다 타인을 더 사랑하면 손해를 본다는 의식이 깔려 있습니다. 그 의식이 차별하지 않으려는 순종의 발목을 잡습니다. 그러나 내 이웃을 나 자신처럼 사랑하는 사람은 손해를 보는 것이 아니라 오히려 큰 유익을 얻습니다. 이웃을 그렇게 사랑하면 나의 자아를 넓히는 것입니다. 내가 많아지고 내가 넓어지고 내가 커집니다. 한 사람을 그렇게 사랑하면 나의 자아는 2인분으로 커집니다. 두 사람을 그렇게 사랑하면 나의 자아는 3인분이 될 것입니다. 그런데 내가 너를 덜 사랑하면 너는 아직 내가 아닙니다. 내가 너를 더 사랑해야 너는 나입니다. 내 이웃을 나 자신처럼, 나아가 나보다 더 사랑하는 대상이 많을수록 내 인생은 더 위대해질 것입니다. 물론 더 위대하기 위해서는 자신에게 익숙하고 편안하던 존재의 국경선을 허물어야 하는 아픔이 있습니다. 그러나 그 아픔은 더 위대해진 자아를 관리하고 운영하기 위해 필요한 성장의 비용일 뿐입니다.

인격의 거인과 위대한 인생이 되는 비결은 차별의 극복에 있습니다. 이웃 사랑에 있습니다. 주님께서 보시는 것처럼 이웃을 믿음으로 바라볼 때에 차별의 벽을 허물 수 있습니다. 교회가 먼저 이 차별의 문제를 해결하면 하나님은 교회를 통해 차별 해결책의 빛을 온 세상에 비출 것입니다. 그런데 이웃을 나 자신처럼 사랑하는 것, 나보다 너를 더 사랑하는 것이 우리의 힘과 능으로는 불가능한 일입니다. 오직 그것을 온전히 이루신 그리스도 예수의 충만을 통해서만 이루어질 수 있습니다.

¹⁰누구든지 온 율법을 지키다가 하나에서 넘어지면
모든 것에 유죄가 되는 이유는

차별은 단어 하나이고 하나의 죄이지만 모든 죄가 버무려진 종합적인 죄입니다. 그래서 야고보는 법의 유기적인 관계를 논합니다. 그에 의하면, "네 이웃을 네 자신처럼 사랑"하면 "모든 율법"(ὅλον τὸν νόμον)을 온전히 준수하는 것입니다. 바울도 "온 율법은 네 이웃을 네 자신처럼 사랑하라 하신 한 말씀에서 이루어"진 것이라고 말합니다(갈 5:14). 이는 모든 율법의 의미와 의도가 이웃 사랑하기 속에 다 녹아 있다는 말입니다. 이처럼 이웃 사랑의 무게와 모든 율법의 무게는 같습니다. 동시에 이웃을 제대로 사랑하기 위해서는 모든 율법을 이루어야 한다는 말입니다. 즉 이 말은 사랑이 율법의 종합적인 결론이고 율법은 사랑의 구체적인 내용임을 뜻합니다. 사랑과 율법의 관계에 대해서도 바울과 야고보 사이에는 교리적인 갈등이 전혀 없어 보입니다. 두 분의 가르침에 따르면, 이웃을 자신처럼 사랑하지 않는 차

별은 모든 율법을 위반하는 것입니다. 우리는 모든 율법의 완성이신 예수님 없이는 단 하나의 율법도 제대로 수행할 수 없습니다.

더 무서운 것이 있습니다. 이웃 사랑의 준수가 모든 율법을 이룬다는 원리의 이면에는 특이한 원리, 즉 "모든 율법을 지키다가 하나에서(ἐν ἑνί) 넘어지면 모든 것에 유죄(πάντων ἔνοχος)"라는 판결을 받는다는 것입니다. 이는 누구든지 유죄의 판결을 면하려면 모든 율법을 어떠한 예외도 없이 항상 지켜야 한다는 바울의 말과 다르지 않습니다(갈 3:10). 이 점에서도 야고보와 바울은 의견의 일치를 보입니다.

나아가 하나와 전체의 유기적인 관계는 국민을 노동자로 여기며 폭정을 저지르고 대부분의 이방 신들을 받아들인 솔로몬 한 사람으로 말미암아 나라가 쪼개졌고, 완승을 거두어야 할 아이성 전투에서 아간 한 사람으로 말미암아 온 백성이 치욕적인 패배를 당한 사례에서 보이듯이 공동체에 적용될 수도 있습니다. 하나는 하나이고 모두는 모두라는 수의 이치에 따르면 하나의 율법을 위반한 것이 율법 모두를 위반한 것이라는 말, 한 사람의 잘못으로 온 백성이 고통을 당하는 것은 아주 매정하며 정의롭지 않아 보입니다. 하지만 성경에 기록된 말씀이 아무리 터무니 없어 보여도 우리는 존중해야 하고 사람의 수학적 상식도 내려놓을 수밖에 없습니다. 우리가 사람들 사이에 합의된 인식의 틀과 가치관을 깬다는 것은 몰상식한 존재라는 사람들의 비방 받을 각오를 해야 가능한 일입니다. 그러나 하나님의 말씀 앞에서는 인간의 상식을 쳐서 복종시키는 것이 깊은 배움의 길입니다.

11 '간음하지 말라'고 말하신 분이 또한 '살인하지 말라'고 말하셨기 때문입니다
그래서 만약 당신이 간음하지 않아도 살인을 저지르면
율법의 위반자가 되는 것입니다

이 구절에서 야고보는 율법의 전부와 하나를 동일하게 여긴 이유를 밝힙니다. 그 이유는 율법의 동일한 저자성에 있습니다. "간음하지 말라"고 명령하신 분과 "살인하지 말라"고 명령하신 분은 같습니다. 두 계명은 가난하고 연약한 이들에게 너무도 쉽게 저질러질 수 있는 가장 치명적인 생명과 순결의 차별을 금합니다. 그런데 개별적인 율법의 경중과 무관하게 둘 중에 어느 하나를 어겨도 하나님의 말씀을 어긴 것입니다. 다윗과 나단의 대화에서 확인되는 것처럼, 하나님의 말씀을 멸시한 것은 그 말씀이 아무리 간단하고 작게 보이는 것이라고 할지라도 하나님 자신을 멸시한 것과 다르지 않습니다(삼하 12:9-10). 이 사실을 존중한 다윗은 밧세바를 범하고 우리아를 모살한 십계명 전체의 위반에 대하여 "주께만 범죄하여 주의 목전에 악을 행"했다는 고백을 했습니다(시 51:4). 범법의 개수에 있어서도 한 계명을 어기는 것이든, 두 계명을 어기는 것이든, 613개의 계명 전부를 어기는 것이든, 모두 동일하신 하나님을 거역하고 멸시하는 짓입니다. 율법은 우리와 율법의 저자이신 하나님을 연결하는 매개물일 뿐입니다. 명령은 창조주와 피조물을 연결하는 끈입니다.

율법을 통해 우리는 하나님을 알고 하나님께 반응하고 하나님과 교류하며 관계를 맺습니다. 율법은 창조자가 피조물에 닿으려고 뻗은 교제의 손입니다. 다른 모든 피조물도 우리와 하나님을 연결하는 매개물의 기능을 갖습니다. 그래서 바울은 창조된 모든 것이 보이지 아니하는 창조주 하나님의 신성과 능력을 보인다고 말합니다(롬 1:20). 모든 율법의 본질은 그것의 주어이신 하나님께 있고, 모든 만물의 본질도 그것의 저자이신 하나님께 있습니다. 명령과 피조물이 합하여 관계의 명시적인 매개물이 된 최초의 사례가 선악과 금지령입니다.

동산 중앙에 있는 그 선악과는 아담과 하와가 볼 때마다 하나님의 말씀을 떠올리고 하나님의 속성과 성품을 생각하게 만듭니다. 어떠한 사람 앞에서든, 다른 어떠한 피조물 앞에서든, 어떠한 상황 속에서든, 선악과는 언제나 하나님 앞이라는 "코람데오" 의식을 갖게 만듭니다. 사물이나 사람을 먼저 의식하면 반드시 인식과 처신에 문제가 생깁니다. 선악과가 먼저이면 거기에 금지령을 두신 하나님을 무시하고 탐스럽고 보암직도 하고 먹음직도 한 열매에 취하여 위법을 범합니다. 사람이 먼저이면 원수도 사랑의 대상으로 규정하신 하나님을 무시하고 그 원수를 떳떳하게 미워하는 방식으로 살해하는 죄를 범합니다. 모든 율법과 모든 만물에 있어서 주어와 저자의 우선성과 중요성은 아무리 강조해도 지나침이 없습니다.

만약 율법의 조항을 하나님 자신보다 앞세우면 기독교는 세상의 도덕과 다르지 않습니다. 세상의 도덕적인 고등 종교들은 모두 서로를 해치지 말고 존중하고 사랑하고 용서하고 평화롭게 살라고 말합니다. 그러나 기독교는 하나님의 기준으로 그분 앞에서 그러라고 말합니다. 이 요소가 빠지면 기독교는 도덕률이 이미 차고 넘치는 인류에 존재할 이유가 없습니다. 그러나 하나님을 가장 앞세우는 기독교는 모든 도덕법을 인간의 차원에서 신의 차원으로 높입니다. 칸트는 도덕이 있는 곳에는 하나님도 계시나 도덕이 없는 곳에는 하나님도 없다는 생각으로 도덕을 하나님 앞에 두었지만, 칼뱅은 "율법 수여자를 각각의 개별적인 계명보다 더 존중해야 한다"고 말합니다.

모든 율법은 하나도 예외 없이 입법자를 중심으로 연결되어 있습니다. 간음하지 않았어도 살인을 범한다면 간음에 있어서는 떳떳할 수 있겠지만 살인에 대해서는 결코 떳떳할 수 없습니다. 그런데 간음과 살인 금지령을 내리신 율법의 저자는 동일한 분입니다. 동일한 분에게 떳떳한 동시에 떳떳하지 못하는 경우는 없습니다. 그러므로 사안의 본질은 위법의 대상이 누구냐에 있지 위법의 분량과 개수가 아닙니다. 하나님이 저자라는 사실 때문에 엄밀한 의미에서 계명들 사이에는 진실의 경중이나 높낮이가 없습니다. 물론 형벌의 크기에는 율법마다 차이가 있습니다. 그러나 관계 면에서는 작게 보이는 계명을 어겨도 하나님을 멸시하는 것이고 크게 보이는 계명을 어겨도 하나님을 멸시하는 것입니다.

멸시하는 대상이 같아서 그런지, 지극히 작은 계명을 어기는 자는 지극히 큰 계명도 쉽게 어깁니다. 이는 "지극히 작은 것에 충성된 자는 큰 것에도 충성되고 지극히 작은 것에 불의한 자는 큰 것에도 불의"할 것이라는 예수님의 말씀과 다르지 않습니다(눅 16:10). 나아가 예수님은 "누구든지 이 계명 중의 지극히 작은 것 하나라도 버리고 또 그같이 사람을 가르치는 자는 천국에서 지극히 작다 일컬음을 받을 것"(마 5:19)이라는 말씀을 하십니다. 이처럼 지극히 작은 계명의 위반도 치명적인 결과를 낳습니다. 아담과 하와의 경우를 보십시오. 맨톤의 지적처럼, 모든 열매 중에서 에덴 중앙에 있는 나무의 열매 하나만 먹지 못하게 하는, 지극히 작아 보이는 계명 하나를 어겼는데 하나님을 배신하고 떠나고 에덴에서 쫓겨나고 이 땅에서도 쫓겨나게 만드는 사망으로 하여금 온 인류의 역사에 들어오게 했습니다. 그러므로 지혜자의 조언을 따라 지극히 작은 계명을 비롯한 하나님의 모든 계명을 자신의 눈동자 지키듯이 행함이 좋습니다(잠 7:2).

지극히 작은 계명의 원리를 지극히 작은 자에게도 적용할 수 있습니다. 이런 적용은 예수님의 이 말씀에 근거한 것입니다. "형제 중에 지극히 작은 자 하나에게 한 것이 곧 내게 한 것이니라"(마 25:40). 지극히 작은 형제는 "지극히 작은 계명"과 다르지 않습니다. 지극히 작은 계명 하나라도 버리면 천국에 지극히 작은 자가 되는 것처럼, 지극히 작은 형제 하나라도 멸시하면 천국에서 동일하게 지극히 작은 자가 되는 멸시를 당할 것입니다. 그러므로 우리는 주님 대하듯이 목마르고 헐벗고 주리고 병들고 떠돌고 갇힌 형제를 사랑하고 섬기고 돌봄이 좋습니다. 지극히 작은 자들인 나그네와 고아와 과부를 압제하지 않고 오히려 존중하고 보호하면 주님께서 약속하신 땅에서 자기 백성이 영원토록 살게 될 것이라는 주님의 약속도 이루어질 것입니다(렘 7:6-7).

어떤 율법에는 순종하고 다른 율법에는 순종하지 않는다면 그는 율법의 순응자가 아니라 "율법의 위반자"가 된다고 야고보는 말합니다. 순종과 불순종이 동시적인 경우에는 불순종에 따른 "위반자"의 평가를 받습니다. 일례로, 모세는 40년간 광야에서 하나님의 명령을 다 행했으나 단 한 번의 분노라는 불순종 때문에 약속의 땅으로 들어가지 못했습니다. 이처럼 하나의 순종이 다른 불순종의 문제를 덮지 못합니다. 그런 "율법의 위반자"가 되지 않으려면 모든 율법을 지켜야 하는데 요한은 준행과 사랑을 연결하며 율법을 하나라도 어기면 그 계명의 저자를 사랑하지 않는 것이라고 말합니다(요 14:21). 즉 주님의 계명을 지키는 자라야 주님을 사랑하는 자입니다. 동시에 계명을 지키기 위해서는 그 계명의 저자를 사랑해야 한다고 말합니다(요 14:15). 이는 그 저자를 사랑하면 율법의 준행자가 되고 그를 사랑하지 않으면 "율법의 위반자"가 된다는 말입니다.

한 가지 더 생각할 것은 모든 율법이 비록 사랑으로 수렴되어 사랑 안에서 모두 성취되는 유기적인 하나됨을 이루지만 동시에 저마다의 고유성을 가진다는 것입니다. 마이모니데스는 "모든 사람이 자신의 공로와 죄를 가지고 있는데 자신의 공로와 죄가 동일한 사람은 의로운 사람이고 자신의 공로보다 죄가 크면 악한 자"라고 말합니다. 이에 대해 맨톤은 "더 부패한 시대에 유대교 교리의 요체"를 보여주는 것이라고 평합니다. 유대교 교리와는 달리, 성경에 따르면 하나의 계명을 위반하면 그것에 상응하는 고유한 형벌을 받습니다. 그 위반을 무마하기 위해 다른 계명을 지킨다고 해서 그 형벌이 상쇄되는 것은 아닙니다. 간음죄를 저지른 후에 복음을 아무리 열심히 전파해도, 아무리 큰 구제금을 기부해도 간음죄의 죄책과 형벌은 사라지지 않습니다. 거짓말을 한 마디도 하지 않더라도 형제를 미워하면 살인죄를 저지른 것이고 그것에 상응하는 죄책과 형벌이 따를 것입니다. 그러므로 각각의 율법은 개별적인 고유성과 보편적인 통합성을 동시에 가지고 있습니다.

¹²여러분은 자유의 법으로 말미암아 심판을 받을 것처럼
이런 방식으로 말하기도 하고 이런 방식으로 행하기도 하십시오

율법의 저자를 거역하고 멸시하는 율법의 위반자가 되지 말라고 권면한 이후에, 야고보는 말하고 행하는 올바른 방식을 다룹니다. 그는 우리가 "자유의 법으로 말미암아 심판을 받을 것처럼" 말하고 행해야 한다고 권합니다. 즉 종말의 심판대 앞에서도 부끄럽지 않고 거리끼지 않는 말하기와 행하기를 뜻합니다. "자유의 법"(νόμον ἐλευθερίας)은 아마도 "은혜 아래에서 완성된 율법" 즉 복음일 것입니다. 복음은 "죽기가 무서워서 일평생 매여 종노릇 하는 모든 자를 놓아" 주는 자유의 법입니다(히 2:15). 나아가 복음의 빛 아래에서 율법은 우리를 본성의 무질서와 혼돈에서 자유롭게 하는 법입니다. 얼마나 놀랍고 감사한 법입니까?

그런데 야고보는 우리를 죄와 저주와 어둠과 사망과 마귀의 권세에서 자유롭게 하는 이 복음이 우리에게 심판의 근거도 된다고 말합니다. 이는 마치 예수님을 믿으면 심판 없이 사망에서 생명으로 옮겨졌고 믿지 않으면 "벌써 심판을 받은 것"(요 3:18, 5:24)이라는 예수님의 말씀과 같습니다. 하나님의 율법에 양날이 있듯이 복음에도 양날이 있습니다. 복음은 자유의 법이지만 자유를 얻은 자들이 복음다운 자유의 삶을 살아야 한다고 말합니다. 방종의 근거가 아니라 감히 거역하지 못하는 왕의 법입니다. 그래서 바울은 주께서 "우리를 자유롭게 하려고 자유를 주셨으니 그러므로 굳건하게 서서 다시는 종의 멍에를 매지 말라"는 해방을 선언하는 동시에(갈 5:1), "그 자유로 육체의 기회를 삼지 말고 오직 사랑으로 서로 종노릇"을 하라고 권합니다(갈 5:13). 최고의 법으로 우리가 자유롭게 되었기 때문에 그 자유의 법에 어울리는 최고의 삶을 살지 못한다면 얼마나 부당한 일일까요?

"자유의 법"은 우리가 그 법을 고려하지 않고 타락한 본성을 따르면 심판을 받을 것이라는 적신호를 보냅니다. 야고보는 그 신호를 불쾌하게 여

기지 말고, 무시하지 말고, 존중하며 따르라고 말합니다. 그렇지 않으면 심판을 받습니다. 올바른 말하기와 행하기의 비결은 "자유의 법으로 말미암"는 그 심판을 의식하며 그 법 앞에 늘 자신을 세우는 것입니다. 자유의 법을 모를 때에는, 그 법을 준행할 능력이 없을 때에는, 그나마 자신의 위법에 대해 변명의 입이 떨어질 것이지만 자유의 법도 알고 그것을 행할 성령님의 권능도 받은 자들이 행하지 않는다면 입도 뻥긋하지 못합니다. 무슨 낯짝으로 변명할 수 있습니까? 그러므로 야고보는 너무도 큰 자유의 은총을 받은 자의 방종에 얼마나 큰 심판이 주어질 것인지를 생각하며 말하고 행하라는 것입니다. 말하기와 행하기가 자유의 법에 부합하면 하늘의 보상이 주어지고 부합하지 않으면 심판을 받습니다.

"자유의 법"에 근거한 "이런 방식"(οὕτως)의 심판을 의식하며 동일한 법으로 입과 몸을 제어하면 진정한 자유를 얻습니다. 그 자유를 제대로 누립니다. 사람들의 외모에 집착하지 않고, 외모에 근거한 판단에 얽매이지 않고, 이웃을 제대로 사랑하는 진정한 자유를 누립니다. 그 자유가 혀끝까지, 손끝까지, 발끝까지 이를 것입니다. 그러나 자유의 법이 아닌 다른 기준으로 이루어진 말하기와 행하기는 올바르지 않습니다. 사람들의 눈치를 보고 계산된 손익의 표정을 곁눈질하면서 말하고 행하면 그 말과 행위에 무자비한 차별의 가시가 조용히 박히고 그렇게 말하고 행하는 사람은 차별의 흉기로 변합니다. 혹시 몇몇 사람들의 호감과 박수를 받더라도 결국에는 하늘의 심판을 받습니다. 물론 자유의 법에 이미 들어간 자의 구원은 소멸되지 않습니다. 맨톤의 말처럼 법은 사람을 정죄하지 않고 죄를 정죄하며 우리에게 요구되는 순종은 자녀의 순종이지 종의 순종은 아닙니다. 그러나 자녀는 종보다 더 열정적인 순종에 이르는 것이 마땅하지 않습니까? "법은 명령하고 은총은 돕습니다"(lex iubet, gratia iuvat). 그런데 은혜는 법보다 강합니다. 그러므로 법 아래 있는 종보다 은혜 아래 있는 자녀는 더 높은 목표를 가지고 더 사랑하고 더 친절하고 더 성실하고 더 진지하고 더 겸손해야 한다고 맨톤은 말합니다.

조금 더 생각하고 싶은 것은 복음과 율법이 모두 양날의 검이라는 사실이 믿음과 관련되어 있다는 것입니다. 즉 복음을 참된 믿음으로 수용하면 하나님의 법을 자유의 법으로 여기며 순종하고, 거짓된 믿음으로 수용하면 하나님의 법을 속박의 법으로 여기며 지키지 않는다는 것입니다. 지극히 위대한 복음이 믿지 아니하는 자에게는 율법에 대한 불순종이 초래하는 것보다 더 엄중하고 심각한 심판과 형벌의 근거라는 것입니다. 이는 "주인의 뜻을 알고도 준비하지 아니하고 그 뜻대로 행하지 아니한 종은 많이 맞을 것"이라는 징계의 원리와 같습니다(눅 12:47). 믿는 자에게는 복음뿐만 아니라 율법도 어떻게 살아야 하고 어디로 걸어가야 하고 무엇을 추구해야 하는지를 가르치는 자유의 법입니다. 사실 믿음의 사람도 영원한 생명을 소유하고 있지만 정작 그것에 어울리는 삶의 방식과 방향과 목표는 잘 모릅니다. 그런데 하나님의 율법은 종의 지위에서 해방된 이스라엘 백성에게 자유로운 삶의 질서가 된 것처럼 믿는 자에게도 자유의 법입니다. 이처럼 복음과 율법이 믿지 않는 자에게는 (비록 경중의 차이가 있겠지만) 둘 다 정죄의 근거이고 믿는 자에게는 둘 다 자유의 법입니다.

¹³긍휼을 행하지 아니하는 자에게는 긍휼 없는 심판[이 있습니다]
긍휼은 심판 위에 스스로를 높입니다

야고보는 말하기와 행하기를 자유의 법에 맞추어야 한다는 교훈을 하고 자유의 구체적인 법 하나를 꺼내면서 말하기가 아니라 행하기에 초점을 맞춥니다. 즉 범사에 우리는 긍휼을 행하여야 한다고 말합니다. "긍휼"(ἔλεος)은 세상에서 가장 아름다운 자유의 법입니다. 어떠한 죄인도 자유롭게 하는 최고의 법입니다. 저는 긍휼에 대한 크리소스토모스의 정의가 좋습니다. 즉 "긍휼은 언제나 하나님 곁에 있으면서 그분께서 바라시는 것은 무엇이든 거저 베풀어 주는 그분의 벗입니다. … 긍휼은 사슬을 끊고 어둠을 쫓아내며 불을 제어하고 구더기를 죽이며 이를 갈게 만드는 분노도 없앱니다. 천국의 문은 긍휼에 의해 쉽게 열립니다." 같은 맥락에서 레오 1세도 말합니다. "창조주는 긍휼히 여기는 마음에서 나온 행위를 보시면 어떠한 죄과도 묻지 않으실 것입니다."

사회에서 긍휼은 특별히 가난하고 연약하고 비참한 사람들을 돕고자 하는 착한 마음이나 의지를 뜻합니다. 이처럼 긍휼은 특정한 이들에게 기울어져 있는 듯하여 엄정한 중립과 객관성 유지를 생명으로 여기는 법이 아닌 것처럼 보입니다. 그러나 긍휼은 특정한 계층에게 기울어진 판결의 운동장이 아닙니다. 긍휼에서 배제되는 사람이 세상에는 아무도 없습니다. 모든 사람은 코에 숨이 붙어 있습니다. 불쌍하지 않은 사람, 연약하지 않은 사람, 가난하지 않은 사람이 하나도 없습니다. 모든 사람이 긍휼의 대상이기 때문에 긍휼은 결코 차별이 아닙니다. 오히려 외모에 흔들리지 않고 인간의 본질을 알고 존중하는 것입니다.

모든 사람에게 긍휼을 따라 말하고 행하는 것은 자유의 법으로 말미암아 심판을 받을 것처럼 제정신을 가지고 제대로 사는 것입니다. 심판의 날은 모든 사람에게 임합니다. 그러나 믿음의 사람에게 그 날은 맨톤의 말처럼 "주님과 혼인하는 날"입니다. 이 땅에서 우리는 주님과 "결혼한 것이 아니라 약혼한 것입니다." 그런데 믿는다고 말은 하면서도 연약하고 가난한 타인에게 긍휼을 행하지 않는 자에게는 "긍휼 없는 심판"(κρίσις ἀνέλεος)이 있을 것이라고 야고보는 말합니다. 가난한 자에게 긍휼을 베풀지 않아서 심판을 받은 대표적인 사례는 "헌데 투성이로 그의 대문 앞에 버려진 채 그 부자의 상에서 떨어지는 것으로 배 불리려" 했으나 "개들이 와서 그 헌데를 핥은" 것이 그에게 주어진 관심의 전부였던 불쌍한 거지 나사로를 긍휼히 여기지 않은 부자일 것입니다(눅 16:20-21). 그 부자는 죽어서 자신을

"긍휼히 여겨" 달라고 하였으나 화염 속에서 괴로움을 당하며 긍휼 없는 심판을 받아야만 했습니다(눅 16:24).

그러나 우리가 가난한 타인을 긍휼히 여긴다면 자비로운 심판을 받을 것입니다. 이는 "우리가 우리에게 죄 지은 자를 사하여 준 것 같이 우리 죄를 사하여 달라"(마 6:12)는 기도의 원리와도 무관하지 않습니다. 즉 우리가 타인에게 용서라는 긍휼을 베풀면 하나님의 용서라는 영원한 긍휼을 얻겠지만 용서하지 않으면 하나님의 용서도 받지 못한다는 뜻입니다. 우리가 타인을 긍휼히 여기지 않음은 이미 그 자체로 타인에게 내리는 심판이며, 그런 무자비한 우리의 심판을 따라 하나님은 우리에게 긍휼히 여기지 않으시는 심판을 하십니다.

그런데 하나님은 긍휼히 여기시는 분입니다(롬 9:16). "긍휼히 여김을 받지 못하였던 자를 긍휼히 여기"시는 분입니다(호 2:23). 나아가 "모든 사람에게 긍휼을 베풀려 하"시는 분이시고(롬 11:32), 더 나아가 "그 지으신 모든 것에 긍휼을 베푸시는" 분입니다(시 145:9). 피조물 전체에게 영원히 주고도 남을 정도로 "긍휼이 많으시"며(시 116:5), "긍휼이 무궁하"신 분입니다(애 3:22). 그런데 하나님은 긍휼을 베푸시는 분으로서 자신의 긍휼을 입은 모든 자도 긍휼 행하기를 원하고 계십니다. 하나님의 긍휼은 무궁하기 때문에 그 용도는 유한한 나에게만 국한되지 않습니다. 나의 전유물이 될 수도 없습니다. 게다가 긍휼은 선물일 뿐만 아니라 맡겨진 것이기도 해서 누리기만 하지 않고 반드시 다른 사람에게 전달해야 하는 것입니다. 그렇다면 나는 그 무궁한 긍휼의 최종 수혜자가 아닌 긍휼의 전달자 직무를 수행해야 한다는 결론이 나옵니다.

하나님의 긍휼을 타인에게 전달하는 방법은 우리가 자비하신 하나님을 본받아 범사에 자비로운 사람으로 사는 것입니다. 그런데도 긍휼을 행하지 않고 긍휼 없는 심판을 행하면 긍휼 없는 심판을 받을 것입니다. 이는 뿌린 대로 거두는 것입니다. 같은 원리로 "악을 뿌리는 자는 재앙을 거두"는 법입니다(잠 22:8). 긍휼 없는 하나님의 심판은 어떤 것일까요? 긍휼의 없음은 용서 없는 심판을 뜻합니다(호 1:6). 예레미야 선지자에 의하면, 하나님의 준엄한 심판은 그의 무궁한 긍휼에 의해 저지되어 왔습니다(애 3:22). 긍휼의 빗장이 풀린다면 하나님의 심판 앞에서 진멸되지 않을 존재가 하나도 없었을 것입니다. 이 세상의 그 누구라도 진멸되지 않았다면 그는 하나님의 긍휼을 어떤 식으로든 받은 자입니다.

"긍휼은 심판 위에 스스로를 높입니다(κατακαυχᾶται)." 특이한 말입니다. 무엇보다 동사의 번역이 간단하지 않습니다. 라틴 불가타 역본에는 "위로 뛰다"(superexultat)로 번역되고, 제네바 성경 영역에는 "~대항하여 기뻐한다"(rejoiceth against)로 번역되어 있습니다. 칼뱅은 에라스무스의 라틴어역과 동일하게 "~에 맞서 영화롭게 하다"(gloriatur adversus)로 번역하고 있습니다. 저는 그 동사를 "~위에 스스로를 높이다"는 번역이 좋습니다. "높이다"는 것은 승리와 기쁨과 위대함이 함축된 말입니다. 긍휼은 심판보다 높습니다. 그래서 심판을 이깁니다. 그래서 심판보다 기쁩니다. 이것은 먼저 하나님의 성품에 적용되는 말입니다. 예나 지금이나 하나님의 긍휼은 그분의 심판을 상회해서 기쁨으로 뛰게 만듭니다.

그러나 주님의 심판이 대단히 무섭다는 사실을 놓치지는 마십시오. 바울은 주님의 심판대 앞에서 받게 될 그분의 너무도 큰 두려우심 때문에 침묵할 수 없어서 많은 사람들을 권합니다(고후 5:10-11). 두려운 마음으로 바울이 "장차 오는 심판을 강론"하자 두려울 게 없이 유대를 호령하던 총독 벨릭스도 두려움에 빠집니다(행 24:25). 그런데 우리는 은혜 아래 있다는 이유로 겁이 없습니다. 마치 심판이 없다는 듯 함부로 말하고 함부로 행합니다. 그러나 시인은 하나님을 "거룩한 자의 모임 가운데서 매우 무서워할 이시오며 둘러 있는 모든 자 위에 더욱 두려워할 이"시라고 말합니다(시 89:7). 나훔 선지자도 말합니다. "누가 능히 그의 분노 앞에 서며 누가 능히 그의 진노를 감당하랴"(나 1:6). 하나님의 무서운 진노를 능히 감당할 피조물은 하나도 없으며 감히 그 앞에 서 있지도 못한다는 뜻입니다. "주의 진노"가 일으키는 두려움의 크기에 대해서는 감당하지 못하는 것뿐만 아니라 인지하는 자조차도 없다고 모세는 말합니다(시 90:11). 그럼에도 불구하고 진노의 심판보다 긍휼이 더 높다면 도대체 하나님의 긍휼은 얼마나 높은 것일까요?

이 구절은 또한 우리에게 다음과 같은 방식으로 적용되는 말입니다. 즉하나님은 타인에 대한 우리의 예리한 심판보다 우리의 너그러운 긍휼을 더귀하게 보십니다. 심판보다 긍휼에 민첩한 사람을 높여 주십니다. 그런데도 우리는 타인의 부족함과 잘못을 보면, 우리에게 상처와 손해를 끼치면, 긍휼보다 심판 카드부터 과격하고 급하게 꺼냅니다. 타인을 긍휼히 여기며 격려하고 세워주는 것보다 많이 아프도록 정교한 지적과 뾰족한 질타를 잘못한 부위에 소금처럼 뿌립니다. 그렇게 긍휼을 버리는 이유는 아마도 하나님의 자비로운 정의보다 자신의 사사로운 정의를 더 소중히 여기기 때문인 것 같습니다. 그렇게 우리는 하나님을 택하지 않고 자신을 택합니다. 이처럼 긍휼이 사라지고 심판이 득세하는 살벌한 공동체의 배후에는 아우구스티누스가 말한 구성원 각자의 지독한 "자기애"(amor sui)가 있습니다. 하나님을 택하고 긍휼을 택하면 높임을 받겠지만, 자신을 택하고 타인을 심판하면 낮아질 것입니다.

약 2:14-19

¹⁴내 형제들아 만일 사람이 믿음이 있노라 하고 행함이 없으면 무슨 유익이 있으리요 그 믿음이 능히 자기를 구원하겠느냐 ¹⁵만일 형제나 자매가 헐벗고 일용할 양식이 없는데 ¹⁶너희 중에 누구든지 그에게 이르되 평안히 가라, 덥게 하라, 배부르게 하라 하며 그 몸에 쓸 것을 주지 아니하면 무슨 유익이 있으리요 ¹⁷이와 같이 행함이 없는 믿음은 그 자체가 죽은 것이라 ¹⁸어떤 사람은 말하기를 너는 믿음이 있고 나는 행함이 있으니 행함이 없는 네 믿음을 내게 보이라 나는 행함으로 내 믿음을 네게 보이리라 하리라 ¹⁹네가 하나님은 한 분이신 줄을 믿느냐 잘하는도다 귀신들도 믿고 떠느니라

❖ ❖ ❖

¹⁴내 형제여 만일 누군가가 믿음을 가졌다고 말하면서 행함이 없다면 무슨 유익이 있습니까? 그 믿음이 그를 구원할 수 있습니까? ¹⁵만일 형제나 자매가 헐벗고 일용할 양식이 없는데 ¹⁶당신들 중에 누군가가 그에게 "평안히 가라, 따뜻하게 하라, 배부르게 하라"고 말하면서 몸의 필요를 제공하지 않는다면 무슨 유익이 있습니까? ¹⁷이처럼 믿음은 행함이 없다면 그 자체로 죽은 것입니다 ¹⁸그러나 어떤 사람은 말할 것입니다 "너에게는 믿음이 있고 나에게는 행함이 있는데 너는 너의 그 믿음을 행함 없이 나에게 보이라 나는 [나의] 그 믿음을 나의 행함으로 너에게 보이리라" ¹⁹당신은 하나님이 한 분이신 줄 믿습니까? 잘 하십니다 그런데 귀신들도 믿고 떤답니다

10 믿음을 보이라

¹⁴내 형제여 만일 누군가가 믿음을 가졌다고 말하면서 행함이 없다면
무슨 유익이 있습니까? 그 믿음이 그를 구원할 수 있습니까?

믿음과 행함은 원수가 아닙니다. 그런데도 우리의 삶에서 둘의 사이는 좋지 않습니다. 믿는다고 말하면서 행하지 않습니다. 행하기는 하는데 믿지 않습니다. 이는 마치 기도는 했는데 기대하지 않고 기대는 하지만 기도하지 않는 것과 같습니다. 야고보의 시대에 교회의 문제는 "믿음을 가졌다고 말하면서 행함이 없다"는 것입니다. 여기에서 주목해야 하는 것은 "믿음을 가졌다"(ἔχειν)는 것이 아니라 "믿음을 가졌다고 말"한다(λέγῃ)는 것입니다. 이 표현으로 야고보는 2장에서 말하는 "믿음"이 "참되게 믿는 믿음"이 아니라 "믿는다고 말하는 믿음"임을 분명히 밝힙니다. "믿음"은 기독교의 핵심적인 단어이기 때문에 대단히 긍정적인 의미가 있어서 그 단어의 부정적인 뉘앙스와 맥락이 무시되어 오해를 빚을 수 있습니다. 야고보가 2장에서 사용하는 "믿음"은 기독교의 위대한 단어가 아니라 성경의 온전한 개념을

벗어난 "믿음의 짝퉁"을 뜻합니다. "믿음을 가졌다고 말한다"는 것은 참된 믿음을 가졌다는 말이 아니라 행함이 없는데도 믿음을 가졌다는 착각에 빠져 있다는 말입니다. 입에서만 서식하는 믿음은 아예 믿음이 아닙니다. 마음에 있는 믿음은 입으로도 나오지만 반드시 몸으로도 나옵니다.

그런데 예나 지금이나 신앙은 고상하게 여기고 행위는 경시하는 풍조가 있습니다. 머리에서 일어나는 믿음은 고귀하고 몸에서 일어나는 행위는 천하다고 보는 탓입니다. 그 배후에는 영혼은 중요하고 몸은 그 영혼의 감옥일 뿐이라는 사상이 버티고 있습니다. 그러나 기독교는 몸과 행위를 모두 중요하게 여깁니다. 몸은 하나님께 거룩한 제물로 드려지고 하나님께 합당한 예배의 도구라고 바울은 말합니다. 행위는 순종을 의미하기 때문에 모든 복과 연결되어 있습니다. 그래서 기독교는 야고보의 강조처럼 행함이 신앙과 분리될 수 없다고 말합니다. "믿음을 가졌다고 말하면서 행함이 없다"면 믿음의 지분만큼 유익하고 행함의 지분만큼 무익한 게 아닙니다. 유익이 전혀 없습니다. 믿음의 핵심적인 유익은 구원에 있습니다. 그런데 행함이 없는 믿음은 믿음이 아니기 때문에 당연히 누구도 구원하지 못합니다. 유익의 시작과 본질에 해당하는 구원을 이루지 못한다면 그런 믿음은 완전히 무익한 것입니다. 믿더라도 행함이 없으면 구원에 이르지 못한다는 것은 대단히 심각하고 무서운 말입니다.

그런데 이 말에 근거하여 행함이 구원을 좌우한다고 해석하는 것은 올바르지 않습니다. 야고보와 동일한 진리를 가르치는 바울은 구원이 행위로 말미암지 않는다고 분명히 말합니다(롬 11:6). 사람이 의롭게 되는 것도 행위로 말미암은 것이 아닙니다(갈 2:16). 그렇다면 행함 없는 믿음의 무익은 무엇을 뜻할까요? 행함 없는 믿음은 믿음에 대한 착각일 뿐 진정한 믿음이 아니라는 뜻입니다. 나무의 정체는 그것의 열매로 알 수 있습니다(마 12:33). 행함은 믿음의 열매이기 때문에 행함으로 믿음의 정체를 파악할 수 있습니다. 그러므로 행함이 없으면 믿음도 없습니다. 진실로 믿는다면 반드시 행합니다. 그러므로 사랑보다 미움을, 정의보다 불의를, 진실보다 거짓을, 용서보다 분노를 앞세우는 사람은 믿음의 사람이 아닙니다

¹⁵만일 형제나 자매가 헐벗고 일용할 양식이 없는데
¹⁶당신들 중에 누군가가 그에게 "평안히 가라, 따뜻하게 하라, 배부르게 하라"고
말하면서 몸의 필요를 제공하지 않는다면 무슨 유익이 있습니까?

가난한 자들 앞에 자신을 세우면 믿음의 여부가 보입니다. 가난한 형제나 자매는 집과 옷이 없어서 헐벗고 일용할 양식도 없습니다. 극도의 가난에 빠져서 단 하루도 버틸 수 없습니다. 그래서 날마다 불안을 느낍니다. 부모가 물려준 피부가 옷입니다. 양식 섭취용 침을 매 순간 양식처럼 삼킵니다. 그런데 사람들은 이토록 가난한 형제나 자매의 귀에 "평안히 가라, 따뜻하게 하라, 배부르게 하라"는 달콤한 언어를 대단한 사랑인 양 정성껏 뱉습니다. 그런데 정작 "몸의 필요"는 하나도 제공하지 않습니다. 그들의 곁에 머물면서 생계의 불안을 해소할 든든한 삼겹줄이 되어주지 않습니다. 잠시 등이라도 붙여 소박한 평안을 누릴 한 뼘의 거처도 나누지 않습니다. 바람에 날릴 정도로 얇은 천 조각 하나라도 그들의 추운 어깨를 덮어주지 않습니다. 외로운 공복의 퇴치를 위해 컵라면 하나도 끓여주지 않습니다. 입술은 요란한데, 몸은 전혀 움직이지 않습니다. 베다의 말처럼, "믿음이 말을 넘어가지 못하는 사람은 쓸모가 없습니다." 그는 자신을 가난한 형제나 자매보다 더 사랑하는 것이고 심지어 그들보다 자신의 집이나 음식이나 옷을 더 사랑하는 자입니다.

말로만 사랑하면, 가난한 형제들과 자매들은 귀만 평안하고 따뜻하고 배부르고 황홀할 뿐입니다. 가난한 자들의 위장은 아무리 많은 말을 먹어도 배부르지 않습니다. 오히려 그들의 말로 기대감은 커졌는데 배가 채워

지지 않으면 공복의 고통은 더 커집니다. 희망고문 같은 말, 행함이 없는 기름진 말은 고통을 추가하는 흉기일 뿐입니다. 나쁜 말보다는 좋은 말을 하는 것이 좋습니다. 그러나 좋더라도 분량이 과도하면 가식과 헛소리일 뿐입니다. 말과 행위의 적정한 비율을 잘 조율하는 게 좋습니다. 조율을 위해서는 아예 말하지 않는 것보다는 말한 만큼 행하고자 하는 노력을 하십시오. 말하지 않아도 유익이 없고, 말을 했더라도 행하지 않으면 이 또한 유익이 없습니다. 야고보의 말처럼 유익은 몸의 필요를 채워주는 행함에 있습니다. 몸의 필요를 무시하지 마십시오. 사랑이 꽃피는 계기이고 결실하는 현장이 몸입니다. 가난한 자들의 신체적인 필요를 외면하면 그들의 영혼도 괴롭히는 것입니다. 다른 사람보다 그들은 더 아픕니다.

사랑을 강조한 요한도 야고보와 동일한 마음으로 행함의 중요성을 말합니다. 믿음처럼 사랑도 행함이 없다면 아무런 유익이 없습니다. 그래서 요한은 "말과 혀로만 사랑하지 말라"고 경고하며, 사랑은 마음의 내적인 진실함과 몸의 외적인 행함으로 구성되어 있다고 말합니다(요일 3:18). 바울은 야고보의 행함과 요한의 사랑을 종합하는 듯, 산을 옮길 만한 믿음이 있더라도 사랑이 없으면 아무것도 아니라고 말합니다(고전 13:2). 그래서 그에게는 구원을 비롯한 믿음의 어떠한 유익도 없습니다. 바울에게 사랑은 야고보가 말하는 행함의 절정을 뜻합니다. 야고보가 말하는 행함 없는 믿음, 요한이 말하는 행함 없는 사랑, 바울이 말하는 사랑 없는 믿음은 서로 다른 교훈이 아닙니다. 모두 믿음의 본질을 외면한 교회의 종교적 가식을 꾸짖고 있습니다. 요한과 바울을 따라 에라스무스도 사랑과 믿음이 분리될 수 없다고 강조하며 믿음에서 나오는 사랑은 "살아있는 것이며 공휴일이 없고 게으르지 않기 때문에 그것이 나타나는 곳마다 친절한 행위로 스스로를 표현하는 것"이라고 말합니다. 이는 사랑이 보이지 않는다면 믿음도 없다는 말입니다. 앞에서 야고보가 말한 부자와 빈자의 차별은 행함에 속한 것입니다. 차별은 믿음에서 나온 행위가 결코 아닙니다. 최고의 확성기를 사용해서 믿는다고 말해도 만약 차별하면 이는 애초에 믿음이 없었음을 증거하는 것입니다.

¹⁷이처럼 믿음은 행함이 없다면 그 자체로 죽은 것입니다

말만 무성하고 행함이 없으면 아무런 유익이 없다는 설명의 의미는 다음과 같습니다. "믿음은 행함이 없다면 그 자체로 죽은 것입니다." 이것의 역도 참이라는 키릴루스(Cyrillus of Alexandria, 376-444)의 말처럼, 죽은 믿음은 행함이 없습니다. 야고보는 행함이 믿음의 부차적인 요소가 아니라 본질적인 요소라고 말합니다. 행함의 이런 중요성 때문에 힐라리우스는 "행함이 믿음에 생명을 제공하고 믿음은 영혼에 생명을 제공하고 영혼은 육체에 생명을 준다"고 말합니다. 이처럼 행함은 믿음의 생사를 좌우할 정도로 막대한 지분을 차지하고 있습니다. 믿음은 행함 안에서만 살고 행함 밖에서는 살지 못합니다. 행하지 않고서도 믿는 비결은 없습니다. 말과 혀로만 하는 사랑은 사랑이 아닌 것처럼 말과 혀로만 하는 믿음도 믿음이 아닙니다. 참된 사랑은 행함과 진실함을 가지고 하듯이, 참된 믿음도 행함이나 진실함과 분리될 수 없습니다.

야고보의 말에서 "죽은 것"(νεκρά)은 생명체를 가진 존재의 죽음을 가리키는 말로서 "생명이 없다"는 뜻입니다. 기능적인 면에서는 무능의 다른 말이고, 결과적인 면에서는 무익의 다른 말입니다. 믿음의 기능은 우리를 주님께 연결하고 우리와 주님을 생명의 띠로 이어주는 것이고, 믿음의 결과는 우리가 영원한 생명을 얻는 것입니다. 그러나 죽은 믿음, 즉 생명력이 없는 믿음은 아예 믿음이 아니며 당연히 믿음의 기능도 못하고 어떠한 열매도 맺지 못합니다. 행함이 없는 믿음이 "그 자체로"(καθ᾽ εαυτήν) 죽은 것이라는 말은 믿음의 기능이나 결과가 아니라 존재와 관련하여 죽었다는 뜻입니다. 그래서 칼뱅은 믿음이 "죽었다면 그 이름을 고유하게 보유하지 못하기 때문에 [죽은 믿음은] 믿음도 아님(ne fidem quidem)"을 뜻한다고 말합니다.

교회에서 대부분의 사람이 하나님을 믿는다고 말합니다. 기독교의 역사를 많이 아시는 분들은 사도신경, 니케아 신경, 아타나시우스 신경, 칼케돈 신경, 벨기에 신앙고백서, 도르트 신조, 웨스트민스터 신앙고백서도 따른다고 말합니다. 그렇게 고백하는 자신은 구원을 받았고 좋은 신앙을 가졌다는 확신에 차 있습니다. 물론 그 고백대로 산다면 문제가 없습니다. 그러나 야고보의 말에 의하면 그 고백이 삶의 행함과 진실함에 의한 검증 이전에는 산 고백인지 죽은 고백인지 알 수 없습니다. 만약 끝까지 검증되지 않는다면 그 고백은 의도적인 자기최면 혹은 은밀한 착각일 가능성이 높습니다. 만약 우리가 좋은 전통을 통해 이어져 온 정통적인 신앙을 가진다고 밝히면서 그 신앙에 준하는 행함이 뒤따르지 않는다면 신앙의 무늬나 구호만 우리의 입술에서 요란할 뿐입니다.

믿음의 사람들도 본질상 인간이기 때문에 진실보다 거짓에 더 끌리고, 겸손보다 자랑에 더 예민하고, 전부보다 부분을 전부로 부풀리는 일에 끌리는 무의식적 기호를 가지고 있습니다. 신앙에 대해서도 그러해서, 바울의 믿음 강조를 빌미로 행함을 소홀히 여기고 야고보의 행함 강조를 핑계로 은총보다 사람의 공로를 내세우는 버릇이 있습니다. 성경 전체의 조화로운 진리를 있는 그대로 수용하지 않고 부분적인 진리의 조각을 자기 교파의 신학적 입장으로 삼고 그 입장을 두둔하기 위해 진리의 다른 조각들을 비진리인 것처럼 배제하고 이런 배제의 명분과 정당화를 위해 사도들의 부분적인 강조 속으로 숨습니다. 사람의 공로를 자랑하는 것이 꼴 보기 싫어서 믿음을 과도하게 강조하고, 믿음이 입술에 갇혀 있고 몸에서는 확인되지 않는 종교적 가식이 눈꼴 사나워서 행함을 과도하게 강조하는 두 극단이 신학적 평행선을 그리며 기독교의 여러 교파가 오랜 세월 갈라져

왔습니다. 물론 각 교파에는 성경을 벗어난 부분들도 있어서 경계해야 할 부분도 있지만 형제의 어깨를 걸어도 될 부분들도 있기에 극단적인 도매급 비방과 배척은 지혜롭지 않습니다.

> ¹⁸그러나 어떤 사람은 말할 것입니다 "너에게는 믿음이 있고
> 나에게는 행함이 있는데 너는 너의 그 믿음을 행함 없이 나에게 보이라
> 나는 [나의] 그 믿음을 나의 행함으로 너에게 보이리라"

행함은 믿음과 어떠한 관계를 가지고 있을까요? 앞 구절에 의하면, 야고보는 행함이 믿음의 생사를 확인하는 것이라고 했고, 여기에서 그는 행함이 믿음의 여부를 보여주는 증거라고 말합니다. 이 구절의 상황에 대해 에라스무스는 "한 사람이 행함 없는 믿음을 자랑하고 다른 사람은 믿음 없는 행함을 자랑하는 것"이라고 말합니다. 이와 유사하게 제네바 성경도 이 구절이 행함에 의해서든 믿음에 의해서든 어떻게 "모든 사람이 교만으로 인해 삼킴을 당하는지"를 보여주는 것이라고 말합니다. 그러나 제가 보기에 야고보는 화자를 통해 "행함 없는 위선적인 신자"와 "행함 있는 진실한 신자"를 대조하고 있습니다. 맨톤도 이 구절을 "행함으로 신앙을 보여줄 수 있는 신자와 그런 결과나 경험을 산출할 수 없는 떠벌리는 위선자 사이의 대화"라고 말합니다. 헤밍센도 이 구절을 "떠벌리는 신앙"과 "생동적인 신앙"의 대조라고 말합니다. 이 구절의 대조는 신랑을 동일하게 맞이하되 기름을 준비하지 않은 미련한 여인들과 기름을 준비한 슬기로운 여인들에 대한 예수님의 대조와도 다르지 않습니다(마 25:2).

이 구절에서 "보이다"(δεικνύω)는 말은 "증거를 제시하여 확인시켜 주다"는 뉘앙스를 가지고 있습니다. 그런데 화자는 "너의 그 믿음을 행함 없이 나에게 보이라"고 말합니다. 히브리서 저자는 믿음이 "보지 못하는 것들의 증

거"라고 하였는데, 여기서의 화자는 "보지 못하는 것들의 증거"인 그 "믿음"의 증거를 행함 없이 보이라고 말합니다. 그런데 믿는다고 말하면서 행함이 없는 자가 자신의 그 믿음을 행함도 없이 보일 방법이 있을까요? 없습니다. 화자는 지금 불가능한 방법으로 믿음을 증명해 보라는 반어법을 사용하고 있습니다. 칼뱅의 분석처럼, 야고보가 이렇게 말하는 목적은 실천 없는 삶으로 인해 자신의 믿음 없음이 들통 났음에도 불구하고 여전히 믿음을 가졌다고 자랑하는 자들의 어리석은 착각을 고발하는 것입니다.

'자신의 믿음을 행함으로 보여 주겠다'는 말에서는 야고보의 의도처럼 행함이 믿음의 열매 혹은 증거라는 사실을 확인할 수 있습니다. 예수님을 믿는 자가 "사망에서 생명으로 옮겼다"(요 5:24)고 말한 요한도 동일한 입으로 "우리가 형제들을 사랑하기 때문에"(ὅτι ἀγαπῶμεν τοὺς ἀδελφούς) 우리가 "사망에서 옮겨 생명으로 들어간 줄 안다"(요일 3:14)며 신앙을 증명하는 사랑함을 말합니다. 크리소스토모스는 강한 어조로 심지어 "아버지와 아들, 그리고 성령을 올바로 믿는 사람이라 할지라도 올바른 삶을 살지 않는다면 구원에 관한 한 그의 믿음은 그에게 아무런 보탬이 되지 않을 것"이라고 말합니다. 성경에 대한 자신의 해박한 지식을 쏟아내며 자신의 믿음을 근사하게 보이려는 입증의 시도보다 행함으로 신앙을 나타내는 것이 가장 좋습니다. 예수님도 "그들의 열매로 그들을 알리라"고 하셨으며 마지막 심판의 때에 아버지 하나님의 뜻을 아는 자가 아니라 그 뜻대로 행하는 자가 천국에 들어갈 것이라는 말씀도 했습니다(마 7:20-21). 이처럼 지식이 아니라 행함이 천국에 들어가는 외적인 기준으로 제시되고 있습니다.

물론 요한의 말처럼 유일하신 참 하나님과 그리스도 예수를 제대로 알면 영원한 생명을 얻습니다(요 17:3). 그런데 구원에 이르는 참된 지식이나 신앙에는 반드시 행함이 따릅니다. 즉 입에서만 요란한 거짓된 믿음이 아니라 몸의 행함에서 검증된 참된 믿음으로 말미암아 우리는 천국으로 들어가는 은총을 누립니다. 칼뱅의 말처럼 이 구절에서 "야고보는 선해 보이는 모든 자가 믿음을 가졌다고 주장하지 않습니다." 선행은 믿음의 기준이나 근거가 아니라 결과일 뿐입니다. 예수님의 말씀처럼 "이 세대의 아들들이 자기 시대에 있어서는 빛의 아들들보다 더 지혜로"운 경우도 많습니다(눅 16:8). 지혜로운 행동을 했다고 해서 이 세대의 아들들이 믿음을 가졌다는 것이 입증되는 것은 아닙니다. 아담슨이 잘 요약한 것처럼, 야고보가 "여기에서(약 2:14-26) [말하는] 믿음은 주로 하나님의 존재에 대한 지적인 신앙에 불과하며, 심지어 귀신도 공유한(19절), 죽은(17, 20, 26절), 무용하고 무익한 신앙(14, 16절)을 의미하기 위해 사용된" 말입니다.

19당신은 하나님이 한 분이신 줄 믿습니까?
잘 하십니다 그런데 귀신들도 믿고 떱답니다

야고보는 하나님의 유일성과 행함의 관계를 다룹니다. 하나님의 유일성은 십계명 중에서도 가장 우선적인, 가장 중심적인, 가장 본질적인 계명과 결부되어 있습니다. 기독교의 핵심 진리인 하나님의 유일성을 믿는 것, "잘 한다"(καλῶς ποιεῖς)고 야고보는 말합니다. "잘 한다"는 아담슨의 분석처럼 "친숙한 팔레스타인 문구"로서 비음이 조금 섞인 긍정의 말입니다. 즉 믿어야 할 대상을 믿는다는 긍정과 함께, 그럼에도 불구하고 그 믿음에 상응하는 행함이 뒤따르지 않는다는 냉소가 깃들어 있습니다. 하나님의 유일성을 믿는다는 것은 어떤 것일까요? 바울은 이렇게 풀어서 말합니다. "하나님도 한 분이시니 곧 만유의 아버지시라 만유 위에 계시고 만유를 통일하시고 만유 가운데 계시도다"(엡 4:6). 하나님의 유일성을 믿는 것은 모든 만물의 근원을 믿고, 모든 만물보다 높으신 분을 믿고, 모든 만물의 통일을 가능하게 만드시는 유일하신 분을 믿고, 모든 만물을 떠나지 않으시고 그 가운데에 거하시는 분을 믿는 것입니다. 이런 믿음을 가졌다면 무한한 감격이 가슴에

차올라서 결코 잠잠하지 못할 것 같습니다. 평범한 삶을 멀쩡하게 살아갈 수 없을 것입니다. 유일하신 하나님을 향한 광인의 삶이 펼쳐질 것입니다. 그러나 바울은 광인의 구체적인 삶에 대해 언급하지 않습니다.

하나님의 유일성을 믿는 자의 열광적인 삶은 신명기에 명시되어 있습니다. "우리 하나님 여호와는 오직 유일한 여호와라 너는 온 마음을 가지고 온 존재를 가지고 온 힘을 가지고 네 하나님 여호와를 사랑하라"(신 6:4). 즉 자신의 전부를 다하여 하나님을 사랑하는 삶입니다. 이처럼 믿음은 사랑, 즉 가장 열정적인 행함과 결부되어 있습니다. 유일하신 하나님을 믿으면 최고의 사랑을 행합니다. 그런데 야고보는 사람들이 믿는다고 하면서도 그런 사랑의 실천이 없다며 탄식을 토합니다. 이보다 더 심각한 것은 하나님의 유일성을 귀신들도 믿고 떤다는 것입니다. 야고보는 귀신에 대해서도 "믿는다"(πιστεύω)는 동일한 동사를 사용하고 있습니다. 이는 믿는다고 자랑하지 말라는 것입니다. 사랑도 행하지 않으면서 믿는다고 자랑하면, 하나님을 사랑하지 않고서도 믿음을 가진 귀신들이 자신들의 믿음을 자랑하는 것과 무엇이 다릅니까? 귀신은 베드로가 신앙을 고백하기 이전에 "지극히 높으신 하나님의 아들 예수"(눅 8:28)라는 고백까지 했습니다. 우리가 대단히 깊은 신학적 고백을 하더라도 그것이 자랑할 일이 아니라는 것입니다.

더 주목할 문제는 하나님의 유일성을 믿은 귀신이 "떤다"(φρίσσω)는 것입니다. 야고보가 성경에서 유일하게 사용한 이 동사는 극도의 두려움과 공포로 인해 영혼의 심연이 흔들리는 상태를 표현하는 말입니다. 그런데 많은 사람들은 하나님을 유일한 신으로 믿고서도 이런 귀신의 떨림조차 경험하지 못하니 얼마나 민망한 일입니까! 어쩌면 믿음에 있어서 사람이 귀신보다 못한 것인지도 모릅니다. 물론 귀신의 떨림은 의롭다 함 혹은 구원에 이르는 믿음의 증거나 결과는 아닙니다. 귀신은 유일하신 하나님을 믿고 떨었지만 자신을 하나님께 맡기고 그분과 연합한 것이 아니라 말 그대로 위대하신 신 앞에서의 두려움과 공포에 휩싸였을 뿐입니다. 구원은 믿음으로 말미암은 하나님에 대한 공포에 있지 않고 그리스도 예수와의 연합에 있습니다. 야고보가 여기에서 지적하는 바는 우리가 하나님의 유일성을 믿는다고 하면서도 광적인 사랑의 실천은 고사하고 귀신의 떨림조차 없다는 것입니다. 힐라리우스는 혹시 우리가 "믿고 떨지만 자신이 선포하는 것을 실천하지 않는다면 마귀와 같다"고 말합니다. 아무튼, 행함 없는 믿음이 우리를 구원하지 못한다는 사실은 떨림 있는 믿음도 귀신을 구원하지 못한다는 사실의 언급으로 충분히 설명된 것 같습니다.

²⁰아아 허탄한 사람아 행함이 없는 믿음이 헛것인 줄을 알고자 하느냐 ²¹우리 조상 아브라함이 그 아들 이삭을 제단에 바칠 때에 행함으로 의롭다 하심을 받은 것이 아니냐 ²²네가 보거니와 믿음이 그의 행함과 함께 일하고 행함으로 믿음이 온전하게 되었느니라 ²³이에 성경에 이른 바 아브라함이 하나님을 믿으니 이것을 의로 여기셨다는 말씀이 이루어졌고 그는 하나님의 벗이라 칭함을 받았나니 ²⁴이로 보건대 사람이 행함으로 의롭다 하심을 받고 믿음으로만은 아니니라 ²⁵또 이와 같이 기생 라합이 사자들을 접대하여 다른 길로 나가게 할 때에 행함으로 의롭다 하심을 받은 것이 아니냐 ²⁶영혼 없는 몸이 죽은 것 같이 행함이 없는 믿음은 죽은 것이니라

❖ ❖ ❖

²⁰오 허탄한 사람이여 행함 없는 믿음이 헛되다는 것을 알고자 하십니까? ²¹우리 조상 아브라함은 자신의 아들 이삭을 제단에 바치면서 행함으로 의롭다 하심을 받은 게 아닙니까? ²²그대가 보시듯이 믿음은 그의 행함과 함께 일하고 믿음은 그 행함으로 말미암아 온전하게 되는 것입니다 ²³또한 성경이 "아브라함은 하나님을 믿었고 그것이 그에게 의로 여겨졌고 그는 하나님의 벗이라고 불렸다"고 말한 바가 이루어진 것입니다 ²⁴당신은 사람이 행함으로 의롭다 하심을 받고 믿음으로 말미암은 것만은 아니라는 것을 보고 있습니다 ²⁵이와 유사하게 기생 라합은 전령들을 접대하고 다른 길로 내보내며 행함으로 의롭다 하심을 받은 게 아닙니까? ²⁶이는 영혼 없는 몸이 죽은 것처럼 행함 없는 믿음도 죽은 것이기 때문입니다

11 믿음을 본받으라

²⁰오 허탄한 사람이여 행함 없는 믿음이 헛되다는 것을 알고자 하십니까?

이곳에서 전개되는 야고보의 주장은 "이행칭의" 즉 "행위에 근거한 의롭다 하심"이 아닙니다. 칼뱅의 표현처럼 "행위 없는 믿음은 없다 혹은 오직 죽은 믿음만이 행위가 없다"는 사실을 천명하는 것입니다. 이러한 믿음과 행위의 분리 불가능성 문제는 "행위에 근거한 의롭다 하심" 주장을 결코 두둔하지 않습니다. 사안을 구분하지 않으면 혼돈이 생깁니다. 베다의 지적처럼, "여기에서 사도 야고보는 사도 바울의 말을" 뒤집거나 반박하지 않고 오히려 "어떻게 이해해야 하는지를 설명하고 있습니다."

야고보는 행함 없는 믿음도 괜찮다고 생각하는 "허탄한 사람"에게 "행함 없는 믿음이 헛되다"는 사실을 다시 말합니다. 야고보가 말하는 "허탄한 사람"은 예수님을 전혀 모르는 이방인이 아니라 믿는다고 말하면서 행하지는 않는 사람을 뜻합니다. 이런 호칭은 사람을 정죄하기 위함이 아닙니다. 맨톤의 말처럼, 야고보가 "허탄한 사람"을, 예수님이 "어리석은 맹인"을, 세례 요한은 "독사의 자식들"을 언급한 것은 파괴적인 목적이 아니라 그들로 하여금 자신들의 위태로운 실상을 깨닫고 돌이키게 하기 위한 건설적인 말입니다. 맨톤의 말처럼, "노출된 죄인은 자신의 영혼에 지속적인 고통과 속박을 가지고 있어서 곧 감지하고 깨어날 것입니다." 그러나 노출되는 것을 극도로 싫어하는 "위선자"는 돌이키지 않고 "말대꾸와 방어에만 능숙한 자입니다." 우리는 혹시 부정적인 평가나 표현이 귀에 들어와도 내뱉지 말고 곱씹으며 돌이킴의 기회로 삼읍시다.

야고보의 "허탄한 사람"에 대해 딕슨은 "그릇처럼 더 많이 빌수록 더 요란하게 떠든다"는 설명을 붙입니다. 한 사람이 "허탄한 혹은 공허한"(κενός) 이유는 "믿음 없음"이 아니라 "행함 없음"에 있습니다. 그 행함의 빈자리를 시끄러운 말이 채웁니다. 행함이 없으면 아무리 화려한 인생도 텅 빈 껍데기요, 아무리 채워도 채워지지 않는 구멍 난 인생일 뿐입니다. 그런 인생은 오직 행함에 의해서만 채워지고 다른 대체물은 없습니다. 그럼에도 불구하고 "허탄한 사람"은 그런 사실을 가르치는 아브라함 이야기와 라합 이야기를 정보로는 알고 있지만 두 사람의 실천적인 신앙을 오해하고 있으며 자신이 허탄한 사람인 줄도 모르고 있습니다.

"헛되다"(ἀργή)는 말은 "쓸모가 없다, 가치가 없다, 유효하지 않다"는 말입니다. "믿음이 헛되다"는 것은 맥락상 "구원을 받지 못한다, 하나님과 아무런 관계가 없다, 믿기 전과 후가 다르지 않다" 등을 뜻하는 말입니다. 행하지 않는 믿음의 헛됨을 모르는 사람들이 의외로 많습니다. 이러한 무지는 그들의 운명이고 그들의 책임이기 때문에 무관심할 수도 있습니다. 하지만 야고보는 그들을 무지 속에 그냥 두지 않습니다. 바른 믿음을 가르치고 그 믿음의 은총을 누리도록 돕습니다. 사실 이 편지의 수신자는 야고보가 이름도 모르고 일면식도 없는 사람들일 뿐입니다. 그러나 하나님의 나라와 의를 사랑하는 야고보는 인간적인 관계가 전무한 사람에 대해서도 결코 무관심할 수 없습니다. 최고의 역량을 발휘하여 올바른 믿음의 진일보를 위한 설득에 나섭니다.

> 21우리 조상 아브라함은 자신의 아들 이삭을 제단에 바치면서
> 행함으로 의롭다 하심을 받은 게 아닙니까?

　야고보는 사랑하는 자신의 형제들을 위하여 행위로 꽉 찬 두 사람의 실
천적인 믿음을 소개하며 사랑을 행합니다. 먼저 이삭을 제단에 바친 아브
라함 이야기를 나눕니다. 이 대목에서 베다는 아브라함을 자신들의 위대한
조상으로 여기는 유대인의 허탄한 믿음에 야고보가 "멋지게 한 방 먹인다"
는 은밀한 의도를 읽습니다. 예수님의 말씀처럼, 실제로 유대인은 아브라
함을 자신들의 아버지로 여깁니다(요 8:39). 그러나 예수님은 그들의 주장
에 대해 만약 그들이 아브라함의 자손이라 한다면 "아브라함의 행위"를 따
라야 한다는 근거를 제시하신 후, 자신을 보고 기뻐했던 "아브라함의 행위"
와는 완전히 다르게 유대인이 진리를 말하는 자신을 죽이려고 한다는 반
론을 펴십니다(요 8:40). 믿음의 조상과의 영적인 관계는 혈통에 대한 믿음
이 아니라 믿음의 행함으로 맺어지는 것입니다. 야고보의 반론도 예수님의
반론과 비슷하게 "행함으로 의롭다 하심을 받은" 아브라함의 행실을 흩어
져 있는 열두 지파가 따르지 않는다는 것입니다.
　이 구절에 근거하여 야고보는 믿음의 조상을 행함으로 의롭다 하심을
받는 증인으로 이해하고 바울은 행함이 아니라 믿음으로 의롭다 하심을 받
는 증인으로 이해하여 사도들 사이에 모순이 있다고 주장하는 사람들이 많
습니다. 실제로 바울은 믿음의 조상이 "행위로써 의롭다 하심"을 받은 것이
아니라 "하나님을 믿으매 그것이 그에게 의로 여겨진 것"이라고 명확히 말
합니다(롬 4:2-3). 이에 대하여 칼뱅은 두 사도가 말한 각각의 문맥에 근거
한 해석을 권합니다. 그에 의하면, 야고보는 지금 의롭다 하심의 "근원이나

방법"(unde aut quomodo)이 아니라 "믿음과 결부된 선행"을 설명하고 있는 중입니다. 칼뱅은 "의롭다 하심을 받았다"(ἐδικαιώθη)는 표현을 바울은 하나님의 법정 앞에서 믿음으로 말미암는 의의 자비로운 전가를 가리키기 위해 썼고, 야고보는 "자기 신앙의 진실성을 행함으로 보여야 함"(fidei suae veritatem operibus demonstret)을 강조하기 위해 썼다고 말합니다.

이와는 달리, 턴불은 "믿음으로 말미암는 하나님 앞에서의 의로움"이 있고 "사람에게 보이고 선언되고 알려지는 사람 앞에서의 의로움"이 있다고 말합니다. 이는 바울이 하나님 앞에서의 의를 논하고, 야고보는 사람 앞에서의 의를 논한다는 말입니다. 그리고 턴불은 아브라함의 이삭 바침이 "그를 하나님 앞에서 의롭게 만드는 게 아니라 믿음이 [보이도록] 일한 것"이라고 말합니다. 야고보는 어떤 화자의 입을 통해 자신의 믿음을 행함으로 보이라고 권한 이후에 믿음의 조상이 행함으로 의롭게 되었다고 했습니다. 그렇다면 이 의롭게 됨은 하나님 앞에서의 은밀한 의가 아니라 사람에게 보이도록 나타난 의라고 해석하는 것이 문맥상 합당해 보입니다. 성경에서 "디카이오오"(δικαιόω)라는 동사는 "누군가를 의롭게 만들다, 누군가가 의롭다는 것을 보이다, 누군가가 의롭다는 것을 알리다" 등의 의미로 쓰입니다. 야고보서 문맥에서 이 동사는 누군가가 의롭다는 것을 보이거나 알린다는 뜻으로 쓰입니다.

키릴루스가 잘 설명한 것처럼, 믿음의 조상은 "이삭을 얻기 전에 믿었고, 그 믿음의 상으로 이삭이 그에게 주어진 것"이며 그 이삭을 하나님께 바친 것은 "하나님이 죽은 자들 가운데서 그를 살리실 수 있다고 믿고서 이삭 안에서 그의 후손이 하늘의 별들처럼 많아질 것이라는 믿음으로 그 일을 한 것입니다." 안드레아스는 믿음의 조상이 "두 종류의 믿음에 본보기를 보여 준 것"이라고 해석하며, 하나는 "세례 이전의 믿음"인 "행함 아닌 믿음"을 보여주고 다른 하나는 "세례 이후의 믿음"인 "행함 있는 믿음"을 보여준 것이라고 말합니다. 이상의 견해들은 히브리서 저자의 생각과 다르지 않습니다. 그는 믿음의 조상이 "약속들을 받은 자"로서 "시험을 받을 때에 믿음으로 이삭을 드렸다"고 말합니다(히 11:17). 이삭을 바친 행위는 믿음이 시킨 일입니다. 여기에서 믿는다는 신앙과 드린다는 행함은 분리되지 않고 하나로 결부되어 있습니다. 즉 행함의 원인은 믿음이고 행함은 믿음의 결과로 묶여져 있습니다.

백 세에 얻은 아들 이삭을 죽음의 제단에 바친다는 것은 일반적인 행위가 아닙니다. 이 행위는 익숙한 습관에 근거한 것도 아니고 지성적인 판단에 근거한 것도 아니고 보편적인 상식에 근거한 것도 아니고 직관적인 감각에 근거한 것도 아닙니다. 이 행위는 인간 밖에 근거를 둔 것, 즉 하나님의 약속에 대한 믿음에 근거한 것입니다. 믿음의 조상이 가진 믿음은 자신의 유익도 포기하고 자신의 가산도 포기하고 자신의 생명도 기꺼이 버리고 자신의 생명보다 더 고귀한 아들도 아끼지 않게 만듭니다. 하나님에 대한 믿음은 우리의 소유물과 신체와 영혼과 생명보다 큰 것입니다. 믿음의 크기는 어떤 것까지 희생할 수 있느냐 즉 희생의 크기에 의해 확인됩니다. 아브라함은 믿음의 조상답게 너무도 고귀한 아들의 생명까지 제물로 바치는 행위를 통해 믿음의 지극히 장엄한 규모를 드러낸 최고의 모델입니다. 그래서 믿음의 사람은 "아버지나 어머니를 나보다 더 사랑하는 자는 내게 합당하지 아니하고 아들이나 딸을 나보다 더 사랑하는 자도 내게 합당하지 아니하며 또 자기 십자가를 지고 나를 따르지 않는 자도 내게 합당하지 않다"는 예수님의 말씀을 그대로 믿습니다(마 10:37-38). 이런 사랑으로 역사하는 믿음의 크기는 가늠할 수 없습니다. 도대체 믿음이 어떤 것이길래, 믿음의 대상이신 예수님이 어떤 분이길래 부모나 자식까지 사랑의 순위에서 밀리는 것일까요? 아브라함은 예수님이 제시하신 기준에 부합한 믿음의 행위를 통해 경건한 조상의 면모를 완벽하게 보인 것입니다.

이 구절에서 야고보는 신앙과 행함에 관련된 아브라함 이야기의 자세한 내막을 기술하지 않습니다. 앞서 언급된 키릴루스의 관점에서 설명을 조금

보태자면, 제가 보기에 아브라함의 신앙과 행함은 시점의 구분이 필요해 보입니다. 창세기 15장에서 그는 "하늘을 우러러 뭇별을 셀 수 있나 보라 … 네 자손이 이와 같으리라" 하신 하나님의 말씀을 듣고 "여호와를 믿으니" 하나님은 이것을 "그의 의로 여기시고" 땅을 주신다는 약속을 하십니다(창 15:5-7). 그리고 17장에서 하나님은 그에게 "너는 내 앞에서 행하여 완전하라" 라는 명령을 주십니다(창 17:1). 그리고 창세기 22장에서 그는 아들 이삭의 생명도 아끼지 않고 하나님께 드립니다. 이에 하나님은 그를 막으시며 "내가 이제야 네가 하나님을 경외하는 줄을 아노라"(창 22:12)는 종결적인 말씀을 하십니다. 이처럼 아브라함이 믿음으로 말미암아 하나님의 의롭다 하심을 받은 것은 이삭을 바친 이후가 아닙니다. 오히려 이삭이 태어나기 15년 전의 일이고 이삭을 바치기 최소한 30년 이전의 일입니다. 아브라함 개인의 상황을 보더라도, 그의 의롭다 하심은 할례라는 의식 이후가 아니라 이전의 일입니다. 이는 믿음의 조상에게 의롭다 하심의 원인이 될 만한 어떤 행함이나 사건도 없었다는 말입니다.

아브라함 이야기 속에는 네 개의 중요한 동사가 나옵니다. 아브라함의 "믿는다"(אָמַן)는 동사는 하나님과 아브라함 사이의 연합과 관계된 말이고, 하나님의 "여기다"(חָשַׁב)는 동사는 하나님의 의롭다 하심과 관계된 말이고, 아브라함의 "행하다"(הָלַךְ)는 동사는 아브라함의 순종과 관계된 말이고, 하나님의 "안다"(יָדַע)는 동사는 믿음의 온전함이 하나님께 알려지는 것과 관계된 말입니다. 이렇게 네 시점으로 나누어서 이야기의 흐름을 보면, 1) 믿음의 조상이 먼저 믿음으로 말미암아 하나님 앞에서 의롭다 하심을 얻고 2) 행위의 온전함에 대한 명령을 받고 3) 그 명령의 테스트로 이삭을 바치라는 명령에 그는 약속에 대한 믿음으로 온전히 순종하고 4) 그 순종으로 말미암아 여호와 경외라는 신앙의 온전함이 하나님께 알려졌고 이를 기점으로 아브라함은 믿음의 조상으로 세워진 것입니다. 여기에서 "믿는다"는 "여기다"와 관계되고, "행하다"는 "안다"와 관계된 말입니다.

²²그대가 보시듯이 믿음은 그의 행함과 함께 일하고
믿음은 그 행함으로 말미암아 온전하게 되는 것입니다

야고보는 자신이 언급한 아브라함 이야기 속의 믿음과 행함의 의미를 해석하되 22절에서 믿음과 행함의 관계에 초점을 두고 두 가지를 말하고 23절에서 성경의 기록이 성취된 것이라고 말합니다. 믿음과 행함의 관계에 대하여 첫째, 믿음은 행함과 함께 일합니다. "함께 일하다"(συνεργέω)는 말은 믿음과 행함이 함께 일하여 의롭게 된다거나 구원을 얻는다는 말이 아닙니다. 구원의 원인에 있어서 믿음과 행함이 각각 절반의 지분을 가진다는 말도 아닙니다. 칼뱅의 말처럼, "행함이 믿음을 필히 따른다(necessario comitentur)"는 말입니다. 그리고 믿음과 행함은 절대로 분리될 수 없다는 말입니다. 믿음은 행위라는 방식으로 효력을 발휘하고 열매를 맺는다는 말입니다. 바울이 말한 "사랑으로 역사하는 믿음"(πίστις δι᾽ ἀγάπης ἐνεργουμένη, 갈 5:6)과 유사한 말입니다. 하나님을 믿으면 사랑으로 나타나고 사랑하지 않는다면 믿음은 가짜이고 죽은 것입니다.

둘째, 행함은 믿음을 온전하게 만듭니다. 여기에서 "온전하게 되었다"(ἐτελειώθη)는 말의 의미에 대한 논쟁이 있습니다. 이는 행함이 믿음의 원인이 된다거나 행함으로 인해 불완전한 믿음이 온전한 믿음이 된다는 말이 아닙니다. 칼뱅의 지적처럼, 믿음이 행위에서 "그 자체의 완전성"을 얻는다는 말도 아닙니다. 칼뱅은 믿음이 "순종의 탁월한 열매를 맺었기 때문에 믿음의 온전함(integritas)이 명료해진 것"이라고 말합니다.

"믿음이 온전하게 된다"는 말을 더 잘 이해하기 위해 동일한 동사가 사용된 "사랑이 온전하게 된다"는 말을 살펴볼 필요가 있습니다. 바울은 우리를 그리스도 예수의 사랑에서 그 누구도 끊을 수 없다고 했습니다(롬 8:35). 그런데 사도 요한은 "사랑이 우리에게 온전하게 된(τετελείωται) 것"이 "사랑 안에 거하는 자가 하나님 안에 거하고 하나님도 그의 안에 거하"는 방식에 의한 것이라고 말합니다(요일 4:17). 그리고 우리에게 두려움이 있으면 "사랑 안에서 온전하게 되지 못한다(οὐ τετελείωται)"고 말합니다(요일 4:18). 그렇다 고 해서 두려움의 분량과 유무가 우리와 주님 사이의 사랑을 좌우하는 것은 아닙니다. 여기에서 "온전하게 되었다"는 동사는 믿음의 경우처럼 온전한 사랑을 누리고 그 사랑이 알려지는 것과 관계된 말입니다. 두려움이 사랑의 존폐를 좌우하지 못하듯이 행함도 믿음의 존폐를 좌우하지 못합니다. 나아 가 온전한 사랑이 두려움을 내어 쫓는 것처럼, 온전한 믿음도 불순종을 내 어 쫓습니다.

턴불은 야고보의 행함 강조와 바울의 신앙 강조의 배경을 살피면서 두 사도의 신학적 조화를 꾀합니다. 즉 바울은 행위에 과도한 의미를 부여하 여 구원의 원인인 것처럼 과장하는 자들을 반박해야 했고, 야고보는 행위 를 폄하하고 악평하는 자들을 논박해야 했다고 봤습니다. 즉 바울은 자신 의 행위와 의로움에 대한 자부심이 가득한 "바리새적 위선자들"을 상대해 야 했고, 야고보는 고백적 신앙을 자랑하되 의의 열매 맺기를 거절하는 공 허한 "에피쿠로스주의 교수들"을 상대해야 했습니다. 그래서 바울은 "참되 고 생동하는 기독교적 신앙"을 강조해야 했고 야고보는 "공허하고 무익하 고 게으른 신앙"을 정죄해야 했습니다. 바울은 "하나님과 관련된 우리의 칭 의"를 말하였고 야고보는 "사람 앞에서 우리의 의로움이 어떻게 알려지게 되는지"를 말한 것입니다. 바울은 믿음 이전의 행함이 구원의 원인이 아니 라고 말하였고 야고보는 믿음 이후의 행함이 믿음의 효과와 열매를 맺는 다고 말한 것입니다. 바울은 사람이 의롭게 되도록 선행이 앞서지 않는다 고 말하였고 야고보는 선행이 의롭게 된 사람을 뒤따르는 것이라고 말한 것입니다. 두 사도의 신학을 비교한 턴불은 "그들의 교리에는 논란이 없고 완벽한 동의와 조화가 있다"는 결론을 내립니다. 같은 맥락에서 헤밍센도 두 사도의 교리는 같으나 논증의 방식이 다른데 바울은 "원인에서 결과로 내려가는" 하향식을, 야고보는 "결과에서 원인으로 올라가는" 상향식을 취했다고 말합니다. 어느 측면을 보더라도 믿음과 행함의 관계에 있어서 두 사도가 서로에게 신학적 대립각을 세운 것은 전혀 아닙니다.

믿음을 강조한 바울이 야고보와 유사하게 행함을 구원과 결부시켜 말하기도 했습니다. 바울은 예수께서 십자가에 달려 우리를 대신하여 죽으신 것은 "육신을 따르지 않고 그 영을 따라 행하는 우리에게 율법의 요구가" 성취되게 하려 함이라고 말합니다(롬 8:4). 여기에서 바울은 믿음의 사람들을 "영을 따라 행하는 혹은 살아가는"(περιπατοῦσιν κατὰ πνεῦμα) 자로 규정하고 있습니다. 마치 믿음으로 말미암은 구원과 삶이 분리되지 않음을 강조하는 듯합니다. 이처럼 바울도 행함 없는 믿음이나 믿음 없는 행함이 아니라 성령을 따르는 믿음의 행위 혹은 행하는 믿음이나 살아내는 믿음을 강조하고 있습니다.

23또한 성경이 "아브라함은 하나님을 믿었고 그것이 그에게 의로 여겨졌고 그는 하나님의 벗이라고 불렸다"고 말한 바가 이루어진 것입니다

이 구절에서 야고보는 믿음의 조상이 아들을 바친 것은 성경의 성취라고 말합니다. 성취된 성경의 내용은 세 가지로 구성되어 있습니다. 아브라함이 하나님을 믿었다는 것과, 그것을 하나님이 그에게 의로 여겨 주셨다는 것과, 하나님이 그를 자신의 벗이라고 불러 주셨다는 것입니다. 즉 믿음과 의롭다 하심과 벗됨은 아들을 바치는 행위 이전의 일이지만 그 행위에서 "이루어진" 것입니다. 여기에서 야고보가 사용한 "이행하다 혹은 이루다"(πληρόω)는 동사는 행함이 믿음이나 의롭다 하심의 선행적인 원인이나 근거가 아니라 후행적인 결과나 열매임을 확증하는 말입니다.

이 구절에서 야고보는 믿음의 조상이 "하나님의 벗"(φίλος θεοῦ)이라는 사실을 추가하고 있습니다. 이 사실이 이삭을 바치는 것과 무슨 상관이 있

을까요? 이 질문에 답하기 위해 저는 맨톤의 연구를 참조하여 "벗"이라는 말이 성경에서 사용된 용례를 살펴보고 싶습니다. "하나님의 벗"이라는 말은 아브라함의 전유물이 아닙니다. 이 칭호는 하나님을 믿고 의롭다 하심을 받은 모든 의인에게 주어지는 것입니다. "벗"의 조건은 어떤 것일까요?

첫째, 친구 사이에는 유사성 혹은 공통성이 대단히 많습니다. 사실 하나님은 죄인이고 원수인 우리와 완전히 다른 분입니다. 그럼에도 불구하고 하나님은 우리를 벗으로 삼으시고 당신의 모든 것을 우리에게 나누어 주십니다. 무엇보다 당신 자신을 우리의 "지극히 큰 상급"으로 주십니다. 그 방식은 독생자 예수를 보내셔서 우리에게 영원한 생명을 주시기 위해 자신의 생명을 희생하는 것입니다. 결국 우리는 예수님 안에 거하고 예수님은 우리에게 "지혜와 의로움과 거룩함과 구원함이 되십니다"(고전 1:30). 하나님은 자신을 우리와 공유하는 방식으로 친구의 공통점을 친히 만드신 분입니다.

둘째, 친구는 직접적인 교류를 나눕니다. 친구 사이에는 부모나 목사나 교황이나 조형물과 같은 소통의 매개물이 필요하지 않습니다. 하나님은 "사람이 자기의 친구와 이야기함 같이"(출 33:11) 모세와 대면하여 말씀을 나누셨고 믿음의 조상과도 그렇게 하신 분입니다.

셋째, 친구 사이에는 비밀이 없습니다. 그래서 하나님은 "내가 하는 일"을 믿음의 조상에게 숨기지 않는다고 하십니다(창 18:17). 같은 맥락에서 예수님은 제자들을 향해 "너희를 친구라 하였노니 내가 내 아버지께 들은 것을 다 너희에게 알게 하신다"고 했습니다(요 15:15). 예수님이 하늘로 올라가신 이후에도, 하나님은 자신의 깊은 것도 통달하고 계신 성령님을 우리에게 보내셔서 눈으로 보지도 못하고 귀로 듣지도 못하고 마음으로 생각해도 알지 못하는 것을 알려 주십니다(고전 2:9-10).

넷째, 친구는 동일한 소원을 가지고 행합니다. 맨톤의 말처럼 하나님과 우리는 "같은 것을 원하되 거룩함을 수단으로 삼고 하나님의 영광을 목적으로 삼습니다." 이렇게 되도록 하나님은 "자신의 기쁘신 뜻을 위하여" 우리의 마음에 자신의 "소원을 두고 행하게 하십니다"(빌 2:13). 예수님은 제자들을 향해 "너희는 내가 명하는 대로 행하면 곧 나의 친구라"고 하십니다(요 15:14). 그렇게 같은 소원을 함께 행하는 것입니다.

다섯째, 친구는 공감하며 서로를 기쁨의 대상으로 삼습니다. 친구는 서로가 슬퍼할 때 함께 슬퍼하고 기뻐할 때 함께 기뻐하는 자입니다. 하나님은 시인의 입술로 자신의 모든 즐거움이 "땅에 있는 성도" 즉 우리에게 있다는 고백을 하십니다(시 16:3). 예수님이 이 세상에 오셔서 복음을 증거하신 목적은 "내 기쁨이 너희 안에 있어 너희 기쁨을 충만하게 하려 함"입니다(요 15:11). 그런 하나님의 기쁨에 대해 시인은 "주께서 내 마음에 두신 기쁨은 그들의 곡식과 새 포도주가 풍성할 때보다 더하다"고 말합니다(시 4:7). 이러한 기쁨을 누리며 감격한 바울은 사람의 기쁨이 아니라 하나님의 기쁨을 위해 일생을 바친다고 말합니다(갈 1:10). 믿음의 조상이 아들 이삭을 하나님께 바친 것은 그가 하나님의 명령에 순종하여 그분을 기쁘시게 하기 위해서는 자신의 일생뿐 아니라 자기보다 더 소중한 아들의 생명까지 아끼지 않은 친구임을 온전히 보여준 것입니다.

지금까지 언급한 친구의 특징들은 하나님의 친구가 되는 원인이나 근거가 아닙니다. 우리는 하나님께 어떤 조건을 충족시켜 친구가 될 자격이나 가능성이 전혀 없는 자입니다. 하나님의 친구가 된 것은 하나님의 전적인 은혜로 이루어진 일입니다. 하나님의 친구로서 우리가 친구의 특징들을 삶 속에서 보인다면 그것은 우리가 하나님의 친구됨을 세상에 나타내고 증명하는 것입니다. 같은 맥락에서 예수님도 긍휼을 베푸셔서 제자로 삼으신 자들에게 제자됨의 원인이나 근거가 아니라 제자다운 제자의 특징을 설명하며 "자기를 부인하고 자기 십자가를 지고 나를 따를 것"이라고 하십니다(마 16:24). 자기를 부인하고 서로를 사랑하는 십자가를 지면 세상의 모든 사람은 그들이 예수님의 제자인 줄 알게 될 것입니다.

이 세상에서 유명한 자나 유력한 자의 친구나 제자가 된다는 것은 가장 빠른 성공의 첩경일 것입니다. 실제로 그런 자들에게 인맥의 줄을 대려고 몸부림 치는 사람들이 얼마나 많은지 모릅니다. 그러나 코에 호흡이 있는 연약한 인생에게 의지하는 사람은 어리석은 자입니다. 성경은 예수님을 믿는 사람들을 하나님의 친구, 예수님의 친구라고 말합니다. 온 우주를 지으시고 모든 만물을 가지시고 역사를 이끄시고 마지막에 심판을 행하시는 하나님을 친구로 두었다는 것이 얼마나 놀라운 일입니까? 아들조차 제단에 바치는 믿음의 조상을 보십시오. 하나님의 친구가 얼마나 위대한 것이길래, 서로의 신뢰가 얼마나 깊으면, 세상의 보편적인 가치관도 뒤엎는 미치광이 같은 순종까지 행하는 것일까요? 저는 지금 우리의 아브라함 흉내를 권하는 것이 아닙니다. 그러나 영적인 면에서는 우리의 자식도 부모나 자신을 위해 살지 않고 하나님과 이웃 사랑을 위해 사는 하나님의 벗이 되도록 하나님께 이삭처럼 기꺼이 드리기를 바랍니다.

²⁴당신은 사람이 행함으로 의롭다 하심을 받고
믿음으로 말미암은 것만은 아니라는 것을 보고 있습니다

야고보는 독자들이 아브라함 이야기를 통해 이해하게 되는 내용을 이 구절에서 설명하고 있습니다. 그 내용의 핵심은 "행함으로 의롭다 하심을 받고 믿음으로 말미암은 것만은 아니라"는 것입니다. 21절의 경우처럼 여기에서 쓰인 "디카이오오"(δικαιόω) 라는 동사도 행함으로 의롭게 되었다는 의미가 아니라 그 의롭다 하심이 알려진 것을 뜻하는 말입니다. 칼뱅은 "믿음으로 말미암는 것만은 아니라"(οὐκ ἐχκ πίστεως μόνον)는 구문에서 사용된 "믿음"이 "하나님에 대한 창백하고 공허한 지식"(nuda et inani cognition Dei)을 뜻한다고 말합니다. 칼뱅의 견해와 유사하게, 저는 야고보가 여기에서 언급한 "믿음"을 "행위가 수반되지 않는 지적인 믿음 혹은 인지"로 이해하고 있습니다. 이런 믿음이나 인지는 귀신들도 가지고 있습니다. 그래서 야고보는 귀신의 사례를 언급하며 그런 믿음만을 가지고는 의롭게 되지 않는다고 말하고 그런 믿음뿐 아니라 그 믿음과 더불어 "행함"도 있어야 의롭게 된다고 말한 것입니다. 이런 식으로 믿음과 행함은 함께 일합니다. 행함으로 말미암아 믿음이 온전하게 되는 것입니다.

25이와 유사하게 기생 라합은 전령들을 접대하고 다른 길로 내보내며 행함으로 의롭다 하심을 받은 게 아닙니까?

야고보는 아모리 족속의 기생 라합을 행하는 믿음의 또 다른 모델로 소개하며 논증을 잇습니다. 베다는 라합의 사례에 대해 믿음의 조상은 "특별한 경우이며 따라서 그의 본보기는 우리에게 적용되지 않는다고 우기는 사람들"을 위한 것이라고 말합니다. 라합 이야기의 핵심도 라합이 행함으로 의롭다 하심을 받았다는 것입니다. 라합의 행함은 두 명의 정탐꾼이 여리고에 왔을 때 자신의 집으로 영접한 것과 그들을 쫓아온 자들에게 잡히지 않도록 다른 길로 내보낸 것입니다. 이에 대해 맨톤은 라합의 이 행위도 믿음의 조상처럼 믿음의 결과로 이루어진 것이라고 말합니다. 히브리서 저자의 기록처럼, "믿음으로 기생 라합은 정탐꾼을 평안히 영접"한 것입니다 (히 11:31). 사실 라합의 행동은 죽음을 초래할 수도 있고 그녀와 그녀의 가족이 민족을 배신한 이스라엘 첩자나 앞잡이로 내몰려 극형에 처해질 수도 있습니다. 민족의 운명을 내 마음에서 들어내고 가본 적 없는 생소한 길을 홀로 걷는다는 것이, 얼마나 큰 믿음의 담력이 필요한지 모릅니다. 그런데도 라합은 그렇게 했습니다. 도대체 하나님에 대한 믿음이 어떤 것이길래 목숨이 위태로운 일을 자초하게 하고 동포와 등지게도 한단 말입니까?

라합도 아브라함 못지않게 행동하는 신앙의 위대한 모델로서 손색이 없습니다.

그런데 라합은 믿음의 조상과는 달리 품행이 방정하지 못한 기생이고 우상을 숭배하는 이방 족속에게 속하였고 가나안 입성의 관문인 여리고의 타락한 도시에 거주하는 비천한 자입니다. 그래서 많은 사람들은 야고보가 이스라엘 역사에서 지극히 뛰어난 믿음의 조상과 어울리는 인물이 아니라 지극히 초라한 정반대의 인물을 나란히 거명한 것에 대한 의문을 갖습니다. 이에 대하여 칼뱅은 "조건이나 국가나 사회적 계층"을 불문하고 누구든지 행함이 없이는 의롭다고 여겨지지 않는다는 사실을 강조하기 위한 대조라고 올바르게 말합니다. 세베리아누스(Severianus of Gabala, 355-408/425)의 표현처럼, 라합은 "불경의 땅에 숨겨진 신심 깊은 영혼"이고, "매춘이 성행하는 땅 한 가운데의 진주"이며, "진창 속에서 번쩍이는 금"이고 "진흙 속에서도 신심이 피워 올린 꽃"입니다.

맨튼은 라합의 칭의와 관련하여 지극히 평범한 행위라고 할지라도 그것이 믿음에서 흘러나온 것이라면 대단히 영적인 것이라고 말합니다. 그러나 라합은 타인을 환대하고 다른 길로 안내하여 붙잡히지 않도록 했습니다. 물론 이것은 평범한 일이고 이런 행위를 한다고 해서 의롭게 되는 것도 아닙니다. 그러나 라합은 하나님을 믿는 믿음으로 그런 행위를 했습니다. 그래서 그녀가 의롭게 된 것입니다. 이처럼 라합의 경우에도 하나님의 의롭다 하심은 행위로 말미암은 것이 아니라 믿음으로 말미암은 것입니다. 행위가 평범하기 때문에 겉으로는 그 행위가 의롭다 하심과 연결된 것인지를 알지 못합니다. 그러나 평범하게 살더라도 믿음으로 살면 하나님 앞에서 의롭게 사는 것입니다. 의인의 삶은 하나님을 믿기 때문에 그분의 뜻과 명령을 따르는 것입니다. 그래서 바울은 하박국을 인용하며 "의인은 믿음으로 말미암아 살리라"(롬 1:17)고 했습니다. 이런 점에서도 바울과 야고보는 다르지 않습니다. 물론 자신의 배를 섬기면서 행한 지극히 사사로운 일에 하나님의 영광을 위한다는 종교적 명분을 옷 입히는 파렴치한 사람들도 있습니다. 그런 악용의 사례가 있더라도 믿음의 평범한 행위는 진실로 귀한 것이라는 사실은 바뀌지 않습니다.

믿음의 결과와 열매로서 행위로 말미암은 의롭다 하심의 대외적인 알려짐에 관하여는 아브라함 이야기를 해석할 때의 설명을 여기에서 반복할 필요가 없어 보입니다. 다만 그가 받은 의롭다 하심과 라합이 받은 의롭다 하심의 질과 크기는 다르지 않다는 것입니다. 라합도 믿음의 조상과 동일하게 예수님의 혈통적인 계보에 오를 정도의 의로움에 이른 것입니다. 하나님의 의롭다 하심에는 빈부나 신분이나 지위로 말미암은 차이가 없습니다. 그러나 의로움의 나타남 혹은 알려짐에 있어서는 사람마다 다릅니다. 위대하게 나타나는 의로움도 있고 초라하게 나타나는 의로움도 있습니다. 방식이 어떠하든 나타남은 의롭다 하심의 본질과 구원에 영향을 주는 변수는 아닙니다.

²⁶이는 영혼 없는 몸이 죽은 것처럼 행함 없는 믿음도 죽은 것이기 때문입니다

야고보가 믿음의 조상과 라합의 의롭다 하심이 행함으로 이루어진 것을 강조한 근거는 "영혼 없는 몸이 죽은 것처럼 행함 없는 믿음도 죽은 것"이라는 사실에 있습니다. 영혼 없는 몸은 더 이상 몸이 아니라 티끌인 것처럼 행함 없는 믿음도 더 이상 믿음이 아닙니다. 이 비유에서 칼뱅은 행함이 영혼에 대응하고 믿음이 몸에 대응하는 것이라는 주장에 동의하지 않습니다. 디디무스는 "영이 육체보다 고귀한 것"은 맞지만 "그렇기 때문에 실천이 믿음보다 앞선다"고 보기는 어렵다고 말합니다. 제가 보기에도 "영혼 없는 몸"의 비유는 행위가 믿음보다 귀하다는 의미가 아니라 "행함 없는 믿음"이 죽었다는 극도로 심각한 상태를 강조하기 위한 것입니다. 제네바 성경은 이

구절을 해석하며 "열매와 행위를 산출하지 않는 믿음은 믿음이 아니며 죽은 시체"일 뿐이라는 강한 표현을 썼습니다. 기독교는 행위를 결코 배제하지 않습니다. 안식일 조항만 보더라도 안식일에 쉬는 것과 더불어 6일 동안의 행함을 강조하고 있습니다.

"행함 없는 믿음"의 치명적인 문제를 극복하기 위해 "믿는다면 반드시 행해야 한다"며 행위에 당위성을 부여하는 사람들이 많습니다. 이런 입장에 저는 동의하지 않습니다. 야고보의 "행함 없는 믿음"은 죽은 것입니다. 죽은 것을 행위가 살려낼 수는 없습니다. 행함이 믿음과 함께 일하고 행함으로 믿음이 온전하게 된다는 야고보의 말은 "올바르게 믿으면 행하게 된다"는 말입니다. 같은 맥락에서 바울의 "사랑으로 역사하는 믿음"도 "믿으니까 사랑해야 한다"는 뜻이 아닙니다. "진실하게 믿으면 그 믿음이 사랑으로 역사하게 된다"는 뜻입니다. 믿음은 하나님의 은총이고 사랑은 우리의 노력이 아닙니다. "내 증인이 되리라"는 예수님의 말씀도 "믿으니까 내 증인이 되어야 한다"는 당위가 아니라 "믿으면 필히 내 증인이 될 것이라"는 뜻입니다. 이처럼 믿음도 은혜이고 사랑도 은혜이고 행위도 은혜이고 증인도 은혜인 것입니다. 은혜 아닌 것이 없습니다.

바울의 고백을 한번 보십시오. 하나님의 은혜로 말미암아 그리스도 예수를 만나 믿게 된 바울은 그 이후로 사도가 되어 많은 일을 했습니다. 사도로 임명을 받았기 때문에 일해야만 했던 것이 아닙니다. "내가 모든 사도보다 더 많은 수고를 하였으나 내가 한 것이 아니요 오직 나와 함께 하신 하나님의 은혜"라고 말합니다(고전 15:10). 그에게는 믿음도 하나님의 은혜였고 그 믿음이 사랑으로 역사한 선교의 모든 수고도 하나님의 은혜였습니다.

크리소스토모스는 야고보가 기록한 이 구절의 역도 참이라고 주장하며 이렇게 말합니다. "실천이 없는 믿음은 죽은 것이고 믿음이 없는 실천도 죽은 것입니다." 아무리 의로워 보이는 행위도, 아무리 선해 보이는 행위도 믿음이 없으면 죽은 것입니다. 비록 믿음의 대상이 누구냐의 차이는 있어도 믿음 없는 행함은 없습니다. 모든 행위는 믿는 바가 있기 때문에 이루어진 것입니다. 그런데 히브리서 저자는 어떠한 행위이든 하나님을 기쁘시게 할 때 비로소 의미가 된다고 말합니다. 그런데 믿음이 없이는 하나님을 기쁘시게 하지 못합니다(히 11:6). 하나님이 계시다는 사실과 그에게 나아가는 자에게 상을 주신다는 사실을 믿지 않으면 어떠한 행위도 하나님을 기쁘시게 하지 못하며 무의미한 동작일 뿐입니다. 가인의 경우를 보면, 무려 하나님께 드려지는 예배라는 지극히 고상한 행위조차 믿음으로 드려지지 않았기 때문에 하나님의 거절을 당하였고 무의미한 행위가 된 것입니다. 때때로 사람에게 어떤 유익과 기쁨은 있을 것입니다. 그러나 이것은 다시 자신을 우쭐하게 하는 교만과 자랑의 땔감으로 작용하여 무익을 넘어 해로움이 될 것입니다. 이스라엘 백성의 태조인 사울 왕을 보십시오. 백성의 예배를 위한다는 명분으로 괜찮아 보이는 양들을 진멸하지 않고 취득하여 기막힌 행위를 한 것 같지만 그로 인하여 왕은 폐위를 당합니다. 바울은 "믿음을 따라 행하지 아니하는 것은 다 죄니라"고 했습니다(롬 14:23). 이는 믿음이 없는 행위는 죽은 것뿐 아니라 지극히 해로운 죄라는 말입니다.

이 구절에서 "프뉴마"(πνεῦμα)를 "영혼"이 아니라 "숨 혹은 호흡"으로 이해하는 사람들도 있습니다. 그들은 "숨이 없는 몸이 죽은 것처럼 행함이 없는 믿음도 죽은 것"이고, "호흡이 생명의 결과이듯 행함도 산 믿음의 결과"라고 말합니다. 이런 해석에 의하면, "행위는 믿음의 영혼이 아니라 믿음의 동료"라는 결론에 이릅니다. 그러나 맨톤은 "영혼"이 "숨이나 호흡"으로 번역될 수 없다고 말합니다. 저도 동의하는 그의 반론은 "내 영혼을 아버지 손에 부탁"하신 예수님의 말씀(눅 23:46)과 "주 예수여 내 영혼을 받"아 주시라고 한 스데반의 말(행 7:59)에 근거한 것입니다. 그의 주장처럼, 신약에서 "숨"이나 "호흡"은 "프뉴마"가 아니라 "프노에"(πνοὴ)와 "아나프노에"(ἀναπνοὴ) 같은 별도의 단어로 표현되어 있습니다(행 17:25, 사 2:22).

J

약 3:1-6

¹내 형제들아 너희는 선생된 우리가 더 큰 심판을 받을 줄 알고 선생이 많이 되지 말라 ²우리가 다 실수가 많으니 만일 말에 실수가 없는 자라면 곧 온전한 사람이라 능히 온 몸도 굴레 씌우리라 ³우리가 말들의 입에 재갈 물리는 것은 우리에게 순종하게 하려고 그 온 몸을 제어하는 것이라 ⁴또 배를 보라 그렇게 크고 광풍에 밀려가는 것들을 지극히 작은 키로써 사공의 뜻대로 운행하나니 ⁵이와 같이 혀도 작은 지체로되 큰 것을 자랑하도다 보라 얼마나 작은 불이 얼마나 많은 나무를 태우는가 ⁶혀는 곧 불이요 불의의 세계라 혀는 우리 지체 중에서 온 몸을 더럽히고 삶의 수레바퀴를 불사르나니 그 사르는 것이 지옥 불에서 나느니라

❖ ❖ ❖

¹나의 형제들이여 여러분은 [선생된] 우리가 더 큰 심판을 받는다는 것을 아시고 선생이 많이 되지 마십시오 ²이는 우리 모두가 많은 잘못을 범하기 때문인데 만일 누구든지 말에서 잘못하지 않는다면 그는 온몸도 능히 통제하는 온전한 자입니다 ³만약 우리가 말들의 입에 재갈을 물린다면 우리가 그것들의 온몸을 제어하는 것입니다 ⁴그리고 배들도 보십시오 그렇게도 크고 거친 바람에 밀려가는 것이지만 지극히 작은 키에 의해 이끌려서 사공이 원하는 곳으로 향합니다 ⁵이와 같이 혀도 조그마한 지체지만 큰 것들을 자랑합니다 보십시오 너무도 작은 불이 얼마나 큰 숲을 태우는지! ⁶혀는 곧 불입니다 혀는 우리의 지체들 중에서 온몸을 더럽히고 생의 바퀴를 불사르고 지옥이 불지른 불의의 세계입니다

12 혀를 이해하라

²나의 형제 여러분, 다양한 시험들에 빠질 때마다
여러분은 모든 것을 기쁨으로 여기시기 바랍니다

믿음이 있다고 말하면서 행하지는 않는 위선자의 문제를 지적한 야고보는 이제 관심사를 혀에서 벌어지는 말하기 자체의 문제로 돌립니다. 이는 행위 이전에 말의 단위에서 벌어지는 더 근본적인 문제점을 깨우치기 위한 것입니다. 먼저 3장에서 엄중한 견책을 하는 야고보는 고압적인 사도의 차가운 직권이 아니라 동등한 가족의 따뜻한 친밀감을 느끼도록 수신자를 다시 "나의 형제"라고 부릅니다. 이 호칭은 맨튼의 말처럼 "형제들의 잘못에 대한 뻣뻣하고 쓰라린 대응으로 극도의 자유를 취하고자 하는 위선적인 종교인"의 광기를 제어하는 용도로서 아주 좋습니다.

말을 관장하는 몸의 기관은 혀입니다. 혀로 살아가는 대표적인 사람은 선생이기 때문에 야고보는 혀와 선생 이야기를 꺼낸 것입니다. 야고보는 "선생이 많이 되지 말라"고 말합니다. 이는 "랍비라 칭함을 받는 것을 좋아하"는 서기관과 바리새파 무리와는 달리 "너희는 랍비라 칭함을 받지 말라"(마 23:8)고 하신 예수님의 말씀과 크게 다르지 않습니다. 이 구절에서 칼뱅은 그리스와 라틴 사람들의 어법에 호소하며 "선생"(διδάσκαλος)을 "교회에서 공적인 직무를 수행하는 자가 아니라 타인을 판단하는 권리를 휘두르는 자" 즉 자신이 마치 도덕에 특허라도 낸 것처럼 도덕의 주인인 양 행세하는 자를 가리키는 말이라고 주장합니다. 칼뱅의 지적처럼, 예나 지금이나 "타인을 비방하는 방식으로 명성을 추구하는 것은 인류의 타고난 병입니다." 이와 유사하게 턴불은 이 구절을 "성도가 뾰족함과 엄격함을 가지고 형제를 음흉하게 판단하고 견책하기 위해 권위를 차지하지 않게 하라"는 사도의 명령으로 읽습니다. 야고보의 권고에 근거하여, 턴불은 형제들을 경솔하게, 엄격하게, 음흉하게 책망하고 정죄하지 않도록 주의할 것을 권합니다. 자신들이 남들보다 더 우월한 자라고 착각하며 타인을 비방하는 자들은 "나는 다른 사람들 곧 토색, 불의, 간음을 하는 자들과 같지 아니하고 이 세리와도 같지 아니함을 감사"(눅 18:11)했던 바리새파 사람들과 같습니다.

저도 칼뱅과 턴불이 제안한 "선생"의 부정적인 의미에 동의하되 "선생"의 주된 의미는 "가르치는 자"라는 점을 주목하고 싶습니다. "많이"(πολύς) 되지 말라는 말의 의미는 아예 선생이 되지 말라는 것이 아니라 엄선된 소수만 선생이 되라는 것입니다. 그래서 힐라리우스는 예수님은 "얼마 안 되는 사람만 선택하여 그 역할을 맡기신 것"이라고 말합니다. 바울도 안디옥 교회에서 "교사"로 세움을 받았고(행 13:1), 복음을 위한 "선포자와 사도"일 뿐 아니라 "교사로도 세우심을 입었다"고 말합니다(딤후 1:11). 나아가 바울은 교회에 항상 있어야 할 직분들 중의 하나로서 "교사"를 언급한 바도 있습니다(엡 4:11). 이처럼 소수가 선생이 되라는 긍정의 의미가 있다면 "선생"이 비방하는 사람만을 가리키는 것이라는 해석은 다소 과도해 보입니다.

게다가 야고보 자신도 "우리가 더 큰 심판을 받는다"는 말로 자신과 형제들을 "선생"으로 규정하고 있습니다. 여기에서 "형제들"은 1장 1절에서 언급된 이 편지의 수신자 즉 "흩어져 있는 열두 지파"일 것입니다. 즉 예수님을 믿어 하나님의 자녀가 되고 복음의 비밀을 알고 온 세상에 전파하는 모든 증인을 가리키는 말입니다. 그렇다면 "선생"은 적지 않고 대단히 많습니다. 이는 선생이 많지 않아야 한다는 야고보의 말과 상충되는 듯합니다. 이 지점에서 저는 칼뱅과 턴불의 부정적인 개념에 일리가 있다고 말하는 것입니다. 즉 야고보는 잘못된 교사를 가리키기 위해 "선생"이란 말을 쓴 것입니다. 그래서 저는 칼뱅과 턴불의 부정적인 이해를 존중하되 약간 완화시켜 야고보가 말한 "선생"을 "말로는 가르침을 주지만 행하지는 않는 교사," 즉 "스스로는 실천하지 않으면서 타인에게 행하라고 강요하고 행하지 않으면 정죄하는 교사"라는 의미로 이해하고 싶습니다. 이러한 주장의 근거로서 저는 예수님의 말씀을 잠시 살펴보고 싶습니다.

예수님은 "너희가 지식의 열쇠를 가져가서 너희도 들어가지 않고 또 들어가려 하는 자도 막"은 것에 대하여 율법 선생들을 책망하신 적이 있습니다(눅 11:46, 52). 이 부분에 대한 마태의 더욱 명확한 기록에 의하면, 그들은 "말만 하고 행하지 아니하며 또 무거운 짐을 묶어 사람의 어깨에 지우되 자기는 이것을 손가락 하나로도 움직이려 하지 않"(마 23:3-4)는 자입니다. 실천하지 않고 지시만 하는 선생들은 복음의 진실이 아니라 진리의 껍데기만 세상에 퍼뜨려 세상을 더 거짓되게 만드는 원흉과 같습니다. 이런 "선생"이 많으면 교회는 심각한 가식과 위선의 공작소가 될 것입니다. 야고보의 말처럼, 행함이 없는 위선적인 "선생"은 적을수록 좋습니다. 없으면 더 좋습니다.

순종하지 않는 사람보다 순종의 본보기를 보이지 않으면서 말로만 가르치는 위선적인 선생들은 훨씬 "더 큰 심판"(μεῖζον κρίμα)을 받을 것입니다. 세상에서 심판을 받지 않는 고위직에 있는 사람들은 하나님의 직접적인 심판이 주어지는 상징성을 갖습니다. 가르치는 선생이나, 치유하는 의사나,

다스리는 왕이나, 양육하는 부모나, 경영하는 사장 등이 그런 부류에 속합니다. 심판의 점진적인 크기에 대해 몰라서 잘못을 저지르는 사람, 알고도 잘못을 저지르는 사람, 타인이 의식적인 잘못을 범하도록 원인을 제공하는 사람, 타인이 무의식 중에 죄를 범하도록 속이며 원인을 제공하는 사람 순입니다. 선생은 네 번째로 분류되는 자로서 가장 큰 심판을 받습니다. 이는 선생에게 주어지는 책임의 크기를 감안하면 타당해 보입니다.

지혜자의 말처럼 선생은 뭇 사람이 귀를 기울여서 청종해야 할 대상이며 (잠 5:13), 예수님의 말씀처럼 하나님 나라의 비밀과 성령으로 거듭나는 중생의 비밀을 알아야 하고(요 3:5-10), 히브리서 저자의 말처럼 "지각을 사용하여 연단을 받아 선악을 분별하는 자들"이며(히 5:14), 알고 분별하는 것뿐만 아니라 "율법에 있는 지식과 진리의 모본을 가진 자"입니다(롬 2:20). 그래서 "어리석은 자의 교사요 어린 아이의 선생" 직무를 수행해야 할 책임이 있습니다. 이처럼 선생은 공동체의 민도와 다음 세대의 기본적인 역량에 막대한 영향을 끼칩니다. 그런 선생이 자신의 직무를 소홀히 여기거나 자신의 직함만 악용했을 때에 발생되는 피해의 규모는 한 세대에 국한되지 않습니다. 오고 오는 세대까지 지속적인 문제를 일으킬 것입니다.

어떻게 하면 선생이 많이 되지 않을 수 있을까요? 그 해결책은 예수님의 말씀에 있습니다. 예수님은 "너희 선생은 하나"라고 하십니다(마 23:8). 이는 예수님 외에는 선생이 없다는 뜻입니다. 당연히 선생이 많아지는 문제의 해법은 오직 예수님만 온 세상과 온 인류의 유일한 선생이 되시게 하는 것입니다. 그렇게 하는 방법은 내가 선생의 외적인 역할을 하더라도 내 안에 계신 주님께서 친히 가르치실 수 있도록 나를 부인하고 주님께서 말하시고 행하시게 하는 것입니다. 그러면 우리는 결코 선생이 되지 않고 "너희는 다 형제"라고 하신 예수님의 말씀처럼 서로에게 동등한 형제와 자매라는 가족의 평등한 관계를 가질 것입니다. 특별히 우리 시대에는 가르치는 사람들을 별로 좋아하지 않습니다. 오히려 선생의 폼만 잡아도 "가르치려 들지 마라, 설교하고 있네"와 같은 냉소적인 반응이 나옵니다. 무례하고 버릇 없는 태도라고 무시하지 마십시오. 그런 태도 속에도 "선생이 많이 되지 말라"는 사도의 기막힌 교훈이 담겨 있습니다.

²이는 우리 모두가 많은 잘못을 범하기 때문인데 만일 누구든지
말에서 잘못하지 않는다면 그는 온몸도 능히 통제하는 온전한 자입니다

우리가 더 큰 심판을 받는 이유와 관련하여 야고보는 행함이 없는 종교적인 말잔치의 교묘한 문제뿐만 아니라 말하기 자체의 잘못도 지적하고 있습니다. 여기에 사용된 동사 "프타이오"(πταίω)는 "실수하다, 죄를 짓다, 오류나 잘못을 범하다"는 뜻입니다. 그런데 잘못을 범하는 자리에 따라 심판의 경중이 다릅니다. 선생의 자리에서 받는 심판은 더 클 수밖에 없습니다. 야고보의 말처럼 복음을 알고 온 세상에 대하여 복음을 전파하는 선생 된 "우리 모두가 많은 잘못을 범합니다." 우리들 중에는 완전한 자가 하나도 없습니다. 얼마나 두렵고 떨립니까? 그런데 칼뱅은 그런 마음의 긍정적인 측면을 주목하며 우리의 잘못이 많다는 실재를 인정할 것과 실수하는 타인을 온유한 마음으로 타이를 것을 권합니다. 이런 취지에서 바울도 "거역하는 자를 온유한 마음으로 훈계할" 것을 가르친 바 있습니다(딤후 2:25). 실수가 많아서 더 큰 심판을 받을 자가 어떻게 타인의 잘못을 보고 심판자의 핏대를 올릴 수 있습니까? 자신의 분수를 알면 아무리 큰 실수를 저지른 대적에 대해서도 너그러운 마음으로 공감하며 온유할 수밖에 없습니다.

그러면 야고보의 교훈은 타인의 잘못에 대해서 아무도 심판하지 말라는 뜻일까요? 이런 반론에 대한 메이어의 설명에 따르면, 아우구스티누스와 베다와 루터 등은 하나님의 부르심에 의해서만 심판하는 하나님의 대사로 세워지되 "그가 심판하는 것이 아니라 하나님이 그를 통하여 심판하는 것"

이고 이런 "부르심이 없다면 누구도 올바르게 수행하지 못한다"는 입장을 취합니다. 그러나 베자나 유니우스 같은 경우는 이렇게 말합니다. 즉 "부르심을 받은 자가 부패한 정서에 사로잡혀 자신에 대해서는 비난받을 만한 어떠한 것도 없는 것처럼 불쌍한 악행자를 교만하게 대하거나 타인을 비열함과 증오로 비난하지 말고 양심을 따라 하나님 앞에서 자신의 유죄를 인정하며 자비와 관용을 가지고 견책해야 한다"고 말입니다.

우리는 다양한 분야에서 많은(πολλὰ) 잘못을 범합니다. 야고보는 수많은 잘못 중에서 말의 잘못을 꼬집어 논하면서 말에 잘못이 없다면 "완전한 자"(τέλειος ἀνήρ)라고 말합니다. 우리 속담처럼, 한 마디 말로 천 냥의 빚도 갚습니다. 말은 한 사람의 모든 문제를 해결하여 그의 완전함을 좌우할 정도로 중차대한 것입니다. 그래서 칼뱅은 "악한 말하기의 질병은 다른 죄들보다 더 끔찍한 것"이라고 말합니다. 물론 사람은 잘못을 하나라도 범하면 완전한 자가 아닙니다. 그런데 말에서 잘못이 없으면 완전한 자가 된다는 것은 말의 잘못이 외면과 내면의 모든 잘못과 연결되어 있다는 뜻입니다. 동시에 말의 잘못은 모든 잘못의 뿌리이며 잘못의 최종적인 단위라는 뜻입니다. 그러므로 말에서 잘못하지 않는 언어적 무흠은 사람을 완전하게 만듭니다. 마치 한 사람의 도덕성과 인격의 성숙도와 신앙의 깊이가 다 혀에 모여 있는 듯합니다. 이는 하나님의 모든 법을 지키다가 지극히 작은 법 하나라도 위반하면 모든 법을 위반한 것이고 이웃을 사랑하면 그 사랑 안에서 모든 율법을 다 이룬 것이라는 논리와 같습니다. 이처럼 말과 사랑은 묘한 대응을 이룹니다.

행함 없는 위선적인 말과 말 자체의 오류는 서로 무관한 사안이 아닙니다. 우리가 때로는 고의로, 때로는 무의식중에 말하면서 오류를 범합니다. 오류는 말과 진실과의 틈에서 생깁니다. 그 틈새가 클수록 오류도 커집니다. 여기에서 진실은 내면의 진실과 행위의 진실로 이루어져 있습니다. 말과 마음이 다르면 겉과 속이 다른 위선이 생깁니다. 말과 행함이 다르면 가식이 앎과 삶 사이의 틈이 벌어지고 그 사이에서 위선이 생깁니다. 말은 마음에도 관여하고 몸에도 관여하기 때문에 우리의 전 존재와 결부되어 있습니다. 야고보는 말과 몸의 관계를 주목하며 말에 실수가 없으면 "온몸을 능히 통제하는 온전한 자"가 된다고 말합니다. 여기에서 사도는 말의 실수를 몸의 통제와 예리하게 결부시켜 논합니다. 말에 실수가 없다는 것과 온몸을 능히 통제하는 것이 표현은 다르지만 뜻은 같습니다.

말에 잘못을 범하지 않기 위한 방법은 어떤 것일까요? "완전함은 의로움에 있고 침묵은 그것을 이루는 길"이라고 한 힐라리우스의 해법은 과도해 보입니다. 입을 다무는 게 능사는 아닙니다. 앞에서 살핀 것처럼, 말은 마음과 일치하고 몸과도 일치하면 비로소 잘못이나 오류가 없습니다. 말과 몸의 일치를 강조하는 야고보의 입장에서 보면, 말은 실천을 수반할 때 잘못이나 오류가 없고 사람을 온전하게 만듭니다. "몸을 능히 통제한다"는 것은 말이 몸에 그대로 옮겨지는 것을 뜻합니다. "간다"는 말과 함께 몸도 가면 몸이 통제되고 있고, 말은 가는데 몸은 가지 않는다면 몸이 통제되지 않고 있는 것입니다. 온전한 사람의 말과 몸은 분리되지 않고 그 사이에는 빈틈도 없습니다. 위선도 머리 둘 곳이 없습니다. 행하지 않는 신앙이 죽은 것처럼 행하지 않는 말도 죽은 것입니다. 죽은 말로는 사람을 온전하게 만들지 못합니다.

3만약 우리가 말들의 입에 재갈을 물린다면 우리가 그것들의 온몸을 제어하는 것입니다 4그리고 배들도 보십시오 그렇게도 크고 거친 바람에 밀려가는 것이지만 지극히 작은 키에 의해 이끌려서 사공이 원하는 곳으로 향합니다

말에 잘못이 없으면 온몸을 통제하는 온전한 자가 된다는 사실의 입증을 위해 야고보가 제시한 사례는 말과 배입니다. 사도의 비유를 통해 우리

는 눈에 보이는 사물의 특이한 용도를 배웁니다. 말은 타고 달리는 기능이 강조된 동물인데 사도는 입과 몸의 관계를 설명하는 유용한 도구로 삼습니다. 배도 타고 이동하는 물에서의 수레인데 사도에 의해 말과 동일한 용도로 쓰입니다. 말과 배뿐만 아니라 이 세상의 모든 사물은 이중적인 기능을 가지고 있습니다. 그 자체의 고유한 기능도 있지만 진리를 설명하는 은유나 비유로도 쓰입니다. 이에 대하여 바울은 자신의 서신에서(롬 1:20) 보이지 않는 하나님의 신성과 능력을 나타내는 가시적인 모든 것의 은유적인 기능, 그러나 본질적인 용도에 대해 말합니다. 하나님의 진리에 대해 침묵할 수 있는 피조물은 하나도 없습니다.

야고보의 관찰에 의하면, 말의 자그마한 입에 재갈을 물리면 말의 온몸을 제어하는 것이고, 배가 아무리 커도 사공이 원하는 곳으로 이끄는 것은 지극히 작은 키입니다. 말의 입과 배의 키는 모두 인간의 혀가 몸에 끼치는 막대한 영향력을 설명하기 위한 것입니다. 이 구절의 해석에서 칼뱅은 "혀가 모든 사람에 대한 지배력을 행사하는" 도구라고 말합니다. 턴불의 지적처럼 테오프라스투스는 말의 비유보다 혀의 실체가 더 위험함을 강조하기 위해 "고삐 풀린 혀보다 고삐 풀린 말을 신뢰하는 게 더 좋다"고 말합니다. 맨톤은 이 구절에서 지극히 작은 것을 소홀히 여기지 말아야 한다는 교훈을 읽습니다. 진실로 세상의 모든 것은 지극히 작은 입자로 구성되어 있습니다. 몸의 지체들 중에서도 지극히 작은 것의 중요성은 혀와 키가 증거합니다. 눈이 높고 교만한 자에게는 작은 것이 잘 보이지 않습니다. 가난하고 연약하고 소외되고 억울하고 외로운 사람들이 그들의 눈에는 중요하게 여기지 않아도 되는, 상종하지 않아도 되는, 무시해도 되는 존재로 보입니다. 그러나 놀랍게도 지극히 작은 그런 사람들의 상태에 의해 세상의 판도가 달라지고 역사의 물줄기가 바뀝니다. 예수님의 말씀처럼(마 25:31-46) 하나님은 "지극히 작은 자 하나"를 대하는 사람들의 태도를 중심으로 심판을 하십니다.

말의 비유에 근거하여 아우구스티누스는 말이 스스로는 자신을 제어할 수 없고 제어되기 위해서는 사람이 필요하듯, 사람도 하나님 없이는 스스로 제어되지 않는다고 말합니다. 맨톤은 말의 비유에서 부정적인 함의를 찾습니다. 즉 사도가 말의 비유를 사용한 것은 인간의 천성이 사납고 방탕하기 때문인데 시인의 표현을 빌리자면 "멸망하는 짐승들"과 같다는 것입니다(시 49:20). 그래서 시인은 "재갈과 굴레로 단속하지 아니하면" 통제되지 않는 "무지한 말이나 노새 같이 되지 말라"고 권합니다(시 32:9). 편한 친구 앞에서도 혀를 쉽게 놀리지 않도록 재갈을 먹여야 되겠지만, 어떤 시인은 "악인이 내 앞에 있을 때에 내가 내 입에 재갈을 먹일 것이라"고 말합니다(시 39:1). 악인이 앞에 있으면 대부분의 혀에서는 거칠고 더러운 말들이 함부로 나옵니다. 재갈은 사람을 가리지 않고 대화의 모든 상황에서 신속하게 혀에 물리도록 휴대함이 좋습니다.

말이나 노새를 통제하기 위해 사용하는 "굴레"의 사전적인 의미는 "동물의 입 속에 재갈을 고정시켜 사람이 고삐를 이용해 그 동물을 통제할 수 있게 하는 한 세트의 끈"입니다. 굴레의 한 부분인 "재갈"은 "말의 주둥이 안에 가로로 물려 행동을 제어하는 데 사용하는 철이나 끈"입니다. 그러나 믿음의 사람에게 재갈은 하나님의 은총이기 때문에 시인은 이런 기도를 하나님께 드립니다. "여호와여 내 입에 파수꾼을 세우시고 내 입술의 문을 지키소서"(시 141:3). 주님께서 지키지 않으시면 아무리 강력한 땅의 파수꾼을 세워도 헛된 일입니다.

말의 온몸을 제어하는 것이 재갈이듯, 배를 움직이는 것은 키입니다. 베다는 배의 비유가 "이승을 사는 사람들의 마음"을 나타내는 것이라고 말합니다. 배를 떠밀고 다니는 "크고 거친 바람"은 사람의 "마음들이 품고 있는 욕망들"을 의미하고, 뱃길의 "방향을 조절하는 키는 마음의 의향"을 뜻한다고 말합니다. 사람이 바람을 다스릴 수는 없으나, 아무리 강한 바람이 불더라도 그 바람에 떠밀리는 배의 방향은 선택하며 다스릴 수 있습니다. 바람은 사공을 괴롭히고 위협하는 게 아니라 강하면 강할수록 배가 사공이 원하는 곳으로 더 빨리 도달하게 만듭니다. 바람이 광기를 부릴 때에 바람을 제어하지 않고 키를 제어해야 하고, 말이 날뛸 때에도 말의 몸이 아니라 그의 입에 재갈을 물려 통제하는 것이 좋습니다. 이와 같이 인간도 단정한 몸가짐과 지혜로운 출입도 중요하나 다른 무엇보다 혀를 제어하는 것이 바르게 사는 길입니다. 그래서 지혜자는 "입과 혀를 지키는 자는 자기의 영혼을 환난에서 보전"할 것이라고 했습니다(잠 21:23). 존 길은 배의 비유에서 키가 교회의 사역자를 뜻한다고 말합니다. 말씀의 수종자가 잘못된 교리를 가르치면 주님의 몸인 교회가 멸망하고 올바른 교리를 가르치면 교회의 몸 전체가 건강하고 단단하게 자란다는 것입니다. 일리 있는 적용인 것 같습니다.

> 5이와 같이 혀도 조그마한 지체지만 큰 것들을 자랑합니다 보십시오
> 너무도 작은 불이 얼마나 큰 숲을 태우는지!

야고보는 비유를 지나 이제 혀 자체에 대한 이야기를 다시 꺼냅니다. 혀는 "조그마한"(μικρόν) 것입니다. 그러나 그 혀가 자랑하는 것은 얼마나 "큰 것들"(μεγάλα)인지 모릅니다. 작은 것과 큰 것의 대비가 절묘해 보입니다. 외모는 혀가 큰 것들보다 작지만 영향력은 큰 것들보다 결코 작지 않습니다. 파스칼은 인간이 우주를 생각으로 품지만 우주는 인간을 품지 못한다는 사실에 근거하여 비록 인간이 겉으로는 작지만 생각하기 때문에 우주보다 크다고 말합니다. 우주에 비해 지극히 작은 인간처럼, 몸 전체에 비해 너무도 미미한 혀도 대단히 큰 것들을 높일 수 있고 파괴할 수도 있습니다. 히에로니무스는 칼보다 혀가 더 무섭다고 말합니다. 칼은 몸을 베지만 혀는 영혼을 긋습니다. "칼은 몸을 죽이지만 혀는 영혼을 죽입니다. 혀는 중

용을 모릅니다. 큰 선이거나 큰 악입니다." 진실로 하나님을 인정하고 찬양하면 혀는 지극히 큰 선이지만, 하나님을 부정하고 저주하면 지극히 큰 악입니다.

이 구절에서 칼뱅은 혀가 큰 것들을 자랑하는 것은 "헛된 자랑"을 뜻한다고 말합니다. 이러한 해석은 이어지는 작은 불과 큰 숲의 부정적인 관계에 근거한 것입니다. 누구나 확인할 수 있듯이 "너무도 작은 불이 얼마나 큰 숲을 태우는지" 모릅니다. 불이 큰 숲도 삼키는 파괴적인 도구인 것처럼, 혀도 인생 전체를 삼키는 파괴적인 도구라는 것입니다. 그러나 존 길은 "자랑"이 이곳에서 좋은 의미로 쓰였다고 말합니다. 즉 야고보가 말하는 혀는 "재갈이 물리고 성결하게 된 혀"이고, "하나님의 은총으로 물들고 하나님의 영으로 인도함을 받아" 위대한 것들을 자랑하는 도구입니다. 나아가 그는 주님의 "신실한 목회자"를 "교회의 혀"라고 말하면서 그들에 의해 지극히 위대한 복음이 자랑의 대상이 된다고 말합니다. 이처럼 5절은 긍정적인 의미의 혀를, 6절은 부정적인 의미의 혀를 말한다는 길의 입장은 일리가 있습니다. 그럼에도 불구하고 문맥적인 측면에서 볼 때 저는 이 구절이 혀의 긍정적인 기능보다 부정적인 기능을 강조한 것으로 이해하고 있습니다. 물론 지극히 작은 혀가 지극히 큰 것들 즉 지극히 큰 선들이나 악들을 모두 자랑할 수 있습니다. 그러나 이어지는 문맥을 보면 사도는 혀의 위험성을 경고하며 혀 사용에 극도의 신중함을 기하라고 말합니다.

6혀는 곧 불입니다 혀는 우리의 지체들 중에서 온몸을 더럽히고
생의 바퀴를 불사르고 지옥이 불지른 불의의 세계입니다

야고보는 혀를 불이라고 말합니다. 앞절에서 밝힌 것처럼, 지극히 큰 숲도 한 입에 삼키는 그 불 말입니다. 이처럼 "혀도 악한 것을 말하는 것만으

로 선행의 숲 전체를 태워 없애 버릴 수 있는 불"이라는 베다의 말은 과장이 아닙니다. 물론 혀도 의라는 굴레로 잘 다스리면 대단히 위대한 일을 이룰 수 있지만 분별과 절제라는 재갈을 물리지 않으면 좌고우면 없이 닥치는 대로 인생 전체를 파괴하는 최악의 흉기가 될 것입니다. 바실리우스는 몸의 다른 어떤 기관보다 혀가 일으키는 사악한 일들이 훨씬 더 많다고 말합니다. 크리소스토모스는 모든 죄악에 관여하는 이 혀의 광기를 "마음대로 날뛰도록 내버려둔다면 악마와 그 부하들의 수레가 될 것이라"고 했습니다. 다른 한편으로, 베다의 주장처럼 이 혀는 "우리들의 악덕 부스러기 및 찌꺼기를 모두 태워 버리며 마음속 비밀들을 드러내는 구원의 불"이 될 수도 있습니다. "거룩한 사람들은 이 구원의 불로 타오르며, 그로 말미암아 사랑으로 불타고, 선포를 통해 다른 이들도 불의 혀처럼 활활 타오르게 했습니다."

야고보는 혀가 "우리의 지체들 중에서 온몸을 더럽히"는 것이라고 말합니다. 이는 "입으로 들어가는 것이 사람을 더럽게 하는 것이 아니라 입에서 나오는 그것이 사람을 더럽게 하는 것"이라고 하신 예수님의 가르침에 충실한 것입니다(마 15:11). 온몸은 혀가 제조하는 더러운 말에 의하여 더럽게 되고 더러운 말은 마음에 고인 더러운 생각에 언어의 옷을 입힌 것입니다. 그래서 예수님은 "입에서 나오는 것들은 마음에서 나온다"고 하십니다. 그리고 "입에서 나오는 것은 악한 생각과 살인과 간음과 음란과 도둑질과 거짓 증언과 비방" 등이며 "이런 것들이 사람을 더럽게 하는 것"이라고 하십니다 (마 15:18-19). 거룩한 십계명을 시궁창에 가차없이 내던지는 주범은 바로 혀입니다. 혀가 서식하는 입은 몸을 더럽히는 오물들의 출구와 같습니다. 하나님의 입 외에 다른 입들에서 나오는 모든 것은 인간을 더럽게 만듭니다. 어쩌면 시인은 이러한 사실을 알았기 때문에 "진리의 말씀이 내 입에서 조금도 떠나지 말게" 해 달라는 기도를 드렸는지 모릅니다(시 119:43). 그렇지 않으면 야고보의 말처럼 혀가 "생의 바퀴"(τὸν τροχὸν τῆς γενέσεως)를 불태워 소멸시킬 것입니다. 뼈 없는 부드러운 혀가 인생의 등뼈를 꺾습니다(잠 25:15). 그리고 혀는 몸이 아니라 마음을 베는 "날카로운 칼"입니다(시 57:4, 잠 15:4).

우리의 현시대를 보더라도 혀는 온몸을 더럽히고 한 사람의 인생을 더럽히고 한 사회를 더럽히고 한 시대를 더럽히고 역사를 더럽히는 원흉인 것 같습니다. 이런 혀의 무서운 영향력은 구약의 시대에도 다르지 않습니다. 이사야는 "거룩하다 거룩하다 거룩하다 만군의 여호와여"라는 천사들의 노래가 가득한 성전에서 느닷없이 "화로다 나여 망하게 되었도다"는 두려운 탄식을 토합니다. 그 이유는 자신과 백성의 부정한 입술 때문입니다(사 6:3-5). 거룩함을 제공하지 않고 오히려 온몸을 더럽히는 부정한 입술 때문에 거룩함이 최고조에 이른 성전에서 이사야는 재앙과 멸망의 두려움에 떨어야만 했습니다. 제가 보기에 지극히 거룩한 성전에서 자기 입술의 부정함에 대해 생사의 두려움을 느낄 수밖에 없었던 것은 "미련한 자의 입은 그의 멸망이 되고 그의 입술은 그에게 영혼의 그물이 된다"(잠 18:7)는 사실을 이사야가 정확히 인지한 반응을 한 듯합니다.

이 구절을 앞 절과 비교해서 보면, 온몸에 대한 혀의 지배력은 너무도 막대해서 온몸을 온전하게 만들기도 하고 온몸을 더럽히는 경우도 있다는 것입니다. 온몸의 온전함과 더러움, 인생의 성공과 실패, 한 사람의 생존과 사망의 여부는 혀에 달려 있습니다. "죽고 사는 것이 혀의 힘에 달렸다"는 지혜자의 말은 결코 과언이 아닙니다(잠 18:21).

혀의 막대한 영향력은 한 사람의 온몸이나 인생에 국한되지 않습니다. 야고보가 생각하는 혀의 심각성은 그것이 "지옥이 불지른 불의의 세계"라는 표현에서 절정에 이릅니다. 칼뱅은 "혀의 미미함과 세계의 광대함"이 절묘하게 대비된 이 구절을 보면서 "육체의 미미한 부위에 불의의 세계 전체가 담겨" 있다는 사실에 놀라움을 표합니다. 오이쿠메니우스는 "세계"라는 말의 양적인 특성에 근거하여 "엄청나게 많은 악"을 뜻한다고 말합니다. 이러한 이해에 동의를 하면서도 저는 여기서의 "세계"를 하나의 "거대한 제국"으로 보고 혀가 그 제국의 황제라는 이해를 가지고 있습니다. 혀는 지옥의 불을 지상으로 끌고 와서 무수히 많은 악을 저지르며 온 세계를 장악하고 지옥의 수준에 밀리지 않는 끔찍한 "불의의 세계"를 만들고 그 세계의 왕처럼 군림하고 있습니다. 본래 인간의 혀는 다른 어느 짐승도 가지지 못한 하나님의 선물로서 위대한 의미와 가치의 말을 생산하고 유통하는 곳입니다. 그런데 야고보는 최고의 선물인 혀가 타락하여 지옥을 방불하는 불의의 세계가 되었다는 뼈아픈 현실을 지적하고 있습니다.

왜 그렇게 되었을까요? 이 문제의 해결책은 무엇일까요? 먼저 혀의 타락과 부패에 대해 생각하고 싶습니다. 아담과 하와는 하나님의 말씀에 순종하지 않고 마귀의 혀에서 나온 말에 순종하여 거짓과의 밀착과 더불어 말씀과의 분리가 생깁니다. 마귀의 혀에 귀를 기울이고 신뢰하는 순간 아담과 하와의 혀에도 거짓과 타락과 부패가 즉각 전염되지 않았을까 싶습니다. 이로써 하나님과 인간 사이에 어떠한 매개자도 없는 직접적인 소통의 관계가 깨어지고 소통의 단절로 인해 자신과 말씀 사이에 틈이 벌어지고 벌어진 만큼 심각한 오류가 그 틈을 채웁니다. 말씀이 사람의 귀에 들리지 않고 말씀의 빛이 사람의 눈을 밝히지 않습니다. 거짓이 타락한 귀에 활보하고, 부패한 눈은 어둠을 빛으로 여깁니다. 혀에는 거짓이 붐비고 말에는 진실이 없습니다.

혀는 바벨탑 사건에서 또 한 번의 격변을 겪습니다. 비록 하나님과 인간 사이에는 소통의 단절이 있었지만 사람과 사람의 소통에는 아무런 문제가 없었는데 그 소통마저 단절되는 문제가 생깁니다. 이 사건 직전까지 "온 땅의 언어는 하나요 말도 하나"(창 11:1)였습니다. 여기에서 "언어"로 번역된 히브리어 단어 "샤파"(hp'f))))는 "입이나 입술"로도 번역되는 말이고 성경의 용례로는 "입"으로 번역되는 경우가 더 많습니다. 그런데 바벨 "탑 꼭대기를 하늘에 닿게 하여 우리 이름을 내고 온 지면에 흩어짐을 면하자"고 사람들이 다짐했을 때 "그들의 언어를 혼잡하게 하여 그들이 서로 알아듣지 못하게 하자"는 하나님의 판결과 "그들을 온 지면에 흩으"시는 하나님의 징계를 그들이 받습니다(창 11:4, 7). 언어의 혼잡은 입의 혼돈과 언어의 혼잡한 분화와 각 언어의 혼잡한 해석을 아우르는 말입니다. 즉 세상의 입이 온전한 구실을 하지 못하게 되었다는 말입니다. 그렇게 소통이 단절된 사람과 사람의 틈에 심각한 거짓과 오해가 생깁니다. 거짓과 오해라는 도구로 혀는 지옥을 방불하는 불의의 세계를 곳곳에 세웁니다.

혀가 저지른 하나님과 사람, 사람과 사람 사이에 발생한 소통의 단절을 해결하는 유일한 방법은 세상에 오신 하나님의 말씀밖에 없습니다. 언어의 근원이신 하나님의 말씀이 육신으로 오신 예수님만 유일하게 혼잡한 언어의 문제를 푸실 수 있습니다. 그 문제를 푸는 구체적인 현상은 사도행전 2장에 잘 묘사되어 있습니다. 기도하는 자들에게 "불처럼 갈라지는 혀들(γλῶσσαι)이 보여지고 그들 각각에게 임합니다"(행 2:3). 불같은 혀들이 임한 자들은 "다 성령의 충만함을 받고 성령이 말하게 하심을 따라 다른 언어들로 말"합니다(행 2:4). 이때 "천하 각국"에서 온 "경건한 유대인들" 모두가 "각각 자기의 방언으로 제자들이 말하는 것을 듣고 소동하여 다 놀라 신기하게" 여깁니다(행 2:5-7). 그들은 "우리가 우리 각 사람이 난 곳 방언으로 듣게 되는 것이 어찌 됨이냐"며 경의를 표합니다(행 2:8). 그들이 들은 내용에 대해서는 "하나님의 큰 일"이라고 말합니다(행 2:11).

이 사건에서 우리가 확인하는 것은 1) 하늘의 혀가 사람들의 혀를 제어하고, 2) 성령의 말하게 하심을 따라 말하고, 3) 그래서 자국어가 아닌 다른 언어로 말하고, 4) 알지도 못하는 다른 언어로 말한 내용은 거짓이 아니라 최고의 진실인 하나님의 큰 일이라는 것입니다. 혀의 문제를 해결하기 위해서는 우리도 오순절에 일어난 이 사건처럼 하늘의 숙련된 혀를 주셔서 성령의 말하게 하심을 따라 하나님의 큰 일을 온 세상에 증거하여 불의의 세계가 아니라 공의의 세계를 세우게 해 달라고 기도하는 수밖에 없습니다.

⁷여러 종류의 짐승과 새와 벌레와 바다의 생물은 다 사람이 길들일 수 있고 길들여 왔거니와 ⁸혀는 능히 길들일 사람이 없나니 쉬지 아니하는 악이요 죽이는 독이 가득한 것이라 ⁹이것으로 우리가 주 아버지를 찬송하고 또 이것으로 하나님의 형상대로 지음을 받은 사람을 저주하나니 ¹⁰한 입에서 찬송과 저주가 나오는도다 내 형제들아 이것이 마땅하지 아니하니라 ¹¹샘이 한 구멍으로 어찌 단 물과 쓴 물을 내겠느냐 ¹²내 형제들아 어찌 무화과나무가 감람 열매를, 포도나무가 무화과를 맺겠느냐 이와 같이 짠 물이 단 물을 내지 못하느니라

❖ ❖ ❖

⁷짐승과 새와 벌레와 바다 생물의 모든 본성은 인간 본성에 의하여 제어되고 제어되어 왔습니다 ⁸그러나 쉬지 아니하는 악이요 치명적인 독이 가득한 혀는 사람들 중에 누구도 능히 제어할 수 없습니다 ⁹우리는 그것으로 주님과 아버지를 찬양하고 또 그것으로 하나님의 형상을 따라 지어진 사람을 저주하니 ¹⁰한 입에서 찬양과 저주가 나옵니다 내 형제들이여 이건 그럴 수 없습니다 ¹¹어떻게 샘이 같은 구멍에서 단 물과 쓴 물을 낸다는 말입니까? ¹²내 형제들이여 어떻게 무화과나무가 올리브를 맺고, 포도나무가 무화과를 맺습니까? 소금도 물을 달게 만들지 못합니다

13 　　　　　　　　　　　　　　　　　혀를 길들이라

⁷짐승과 새와 벌레와 바다 생물의 모든 본성은

인간 본성에 의하여 제어되고 제어되어 왔습니다

인생의 성패에서 혀의 비중이 막대하기 때문에 혀를 잘 다스리지 못하면
아무리 위대한 인생도 기필코 망합니다. 문제는 사람이 다른 모든 것을 제
어할 수 있어도 혀는 누구도 능히 길들일 수 없다는 것입니다. 이 문제의
심각성을 강조하기 위해 야고보는 인간의 "본성"(φύσις)이 다른 생물들의
"모든 본성"(πᾶσα φύσις)을 길들일 수는 있다고 말합니다. 이것은 인간 스스
로의 실력이 아니라 모든 본성을 만드신 하나님의 창조 원리에 근거한 말
입니다. 시인은 하나님이 인간을 지으시되 자신보다 조금 못하게 하셨고
"주의 손으로 만드신 것" 즉 "모든 소와 양과 들짐승" 같은 땅의 짐승들과
"공중의 새와 바다의 물고기와 바닷길에 다니는 것"을 인간의 발 아래에 두
셔서 다스리게 하셨다고 말합니다(시 8:5-8). 이는 창조까지 소급되는 증언
이며, "우리의 형상을 따라 우리의 모양대로 우리가 사람을 만들고 그들로

바다의 물고기와 하늘의 새와 가축과 온 땅과 땅에 기는 모든 것을 다스리게 하자"(창 1:26)는 창조주의 의도가 반영된 말입니다.

그러나 인간의 타락 이전에는 다른 모든 생물이 인간에게 순응하는 본능을 가졌지만 인간이 타락한 이후에는 다른 피조물에 대한 인간의 권위가 떨어졌고 모든 생물이 저주를 받고 땅도 저주를 받았기 때문에(창 3:17) 땅이든 생물이든 인간에게 잘 순응하지 않습니다. "모든 가축과 들의 모든 짐승보다 더욱 저주를 받아 배로 다니"는 뱀은 인간에게 더더욱 순응하지 않습니다(창 3:14). 인간을 적으로 인식하며 본능적인 공격성을 보입니다. 그럼에도 불구하고 땅과 모든 생물의 통제가 완전히 불가능한 것은 아닙니다. 시간을 두고 서서히 길들이면 인간의 다스림을 받습니다. 이는 인간의 타락 이후에도 "땅의 모든 짐승과 공중의 모든 새와 땅에 기는 모든 것과 바다의 모든 물고기가 너희를 두려워"할 것이라는 하나님의 자비로운 언약에 근거한 것입니다. 심지어 "이것들은 너희의 손에 붙였다"는 조항도 그 언약에 추가되어 있습니다(창 9:2). 타락 이전에는 존재의 질서를 따라 인간이 하나님께 순응하고 다른 피조물이 인간에게 순응하는 것은 마땅한 일입니다. 그러나 인간이 하나님을 거역하고 타락한 이후에도 여전히 인간에 대한 다른 피조물의 순응이 유지되는 것은 하나님의 놀라운 은총이며 동시에 인간도 돌이켜서 하나님께 순응해야 한다는 교훈의 시청각 교재와 같습니다. 이 교재는 지구촌 곳곳에 두루 비치되어 있습니다.

이러한 언약을 따라 인류의 역사를 보면 실제로 인간은 땅과 하늘과 바다와 그 가운데에 있는 모든 생물을 정복하고 다스려 왔습니다. 이는 문명이 발달한 오늘날의 현상만은 아닙니다. 1세기 로마의 정치인 겸 박물학자 플리니우스는 오늘날의 백과사전 같은 자신의 책(*Naturalis historia*) 7-11권에서 사자와 개와 말과 새를 길들이는 이야기를 상세하게 기록하고 있습니다. 그래서 같은 시대의 이러한 기록과 일치하게 야고보는 모든 생물의 본성이 인간의 본성에 의하여 "제어되고 제어되어 왔다"(δαμάζεται καὶ δεδάμασται)고 말합니다. 물론 인간의 본성을 넘어서는 제어의 현상도 있습니다. 맨톤의 말처럼 성경에는 사자의 굴 속에서도 맹수의 밥이 되지 않고 살아난 다니엘 이야기, 고래의 배 속에서도 소화되지 않고 살아난 요나 이야기, 독사에게 물려도 즉사하지 않고 아무런 해도 입지 않았던 바울 이야기 등이 나옵니다. 이러한 현상들을 통해 우리는 인간이 제어할 수 있는 대상의 다스림도 인간 자신의 권위에 근거하지 않고 인간에 대한 두려움을 다른 모든 생물에게 두신 하나님의 신실한 섭리에 근거한 것임을 배웁니다.

그런데 땅이나 생물이 아닌 인공지능(AI) 로봇 같은 고도의 최첨단 과학도 인간이 제어할 수 있을까요? 나라마다 기계들의 반란과 통제불능 사태를 우려하는 사람들이 대단히 많습니다. 인간이 만든 비행기나 자동차도 제어하지 못하여 해마다 무수히 많은 사람이 죽습니다. 화약과 핵의 개발도 인류의 역사에서 이따금씩 통제되지 못하고 지구촌 곳곳에서 터져 나라와 민족의 숨통이 끊어지고 자연이 파괴되는 피해가 적지 않습니다. 그런데 그것보다 더 정교하고 통제를 벗어나면 더 위험할 인공지능 로봇을 통해서는 얼마나 더 큰 피해가 인간에게 끼쳐질까요? 인공지능 로봇의 제어가 대단히 힘들 것이고 예상되는 피해의 규모도 막대할 것이라는 예측은 그리 어렵지 않습니다.

그럼에도 불구하고 로봇이 통제를 완전히 벗어나는 것은 아닐 것입니다. '핵 단추'를 제어하는 각 국의 대통령이 있듯이 전능한 누군가는 로봇의 통제권을 쥐고 인류의 역사를 이끌어 갈 것이라고 저는 믿습니다. 이는 주님께서 만물을 그 권능의 말씀으로 붙들고 계시다(히 1:3)는 히브리서 저자의 기록에서 "만물"에는 로봇도 포함되어 있다고 저는 생각하기 때문입니다. 대통령은 어리석은 판단을 내려도 전능자는 그러지 않습니다. 물론 시간의 끝에서는 주님의 허용을 따라 인간이 자신의 어리석은 판단으로 말미암아 자멸의 길을 걸어갈 가능성이 높습니다.

8그러나 쉬지 아니하는 악이요

치명적인 독이 가득한 혀는 사람들 중에 누구도 능히 제어할 수 없습니다

야고보는 제어가 가능한 다른 모든 생물과는 달리 사람의 혀는 능히 제어할 수 없다고 말합니다. 여기에서 인간에 대한 모든 만물의 순응은 혀를 제어하기 힘들다는 사실의 설명으로 활용되고 있습니다. 만물의 진실이 더 중요한 인간의 진실을 설명하는 도구라는 야고보의 이 글은 이 세상의 모든 만물과 사건이 다른 무엇보다 중요한 궁극적인 진실을 설명하는 도구라는 바울의 주장(롬 1:20)과 다르지 않습니다. 인간은 다른 모든 생물을 제어해도 정작 자기 자신은 제어하지 못합니다. 우리가 생물들이 인간에 의해 제어되는 것을 보았다면 우리도 하나님에 의해 제어될 만한데 우리는 그럴 기미도 보이지 않습니다. 우리가 들짐승은 길들여도 맨톤의 말처럼 "우리 자신의 가슴에 서식하는 짐승들은 길들이지 않습니다." 외부의 그 어떠한 것을 제어하는 것보다 자기 자신을 제어하는 것이 가장 중요하고 시급한 일입니다.

그래서 지혜자는 외부의 적을 다스리고 성을 정복하여 부국강병을 이루는 것보다 먼저 내부의 적인 자신을 정복하는 자가 되라고 말합니다(잠 16:32). 같은 맥락에서 제어되지 않는 분노의 배우자와 함께 사는 것보다 광야에서 들짐승과 더불어 사는 게 낫다고 했습니다(잠 21:19). 이에 대한 맨톤의 해석에 의하면, "다투는 배우자는 호랑이와 같아서 아직도 우리의 가슴 속에 누워 날카롭고 독한 말[의 발톱으]로 우리 마음을 초조하게 할 준비가 되어 있습니다." 그러나 우리의 부패한 본성보다 우리를 더 날카로운 발톱과 더 지독한 말로 괴롭히고 파괴하는 원흉은 없습니다. 자신을 제어하는 것이 유일하게 살 길입니다. 예수님의 표현을 빌리자면, 그 길은 자신을 부인하는 것입니다. 자신을 부인하고 하나님을 인정하는 것입니다. 이것보다 더 탁월한 자기부인 비결은 없습니다. 그런데도 우리는 의지를 하나님 쪽으로 굽히지

않습니다.

야고보가 보기에 혀는 "쉬지 아니하는 악"(κακόν)입니다. 악은 제어의 대상인데 제어되지 않습니다. 멈추지도 않고 지칠 줄도 모릅니다. 여기에서 "쉬지 않는"(ἀκατάστατος)이 다른 다수의 사본에는 "제어할 수 없는"(ἀκατάσχετος)으로 표기되어 있습니다. 그래서 칼뱅은 후자를 택하여 "강제할 수 없는"(incoercibile)으로 번역했고, 베자도 자신의 헬라어 판본(Novum Testamentum, 1598)에서 후자(ἀκατάσχετος)를 택하였고, 제네바 성경도 "다스릴 수 없는"(unruly)으로 표기하고 있습니다. 그러나 저는 루터(Luther Bibel, 1545)의 번역을 따라 "쉬지 않는"(unruhige)으로 번역하고 싶습니다. 혀는 집에 두고 다니지 못합니다. 그래서 사람이 가는 곳마다 문제를 일으키는, 쉬지 아니하는 필연적인 휴대용 악입니다. 입이 다물어질 때까지 악은 소진되지 않고 당연히 멈추지도 않습니다. 오직 안식에 들어간 자만이 자기의 일을 쉰다고 했습니다. 그런 자만이 혀도 쉴 것입니다. 안식에 들어간 자가 자기의 일을 쉬고 주님의 일을 하는 것처럼 안식에 들어간 혀도 자신의 말을 멈추고 주님의 말씀을 말할 것입니다. 즉 성령의 말하게 하심을 따라 하나님의 큰 일을 말할 것입니다.

그리고 야고보는 "치명적인 독이 가득한 혀"라고 말합니다. 이는 혀에서 "악독"이 나온다는 이사야의 증언과 다르지 않습니다(사 59:3). 우리는 치명적인 독이 독사나 다른 생물에게 있다고 알지만 세상의 모든 독을 다 합친 것보다 더 치명적인 독이 우리의 혀에 있다는 사실은 모릅니다. 다른 모든 독은 우리의 몸을 해치지만 우리의 혀에 가득한 치명적인 독은 사람의 영혼을 해칩니다. 세상의 무수히 많은 독은 우리의 혀에 가장 심각한 독이 있음을 잊지 말라는 각성제와 같습니다. 혀에 가득한 "치명적인 독"의 구체적인 내용은 이사야의 기록에 있습니다. "공의대로 소송하는 자도 없고 진실하게 판결하는 자도 없으며 허망한 것을 의뢰하며 거짓을 말하며 악행을 잉태하여 죄악을 낳으며 독사의 알을 품으며 거미줄을 짜나니 그 알을 먹는 자는 죽을 것이요 그 알이 밟힌즉 터져서 독사가 나올 것이니라"(사 59:4-5). 혀는 법정이나 가정이나 직장을 가리지 않고 가득히 가진 치명적인 독을 뿜습니다. 입을 열 때마다 맹독성 거짓이 쏟아지고 타인의 귀를 파고들어 영혼에 치명상을 입힙니다. 가는 곳마다 공의와 진실을 배신하는 말들을 뿌려 불의와 거짓의 소굴로 만듭니다. 야고보가 앞에서 언급한 것처럼 이런 혀를 제어하지 않으면 지구가 지옥의 불이 타오르는 불의의 세계로 변할 것입니다. 칼뱅의 말처럼 "사람의 몸에서 혀보다 해로운 부위는 없습니다." 혀의 가장 해로운 치명성에 대하여, 중세의 교부 베르나르는 비방의 독이 가득한 혀가 한번에 세 사람을 죽이는데 듣는 자와 비방의 대상만 죽이는 것이 아니라 말하는 당사자도 동시에 죽인다고 말합니다. 유독한 혀를 가진 당사자도 무사하지 못한다는 사실에 대한 예수님의 말씀을 보십시오. 즉 "사람이 무슨 무익한 말을 하든지 심판 날에 이에 대하여 심문을 받으리니 네 말로 의롭다 함을 받고 네 말로 정죄함을 받으리라"(마 12:37). 혀가 치명적인 이유는 혀에서 독이 나오기도 하지만 그 혀의 맹독성 때문에 혀의 주인이 하나님의 심판을 받는다는 사실에 있습니다. 땅에서 발생하는 정죄는 일시적인 것입니다. 그러나 하나님의 정죄는 영원한 것이기에 땅의 정죄와는 비교할 수조차 없습니다.

그런데 문제는 개인과 사회의 운명을 좌우하는 이토록 심각한 혀를 "사람들 중에 누구도 능히 제어할 수 없다"는 것입니다. 이 문제를 해결하기 위해서는 혀를 자르면 된다고 주장하는 사람들도 있습니다. 이러한 주장의 근거는 손이 죄를 범하게 하면 자르고 눈이 범죄하게 하면 뽑으라는 예수님의 말씀에 있습니다. 그러나 죄의 심각성을 강조하는 수사학을 행동의 지침으로 삼는 것은 과도한 문자적 해석의 폐단을 낳습니다. 야고보의 문맥은 혀를 자르라는 것이 아니라 길들이고 제어해야 한다는 것입니다. 혀 자르기는 하나님의 창조를 파괴하는 짓입니다. 창조주의 의도를 따라 만들어진 혀, 그 고귀한 기물을 훼손하는 것은 창조주의 뜻이 아닙니다.

혀의 용도는 말하기에 있습니다. 오늘날 언론의 자유를 보장하는 것은 민주주의 사회의 마지막 보루이기 때문에 시민의 혀에 족쇄를 채우는 것은 사회적인 미덕이 아닙니다. 혀의 자유를 사수하기 위해 어떤 사람들은 죽음도 마다하지 않습니다. 그런데 성경은 혀를 제어해야 한다고 말하고 동시에 그 혀는 사람에 의해 제어되지 않는다고 말합니다. 사회와 성경의 주장이 충돌되는 것처럼 보이지만 맥락이 다릅니다. 사회가 주장하는 언론의 자유는 타인이나 공권력에 의해 혀가 억압되지 않아야 한다는 것이고, 성경이 말하는 혀의 제어는 스스로 혀를 치명적인 악의 도구로 사용하지 말라는 것입니다.

혀를 제어하지 못한다는 말은 대단히 냉혹한 선언인 듯하지만 자세히 관찰하면 희망의 함의도 보입니다. 혀를 길들이는 해결의 실마리는 혀를 제어하는 자가 "사람들 중에"는 없다는 말입니다. 이는 사람이 아닌 다른 해결자가 있음을 암시하고 있습니다. 그래서 아우구스티누스는 야고보가 "이렇게 말한 것은 우리가 이 악을 용인하게 하려는 것이 아니라 우리 혀를 길들일 수 있는 은총을 하나님께 청하게 하려는 뜻"이라고 말합니다. 교부는 순차적인 제어의 질서에 대해 이렇게 말합니다. "하나님의 형상은 들짐승을 길들이고 하나님은 자신의 형상을 길들이실 것입니다"(Imago Dei domat feram, domabit Deus imaginem suam). 모든 존재는 자신의 차원을 길들이지 못하고 더 높은 차원의 권위에 의해 길들여질 수 있습니다.

믿음의 눈으로 보면 제어할 사람이 없다는 없음의 절망에서 있음의 희망이 읽힙니다. 이런 믿음의 해석학은 혀를 길들이지 못한다는 절망적인 문제뿐 아니라 세상의 다른 모든 절망적인 일에도 적용될 수 있습니다. 세상의 모든 절망이 내는 동일한 목소리는 피조물의 차원보다 높으신 창조주 하나님을 찾으라는 것입니다. 오직 그에게만 답이 있다고 말합니다. 사람이 하지 못하는 무수히 많은 일들을 하나님은 능히 하십니다(마 19:26). 하나님의 말씀이신 그리스도 예수께는 "능하지 못하심이 없습니다"(눅 1:37). 성경이 코에 호흡이 붙어 있는 인생을 의지하지 말라고(사 2:22), 사람에게 해결책이 없다고 했음에도 불구하고 여전히 절망의 때마다 하나님이 아니라 사람을 찾는 것은 어리석은 일입니다.

> 9우리는 그것으로 주님과 아버지를 찬양하고
> 또 그것으로 하나님의 형상을 따라 지어진 사람을 저주하니
> 10한 입에서 찬양과 저주가 나옵니다 내 형제들이여 이건 그럴 수 없습니다

이제 야고보는 혀를 다스리는 해법을 꺼냅니다. 즉 혀로 "주님과 아버지를 찬양"하는 것입니다. 우리의 입에서는 항상 찬양이 가득하여 입만 열면 찬양이 쏟아져야 하기에 히브리서 기자는 "우리는 예수로 말미암아 항상 찬송의 제사를 하나님께 드리자"는 제안을 했습니다(히 13:15). 나아가 "이는 그 이름을 증언하는 입술의 열매"라고 말합니다. 이로 보건대, 찬송만이 입에서 수확해야 할 유일한 열매라는 진리를 히브리서 저자인 바울과 야고보가 공유하고 있는 듯합니다. 이 열매는 저절로 맺어지지 않습니다. 하나님은 자신을 "입술의 열매를 창조하는 자"라고 하십니다(사 57:19). 즉 입술의 열매 즉 찬양은 하나님에 의해 창조되는 것입니다. 하나님이 혀를 고쳐주지 않으시면 누구도 그 열매를 맺지 못합니다. 하나님이 혀를 고치시는 자는 마음이 교만하고 자랑하는 자가 아니라 "통회하고 마음이 겸손한 자"입니다(사 57:15). 그들의 영과 마음을 소생시켜 주시고 위로와 평강을 주시고 입술에는 즐겁고 거룩한 노래가 가득 고이게 하십니다. 여기에서 겸손은 자칫 아부로 변질될 수 있습니다. 겸손은 허리를 굽히고 고개를 숙이는 이유가 상대방의 인격과 권위와 존엄성에 있지만 아부는 그런 자세로 얻을 지도 모르는 자신의 유익에 있습니다. 즉 겸손은 타인을 위하고 향하며 아부는 자신을 위하고 향합니다.

하나님을 찬송하는 것은 곧 그분의 은혜에 합당하게 사는 것입니다. 시편은 마지막 장, 마지막 소절에서 "호흡이 있는 자마다 여호와를 찬양해야 한다"는 내용으로 끝을 맺습니다(시 150:6). 모든 호흡의 용도는 찬양에 있습니다. 한 모금의 숨도 여호와를 찬양하는 것과 무관하게 입을 출입하지 않도록 살아야 한다는 것이 시편의 결론인 듯합니다. 이는 또한 인생의 마지막 숨도 여호와를 찬양하는 일에 쓰여져야 한다는 말처럼 들립니다. 시편의 주제를 살아내려 한 다윗은 "내가 여호와를 항상 찬양하며 그를 찬송함이 내 입에 계속 있을 것이라"는 고백을 했습니다(시 34:1). 게다가 하나님을 찬양하는 선한 말을 하지 않고 잠잠하면 "나의 근심이 더 심하다"는 고백도 했습니다(시 39:2). 이 고백은 혀가 악한 것을 말하거나 아무 말도 하지 않으면 대단히 심한 근심이 생긴다는 말입니다. 근심이 사라지는 것은 혀가 선을 말하는 본래의 용도에 충실할 때입니다.

야고보는 "주님과 아버지"를 찬양의 대상으로 명시하고 있습니다. 여기에서 "주님"은 아버지 하나님과 구별되신 예수님일 것입니다. 이처럼 예수님은 성부 하나님과 함께 동등한 찬양 받기에 합당하신 분입니다. 찬양의 순서는 예수님의 말씀(요 14:6)처럼 주님으로 말미암아 아버지께 나아가는 식입니다. 아버지 하나님은 모든 찬양의 끝입니다. 예수님을 주님으로 고백하는 자만이 그분과 아버지를 함께 찬양할 수 있습니다. 혀는 우리의 주인을 위한 것이고 그 주인을 보내신 아버지를 위한 것입니다. 주님과 아버지를 찬양하는 것은 혀의 본질적인 용도에 가장 충실한 것입니다.

문제는 동일한 혀로 "하나님의 형상을 따라 지어진 사람을 저주"하는 믿음의 사람들도 있다는 것입니다. 혀로 저주하는 것은 혀의 용도를 변경하는 불법적인 일입니다. 창조의 원리를 왜곡하는 발칙한 짓입니다. 야고보는 저주 당하는 사람들을 그들의 타락과 부패에 대한 어떠한 언급도 없이 "하나님의 형상을 따라 지어진" 존재로 여깁니다. 인간은 죄로 인하여 일그러져 있더라도 여전히 짐승과는 구별되고 천하보다 귀한 존엄성도 여전히 타락한 인간에게 남아 있습니다. 그런 인간에게 저주는 합당하지 않습니다. 사람을 저주하는 것은 하나님의 형상을 저주하는 것입니다. 고대에는 왕의 형상도 함부로 대하지 않는데 하물며 하나님의 형상을 어떻게 저주할 수 있습니까?

사람 외에도 저주가 합당한 피조물은 없습니다. 땅과 모든 생물은 인간의 죄 때문에 종교적인 연좌제 차원에서 이미 저주 아래에 있습니다. 그 증거는 모든 생물이 때가 이르면 죽는다는 것입니다. 그래서 바울은 생물뿐만 아니라 모든 피조물이 허무한 데 굴복하며 함께 탄식하고 함께 고통을 겪는다고 말합니다(롬 8:20-22). 그러므로 우리는 어떠한 피조물도 저주하지 말고 불쌍히 여기는 것이 마땅합니다. 만물의 영장 자격으로 모든 피조물을 불쌍히 여기는 구체적인 방법은, 하나님의 아들다운 아들들이 나타날 수 있도록 그 아들의 형상을 온전히 이루며 땅끝까지 이르러 우리의 복음 되시는 주님과 아버지를 찬송하는 것입니다. 어쩌면 이런 섭리의 예언처럼, 시인은 "주여 내 입술을 열어 주소서 내 입이 주를 찬송하여 전파할 것"이라고 말합니다(시 51:15).

야고보는 "한 입에서 찬양과 저주가 나온다"는 사실에 경악을 금치 못합니다. 주님과 아버지를 찬양하는 동시에 하나님의 형상을 따라 지어진 사람을 저주하는 것은 있을 수 없고 있어서도 안되는 일입니다. 찬양과 저주는 한 입에서 공존할 수 없습니다. 그런데도 어느 시인은 "입으로는 축복하고 속으로는 저주"하는 위선적인 사람들이 있다고 말합니다(시 62:4). 가식적인 찬양과 실제적인 저주를 하는 악한 사람은 있지만 실제적인 찬양과 가식적인 저주를 하는 선한 사람은 없습니다. 찬양과 저주를 동시에 한다면 그는 선한 사람이 아니라 악한 사람으로 평가될 것입니다.

오늘날도 교회에는 하나님을 찬양하던 입으로 사람을 저주하는 위선적인 사람들이 있습니다. 찬양과 저주뿐 아니라 정의와 불의가, 진리와 거짓이, 빛과 어둠이, 생명과 사망이, 용서와 증오가 한 입에서 사이좋게 나옵니다. 그런데도 모순을 전혀 느끼지 못합니다. 모순 자체보다 모순의 이러한 일상화와 평범화가 더 심각한 것입니다.

11어떻게 샘이 같은 구멍에서 단 물과 쓴 물을 낸다는 말입니까?
12내 형제들이여 어떻게 무화과나무가 올리브를 맺고,
포도나무가 무화과를 맺습니까? 소금도 물을 달게 만들지 못합니다

찬양과 저주가 동시에 출입하는 혀의 모순성은 당연히 자연의 모든 본성과 상충되는 것임을 보이고자 야고보는 샘과 나무와 소금을 언급하며 독자의 이해를 돕습니다. 샘에 대해서는 힐라리우스의 간명한 설명이 좋습니다. "샘은 사람의 마음이고 샘에서 나오는 물은 사람의 말이며 물이 솟아나는 샘구멍은 사람의 입입니다." 이는 예수님의 말씀을 고려한 야고보 해석으로 보입니다. 예수님의 말씀처럼, 우리는 무엇을 말하여도 "마음에 가득한 것을 입으로 말"합니다(마 12:34). 이어지는 말씀을 보십시오. "선한 사람은 그 쌓은 선에서 선한 것을 내고 악한 사람은 그 쌓은 악에서 악한 것을 내느니라"(마 12:35). 야고보는 지금 믿음의 형제들을 향해 말합니다. 선하고 의로운 하나님의 자녀가 되었다면 그의 혀에서는 선한 말만 나와야 한다는 말입니다. 이는 만약 악한 말이 우리의 혀에서 나온다면 우리가 하나님의 자녀가 아닐 가능성을 의심해야 한다는 무서운 말입니다. 샘의 상태를 거기에서 나온 물의 상태에서 확인하는 것처럼, 마음의 상태도 거기에서 나온 말의 상태로 확인하는 것입니다. 말이 악하면 마음도 악합니다.

그런데 7세기 초반의 교부 이시도르(Isidore of Seville, 560-636)는 자신의 책(*Etymologiarum sive Originum*, XIII.xiii)에서 혈거인이 사는 어느 나라(Trogodyti)에 "하루에 세 번은 쓴 물이 되었다가 그 다음에는 매우 자주 달게 되는"(ter [in] die fit amarus et deinde totiens dulcis) 분지가 있다고 말합니다.

그러나 길의 주장처럼 그런 샘도 "단 물과 쓴 물이 동시에 나오지는 않습니다." 혹시 동시에 나온다고 하더라도 메이어의 말처럼 "단 물과 쓴 물이 섞이면 모두 쓰게 되기"에 쓴 물의 샘으로 간주될 것입니다. 이와 동일하게 "하나님을 찬송하는 자들의 찬송도 사람에 대한 저주와 격분과 썩은 이야기가 그들의 입에 가득할 때에는 찬송이 아니며 오히려 그들에게 죄"라는 아퀴나스와 르페브르(Jacques Lefèvre d'Étaples, 1455 - 1536)의 추론은 틀리지 않습니다. 아무튼, 두 종류의 물이 샘의 같은 구멍에서 동시에 나올 수는 없는 것처럼, 혀에서도 찬양과 저주가 동시에 나올 수는 없습니다.

야고보는 나무에 대해서도 말합니다. 무화과나무는 무화과를 맺고 포도나무는 포도를 맺습니다. 무화과나무가 올리브를, 포도나무가 무화과를 맺는 일은 없습니다. 야고보는 자연의 모든 식물은 그 본성에 맞는 열매를 맺는다고 말합니다. 이것도 예수님의 말씀과 무관하지 않습니다. "나무도 좋고 열매도 좋다 하든지 나무도 좋지 않고 열매도 좋지 않다 하든지 하라 그 열매로 나무를 아느니라"(마 12:33). 인간의 혀도 주님과 아버지를 찬송하는 열매가 맺어져야 하는 곳입니다. 그런데도 우리의 혀가 저주라는 열매를 맺는다면 우리는 하나님의 사람이 아닙니다.

"소금도 물을 달게 만들지 못합니다." 칼뱅은 하나님이 우리로 하여금 찬양과 저주의 모순적인 조합을 단념하게 하시려고 무생물도 쓰신다고 말합니다. 온 세상의 만물을 창조하신 하나님의 뜻과 질서에 대해서는 생물뿐만 아니라 무생물도 침묵할 수 없다는 차원에서 칼뱅의 말은 타당해 보입니다. 소금은 달게 만들지 않고 짜게 만드는 것입니다. 이는 창조자의 의도를 따라 정해진 것이고 누구도 바꾸지 못합니다. 하나님의 창조는 그 자체로 최고의 질서이기 때문에 소금의 본래적인 용도를 바꾸면 필히 모순과 무질서가 생깁니다. 이는 소금뿐만 아니라 다른 모든 사물의 경우에도 다르지 않습니다. 샘, 무화과나무, 포도나무 역시 창조자의 의도가 반영된 질서가 이미 정해져 있습니다. 어떠한 것이든지 창조의 질서를 변경하면 무질서가 발생하고 하나님이 보시기에 좋았던 상태는 변질되고 인간과 자연은 피해를 입을 수밖에 없습니다. 혀도 창조의 본래 질서인 찬송을 버리고 저주를 택하면 동일한 문제가 생깁니다. 치명적인 독이 가득한, 지옥이 불지른 불의의 세계인 혀가 일으키는 피해는 이 세상의 다른 모든 만물이 일으키는 피해의 합보다 더 심각할 것입니다.

약 3:13-18

¹³너희 중에 지혜와 총명이 있는 자가 누구냐 그는 선행으로 말미암아 지혜의 온유함으로 그 행함을 보일지니라 ¹⁴그러나 너희 마음 속에 독한 시기와 다툼이 있으면 자랑하지 말라 진리를 거슬러 거짓말하지 말라 ¹⁵이러한 지혜는 위로부터 내려온 것이 아니요 땅 위의 것이요 정욕의 것이요 귀신의 것이니 ¹⁶시기와 다툼이 있는 곳에는 혼란과 모든 악한 일이 있음이라 ¹⁷오직 위로부터 난 지혜는 첫째 성결하고 다음에 화평하고 관용하고 양순하며 긍휼과 선한 열매가 가득하고 편견과 거짓이 없나니 ¹⁸화평하게 하는 자들은 화평으로 심어 의의 열매를 거두느니라

❖ ❖ ❖

¹³여러분 중에 누가 지혜롭고 총명한 자입니까? 그는 지혜의 온유함 속에서 자신의 일들을 선한 행실로 보여 주십시오 ¹⁴그러나 여러분이 마음에 독한 시기와 투기가 있다면 진실을 거슬러서 자랑하지 말고 거짓말도 하지 마십시오 ¹⁵이러한 지혜는 위로부터 내려온 것이 아니라 세속적인 것이요 정욕적인 것이요 마귀적인 것입니다 ¹⁶시기와 투기가 있는 곳에는 혼란과 모든 악행도 있습니다 ¹⁷그러나 위로부터 [온] 지혜는 첫째 성결하고 그 다음에 평화롭고 적정하고 양순하며 긍휼과 선한 열매가 가득하고 편견과 가식이 없습니다 ¹⁸게다가 의의 열매는 평화를 만드는 자들의 평화 속에 뿌려져 있습니다

14 지혜를 분별하라

13여러분 중에 누가 지혜롭고 총명한 자입니까?
그는 지혜의 온유함 속에서 자신의 일들을 선한 행실로 보여 주십시오

한 입에서 찬송과 저주가 동시에 나오는 모순의 배후에는 악한 본성과 병든 마음이 있습니다. 그런 내면의 근본적인 문제를 해결하기 위해 야고보는 1장에서 언급한 지혜라는 열쇠를 다시 꺼냅니다. 행위의 사도라고 알려진 야고보는 행함의 중요성을 강하게 말하지만 행함만 말하지는 않습니다. 그는 "너희 중에 누가 지혜롭고 총명한 자"냐고 묻습니다. 여기에서 "너희 중에"(ἐν ὑμῖν)라는 문구는 온 세상에 흩어져 있는 열두 지파, 하나님의 사람들, 혹은 믿음의 사람들 중에도 어리석고 미련한 자가 있음을 암시하는 말입니다. 이는 동일한 입에서 찬송과 저주가 동시에 나오는 사람이 믿음의 사람들 중에 있는 것과 다르지 않습니다.

질문은 언제나 우리로 하여금 스스로 생각하게 하고, 자신을 돌아보게 하고, 아끼던 기존의 이해가 얼마나 올바른 것인지를 점검하게 하고, 동시

에 참된 개념을 숙고하게 만듭니다. 질문은 사람의 속마음을 밖으로 꺼내는 갈고리와 같습니다.

야고보의 이 질문에 대해 대부분의 사람들은 자신을 지혜롭고 총명한 자로 여깁니다. 이런 성향을 잘 아는 지혜자는 우리에게 "스스로 지혜롭게 여기지 말라"(잠 3:7)고 말합니다. 그럼에도 불구하고 자신을 지혜롭게 여기는 사람들에 대해 지혜자는 이런 평가를 내립니다. "네가 스스로 지혜롭게 여기는 자를 보느냐 그보다 미련한 자에게 오히려 희망이 있느니라"(잠 26:12). 스스로 지혜롭게 여기는 것은 지혜의 기준을 자신에게 둔다는 말입니다. 자기가 자신에게 기준이 된다면 자신의 모든 것이 그 기준을 충족할 수밖에 없습니다. 그러면 모든 측면에서 자신을 명철하게, 지혜롭게, 정의롭게, 자비롭게, 겸손하게, 정직하게 여기는 우물 안의 개구리로 변합니다. 이러한 자기애의 늪에 빠진 자에게는 어떠한 변화나 발전도 기대할 수 없습니다. 변화와 성장은 자신을 더 높은 기준 앞에 세울 때 기대할 수 있습니다.

지혜자는 자신을 스스로 지혜롭게 여기는 자에 비한다면 오히려 미련한 자에게 희망이 있다고 말합니다. 사람들은 저마다 자신의 주특기를 지혜의 기준으로 삼습니다. 부자의 경우를 한번 보십시오. "부자는 자신을 지혜롭게 여긴다"(잠 28:11)고 지혜자는 말합니다. 부자는 재산의 크기를 지혜의 기준으로 삼기에 자신을 지혜롭게 여깁니다. 그런 기준으로 살기에 인생의 방향을 부의 증대에 맞추고 수입 올리기에 열을 올립니다. 학자는 지식의 분량을 지혜의 기준으로 삼습니다. 권력자는 권세의 범위를 지혜의 기준으로 삼습니다. 미인은 미모의 상태를 지혜의 기준으로 삼습니다. 기준이 자기 자신인 사람보다 더 어리석고 절망적인 사람은 없습니다.

야고보는 지혜롭고 총명한 자라면 입의 주장이 아니라 몸의 행실로 보여야 한다고 말합니다. 이는 "자신의 눈에 지혜로운 사람"(אִישׁ חָכָם בְּעֵינָיו, 잠 26:12)이 아니라 타인의 눈에 지혜로운 자인지를 몸으로 증명해야 한다는 것입니다. 지혜의 무대는 입이 아니라 몸입니다. 참된 믿음이 행위로 확인되는 것처럼, 참된 지혜와 총명도 행위로 증명되는 것입니다. 야고보의 이런 주장은 "지혜는 그 행한 일로 인하여 옳다 함을 얻는다"(마 11:19)는 예수님의 말씀에 근거한 것입니다. "지혜롭다"(σοφός)는 "어떤 전문적인 분야에 숙련된 상태"를 의미하고, "총명하다"(ἐπιστήμων)는 "어떤 전문적인 지식을 가진 지성적인 상태"를 뜻합니다. 호세아의 기록에 의하면 지혜는 깨닫는 것과 관계되어 있고 총명은 아는 것과 관계되어 있습니다(호 14:9). 맨톤은 바울의 말을 빌어 "목회의 필수적인 은사"로서 "지혜의 말씀"과 "지식의 말씀"(고전 12:8)을 가진 자가 "지혜롭고 총명한 자"라고 말합니다. 그런데 행함이 없다면 어떠한 분야에도 숙련되지 못하고 행함으로 표출되지 않는 전문적인 지식은 공허할 뿐입니다. 공허한 지혜와 총명은 자랑 이외에는 어떠한 쓸모도 없습니다. 그래서 바울의 말처럼 필히 교만을 낳습니다(고전 8:1). 이처럼 총명과 지혜라는 미덕도 행위가 빠지면 죽은 것입니다.

길의 해석처럼 진실로 지혜로운 자는 "본성적인, 시민적인, 혹은 심지어 도덕적인 사안에서" 지혜로운 것이 아니라 "영적인 사안에서" 지혜로운 자입니다. 즉 그는 "선을 행하고 구원에 이르는 지혜"를 가졌으며 동시에 "자신의 무지와 우매함을 배워 아는 자"입니다. 특별히 자신에 대한 지식을 구비하되 "본성의 불손함, 마음에 재앙을 일으키는 질병, 영적인 선에 대한 자율적인 실천의 불능성과 무능성, 하나님 앞에서 자신을 의롭다고 할 의의 불완전성 및 불충분성, 본성적인 상실의 상태와 조건, 하나님의 은총과 그리스도의 의 없이는 얼마나 비참하게 되는지"를 아는 자입니다. "영적인 지혜의 학교에서 1교시는 자신이 바보라는 사실을 아는 것"이라는 길의 주장에 저는 동의합니다. 존 길은 지혜로운 자가 "자신의 종말을 고려하고 미래의 상태와 자신이 다른 세계 속에서 어떤 자일지를 생각하며 확실하고 유일한 토대, 즉 그리스도 예수라는 바위에 자신의 믿음과 영원한 구원의 소망"을 세운다고 말합니다. 그런 지혜자는 "종교적인 고백을 은총의 원리들 위에 구축하고 하나님의 영광에 시선을 고정하고" "지상적인 것보다 천상적인 것을 선호하며 상 주심의 표를 계속해서 응시하는 자"입니다.

야고보가 보기에 지혜롭고 총명한 자의 증명은 "지혜의 온유함 속에서 자신의 행함을 선한 행실로" 보일 때입니다. "선한 행실"은 "지혜의 온유함 속에서"만 나옵니다. "온유함"(πραΰτης)은 그냥 부드럽고 무른 감정의 유약한 상태가 아닙니다. 매사에 "적정한 태도를 가지는 것"입니다. "온유함"은 빈하지도 않고 과하지도 않는 감정의 적정한 온도와 속도의 완급을 자유롭게 조절하는 놀라운 힘입니다. 온유한 사람은 타인의 특성을 정확하게 파악하고 그에게 맞춤형 감정과 말과 반응을 자유롭게 구사하는 자입니다. 그런 온유함은 지혜에 의해서만 만들어질 수 있습니다. "지혜의 온유함"은 지혜에 의해 조정된 온유함을 뜻합니다. 지혜로운 사람은 말과 행동과 삶이 지혜의 적절한 조정을 받아 선을 행하는 자입니다.

¹⁴그러나 여러분이 마음에 독한 시기와 투기가 있다면 진실을 거슬러서 자랑하지 말고 거짓말도 하지 마십시오 ¹⁵이러한 지혜는 위로부터 내려온 것이 아니라 세속적인 것이요 정욕적인 것이요 마귀적인 것입니다

야고보는 이제 두 종류의 지혜, 즉 땅의 지혜와 하늘의 지혜를 비교하며 순서대로 논합니다. 두 지혜를 확인하고 그 앞에 나 자신을 세워 보십시오. 야고보는 먼저 땅의 지혜를 언급하되 "지혜의 온유함"과 상반된 무절제한 감정의 상태로서 마음의 "독한 시기와 투기"를 다룹니다. "독한 시기"(ζῆλον πικρὸν)는 "자기보다 뛰어난 타인에 대하여 나쁜 감정이 차올라 조절되지 않을 정도로 격분한 상태"를 뜻합니다. "투기"(ἐπιθεία)는 "이기적인 경쟁심 때문에 편을 가르고 파당을 짓고 싸우려는 마음의 욕구"를 뜻합니다. 시기와 투기는 왜 생길까요? 바울은 "시기와 투기"가 성령의 일이 아니라 "육체의 일"이라고 말합니다. 육체에 박혀 있어서 모든 사람은 바울의 고백처럼

곤고한 사망의 몸입니다. 그래서 바울은 "육체와 함께 그 정욕과 탐심을 십자가에 못 박"지 않으면 해결되지 않는다고 말합니다(갈 5:19-24). 나아가 "헛된 영광을 구하"기 때문에 시기와 투기가 생깁니다(갈 5:26). 경제적인 풍요나 신체적인 쾌락이나 사회적인 명예라는 세상의 정욕적인 영광을 탐하면 타인과 비교하고, 자신보다 훌륭하면 시기하고, 그와 싸우려는 투기가 타오르고, 자신이 남보다 더 돋보이기 위해 주변의 타인들을 짓밟으려 하고, 짓밟기 위해 필요한 도구들을 찾습니다. 이처럼 내가 시기를 다스리지 않고 감정이 나를 다스리면 어떠한 열정도 흉기로 변합니다. 자신도 파괴하고 타인도 해칩니다.

"독한 시기와 투기"가 어떠한 비용도 들이지 않고 가장 빈번하게 동원하는 도구들 중에는 자랑과 거짓말이 있습니다. 마음에 "독한 시기와 투기"가 있는 사람은 진실을 좋아하지 않고 진실에 머물지도 않습니다. "자랑하는 것"(κατακαυχάομαι)은 "자신의 우월성을 보이려고 자신을 무언가의 위로 높이 올리는 것"입니다. "거짓을 말하는 것"(ψεύδομαι)은 "사실이 아닌 거짓을 말하면서 그 거짓으로 진실을 가리는 것"입니다. 지독한 시기와 투기를 가진 사람은 자신을 더 커 보이게 하려고, 더 강하고 멋진 사람인 척하려고, 사실을 부풀려서 말하는 자랑에 빠집니다. 상대방을 꺾어 궁지에 몰아넣을 수만 있다면, 거짓과의 거래도 주저하지 않습니다. 사람들은 자신을 돋보이게 하는 그런 자랑과 거짓말을 일종의 지혜로 여깁니다. 자신을 위해 적극 활용하고 남에게도 그것을 권합니다.

그러나 야고보는 그런 자랑과 거짓말을 금합니다. "이러한 지혜는 위로부터 내려온 것이 아닙니다." 이 표현에는 지혜의 기원과 방향성이 표현되어 있습니다. 먼저 지혜의 기원과 관련하여 우리는 지혜가 "위로부터" 온 것이어야 참되다는 사실을 배웁니다. 1장에서 야고보는 "모든 좋은 주어짐과 모든 온전한 선물은 위로부터 존재하고 빛들의 아버지로부터 내려오는 것"이라고 했습니다(약 1:17). 야고보의 말에서 우리는 어떠한 것에 대해서도 출처의 분별이 필요함을 배웁니다. 위로부터 주어지지 않은 것은 아버지 하나님의 선물이 아닙니다. 대표적인 예로 두려움은 "하나님이 우리에게 주신 것"이 아니라고 바울은 말합니다(딤후 1:7). 하나님이 주시지도 않은 두려움을 마음에 간직하는 것은 어리석은 일입니다. 나아가 성경에서 "하지 말라"고 명령하는 모든 것, 즉 살인, 거짓말, 간음, 걱정, 근심 등도 위로부터 온 것이 아닙니다.

참된 지혜는 위로부터 주어진 것인 동시에 방향성에 있어서는 아래로 향한다는 사실도 야고보의 글에서 배웁니다. 그래서 위로부터 주어진 지혜의 소유자는 자신을 높이지 않고 낮추는 겸손한 자입니다. 노자의 『도덕경』 8장에는 물의 지혜가 나옵니다. 노자에게 "가장 훌륭한 것은 물처럼 되는 것입니다. 물은 온갖 것을 위해 섬길 뿐, 그것들과 겨루는 일이 없고 모두가 싫어하는 [낮은] 곳을 향하여 흐를 뿐입니다." 도덕경을 언급하지 않더라도, 우리는 아래로 향하도록 창조된 물을 통해 낮은 곳으로 내려가는 겸손, 막히면 돌아가는 여유, 구정물도 받아 주는 포용력, 어떠한 지형에도 맞추는 적응력, 바위도 뚫는 끈기, 높은 자들보다 낮은 자들을 먼저 찾아가는 정의, 자신을 무상으로 가져가도 아끼지 않고 주는 희생정신, 결국에는 거대한 바다에 이르는 대의를 배웁니다. 야고보가 말하는 참된 지혜도 이런 물처럼 위에서 아래로 흐르는 방향성을 갖습니다.

위에서 아래로 내려오지 않은, 오히려 아래에서 위로 오르려는 자랑과 거짓말은 "세속적인 것이요 정욕적인 것이요 마귀적인 것입니다." 이것은 모세의 시대에 이집트의 지혜였고, 군왕들의 시대에는 바벨론의 지혜였고, 예수님의 시대에는 로마의 지혜였을 것입니다. "세속적인 것"(ἐπίγειος)은 천상적인 것(ἐπουράνιος)과 대조되는 것으로서(고전 15:40) 이 땅에 속한 것을 가리키는 말입니다. 즉 이 땅에서는 사람들이 흠모하는 것이지만 하늘에 이르지는 못하는 유한한 것입니다. 자랑과 거짓말은 죽었다 깨어나도 하늘의 것을 얻지 못합니다. 고작해야 이 세상에 속한 것들을 취하려고 동원되는 악한 도구일 뿐입니다. 자신을 돋보이게 하려는 자랑과 진실이 아닌 것을 섞어서 진실인 것처럼 가장하는 거짓말은 모두 세상의 것을 얻기에는 실제로 유용해 보입니다. 세상의 것을 추구하는 이유는 낮아지기 위함이 아니라 높아지기 위한 것입니다. 그러나 낮아지는 참된 지혜의 역방향을 추구하면 높은 하늘의 영원한 것에서 더 멀어지고 결국 그것을 상실하게 된다는 어리석은 비용을 치릅니다. 맨톤의 말처럼, 거룩한 의무에는 미련하고 세상의 유익에는 영리한 것과 사소한 일에 진지하고 엄중한 일에 사사로운 것은 참으로 우매하고 슬픈 일입니다.

　"정욕적인 혹은 혼적인 것"(ψυχικός)은 영적인 것(πνευματικός)과 대조되는 것으로서 하나님의 영과 무관한 인간에게 속한 것을 가리키는 말입니다. 혼과 영의 대조에 대해 바울은 다음과 같이 말합니다. "혼적인(ψυχικός) 몸을 심고 영적인(πνευματικός) 몸으로 다시 살아나니 혼적인 몸이 있은즉 영적인 몸도 있느니라"(고전 15:44). 나아가 혼적인 몸은 첫째 아담과 관련되어 있고 영적인 몸은 마지막 아담과 관련되어 있다고 말합니다(고전 15:45). 맨톤은 "혼"(ψύχη)이 동물성을 가리키는 말이며 천상의 영적인 행복이 아니라 "현세적인 만족, 현재적인 이생의 안락과 쾌락" 쪽으로 휘어진 성향을 뜻합니다. 정욕적인 지혜는 제아무리 뛰어나도 이 세상의 사멸적인 생존과 관계된 것이지만, 영적인 지혜는 그리스도 예수로 말미암는 하늘의 영속적인 생존과 관계된 것입니다. 자랑과 거짓말을 지혜로 여기며 관장하는 주체는 혼적인 몸입니다. 하나님을 떠난 혼적인 사람은 하나님의 것을 추구하지 않고 주어져도 받지를 못합니다(고전 2:14).

　자랑과 거짓말은 "마귀적인 것"(δαιμονιώδης)입니다. 이는 예수께서 마귀를 "거짓의 아비"(요 8:44)라고 규정하신 것처럼 자랑과 거짓말의 출처가 마귀라는 뜻입니다. 우리에게 있는 것 중에 받지 아니한 것이 하나도 없습니다. 그러나 자랑과 거짓말이 위로부터 주어지지 않았다면 그 기원을 하나님이 아니라 마귀에게 돌릴 수밖에 없습니다. 마귀적인 것을 지혜로 여기며 사용하는 자는 마귀적인 존재 즉 마귀에게 속한 자가 될 수밖에 없습니다. 마귀의 도구들인 자랑과 거짓말이 지혜로 둔갑하는 것은 너무도 심각한 왜곡이고 너무도 안타까운 일이지만 마귀가 왕 노릇하는 세상 속에서는 어쩌면 당연한 일인지도 모릅니다. 이런 현상에 대해 바울은 "이 세상의 신이 믿지 아니하는 자들의 마음을 혼미하게" 하는 것이라고 말합니다(고후 4:4). 이 사실에 무지한 자들은 자신이 속한 기관이나 공동체에 마귀가 왕 노릇할 수 있도록 기반을 마련하는 일에 여념이 없습니다.

세속적인 것과 정욕적인 것과 마귀적인 것을 극복하고 대체하는 하나님의 은혜로서 맨톤은 두 종류를 제시하고 있습니다. 첫째 은혜는 바울의 내적인 권고(딛 2:12)로서 적정과 의로움과 경건으로 구성되어 있습니다. 적정(σωφρόνως)은 육신의 정욕에 대응하는 것으로서 적절하고 침착하고 조화로운 삶의 균형을 유지하는 것입니다. 의로움(δικαίως)은 안목의 정욕에 대응하는 것으로서 눈에 보이는 대로 판단하지 않고 좌로도 우로도 치우치지 않는 올곧음을 유지하는 것입니다. 경건(εὐσεβῶς)은 이생의 자랑에 대응하는 것으로서 세속에 물들지 않고 범사에 하나님을 위하고 향하는 것입니다. 둘째 은혜는 예수님의 외적인 권고(마 6:2-18)로서 구제와 금식과 기도로 구성되어 있습니다. 구제는 세속적인 욕망의 광기를 저지하고, 금식은 우리의 마음에서 혼적인 정욕을 제거하고, 기도는 마귀적인 교만의 허리를 꺾습니다.

16시기와 투기가 있는 곳에는 혼란과 모든 악행도 있습니다

야고보는 시기와 투기가 있으면 "혼란과 모든 악행"도 있다고 마치 원인과 결과처럼 말합니다. 성경에 의하면, 시기와 투기 사이에도 긴밀한 인과율이 있습니다. 창세기의 기록에 의하면 가인이 아벨을 죽이는 살인적인

투기의 배후에는 하나님께 믿음으로 예배를 드린 동생에 대한 형의 시기가 있었고, 요셉의 형들이 요셉을 죽이려고 한 투기의 배후에도 그를 시기했기 때문이며(행 7:9), 대제사장 진영이 예수님을 빌라도 총독에게 고발하고 넘기는 투기의 원인도 "시기"로 말미암은 것이고(막 15:10), 대제사장 및 사두개파 무리가 사도들을 죽이려고 하는 투기도 그들의 "마음에 시기가 가득하여 일어"난 사건이며(행 5:17), 바울에 의하면 "시기와 투기"는 "육신에 속한 자"에게서 나타나는 전형적인 문제의 단짝입니다(고전 3:3).

"혼란과 모든 악행"은 "시기와 투기가 있는 곳"마다 터집니다. 이는 마치 시기와 투기라는 땅의 지혜는 참된 지혜가 아니라는 내부 고발자와 같습니다. 경험을 보더라도 우리가 누군가를 시기하고 싸우려는 마음을 가지면 "혼란과 모든 악행"이 초대라도 받은 것처럼 마음의 문을 걷어차고 당당하게 들어와 생각을 접수하고 전횡을 부립니다. "혼란"(ἀκαταστασία)은 "질서가 무너져서 불안정한 상태"를 뜻합니다. "시기와 투기"가 있는 곳에는 질서와 평화가 없습니다. 그래서 지혜자는 "평온한 마음"과 "시기"가 생명과 썩음의 상반된 결과를 가져오기 때문에 공존할 수 없는 대조를 이룬다고 말합니다(잠 14:30). 욥은 혼란을 일으키는 시기가 어리석은 자의 마음에 깃들어 결국 그를 멸한다고 말합니다(욥 5:2).

"모든 악행"은 혼돈으로 무너진 마음에 자리를 잡고 질서가 깃들지 못하도록 고약한 심술을 부립니다. 시기의 대상에게 돌진할 만반의 준비를 하고 무질서와 불안정의 확산을 꾀합니다. 시기와 투기는 특정한 개인 안에서 잠잠하지 않습니다. 주변으로 번집니다. 개인에게 시기와 투기가 있으면 그의 주변에는 줄 세우기와 편 가르기의 분열이 발생하고 그것이 더 번지면 나라와 나라의 시기와 투기가 생기고 급기야 전쟁도 터집니다. 국제적인 혼돈과 모든 사악한 행위가 국경선을 지우며 온 세상을 덮습니다. 지극히 작은 시기와 투기가 자라고 또 자라서 지구를 전쟁터로 만듭니다. 시기와 투기를 멈추는 방법은 위로부터 온 하늘의 지혜 밖에 없습니다.

¹⁷그러나 위로부터 [온] 지혜는 첫째 성결하고 그 다음에 평화롭고 적정하고 양순하며 긍휼과 선한 열매가 가득하고 편견과 가식이 없습니다

　땅의 지혜를 극복하는 유일한 해법은 하늘의 지혜 밖에 없습니다. 바울이 고린도전서 13장에서 사랑을 설명한 것처럼 야고보는 여기에서 하늘의 지혜가 어떤 것인지를 밝힙니다. 그 지혜는 "위로부터"(ἄνωθεν) 오는 것입니다. 그러므로 이 지혜는 사람이 만들어낸 것도 아니고, 세상이 제공할 수 있는 것도 아닙니다. 참 지혜는 오직 "위로부터" 오는 것이기에 하나님의 선물로 분류되고, 그렇기 때문에 1장의 조언처럼 지혜는 하나님께 구해야만 하며 지혜롭게 된 자는 자신의 지혜를 자랑할 수 없습니다. 그 지혜를 선물로 주신 분을 자랑하고 그분에게 감사하고 경배함이 마땅하고, 그 지혜의 용도는 자신의 우월성을 드러내고 자랑함이 아니라 주신 분의 뜻을 이루는 것입니다. 그렇게 하지 않는다면 이는 자신의 지혜가 위로부터 온 것이 아니라 사람의 간교한 잔머리일 뿐임을 스스로 증거하는 셈입니다.

　시기와 투기의 땔감으로 쓰이는 세상의 지혜와는 달리 위로부터 온 하늘의 지혜는 8가지의 아름다운 특징을 가지고 있습니다.

　첫째, 하늘의 지혜는 성결한(ἁγνός) 것입니다. 이는 세속적인 지혜의 더러운 거짓과 상반됩니다. 하늘의 참 지혜는 하나님이 보시기에 순수하고 깨끗하고 맑고 투명합니다. 영혼에 불결함과 더러움이 없습니다. 물론 사람들의 눈에는 깨끗하고 순수한 사람이 숙맥처럼 보일 것입니다. 그러나 하나님 앞에서의 이 거룩함 혹은 깨끗함은 너무도 중요하기 때문에 "첫째"(πρῶτον)라는 부사까지 썼습니다. 깨끗함의 순서에 있어서는 내면의 깨끗함이 우선이고 외면의 깨끗함이 나중이기 때문에 예수님의 말씀처럼 안이 깨끗하면 겉도 깨끗하게 변합니다(마 23:26). 그러나 겉은 깨끗하나 속이 깨끗하지 않을 수는 있습니다. 예수님의 지적처럼 "겉은 깨끗이 하되 그 안에는 탐욕과 방탕으로 가득"(눅 11:39)한 바리새인, 즉 회칠한 무덤 같은 사

람들이 시대마다 많습니다. 세속에 물들지 않고 자신을 순수하게 지키는 경건은 지혜의 다른 말입니다. 눈빛이 깨끗하고 생각이 깨끗하고 뜻이 깨끗하고 언어가 깨끗하고 행동이 깨끗하고 영혼이 깨끗한 사람은 하늘이 인정하는 지혜로운 자입니다.

문제는 사람이 스스로 깨끗해질 수 없다는 것입니다. 욥기는 "여자에게서 난 자가 어찌 깨끗하다 하랴"(욥 25:4)라고 적습니다. 모든 인간이 그 자체로는 깨끗하지 않다는 말입니다. 이런 사실과 관련하여 지혜자는 "내가 내 마음을 정하게 하였다 내 죄를 깨끗하게 하였다 할 자가 누구냐"(잠 20:9)고 묻습니다. 이는 어떤 인간도 스스로를 깨끗하게 할 능력은 없다는 말입니다. 같은 맥락에서 시인은 이렇게 말합니다. "내가 내 마음을 깨끗하게 하며 내 손을 씻어 무죄하다 한 것이 실로 헛되도다"(시 73:13). 이러한 시인의 반성과는 달리, 지혜자의 관찰에 따르면 "스스로 깨끗한 자로 여기면서 자기의 더러운 것을 씻지 아니하는 무리가 있습니다"(잠 30:12). 실제로 자신을 깨끗한 자로 여기면 자신의 더러운 것을 인지하지 못하고 그것을 제거할 의식이나 의지도 없습니다.

욥기는 하나님의 "눈에는 달이라도 빛을 발하지 못하고 별도 빛나지 못하거든 하물며 구더기 같은 사람, 벌레 같은 인생"(욥 25:5-6)은 더더욱 더러운 존재라고 말합니다. 깨끗함의 기준은 하나님께 있고 하나님 앞에서 깨끗한 인간은 없고 깨끗하게 만들 정도의 능력도 인간에겐 없습니다. 사람의 내면을 깨끗하게 세척하는 비결은 말씀 밖에 없습니다. 그래서 바울은 예수님이 "말씀으로 깨끗하게 하사 거룩하게 하신다"(엡 5:26)고 말합니다. 이것을 체험한 나병환자의 고백처럼 말씀이 육신이 되어 오신 주님께서 "원하시면 … 깨끗하게 하실 수 있습니다"(마 8:2). 주님께 나아가 깨끗함을 구하면 아무리 더럽고 불순한 자라 할지라도 깨끗하지 않을 자가 없습니다.

깨끗함을 구하는 구체적인 방법과 관련하여 요한은 두 가지를 권합니다. 첫째, 우리가 빛 가운데, 즉 그리스도 안에 거하며 사는 것입니다. 그러면 "예수의 피가 우리를 모든 죄에서 깨끗하게 하실 것"입니다(요일 1:7). 같은 맥락에서 히브리서 저자는 주님의 피가 우리의 "양심을 죽은 행실에서 깨끗하게 하"신다고 말합니다(히 9:14). 둘째, 자신의 죄를 주님께 아뢰는 것입니다. 그러면 "그는 미쁘시고 의로우사 우리 죄를 사하시며 우리를 모든 불의에서 깨끗하게 하실 것"입니다(요일 1:9). 이 비결은 신약의 새로운 발명이 아닙니다. 시인도 청년이 행실을 깨끗하게 하기 위해서는 주님의 말씀을 지키는 수밖에 없다고 했습니다(시 119:9). 영혼이 더러운 것보다 더 불쾌하고 부끄러운 것은 없습니다. 회개하고 빛 가운데에 거하면 해결되니 얼마나 은혜로운 일입니까?

둘째, 참 지혜는 평화로운(εἰρηνικός) 것입니다. 여기에서 야고보는 "첫째"와 "그 다음에"(ἔπειτα)를 써서 특별히 청결함과 평화 사이에는 연속적인 순서가 중요함을 강조하고 있습니다. 이 순서는 예수님의 산상수훈 순서를 존중한 것인지도 모릅니다. 예수님은 "마음이 청결한 자"를 언급하고 곧 이어서 "화평하게 하는 자"에 대한 말씀을 하십니다(마 5:8-9). 순수하고 깨끗한 지혜가 선행되지 않은 평화는 지혜가 아닙니다. 지혜는 참된 평화와 관련되어 있습니다. 그러나 양측의 지저분한 이해타산 때문에 다툼과 분열이 일어나지 않는 조건부 평화는 참되게 평화로운 것이 아닙니다.

평화는 시기나 투기와는 반대되는 것입니다. 그러므로 시기하며 다투는 자에게는 지혜가 없습니다. 동시에 지혜가 없는 자에게는 어떠한 사람을 만나도 화목하지 못하고 다툽니다. 이와는 달리, 순수한 지혜자는 많은 사람들과 더불어 불순물 없는 화평을 맺습니다. 나아가 바울은 "모든 사람"과의 화목을 권합니다(롬 12:18, 히 12:14). "모든 사람"에는 당연히 원수도 포함되어 있습니다. 그렇다면 평화의 지혜자가 되는 비결은 어디에 있을까요? 잠언은 "사람의 행위가 여호와를 기쁘시게 하면 그 사람의 원수라도 그와 더불어 화목하게 하신다"고 말합니다(잠 16:7). 하나님의 기쁨과 평화의 지혜는 결부되어 있습니다. 바울은 "육신에 있는 자들은 하나님을 기쁘시게 할 수 없"고(롬 8:8) "믿음이 없이는 하나님을 기쁘시게 하지 못한다"고(히 11:6) 말합니다. 나아가 바울은 "원수 맺는 것"을 육체의 일이라고 말하고 "화평"은 성령의 열매라고 말합니다(갈 5:20, 22). 이것을 종합하면, 육신이 아니라 성령을 따라 믿음으로 살면 하나님을 기쁘시게 하고 그러면 원수를 포함한 모든 사람과 더불어 화목하게 되어 온전한 평화의 지혜자가 된다는 것입니다.

평화의 지혜자가 되는 것은 쉽지 않습니다. 부패한 본성과 싸워야 하고 세상의 흐름에도 역류해야 하기 때문입니다. 평화의 사도이신 예수님을 보십시오. 예수님은 하나님과 원수의 평화를 위해 자신의 육체로 막힌 담을 허무신 분입니다(엡 2:14). 나와 원수의 화목을 위한 것이면서 동시에 하나님과 원수 사이의 화목도 이루신 것입니다. 우리도 예수님을 따라 평화의 지혜자가 되려면 나의 희생으로 말미암아 나와 원수의 화목을 이루고 하나님과 그 원수의 화목도 이루어야 하는 것입니다.

셋째, 참 지혜는 적정한(ἐπιεικής) 것입니다. 적정함은 모든 상황 속에서 모든 사람에게 잘 맞추어서 말하고 행동하고 처신하는 것입니다. 지혜자의 은유처럼, "경우에 합당한 말은 아로새긴 은쟁반에 금사과"와 같고(잠 25:11), "때에 맞는 말은 지극히 아름다운"(잠 15:23) 말입니다. 그러나 "이른 아침에 큰 소리로 자기 이웃을 축복하면 도리어 저주 같이 여깁니다"(잠 27:14). 복을 빌더라도 경우에 맞지 않으면 저주 대접을 받습니다. 같은 맥락에서 바울은 "기뻐하는 자들과 함께 기뻐하고 우는 자들과 함께 울라"(롬 12:15)고 말합니다. 말이든 행위이든 상황과 타인의 적정한 눈높이에 맞추는 사람은 지혜로운 자입니다. 누구든지 자신에게 조율된 상대방의 언행을 경험하면 따뜻한 배려를 느낍니다. 그런 상대방은 또 만나고 싶습니다. 이런 식으로 "지혜로운 자는 사람을 얻"습니다(잠 11:30). 그러나 타인의 처지와 형편을 고려하지 않는 사람은 적정함의 지혜를 모릅니다.

넷째, 참 지혜는 양순한(εὐπειθής) 것입니다. 이 단어는 이곳에 단일하게 쓰인 것으로서 "잘 설득되는, 이미 기울어진, 이미 하고자 하는, 성향이 잘 다듬어진" 등의 뜻을 가지고 있습니다. 즉 지혜로운 자는 선하고 올바른 것에 잘 설득되어 진리를 잘 이해하고, 정의를 잘 구현하고, 사랑을 잘 실천하고, 평화를 잘 도모하는 일에 어떠한 망설임과 갈등도 없이 실행하는 자입니다. 그는 좋은 것이라면 기꺼이 즐겁게 즉시 수용하고 순응하는 자입니다. 부정적인 어법으로 말한다면, 양순한 것은 악하고 나쁘고 더럽고 거짓된 것에 대해서는 기꺼이 즐겁게 즉시 단념하는 것입니다. 이런 맥락에서 칼뱅은 양순함이 "교만하지 않고 오만하지 않고 완고하지 않고 남을 지배하려 하지 않는 것"이라고 말합니다.

양순하지 않고 완고한 자는 대단히 어리석은 자입니다. 완고함에 대해 사무엘은 "사신 우상에게 절하는 죄와 같다"고 말합니다(삼상 15:23). 완고한 자는 하나님을 섬기지 않고 우상을 숭배하는 자입니다. 사람들은 하나님의 말씀 앞에서 자신이 양순한 자인지, 아니면 완고한 자인지를 보입니다. 문제는 하나님의 말씀에 온전히 순종하는 양순한 자가 하나도 없다는 것입니다. 이 문제를 해결하는 열쇠는 하나님의 손에 있습니다. 하나님은 우리의 "돌 같은 마음을 제거하고 살처럼 부드러운 마음을" 주시는 유일한 분입니다(겔 11:19). 마음이 부드럽고 양순한 지혜의 비결은 하나님을 가까이 하는 것입니다. 그에게서 멀어지면 아무리 부드러운 마음도 어리석은 돌로 변합니다.

다섯째, 참 지혜는 "긍휼과 선한 열매가 가득한" 것입니다. "지혜"라는 말을 가장 많이 언급하는 잠언은 "선한 지혜가 은혜를 베푼다"(잠 13:15)고 말합니다. 야고보는 이런 잠언의 뉘앙스를 계승하여 지혜를 긍휼과 결부시켜 푸는 듯합니다. 분노하고 비난하고 정죄하며 파괴하는 것보다 긍휼히 여기며 세우는 자가 진실로 지혜로운 자입니다. 긍휼은 맹목적인 봐주기가 아닙니다. "긍휼"(ἐλέους)은 70인경이 히브리어 "인애"(חֶסֶד)를 번역한 단어로서

"타인의 상태를 공감하고 불쌍히 여기는 마음"을 뜻합니다. 교감도 없이 긍휼히 여기는 것보다 창자에서 횡포를 부리는 타인의 아픔까지 나의 아픔으로 느끼며 공감할 때의 긍휼이 더 지혜로운 것입니다. 예수님의 말씀처럼, 타인을 긍휼히 여기면 하나님의 긍휼히 여기심을 받을 것(마5:7)이기에 긍휼도 지혜인 것입니다.

긍휼은 내면의 정적인 상태일 뿐만 아니라 행위로서 밖으로 표출되는 동적인 것입니다. 그래서 긍휼의 사람은 연약한 타인을 품습니다. 유다는 "어떤 의심하는 자들을 긍휼히 여기라"(유 1:22)고 말합니다. 긍휼이 가득하면 의심하는 자들뿐만 아니라 잘못을 저지르는 타인도, 그가 특별히 자신에게 피해를 주더라도, 용서하며 품습니다. 나아가 긍휼은 타인이 나를 대적하는 원수라 할지라도 그가 기쁘면 내가 더 기뻐하고 그가 슬프면 내가 더 슬퍼하고 그가 아프면 내가 더 아파하는 것입니다. 이처럼 긍휼은 내면의 조용한 상태가 아니라 밖으로 "선한 열매"(καρπῶν ἀγαθῶν)를 맺습니다. 생색만 내는 정도의 조금이 아니라 "가득한"(μεστὴ) 열매를 맺습니다. 지혜로운 자는 긍휼이 가득하기 때문에 긍휼한 척하거나 긍휼을 쥐어 짜내지 않습니다. 가득한 긍휼은 어디를 가든지 누구를 만나든지 흘러넘칩니다. 그런 긍휼에는 가식과 꾸밈이 없습니다. 선한 열매도 가득하기 때문에 아끼지 않고 여러 사람에게 마음껏 나눕니다. 참된 긍휼은 선한 열매를 맺지 않을 수 없고 나누지 않을 수 없습니다. 그러므로 지혜로운 자는 열매로 나타나지 않을 수 없습니다.

긍휼은 예수님 자신이 제사보다 더 원하시는 것입니다(마 9:13). 그러나 긍휼은 모든 사람의 것이 아닙니다. 악인이 "긍휼"로 여기는 것은 "잔인"의 다른 말입니다(잠 12:10). 참된 긍휼은 사람에게 없고 오직 하나님께 있습니다. 예레미야 선지자의 말처럼, 그에게는 무궁한 긍휼이 있습니다(애 3:22). 구약과 신약에서 모든 하나님의 사람은 하나님의 긍휼을 구했던 자입니다. 하박국 선지자는 하나님의 합당한 "진노 중에라도 긍휼을 잊지" 말아 주시라는 기도를 올립니다(합 3:2). 시인은 "여호와여 주의 긍휼을 내게서 거두지 마시"라는 기도를 드립니다(시 40:11).

여섯째, 참 지혜는 "편견과 가식"이 없습니다. 야고보는 먼저 지혜를 "편견의 없음"으로 규정하고 있습니다. "편견"은 "철저하게 판단하다 혹은 전적으로 분리하다" 등의 의미를 가진 동사 "디아크리노"(διακρίνω)에서 나온 말입니다. 이 구절에 대해 칼뱅은 "대체로 위선적인 사람들에 의해 수행되는 것으로서 과도하게 신중하고 집요한 궁리"를 경계하는 것이라고 말합니다. 이와 유사하게 제네바 성경은 "자신들만 정당화하고 모든 타인은 정죄하는 위선적인 자들이 과도한 열정을 가지고 사물을 조사하는 것"이라는 설명을 각주에 붙입니다. 칼뱅과 제네바 성경의 해석에는 일리가 있습니다. 자신과 타인을 차별하기 위한 궁리의 강박적인 집요함은 결코 지혜가 아닙니다. 그런데 "편견 없음"(ἀδιάκριτος)은 성경에서 야고보가 유일하게 쓴 단어여서 그 정확한 의미를 특정하는 데에 어려움이 있습니다. 그러나 제가 보기에 야고보가 말하는 "편견 없음"은 어느 하나에 치우치지 않고 양측을 공정하게 평가하고 공평하게 대우하는 것입니다. 심지어 타인과 자신 사이에도 치우침이 없는 것입니다.

일곱째, 야고보의 지혜 개념에는 공평과 공정이 있습니다. 차별이나 편파성 없는 공정성을 유지하는 것은 지혜자의 몫입니다. 공평한 자는 지혜로운 자이고 불공평한 자는 어리석은 자입니다. 잠언은 "재판할 때에 낯을 보아 주는 것이 옳지 못하다"는 것을 "지혜로운 자들의 말"이라고 했습니다(잠 24:23). 어리석은 사람들은 강한 자들에게 아부하고 약한 자들에게 무례를 범합니다. 곤고한 자들을 멸시하고 형통한 자들을 높입니다. 그런 태도를 지혜로 여깁니다. 그러나 지혜자는 말합니다. "약한 자를 그가 약하다고 탈취하지 말며 곤고한 자를 성문에서 압제하지 말라"(잠 22:22). 강함과 약함에 따라 사람을 차별하고 형통과 곤고를 따라 사람을 차별하는 것은 모두 편파적인 짓입니다. 진리가 아닌 다른 요소에 근거하여 호불호가 갈라지는 것은 공정과 공평이 아닙니다.

여덟째, 야고보는 지혜를 "가식 없음"(ἀνυπόκριτος)으로 규정하고 있습니다. "가식"은 없는 장점을 있는 것처럼, 있는 단점을 없는 것처럼 자신의 말과 행위와 태도를 거짓으로 꾸미는 것입니다. 사람들은 가식을 통해 자신의 사회적 이미지를 높이고 자신의 액면가 이상으로 대우받는 것을 지혜로운 처신으로 여깁니다. 그러나 잠시 달콤한 이미지로 살아가면 무엇보다 자기 자신에게 가장 큰 문제가 생깁니다. 있는 그대로의 나 자신과 사이좋게 지낼 수 없습니다. 날마다 자신을 멀리하는 방식으로 살게 되고, 심하면 진짜 자아가 누구인지 몰라 정신착란 혹은 자아분열 현상까지 보입니다. 진짜 자아를 아예 잃어버릴 수도 있습니다. 더 심각한 문제는 나와 나 사이에 생긴 간격의 크기만큼 거짓이 기승을 부린다는 것입니다. 연약해도, 무지해도, 가난해도, 힘들어도, 현실을 인정하며 하나님의 부르심 그대로 사는 것이 자아를 조작하며 거품으로 만든 이미지로 사는 것보다 훨씬 낫습니다.

사람들이 자신을 싫어하고 부정하는 이유는 진짜 자신을 알지 못하는 영적인 무지함에 있습니다. 이 세상에서 보이는 것이 전부가 아닌 것처럼, 눈에 보이는 자신도 자신의 전부가 아닙니다. 그런데도 사람들은 보이는 것에 근거하여 자신을 평가하고 그 편협한 평가에 근거하여 자신을 싫어하고 버립니다. 하지만 진짜배기 나는 재산 앞에서나 학력 앞에서나 업적 앞에서나 부모 앞에서의 내가 아니라 하나님 앞에서의 나입니다. "보시기에 심히 좋았다"는 하나님의 객관적인 평가에 근거하여 자신과 타인을 보십시오. 내가 생각하는, 남이 만들어준 자아가 아니라 하나님이 규정하신 심히 좋은 자아로서 사십시오. 지혜로운 자는 하나님 앞에서의 자신을 발견하고 어떠한 꾸밈도 없이 있는 그대로 진실하게 사는 자입니다. 지혜는 무엇이든 꾸밈이 없습니다. 그래서 사도들이 꾸밈없는 믿음(딤전 1:5)과 꾸밈없는 사랑(벧전 1:22)을 우리에게 권하는 것입니다.

¹⁸게다가 의의 열매는 평화를 만드는 자들의 평화 속에 뿌려져 있습니다

야고보는 이야기를 정리하며 "의"(δικαιοσύνη)에 대해서 말합니다. 의로움 속으로의 훈련이 성경의 마지막 유익인 것처럼(딤후 3:16), 지혜의 마지막 단계도 의입니다. 야고보에 의하면, 의는 차별이 없고 가식이 없는 지혜와 결부되어 있습니다. 이는 구약에도 언급되어 있습니다. 시인은 "의로운자의 입이 지혜롭고 그의 혀는 의를 말한다"고 했습니다(시 37:30). 지혜자도 의로운 자와 지혜로운 자를 동일한 사람으로 여깁니다(잠 11:30). 왜 그럴까요? 차별이 없는 지혜자는 사람을 평가함에 있어서 어떠한 치우침도 없이 지극히 객관적인 하나님의 말씀 안에 머무는 자입니다. 가식이 없는 지혜자는 자신을 알고 표현함에 있어서 가장 투명하고 가장 진실한 하나님의 말씀 안에 거하는 자입니다. 하나님의 말씀 안에 거하는 것은 그 말씀에 순종하는 것입니다. 전도자와 요한의 기준으로 보면, 하나님의 계명에 순종하는 것은 여호와를 경외하고 사랑하는 것입니다(전 12:13, 요 14:21). 신명기의 기준(신 6:25)에 의하면, 하나님의 모든 계명을 지켜 행하는 순종의 사람은 의로운 자입니다. 종합하면, 의로운 자는 말씀에 순종하는 자이고 여호와를 경외하는 자이고 "여호와를 경외하는 것이 지혜의 근본"(잠 1:7)이고 "완전한 지혜는 주의 이름을 경외함"(미 6:9)에 있기에 또한 지혜로운 자입니다.

"의의 열매"는 모두에게 주어지지 않고 "평화를 만드는 자들에게"(τοῖς ποιοῦσιν εἰρήνην) 주어지는 것입니다. 문제는 평화 만들기와 의의 열매 맺기가 쉽지 않다는 것입니다. 히브리서 기자는 우리가 "의와 평강의 열매"를 맺기 위해서는 하나님의 징계와 채찍질로 연단을 받아야 한다고 말합니다(히 12:6-11). 의의 열매를 원한다면, 좌우에 날 선 어떠한 검보다 예리한 하나님의 말씀에 의해 자아가 부서지는 훈련, 자기를 부인하는 훈련, 자기를 극복하고 넘어서는 훈련, 자신의 악한 본성을 깨닫고 인정하고 하나님의 도우심을 구하는 기도의 훈련을 피하지 마십시오. 비록 "당시에는 즐거워 보이지 않고 슬퍼 보이나" 훈련이 끝난 이후에 받는 의의 열매는 다른 어떠한 상급과도 비교할 수 없습니다.

야고보가 구체적인 내용을 밝히지 않은 "의의 열매"는 어떤 것일까요? 이사야의 기록에 의하면 의의 열매는 화목이고 의의 결과는 영원한 평온과 안전"(사 32:17)입니다. 야고보의 말처럼, 이런 의의 열매는 "평화를 만드는 자들의 평화 속에(ἐν εἰρήνῃ) 뿌려져 있습니다." 이 구절을 해석하며 맨톤은 우리가 이 세상에서 행하는 모든 것은 "씨"라고 말합니다. 거두는 일이 아니라 뿌리는 일을 하십시오. 뿌리는 것은 우리의 일이고 거두는 것은 하나님의 일입니다. 거두려는 욕심이 아니라 뿌리려는 열심을 내십시오. 어떠한 씨를 심더라도 반드시 거둘 것이기 때문에 당장은 열매가 보이지 않더라도 하나님을 위하여 쉬지 말고 범사에 무언가를 하십시오.

야고보의 말처럼, "평화"라는 씨앗을 뿌리면 "의의 열매"를 거둡니다. 호세아의 기록처럼, "너희가 자기를 위하여 공의를 심고 인애를 거두라 …여호와께서 오사 공의를 비처럼 너희에게 내리실 것"입니다(호 10:12). 이에 대하여 맨톤은 우리의 심음은 "방식이지 원인은 아니라"(the way, not the cause)고 말합니다. 즉 하나님은 평화를 만든다는 우리의 선한 행실 때문(for)이 아니라 그런 행실을 따라(according to) 우리에게 의의 열매로 갚으십니다. 이런 방식으로 하나님은 우리로 하여금 평화 만들기에 더욱 힘쓰게 하십니다.

바울의 말처럼, 하나님과 화목하게 된 은총의 수혜자는 하나님과 다른 사람들 사이의 평화를 주선하는 직책을 맡습니다(고후 5:18). 그 수혜자가 만드는 평화는 타인을 위한 것이지만 의의 열매를 담는 그릇으로 작용하여 자신도 위하는 것입니다. 화평의 직책에 충실하여 날마다 평화를 만드는 자들은 의의 열매를 날마다 받아 누립니다. 모든 사람과 더불어 화목하면 더 풍성한 의의 열매를 누립니다. 평화는 공급자와 수요자 모두에게 유익합니다. 바울은 야고보의 언급에서 한 발짝 더 나아가 의의 열매가 우리의 사사로운 유익을 위한 것이 아니라고 말합니다. 즉 우리 안에 뿌려진 "의의 열매가 가득하여 하나님의 영광과 찬송이 되기"까지 이르러야 한다(빌 1:11)는 것입니다. 평화에 의의 열매가 가득히 담기면 하나님의 영광과 찬송이 되는 공적인, 궁극적인 유익까지 누린다는 말입니다.

4장.　경건의 진보와 보존

J

**말씀에
반하다
06**

약 4:1-5

¹너희 중에 싸움이 어디로부터 다툼이 어디로부터 나느냐 너희 지체 중에서 싸우는 정욕으로부터 나는 것이 아니냐 ²너희는 욕심을 내어도 얻지 못하여 살인하며 시기하여도 능히 취하지 못하므로 다투고 싸우는도다 너희가 얻지 못함은 구하지 아니하기 때문이요 ³구하여도 받지 못함은 정욕으로 쓰려고 잘못 구하기 때문이라 ⁴간음한 여인들아 세상과 벗된 것이 하나님과 원수 됨을 알지 못하느냐 그런즉 누구든지 세상과 벗이 되고자 하는 자는 스스로 하나님과 원수 되는 것이니라 ⁵너희는 하나님이 우리 속에 거하게 하신 성령이 시기하기까지 사모한다 하신 말씀을 헛된 줄로 생각하느냐

❖ ❖ ❖

¹여러분 중에 싸움들은 어디에서, 다툼들은 어디에서 [나옵니까]? 이것에서, 즉 여러분의 지체들 중에서 싸우려는 여러분의 욕망에서 [나오는 거] 아닙니까? ²여러분은 욕심을 내어도 가지지 못하고, 살인하고 시기해도 능히 취하지 못하니까 싸우고 다투는 것입니다 여러분은 구하지 아니하기 때문에 얻지 못합니다 ³구해도 얻지 못하는 이유는 정욕 가운데서 쓰려고 잘못 구하기 때문입니다 ⁴'간음한 여인들아 세상과 친구가 되는 것이 하나님께 원수가 되는 것임을 알지 못하느냐?' 그러므로 누구든지 세상과 벗이 되려는 자는 스스로 하나님과 원수가 되려는 자입니다 ⁵여러분은 '하나님이 우리 안에 거하게 하신 성령이 시기하실 정도로 사모한다' 한 성경이 헛되게 말하는 것이라고 보십니까?

15

<h1 style="text-align:right">바르게 기도하라</h1>

¹여러분 중에 싸움들은 어디에서, 다툼들은 어디에서 [나옵니까]? 이것에서, 즉 여러분의 지체들 중에서 싸우려는 여러분의 욕망에서 [나오는 거] 아닙니까?

세상에는 하늘의 지혜로 평화를 만드는 사람뿐 아니라 땅의 지혜로 불화를 만드는 사람도 있습니다. 야고보는 앞 장에서 시기와 투기에 대한 이야기를 나눈 이후에 이제 그것이 초래하는 싸움과 다툼의 불화 이야기를 이 구절에서 나눕니다. 그런데 "여러분 중에" 싸움과 다툼이 있다고 말합니다. "여러분"(ὑμεῖς)은 하나님을 모르는 사람들이 아니라 하나님을 아는 이 편지의 수신자 즉 온 세상에 흩어져 있는 열두 지파를 가리키는 말입니다. 이처럼 믿음의 사람들도 싸우고 다툽니다. 그러나 어떠한 경우라도 불화를 일으키는 자생적인 싸움이나 다툼은 없습니다. 보이는 싸움과 다툼에는 반드시 보이지 않는 원인이 있습니다. 그래서 야고보는 싸움과 다툼의 출처에 물음표를 던집니다. "보이는 것은 나타난 것으로 말미암아 된 것이 아니라"는 원리는 창조뿐 아니라 싸움과 다툼에도 적용될 수 있습니다. 현상보다 배후와 근원을 주목하는 사도의 지혜로운 관심사를 따라가면 불화의 근원이 어디에 있는지를 배웁니다. 성경의 관심은 역사의 표면이 아니라 역사의 심연에서 작용하는 근원적인 문제의 해결에 있습니다.

야고보가 말하는 "싸움"(πόλεμος βελλα)은 왕이 개입하는 큰 규모의 국제적인 전쟁이나 전투를 가리키는 말입니다. "다툼"(μάχη πυγνα)은 개인들 혹은 공동체들 사이의 갈등이나 충돌의 상태를 뜻하는 말입니다. 저자의 의도에는 두 개의 유사한 단어를 나열하여 주제의 중요성을 보이려는 목적도 있겠지만 복수형을 사용한 것으로 보아 모든 종류의 대립을 아우르는 보편적 논의라는 의도적인 암시가 더 강해 보입니다. 싸움과 다툼은 비록 지구상에 너무도 흔하게 일어나도 정상이 아닙니다. 이런 비정상을 만드는 원인이 있습니다. 규모가 크든 작든 모든 싸움과 다툼의 가시적인 이유는 많겠지만 궁극적인 원인은 하나일 것입니다. 야고보는 인간의 부분 중에 "싸우는 욕망"(τῶν ἡδονῶν τῶν στρατευομένων)이 바로 싸움과 다툼의 단일한 출처라고 말합니다. 교회 안이든 밖이든 모든 싸움과 다툼은 이 본성적인 호전성이 저지르는 일입니다. 물론 눈으로 확인되는 다양한 원인이 중요하지 않다는 게 아닙니다. 그러나 본질적인 해결책을 위해서는 근원적인 문제를 제거해야 하기 때문에 야고보는 마지막 원인을 주목하는 것입니다. 입으로는 언쟁, 손으로는 주먹다짐, 돈으로는 횡령, 발로는 편 가르기 등의 방식으로 불화가 표출되는 현상의 배후에는 "싸우는 욕망"이 있습니다.

여기에서 "욕망"은 1장에서 언급된 죄를 잉태하는 "욕심"과 연관되어 있지만 구체적인 의미와 강조점은 다릅니다. "욕심"(ἐπιθυμία)은 금지된 것을 가지거나 행하고자 하는 욕구를 가리키는 말이고 "욕망"(헤도네, ἡδονή)은 "감각적인 즐김이나 향락을 추구하는 욕구"(voluptas)를 뜻하는 말입니다 (눅 8:14 참조). 인간의 지체들 중에 싸우려는 "헤도네"가 있다는 야고보의 언급과 유사하게 바울은 하나님을 섬기는 "내 마음의 법과 대립하고 내 지체 속에 있는 죄의 법 속으로 나를 사로잡아 가는 다른 법"을 안다고 말합니다(롬 7:23). 베드로는 살짝 다르게 "영혼을 거슬러 싸우는 육체의 정욕" 을 지적하고 있습니다(벧전 2:11). 이는 "육체(σὰρξ)가 성령을 거슬러 탐한 다"는 바울의 언급과 무관하지 않습니다(갈 5:17).

인간은 모든 대상을 향한 본성의 다양한 호전성을 가지고 있습니다. 요약하면, 하나님을 거슬러 싸우려는 욕망, 자신의 영혼을 거슬러 싸우려는 욕망, 타인을 거슬러 싸우려는 욕망, 자연을 거슬러 싸우려는 욕망이 있습니다. 이 모든 호전성은 죄로 말미암은 것입니다. 죄는 모든 존재 사이를 이간하여 나와 너로 하여금 대립하게 만듭니다. 죄의 파괴적 속성은 존재들 사이에 벌어진 갈등과 대립의 다양한 틈을 파고들어 조용히 사망의 씨앗을 심습니다. 아담과 하와의 첫째 아들 가인은 동생의 생명을 제거하는 살인적인 호전성을 처음으로 보여준 자입니다. 죄로 말미암아 사망이 이 세상에 들어오는 방식으로 인간의 본성적인 호전성은 태초부터 지금까지 타락 이후의 세상 위에 군림하고 있습니다. 앞으로도 이 호전성은 지속적인 기승을 부릴 것입니다.

²여러분은 욕심을 내어도 가지지 못하고, 살인하고 시기해도 능히 취하지 못하니까 싸우고 다투는 것입니다 여러분은 구하지 아니하기 때문에 얻지 못합니다

욕망은 소유와 결부되어 있습니다. 욕망을 가진 자들은 무언가를 취하려는 욕심을 부립니다. 그런데 소유에는 우주적인 원리가 있습니다. 즉 온 우주를 다스리고 계신 만유의 주께서 인간이 행한 대로 갚으시고 심은 대로 거두게 하신다는 원리입니다. 그러나 많은 사람이 이 정의로운 원리를 무시하며 심지도 않고 행하지도 않으면서 취하려는 욕심만 부립니다. 당연히 취하지 못합니다. 그러면 욕심과 취하지 못하는 현실 사이에 괴리가 생깁니다. 이때 대부분의 사람은 취하지 못하는 문제의 책임을 밖으로 돌립

니다. 자신의 과도한 욕심과 그 욕심에 부응하지 못하는 자신의 영적 나태함과 실천적 게으름을 탓하지 않고 환경을 탓하고 환경의 중심에 있는 타인을 탓합니다. 때로는 환경을 움직이는 타인을 조정하기 위해 심리적인 압박을 가하고, 그게 통하지 않으면 그 타인을 없애려는 살인도 범합니다. 타인의 소유를 정당한 거래로 취득하지 않고 소유자를 제거하는 극단적인 방식을 취하는 야만성이 인간의 다투는 욕망에 있습니다. 문제는 그런다고 할지라도 "능히 취하지 못한다"는 것입니다. 이는 인간의 탐욕과 꼼수가 하나님이 정하신 질서, 즉 행함과 갚음의 정의로운 원리를 변경하지 못한다는 사실을 증거하는 듯합니다.

모든 시대의 악한 사람은 무언가를 취하기 위해 타인을 시기하고 타인의 생명을 없애려고 싸우고 다툽니다. 야고보는 싸움과 다툼에 대하여 논하면서 1절에서는 명사(πόλεμοι καὶ μάχαι)를 사용하고 2절에서는 동사(μάχεσθε καὶ πολεμεῖτε)를 사용하며 싸움과 다툼의 지속성과 역동성을 강조하고 있습니다. 다투려는 인간의 지속적인 호전성은 욕심의 사주를 받아 싸우고 다투는 일에 왕성한 광기를 보입니다. 그러나 싸우고 다툰다고 해서 소유의 문제가 해결되는 것은 아닙니다. 시기하고 죽인다고 해서 탐심에 미소가 생기는 것도 아닙니다.

소유의 문제와 관련하여 야고보는 "구하지 아니하기 때문에 얻지 못한다"는 진단을 내립니다. 지혜자의 표현을 빌린다면, "게으른 자는 마음으로 원하여도 얻지 못"합니다(잠 13:4). 구하지 않는 것은 게으른 것입니다. 그런데 여기에서 "구하다"(αἰτέω)는 말은 구하는 행위 자체가 아니라 구하는 대상과 내용과 방식과 관계된 말입니다. 게으른 기도는 기도의 행위가 없다는 게 아니라 성경의 기도법에 충실하지 않는 것입니다. 즉 "구하지 않는다"는 야고보의 말은 1) 마땅히 구해야 할 대상에게 구하지 않는다는 뜻과, 2) 마땅히 구해야 할 내용을 구하지 않는다는 뜻과, 3) 올바른 방법으로 구하지 않는다는 뜻이 담겨 있습니다. 제대로 구하는 비결은 하나님께 구하는 것입니다. 하나님이 주기를 원하시는 것을 구하는 것입니다. 하나님을 의지하고 신뢰하는 믿음으로 구하는 것입니다.

그런데 대부분의 사람들은 무언가를 구하기 위해 하나님께 나아가지 않고 유력한 사람을 찾습니다. 그에게 다가가 줄을 대고 아부하고 선물하고 민망한 고개를 숙입니다. 잘못된 번지수에 헛된 공을 들입니다. 구하는 대상이 선정되면 그 대상의 기호와 능력에 맞추어진 기도만 드릴 수 있습니다. 만약 사람에게 무엇을 구하면 그 사람에게 기도의 눈높이를 맞출 수밖에 없습니다. 그러나 하나님은 사랑과 정의를 원하시고 무엇이든 하실 수 있는 전능하신 분입니다. 그런 하나님께 기도를 드리면서 불의를 도모하고 증오의 파괴적인 성취를 요구하면 결코 응답되지 않습니다.

마땅해 기도해야 할 내용은 하나님이 우리에게 주기를 원하시는 것으로서 예수님이 가르쳐 주신 주기도문 안에 압축되어 있습니다. 요약하면, 하나님의 이름과 나라와 의를 구하고 우리의 일용할 양식과 죄 용서와 시험에서 벗어남과 악에서의 건짐 등입니다. 예수님의 산상수훈 안에도 우리가 마땅히 추구해야 할 내용이 있습니다. 심령의 가난함, 애통함, 온유함, 의에 대한 주림과 목마름, 긍휼의 마음, 마음의 청결함, 평화, 의를 위해 당하는 박해, 주님 때문에 받는 욕설과 박해와 악한 말 등입니다. 두 곳에 열거된 기도의 내용들 중에는 세상 사람들이 흠모하는 것이 하나도 없습니다. 그러나 기도의 결과로서 주어지는 천국과 위로와 땅과 배부름과 긍휼히 여김 받음과 하나님 보기와 하나님의 아들로 여겨짐과 하늘의 큰 상급에 대해서는 가장 끈적한 군침을 흘립니다.

그런데 기도의 내용을 가만히 보면, 결국 모든 기도의 내용이 하나님 되신 예수님에게로 수렴되는 듯합니다. 진실로 우리가 기도의 궁극적인 내용으로 소급하고 또 소급하면 하나님 자신에게 이릅니다. 사실 하나님은 자신을 믿음의 조상에게 주어지는 "지극히 큰 상급"으로 밝히셨고(창 15:1), 모세는 그 상급을 위하여 애굽의 최고급 보화가 손아귀에 들어오는 절호의 기회도 포기하고 그리스도 예수를 위하여 그의 백성과 함께 고난을 받습니다(히 11:24-26). 하나님 자신을 구하면 묘한 해방감을 갖습니다. 지금까지 목 놓아 구했던 많은 욕망이 그렇게도 자잘해 보입니다. 가장 강하고 가장 위대하고 가장 고귀하고 가장 선한 것, 즉 하나님 자신을 구하면, 그리고 그분을 지극히 큰 상급으로 향유하면 대단히 유익하던 것들도 우스워 보입니다. 이러한 경험을 한 바울은 자신에게 유익한 것들조차 그리스도 예수를 얻는 것에 비하면 배설물에 불과할 뿐이라고 말합니다(빌 3:8).

기도의 올바른 방법은 다양한 요소로 구성되어 있습니다.

첫째, 믿음으로 구하는 것입니다. 믿음으로 구한다는 것은 히브리서 기자의 말처럼 하나님이 계심을 믿고 그에게 나아가는 자에게 상 주시는 분이심을 믿으며(히 11:6) 영혼의 가장 깊은 곳에서 구하는 것입니다. 이러한 믿음이 없는 기도는 하나님에 대한 조롱일 뿐입니다.

둘째, 다윗처럼(시 19:14) 마음의 묵상과 입술의 말이 일치하는 기도를 드리는 것입니다. 마음에는 세속적인 딴생각이 가득한데 입으로는 고결한 것을 구하는 사람들이 많습니다. 마음의 기도와 입의 기도가 엇갈릴 때 하나님은 입이라는 외모가 아니라 마음이라는 중심을 보십니다. 그래서 시인은 "주는 겸손한 자의 소원을 들으"시는 분, "그들의 마음을 준비하"신 후 "귀를 기울여 들으시"는 분이라고 말합니다(시 10:17). 사람의 됨됨이는 모든 기도의 종합인데, 지혜자는 한 사람의 생각이 어떠하면 그 위인의 됨됨이도 그렇게 된다고 말합니다(잠 23:7).

셋째, 예수님의 말씀처럼 행함으로 기도를 드리는 것입니다. 예수님은 대접 받기를 원하는 대로 타인을 대접해야 한다는 기도의 방법을 우리에게 가르쳐 주십니다(마 7:12). 이는 우리가 타인에게 무언가를 대접하면 그 대접을 되돌려 받게 된다는 말입니다. 이것은 뿌린 대로 거두는 원리와 동일한 말입니다. 심지어 우리가 제공하는 대접을 상대방이 받지 않는 경우에도 그 대접을 되돌려 받습니다. 일례로, 예수님은 제자들을 파송하며 머무는 집에 평안을 빌라고 하십니다. 그런데 만약 "그 집이 이에 합당하면 너희 빈 평안이 거기 임할 것이요 만일 합당하지 아니하면 그 평안이 너희에게 돌아올 것"이라고 했습니다(마 10:13). 평안으로 타인을 대접하면 그가 그 평안에 합당하지 않더라도 평안을 되돌려 받는다는 것입니다. 타인에게 행복을 대접해 보십시오. 그에게 행복이 합당하지 않으면 어느새 그 행복이 내 주머니에 들어와 있습니다.

그런데 기도자들 중에 하나님께 실망하는 사람들이 꽤 많습니다. 실망의 이유는 새벽기도, 수요기도, 금요철야 모임에 나가 심히 정성껏 기도를 드렸는데 응답이 없다는 것입니다. 그러나 그런 분들의 대표적인 특징은 입과 행동, 혹은 입과 마음이 다른 것을 구한다는 것입니다. 입으로는 타인의 존경과 칭찬을 구하면서 몸으로는 타인을 비방하고 정죄하면 비방과 정죄의 대접을 되돌려 받습니다. 하나님은 입의 언어보다 몸의 행위에 응답을 하십니다. 구약과 신약 전체를 보더라도 하나님은 말한 대로 갚지 않으시고 행한 대로 갚아 주십니다. 하나님의 명령을 듣는 자나 말하는 자가 아니라 순종하는 자가 하늘의 모든 복을 받습니다(신 28:2). 입의 말과 몸의 행위와 마음의 묵상이 다 어긋날 때에 하나님은 마음의 묵상을 따라 응답해 주십니다. 그래서 솔로몬은 주님께 "각 사람의 마음을 아시오니 그의 모든 행위대로 갚"아 주시리라는 기도를 드립니다(대하 6:30). 솔로몬의 기도는 마음의 상태가 고려된 행위에 대한 하나님의 신실한 갚으심을 가르치고 있습니다. 영혼 없는 말도 있지만, 영혼 없는 행위도 있습니다. 그런 말과 행위에는 하나님의 응답이 없습니다.

넷째, 바울처럼 마음으로 기도하고 영으로도 기도하는 것입니다(고전 14:15). 마음의 기도는 우리가 인식하는 언어로 우리의 간절한 소원을 아뢰며 하나님과 인격적인 대화를 나누는 것입니다. 영의 기도는 방언으로 기도하는 것인데 "말할 수 없는 탄식으로 우리를 위하여 친히" 구하시는 성령님의 기도(롬 8:26)를 신뢰하며 우리 자신을 맡기는 것입니다. 기도의 방식을 정리하면, 영혼의 가장 깊은 곳에서 우러나는 믿음으로 하나님을 신뢰하고 성령께 자신을 맡기며 기도하되, 마음과 몸과 입이 동일한 것을 구하는 것입니다. 그러나 입으로 기도해도 몸으로 실천하지 않으면 얻지 못합니다. 입과 몸은 분주하게 기도해도 진실한 마음의 기도가 없으면 얻지 못합니다. 입과 몸과 마음이 기도해도 성령님의 간구가 없으면 얻지 못합니다. 성령님의 간구가 없으면, 마음의 묵상이 없으면, 몸의 실천이 없으면, 입으로 기도해도 구하지 아니한 것입니다.

³구해도 얻지 못하는 이유는 정욕 가운데서 쓰려고 잘못 구하기 때문입니다

야고보는 구하지 않아서 얻지 못하는 경우를 언급한 이후에 구해도 얻지 못하는 이유에 대해 논합니다. 그 이유는 "정욕을 따라 쓰려고 잘못 구하는 것"입니다. 이 구절에 대해 칼뱅은 사람들이 하나님을 "자기 욕망의 사환으로 삼으려고 하기" 때문에 잘못 구하는 것이라고 말합니다. 여기에서 싸움과 다툼의 원흉으로 지목된 "정욕" 즉 "헤도네"(ἡδονή)가 다시 나옵니다. 감각적인 쾌락을 위해 무언가를 추구하는 욕망 충족용 기도는 "잘못"(κακῶς) 구하는 것입니다. 이는 칼뱅의 말처럼 자신의 정욕을 목적으로 삼고 하나님을 그 수단으로 삼는 짓입니다. 플리니우스(Gaius Plinius Secundus, 23/24-79)의 풍자처럼, 많은 사람들이 잘못된 기도로 "사람들은 신의 귀를 사악하게 유린하고 있습니다."

대부분의 사람들은 지혜, 정직, 지식, 정의, 나눔, 건강, 재물, 장수를 좋은 것으로 여기며 구합니다. 믿음의 사람들도 동일하게 생각하며 그것들을 하나님께 구합니다. 이것들은 심지어 성경이 복으로 분류하고 있습니다. 그러므로 얼마든지 구해도 죄를 짓는 게 아닙니다. 그러나 그것들의 용도가 올바르지 않으면 잘못 구하는 것입니다. 올바른 목적이 고려되지 않은 잘못된 기도의 사례로서, 사람들은 남들보다 높아지기 위해 지혜와 지식을 구하고 돈벌이를 위한 신용을 확보하기 위해 정직을 구하고, 덕스러운 사람의 이미지를 구축하기 위해 나눔을 실천하고, 무엇을 먹고 마시고 입을까의 고민을 해결하기 위해 재물을 구하고, 세상을 더 오래 즐기려고 장수를 구합니다.

유대인을 보십시오. 그들은 하나님의 계명들을 지켜 하늘의 복들을 얻으려는 열심에 있어서 다른 민족과 비교할 수 없을 정도로 컸습니다. 바울자신도 유대인 중에 다른 누구보다 특별한 열심이 있었으며(갈 1:14), 자신의 동포도 "하나님께 열심"이 있다고 말합니다(롬 10:2). 그러나 유대인의심각한 문제는 하나님을 향한 열심의 여부가 아니라 그 특별한 열심의 방향과 목적에 있습니다. 바울이 분석한 것처럼 그들의 열심은 "올바른 지식을 따른 것"이 아니며 "하나님의 의를 모르고 자기 의를 세우려고 힘써 하나님의 의에 복종하지 아니"하는 것입니다(롬 10:2-3). 하나님을 위하지 않고 자신을 위하는 목적의 부패 때문에 구원을 얻지 못한 것입니다.

이토록 뼈저린 동포의 실패는 바울에게 결코 무익하지 않습니다. 바울은 자신이 그리스도 예수와 단절되어 구원이 상실되는 것보다 더 아픈 동포의 실패를 너무도 중요한 인생의 교훈을 얻는 계기로 삼습니다. 즉 "우리 중에 누구든지 자기를 위하여 사는 자가 없고 자기를 위하여 죽는 자도 없다"는 것입니다(롬 14:7). 실패하는 인생의 근원적인 문제는 바로 열심의 없음이 아니라 그 열심의 잘못된 방향에 있습니다. 유대인은 하나님을 위하지 않고 "자기를 위하여" 열심을 부렸던 것입니다. 바울은 자신과 동포의 이러한 실패를 반면교사 삼아 사나 죽으나 우리를 위하지 말아야 한다는 이 놀라운 인생의 진실을 절감하고 만방에 전합니다. 생사의 목적은 자신이 아니라 오직 주님께만 있습니다. 바울의 고백처럼, "우리는 살아도 주를 위하여 살고 죽어도 주를 위하여 죽"습니다(롬 14:8). 이러할 때 비로소 "사나 죽으나 우리는 주의 것"입니다. 여기에 인간에게 주어지는 최고의 영광과 행복과 만족이 있습니다. 인생의 가치와 의미는 그가 구현하는 영광의 크기에 비례하기 때문에 지극히 큰 영광의 하나님을 향하고 위하는 것보다 더 현명한 인생의 목적은 없습니다.

야고보의 설명에 의하면, 기도가 응답되지 않는 이유는 1) 기도하지 않음과 2) 정욕을 위하는 기도의 잘못된 목적에 있습니다. 요약하면, 올바른 기도는 믿음으로 하나님께 하나님을 위하여 하나님 자신을 구하는 것입니다.

[4]'간음한 여인들아 세상과 친구가 되는 것이 하나님께 원수가 되는 것임을
알지 못하느냐?' 그러므로 누구든지 세상과 벗이 되려는 자는
스스로 하나님과 원수가 되려는 자입니다

야고보는 감각적 쾌락을 구하는 욕망의 대표적인 사례의 하나로서 "간음한 여인들"의 문제를 꺼냅니다. 여기에서 "간음하는 것"과 "세상과 친구가 되는 것"과 "하나님께 원수가 되는 것"은 모두 연동되어 있습니다. 간음의 영적인 함의는 본래 인간이 하나님과 우정의 관계를 맺고 있었는데 그 관계를 등지고 세상과 짝이 되었다는 것입니다. 하나님과 벗이 된다는 것은 하나님을 지극히 큰 상급으로 얻는다는 말입니다. 그러나 하나님과 원수가 된다는 것은 하나님과 우리의 우정이 깨어지는 정도가 아니라 그를 배신하는 것이며 그와 적대적인 관계를 맺는다는 말입니다. 이는 너무도 무서운 일입니다. 그래서 누구도 감히 이런 원수의 관계를 만들지도 않고 원하지도 않습니다.

그러나 야고보는 하나님과 원수가 되는 용이한 방식이 있다고 말합니다. 즉 "세상과 친구가 되는 것"입니다. 이런 방식에 대해 사람들은 하나님을 직접 배신하는 게 아니라고 생각하여 대수롭지 않게 여깁니다. 그래서 경건의 허리띠를 풀고 세상과 좀 친하게 지내도 된다고 생각하며 각자의

허용치를 따라 세상과 적당히 섞입니다. 세상과의 벗 됨을 야금야금 즐깁니다. 그러나 시각 장애인 디디무스의 말처럼 "하나님과 재물을 함께 섬기지 못하듯이, 세상의 친구인 동시에 하나님의 친구일 수는 없습니다." 게다가 세상은 늪입니다. 발을 들이면 서서히 은밀하게 빠집니다. 세상과의 잘못된 우정은 멈추지 않고 계속해서 자랍니다. 그렇게 세상을 좋아하면 할수록 하나님을 점점 싫어하게 되고 그를 멀리하고 아주 떠납니다. 급기야 배신자가 되어 세상과의 밀애를 방해하는 하나님께 증오의 칼끝까지 겨눕니다. 이런 패턴은 예나 지금이나 예외가 없습니다.

"이 세상을 사랑하여" 하나님의 사람인 바울마저 버리고 떠난 대표적인 사례로서 데마가 있습니다(딤후 4:10). 세상을 사랑하는 사람은 하나님도 떠나고 하나님의 공동체도 떠납니다. 요한은 우리가 "누구든지 세상을 사랑하면 하나님의 사랑이 그 안에 있지 않다"고 말합니다(요일 2:15). 이처럼 간음의 정욕에 대한 야고보와 요한과 바울의 생각은 다르지 않습니다. 물론 하나님은 우주와 모든 만물을 만드시고 그 권능의 말씀으로 돌보시고 이끄시는 분입니다. 요한의 기록에 의하면, 하나님이 "세상"을 사랑하여 독생자도 주셨다고 했습니다(요 3:16). 그러나 사도들이 부정적인 뉘앙스로 말하는 "세상"(κόσμος)은 하나님께 기원을 둔 창조의 원리나 질서나 사물 자체를 의미하지 않습니다. 요한이 잘 진단한 것처럼 "세상에 있는 모든 것이 육신의 정욕과 안목의 정욕과 이생의 자랑"(요일 2:16)이며, 그렇기 때문에 야고보는 세상과의 벗 됨을 금지한 것입니다.

세상을 사랑하지 말라고 한 요한의 더 심층적인 이유는 "이 세상도, 그 정욕도 지나가되 오직 하나님의 뜻을 행하는 자는 영원히 거한다"는 사실에 있습니다(요일 2:17). 사실 우리는 과학과 기술이 세상에 AI 같은 기막힌 작품을 출시하면 괜히 군침이 흐르고 섞이고 싶습니다. 독창적인 사상과 예술이 매력을 발산하면 나도 모르게 홀려서 추파를 던집니다. 인터넷과 자동차의 눈부신 발전을 보면 혼이 쑥 빠집니다. 앞다투어 짝하고 싶습니다. 그러나 사도들은 그것이 영원하지 않고 덧없이 지나가는 것이기에 운명을 섞지 말라며 극구 말립니다. 믿음의 사람은 세상에 사로잡힌 자가 아니라 "세상을 이기는 자"라고 요한은 말합니다(요일 5:5). 그 방법과 관련하여, 바울은 "세상이 나를 대하여 십자가에 못 박히고 내가 또한 세상을 대하여 그러"할 것이라고 말합니다(갈 6:14). 야고보는 세상과의 벗 됨이 하나님과 원수의 관계를 맺는 것과 같다는 심각성에 경종을 울립니다. 지혜로운 자는 사도들의 이러한 가르침을 따라 세상과 친구가 되지 않는 자입니다.

5여러분은 '하나님이 우리 안에 거하게 하신 성령이 시기하실 정도로 사모한다'한 성경이 헛되게 말하는 것이라고 보십니까?

야고보는 세상과 친구가 되어 하나님과 원수가 되는 것의 심각성에 굵은 밑줄을 긋습니다. 하나님을 향한 우리의 마음과 우리를 향한 하나님의 마음은 너무도 다르다고 말합니다. 하나님과 세상에 양다리를 걸치다가 세상으로 훅 넘어가는 우리의 변절과는 달리, 하나님은 우리를 항상 연모하고 계십니다. 이 슬픈 짝사랑의 근거를 야고보는 성경에서 찾습니다. 즉 "하나님이 우리 안에 거하게 하신 성령이 시기하실 정도로 사모한다." 그런데 사람들은 그런 성경의 가르침도 "헛되게 말하는 것"으로 여깁니다. 물론 이 인용문은 구약성경 어디에도 없는 말입니다. 그러나 이것을 잘 아는 칼뱅은 "이 말이 성경의 도처에서(passim) 발견되는 교리"(doctrina)라고 말합니다. 실제로 성경 전체가 우리를 향한 하나님의 사랑 이야기를 담고 있습니다.

우리는 하나님을 배신해도 하나님은 우리를 당신의 사랑에서 끊어지지 않도록 우리의 배신보다 더 큰 긍휼로 붙잡아 주십니다. 이를 위하여 성령은 멀리 있지 않고 "우리 안에"(ἐν ἡμῖν) 늘 머물러 있습니다. 최고의 사랑이 이루어질 수 있는 근거리를 벗어나지 않습니다. 거리적인 가까움을 넘어 "시기하실 정도"의 관계적인 가까움을 늘 유지하고 있습니다. "시기"(φθόνος)는 양면성을 가진 말입니다. 인간의 시기는 극도의 미움을 의미하고 성령의 시기는 극도의 사랑을 뜻합니다. 전자는 파괴적인 것이지만 후자는 건설적인 것입니다. 전자는 죄이지만 후자는 선입니다. 이처럼 야고보는 인간의 시기(약 3:14-16)와 성령의 시기(약 4:5)를 대비하며 의미의 절묘한 극대화를 도모하고 있습니다.

이기적인 계산을 하고 고약한 꼼수를 쓰는 인간과는 달리, 하나님은 우리를 향한 지극한 사랑 때문에 순수하고 진실한 질투를 하십니다. 그리고 영이신 하나님은 우리를 사모하는 분입니다. "사모하다"(ἐπιποθέω)는 말은 "사랑을 가지고 누군가를 갈망하는 것"을 뜻합니다. 성령의 사모함은 변경하지 못할 성경에 선명한 문자로 고정되어 있다고 야고보는 말합니다. 누구도 폐하지 못하고 삭제하지 못하고 변경할 수 없습니다. 이토록 아름답고 한결같고 지속적인 사랑의 하나님을 등지고 세상과 짝하는 것은 창조자에 대한 피조물의 결례이며, 아버지를 향한 자녀의 패륜이며, 신랑에 대한 신부의 배반이며, 영적인 간음으로 하나님의 심장에 가장 아픈 비수를 꽂는 짓입니다. 그런데도 사람들은 이토록 뜨겁고 무한하고 영원한 하나님의 짝사랑도 모르고, 세상과의 벗 됨이 그런 신적인 사랑의 등에 칼을 꽂는 것임도 모릅니다. 이보다 더 슬프고 안타까운 사랑의 비극은 없습니다.

야고보는 "성경이 헛되게 말하는 것"이 결코 아니라는 사실을 강조하기 위해 의문문을 던집니다. 야고보의 질문이 암시하는 바는 성경의 가르침을 "헛되이"(κενῶς) 여기는 사람이 많다는 것입니다. 동시에 그런 사람이 하나도 없어야 한다는 말입니다. 구약과 신약의 어디를 보더라도 성경의 모든 가르침은 하나도 헛되지 않습니다. 예수님의 말씀을 보면 성경이 예수님을 가리켜 기록된 것(요 5:39)이고 "나를 가리켜 기록된 모든 것"이 성취될 것이라(눅 24:44)는 선언이 나옵니다. 이와 유사하게 "천지가 없어지기 전에는 율법의 일점일획도 결코 없어지지 아니하고 다 이루어질 것이라"(마 5:18)는 예수님의 말씀도 있습니다. 이는 "내 입에서 나가는 말도 이와 같이 헛되이 내게로 돌아오지 아니하고 나의 기뻐하는 뜻을 이루며 내가 보낸 일에 형통"할 것이라(사 55:11)는 구약의 언약에 근거한 것입니다. 하나님의 입에서 나오는 말씀도, 성경에 기록된 말씀도 반드시 이루어질 것이기 때문에 어떠한 형식의 말씀도 헛되지 않습니다.

⁶그러나 더욱 큰 은혜를 주시나니 그러므로 일렀으되 하나님이 교만한 자를 물리치시고 겸손한 자에게 은혜를 주신다 하였느니라 ⁷그런즉 너희는 하나님께 복종할지어다 마귀를 대적하라 그리하면 너희를 피하리라 ⁸하나님을 가까이하라 그리하면 너희를 가까이하시리라 죄인들아 손을 깨끗이 하라 두 마음을 품은 자들아 마음을 성결하게 하라 ⁹슬퍼하며 애통하며 울지어다 너희 웃음을 애통으로, 너희 즐거움을 근심으로 바꿀지어다 ¹⁰주 앞에서 낮추라 그리하면 주께서 너희를 높이시리라

❖ ❖ ❖

⁶그러나 그는 더욱 큰 은혜를 주십니다 이러므로 그 [성경]은 말합니다 '하나님은 교만한 자를 꺾으시고 겸손한 자에게는 은혜를 주십니다' ⁷그러므로 여러분은 하나님께 순복하고 마귀를 대적해 보십시오 그리하면 여러분을 피할 것입니다 ⁸하나님을 가까이 하십시오 그리하면 여러분을 가까이 하실 것입니다 죄인들은 손을 깨끗하게 하고 두 마음을 품은 자들은 마음을 청결하게 하십시오 ⁹슬퍼하고 애통하며 우십시오 여러분의 웃음을 애통으로, 여러분의 즐거움을 근심으로 바꾸어 보십시오 ¹⁰여러분이 주 앞에서 낮아지면 그가 여러분을 높이실 것입니다

16

하나님을 가까이 하라

⁶그러나 그는 더욱 큰 은혜를 주십니다 이러므로 그 [성경]은 말합니다
'하나님은 교만한 자를 꺾으시고 겸손한 자에게는 은혜를 주십니다'

하나님의 사랑을 등지고 세상과 짝이 된 이들에게 야고보는 긍휼이 무궁하신 하나님을 속히 가까이하라고 말합니다. 이 본문의 처음과 나중은 낮고 교만한 자와 높고 겸손한 자 이야기로 둘러싸여 있습니다. 이는 하나님을 가까이함이 겸손한 자가 됨을 의미하고 하나님을 멀리함이 교만한 자가 됨을 뜻합니다. 나아가 하나님은 낮은 곳에 임하시기 때문에 낮아져야 그분에게 가까워질 수 있음을 강조하는 듯합니다.

야고보는 5절에서 시기하실 정도로 지극한 하나님의 사모함과 그 사모함을 기록으로 담은 성경조차 헛되다고 생각하는 자들의 무시를 대조하며 하나님의 사랑이 이루어질 수 없는 짝사랑인 것처럼 말했지만, 6절에서 그는 반전의 뉘앙스를 풍깁니다. 성경은 하나님의 사랑을 무시하고 헛되다고 비웃는 자들에게 마땅한 진노를 최고의 수위로 쏟으셔야 마땅한데, 오히려

그들의 굳은 마음을 "더욱 큰 은혜"(μείζονα χάριν)로 바꾸실 것이라고 말합니다. 그들의 돌 같은 마음이 부드럽게 될 때까지 은혜의 크기를 키우실 것입니다. 이처럼 하나님의 긍휼은 인간의 무도함에 결코 밀리지 않습니다. 하나님의 신실은 인간의 지독한 신실하지 못함을 능히 이깁니다. 자신의 백성을 결코 포기하지 않으시는 하나님의 사랑은 인간의 파렴치한 배신에도 도무지 꺾이지 않습니다.

인간의 교만이 커질수록 그 교만에 대응하는 하나님의 긍휼도 커집니다. 신적인 긍휼 자체가 커지는 게 아니라 하나님의 무한한 긍휼이 더 잘 드러나게 된다고 말하는 게 맞습니다. 하나님은 이렇게 인간의 악도 당신의 선하심을 드러내는 발판으로 삼아 선을 이루시는 분입니다. "더욱 큰 은혜"는 특정한 사건이 아니라 원리가 내포되어 있습니다. 인간이 더 악해지면 그것에 상응하는 더 큰 은혜가 늘 준비되어 있고 베푸실 것이라는 원리 말입니다. 죄가 더한 곳에 은혜가 더욱 넘친다(롬 5:20)는 바울의 말은 이 원리의 다른 표현일 뿐입니다. 더 이상 커질 수 없는 은혜의 끝은 독생자의 생명을 우리에게 주신 것입니다. 이에 대해 바울은 이런 표현을 썼습니다. "자기 아들을 아끼지 않으시고 우리 모든 사람을 위하여 내어 주신 이가 어찌 그 아들과 함께 모든 것을 우리에게 주시지 않겠느냐"(롬 8:32). 하나님은 인간의 악을 해결하기 위해서는 무한하신 자기 자신도 내어 주실 정도로 긍휼이 무궁하신 분입니다. 작은 것을 조금씩 주시지 않고 가장 좋은 것을 한꺼번에 주십니다.

"더욱 큰 은혜"는 사람에 따라 주어지는 방식이 다릅니다. 즉 "하나님은 교만한 자를 꺾으시고 겸손한 자에게는 은혜를 주십니다." 이것은 야고보의 사적인 판단이 아니라 베드로도 동일하게 고백하는 것으로서(벧전 5:5) 구약에도 기록된 것입니다(욥 22:29, 잠 3:34). 교만한 자를 꺾으시고 겸손한 자에게 은혜를 베푸시는 주님의 섭리적 원리는 인류의 역사에서 한번도 변경된 적이 없습니다. 여기에서 "교만한 자"(ὑπερήφανος)는 "다른 사람들 위로 자신을 높이는 자"입니다. "겸손한 자"(ταπεινός)는 "다른 사람들 아래로 자신을 낮추는 자"입니다. 교만한 자의 낮추심과 겸손한 자의 높이심은 시대와 장소와 성별과 신분을 가리지 않습니다.

교만한 자에게 더욱 큰 은혜를 주시는 하나님의 방법은 그를 대적하여 낮추는 것입니다. 교만이 클수록 더 강하게 대적하여 더 신속하게 낮추는 것이 그에게는 더욱 큰 은혜를 주시는 것입니다. 겸손한 자에게는 은혜를 베풀어 높이시는 것이 더욱 큰 은혜를 주시는 것입니다. 예수님의 말씀에 따르면 "자기를 낮추는 사람이 천국에서 큰 자"입니다(마 18:4). 더 낮출수록 더 큰 자입니다. 그런데 문제는 교만한 자가 하나님의 대적하심 때문에 낮아지게 되는 것을 은혜로 해석할 줄 모른다는 것입니다. 그래서 감사하지 않고 불평하며 다시 높아질 궁리만 한다는 것입니다. 이후에 야고보는 교만한 자와 겸손한 자를 높아짐과 낮아짐의 대조에 초점을 두고 다시 논합니다.

7그러므로 여러분은 하나님께 순복하고 마귀를 대적해 보십시오
그리하면 여러분을 피할 것입니다

야고보는 겸손과 교만의 대조를 순종과 대적의 대조와 결부시켜 논합니다. 겸손은 하나님께 순종하고 마귀를 대적하는 것이고, 교만은 하나님을 대적하고 마귀에게 순종하는 것입니다. 교만한 자가 세상과 친구가 됨으로써 하나님과 원수가 되는 것은 어리석은 짓입니다. 나아가 마귀에게 순응의 고개를 숙이면서 주님께는 뻣뻣한 목을 세우며 대드는 것은 훨씬 더 어리석은 짓입니다. 그런데 이는 세상에서 빈번하게 일어나는 일입니다. 심지어 교회 안에서도 낯설지 않습니다. 세상 속에서든 교회 안에서든 우리를 사모할 정도로 애틋하신 하나님의 짝사랑에 부응하는 성도의 올바른 처신은 "하나님

께 순복하고 마귀를 대적하는 것"입니다. 하나님께 순응하는 것과 마귀를 대적하는 것은 분리됨 없이 의미의 등을 맞대고 있습니다. 즉 하나님께 순응하는 것이 곧 마귀를 대적하는 것입니다. 이와 유사하게 지혜자는 "여호와를 경외하는 것은 악을 미워하는 것이라"고 말합니다(잠 8:13). 지혜를 미워하는 것과 사망을 사랑하는 것도 의미의 쌍을 이룹니다(잠 8:36).

여기에서 놓치지 말아야 할 진실은 하나님께 순응함이 없이 마귀를 능히 대적할 정도로 강한 사람은 하나도 없다는 것입니다. 하나님을 경외함도 없이 악귀에게 대들었던 스게와의 일곱 아들들이 경험한 것처럼 어설프게 마귀를 대적하면 "내가 예수도 알고 바울도 알거니와 너희는 누구냐" (행 19:15)는 마귀의 반격이 가해질 수 있습니다. 지금 마귀는 세상에서 왕노릇을 하고 있기 때문에 인간이 함부로 도전장을 내밀어도 되는 만만한 상대가 아닙니다. 하나님께 순응할 때에만 마귀를 유효하게 대적할 수 있습니다.

"순복하다 혹은 순응하다"(ὑποτάσσω)는 단어는 "자신을 어떤 질서나 권위 아래에 두다"는 말입니다. 인간은 시인의 고백처럼 하나님보다 조금 못하게 지어졌고 다른 모든 만물은 다스림의 대상으로 인간의 발 아래에 놓여졌기 때문에(시 8:5-6) 하나님 이외에 다른 어떤 것에게도 순응하지 않습니다. 부모를 비롯한 모든 권세를 우리가 존중하는 것은 각각의 권세를 분배하신 하나님께 근거한 것입니다. 바울이 잘 정리한 것처럼, 어떤 권세에게 순응하는 것은 가치와 존엄성이 동일한 인간의 권세에 순응하는 것이 아니라 하나님께 순응하는 것이며, 그 "권세를 거스르는 것은 하나님의 명을 거스르는 것"입니다(롬 13:2). 창조주 하나님만 순응의 대상으로 삼아야할 인간이 같은 사람도 아니고 자연도 아닌 마귀에게 순응하는 것은 더더욱 터무니 없으며 존재의 질서와 권위의 질서를 모조리 뒤집는 일입니다. 그런데도 야고보가 보기에 사람들은 싸움과 다툼으로, 시기와 투기로, 자랑과 거짓말로, 세상과의 벗됨으로 마귀에게 무릎을 꿇습니다. 심지어 흘어진 열두 지파들 중에서도 마귀에게 굴욕적인 무릎을 접는 사람들이 있습니다. 그래서 야고보는 순응의 대상을 바꾸라고 명합니다. 오직 하나님 앞에서만 무릎을 꿇으라고 말합니다.

마귀에 대해서는 대적이 답입니다. "대적하다"(ἀντίστημι)는 말의 의미는 "무언가를 대항하여 막아서는 것"입니다. 이 단어에는 적극적인 저항의 의도가 담겨 있습니다. 마귀는 잠잠하지 않습니다. 내가 건드리지 않으면 나에게 피해를 주지 않는다는 착각에 빠지지 마십시오. 베드로는 "너희 대적 마귀가 우는 사자 같이 두루 다니며 삼킬 자를 찾"고 있는 중이라고 말합니다(벧전 5:8). 마귀가 먹거리를 찾아 모든 곳을 두루 다니는 일은 언제나 진행형 상태이며 지칠 줄도 모릅니다. 다니다가 찾으면 곧바로 좌고우면 없이 한 입에 삼킵니다. 그런 마귀를 대하는 우리의 태도는 화해가 아닙니다. 관계의 평행선을 유지하는 것도 아닙니다. 단호히 대적하는 것입니다. 대적하지 않으면 마귀의 먹거리가 될 것입니다. 마귀를 대하시는 예수님의 모범에 대한 요한의 증언을 보십시오. "하나님의 아들이 나타나신 것은 마귀의 일을 멸하려 하심이라"(요일 3:8). 마귀의 일을 멸하시는 것은 예수께서 육신으로 이 땅에 오실 때부터 작심하신 일입니다. 마귀와 사이좋게 지내거나 마귀와 무관하게 바캉스를 즐기려고 지구에 오신 게 아닙니다. 온갖 악을 저지르는 마귀의 수족을 묶으셔서 "마귀에게 눌린 모든 사람을 고치시기" 위한 것입니다(행 10:38). 불의를 보면 정의를 행하며 정의로운 하나님께 순응하는 저항을 하십시오. 거짓을 보면 진리를 외치며 진실하신 하나님께 순응하는 저항을 하십시오.

우리가 마귀를 대적하면 반드시 그는 우리를 피합니다. 마귀가 "피한다"(φεύγω)는 것은 우리가 마귀를 대적하기 때문이 아닙니다. 우리가 하나님께 순복하기 때문에 우리를 피하는 것입니다. 이는 하나님께 순복하는 것이 전제된 마귀 대적의 결과입니다. 그러나 마귀가 우리를 피한다고 해서 기뻐하지 마십시오. "귀신들이 너희에게 항복하는 것으로 기뻐하지 말고 너희 이름이 하늘에 기록된 것으로 기뻐하라"(눅 10:20). 기쁨의 근거는 눈 앞에서 펼쳐지는 기적이나 영적인 현상에 있지 않습니다. 우리가 하늘에 이름이 등록된 하나님의 자녀라는 사실에 있습니다. 마귀가 우리를 피할 때에도 우리가 하나님께 순응하는 그의 백성임이 확인된 일이기 때문에 기뻐하는 것입니다.

⁸하나님을 가까이 하십시오 그리하면 여러분을 가까이 하실 것입니다
죄인들은 손을 깨끗하게 하고 두 마음을 품은 자들은 마음을 청결하게 하십시오

우리와 마귀의 관계는 본질적인 것이 아닙니다. 기쁨과 슬픔이 그 관계에 의해 좌우되지 않습니다. 우리의 기쁨과 만족의 여부는 하나님과 우리 사이의 간격에 달려 있습니다. 그래서 야고보는 우리에게 "하나님을 가까이하라"(ἐγγίσατε)고 말합니다. 구약에는 하나님을 가까이 함의 의미에 대한 견해가 갈립니다. 이스라엘 백성은 부정적인 의미로 하나님께 가까이 가면 죽는다고 말합니다(민 17:13). 아삽은 긍정적인 의미로서 하나님께 가까이 가면 복이라고 말합니다(시 73:28). 야고보의 명령에는 후자의 의미를 담고 있습니다. 그 의미는 하나님께 가까이 가면 어떤 복이 주어질 것이라는 뜻이 아닙니다. 가까이함이 조건이고 복은 결과라는 도식은 맞지 않습니다. 아삽의 말은 하나님을 가까이하는 것 자체가 복이라는 뜻입니다. 이러한 사실을 모르면 하나님을 가까이함이 수단이나 조건으로 전락하고 세속적인 유익을 목적으로 삼는 오류를 범하기 쉽습니다.

하나님을 가까이하라는 야고보의 명령은 현재 하나님과 우리 사이가 멀다는 사실을 암시하고 있습니다. 멀어짐의 책임은 하나님께 있지 않고 각기 제 길로 떠나간 사람에게 있습니다. 그래서 야고보는 하나님과 우리의 간격을 좁히라고 말합니다. 그러나 좁히는 게 쉽지 않습니다. 하나님은 영

이시기 때문에 우리가 그의 물리적인 위치를 알지 못합니다. 그의 주소를 모르기 때문에 다가갈 수도 없습니다. 그런 하나님을 가까이하라는 야고보의 주문은 참으로 야속해 보입니다.

구약에서 하나님께 가까이 나아가는 것은 성막이나 성전으로 들어가는 것을 뜻하였기 때문에 야고보의 말도 그렇게 이해하기 쉽습니다. 그러나 야고보의 말은 하나님과 우리 사이의 물리적인 거리를 좁히라는 말이 아닙니다. 즉 교회의 예배당에 부지런히 출석해야 한다는 것도 아니고 하늘에 더 가까운 산의 꼭대기에 올라 산기도를 드린다는 것도 아닙니다. 거룩한 역사의 흔적인 기독교 유적지를 빈번하게 순례하는 것도 아닙니다. "하나님을 가까이하라"는 말은 하나님과 우리의 영적인 거리를 좁히라는 말입니다. 이것을 몰랐던 유대인은 예수님의 탄식처럼 "입술로는 나를 공경하되 마음은 내게서 멀"리하는 죄(마 15:8)를 계속해서 범합니다. 지금도 특정한 장소에 특정한 성전을 세우는 방식으로 물리적인 회복을 꾀합니다. 유대인만 그러하지 않고 다른 민족들의 교회들도 더 화려한 예배당을 세우고 세력을 더 키우면서 유대인의 안타까운 전철을 밟고 있습니다.

하나님과 영적인 거리를 좁히기 위해서는 하나님과 우리 사이가 멀어진 원인을 먼저 규명하는 게 좋습니다. 그 원인에 대하여 이사야는 "오직 너희 죄악이 너희와 너희 하나님 사이를 내었고 너희 죄가 그 얼굴을 가리워서 너희를 듣지 않으시게 함"이라고 말합니다(사 59:2). 바울의 생각도 이와 같아서 골로새 교회가 "전에는 악한 행실로 멀리 떠나 마음으로 원수가 되었다"고 말합니다(골 1:21). 하나님과 우리 사이의 멀어짐과 단절의 원인은 우리의 죄와 악입니다. 그렇기 때문에 영적인 거리 좁히기의 해결책은 악을 저지르지 않고 죄를 없애는 것입니다. 죄와 악을 제거하는 방법은 우리에게 있지 않습니다. 하나님께 우리의 모든 죄를 자백하고 용서를 구하는 것입니다. 여기에서 하나님에 대한 신뢰가 전제되어 있습니다. 스바냐 선지자의 말처럼, 하나님의 명령을 듣고 그의 교훈을 받고 하나님을 신뢰하면 그에게 가까이 나아가는 것입니다(습 3:2). 구체적인 사례로서, 말라기에 의하면 주님께로 돌아가는 비결은 도둑질과 거짓말을 금하는 것입니다(말 3:8, 13).

우리가 하나님께 가까이 나아가면 하나님은 우리를 "가까이하십니다." 이것은 야고보가 새롭게 가르치는 교훈이 아닙니다. 스가랴와 말라기 선지자의 기록에도 우리가 주께로 돌아가면 주께서 우리에게 오신다는 약속이 나옵니다(슥 1:3, 말 3:7). 시인도 하나님은 "진실하게 간구하는 모든 자에게 가까이하신다"(시 145:18)고 말합니다. 이러한 하나님의 약속을 따라 우리가 믿음과 회개의 기도를 드리면 "우리가 그에게 기도할 때마다 우리에게 가까이하심"을 경험한 이스라엘 백성의 체험처럼 우리도 "그 신이 가까이함을 얻은 큰 나라"(신 4:7)가 될 것입니다. 이스라엘 역사를 보면, 하나님은 자신을 배신하고 죄악을 저지르고 마음이 돌처럼 굳은 백성에게 말씀들을 보내셔서 자녀의 마음을 아비에게 돌이키게 하는 일을 멈추신 적이 없습니다. 우리에게 가까이 오시려고 마지막 날에는 아들을 보내셔서 우리 영혼의 문 앞에까지 가서 두드리게 하십니다(계 3:20). 임마누엘 되시는 예수님의 성육신은 하나님이 우리와 영원히 함께 계시려고 가까이 오신 일입니다.

그런데 야고보는 우리가 하나님을 가까이 하면 하나님의 가까이하심이 뒤따르는 것처럼 말합니다. 이 구절의 해석에 있어서 칼뱅은 "일의 시작은 우리에게 속하였고 이후에 하나님의 은혜가 뒤따르는 것"이라는 주장에 동의하지 않습니다. 반대하는 이유는 성령께서 "우리에게 하라고 명한 바로 그것을 그가 또한 우리 안에서 이루시기"(hoc ipsum quod iubet, impleat idem quoque in nobis) 때문입니다. 같은 취지에서 맨톤은 야고보가 "인간이 행할 (will) 것이 아니라 그가 행해야(ought to) 하는 것을 보이는 것"이라고 말합니다. 칼뱅과 맨톤의 해석이 합당해 보입니다. 나아가 제가 보기에 야고보는 이 구절을 통하여 하나님은 언제나 자신에게 가까이 오는 사람들을 맞이하실 준비가 오래 전부터 되어 있으심을, 즉 그의 자비와 인내를 강조하고 있습니다.

사실 우리는 결코 하나님께 먼저 스스로 다가갈 수 없습니다. 바울은 하나님을 "가까이 가지 못할 빛에 거하시"는 분이라고 말합니다(딤 6:16). 그런 하나님께 누가 감히 다가갈 수 있습니까? 그럼에도 불구하고 하나님은 "참으로 담대한 마음으로 내게 가까이 올 자가 누구냐"고 하십니다(렘 30:21). 이는 하나님을 가까이하는 것이 담대한 마음만 있으면 불가능한 것은 아니라는 말입니다. "너 모세만 여호와께 가까이 나아오고 그들은 가까이 나아오지 말라"(출 24:2)는 말씀처럼 하나님의 허락을 받은 자만이 담대한 마음을 가지고 그에게 가까이 나아갈 수 있습니다. 여기에서 하나님은 모세가 자신에게 다가오길 원하셨기 때문에 허락하신 것입니다. 순서를 보면, 하나님의 소원이 있고 하나님의 허락이 있고 모세의 다가옴이 있고 하나님의 가까이하심이 있습니다. 이처럼 하나님을 가까이하려는 우리의 의지보다 하나님의 소원과 허락의 은총이 시간적인 면에서나 인과적인 면에서나 앞섭니다. 떠남에 있어서는 하나님이 우리를 먼저 떠나신 게 아니라 우리가 먼저 하나님을 떠난 것이고, 그 떠남의 회복에 있어서는 우리가 하나님께 먼저 가까이 간 게 아니라 하나님이 먼저 우리에게 가까이 다가오신 것입니다.

하나님을 가까이하라는 야고보의 말은 지금까지 언급된 이야기와 절묘한 대구를 이룹니다. 즉 하나님을 가까이함은 하나님의 친구 됨을 의미하고, 하나님을 멀리 떠남은 세상의 친구 됨과 동시에 하나님의 원수 됨을 의미하고, 하나님을 가까이함은 겸손함을 의미하고 하나님을 멀리 떠남은 교만함을 뜻합니다. 하나님을 가까이하지 않으면 하나님과 원수가 된다는 무서운 결과를 낳습니다. 맨톤의 지적처럼, 문제는 하나님을 멀리 떠나도 떠날 수 없다는 점입니다. 예레미야 선지자의 기록을 보십시오. "여호와가 말하노라 나는 천지에 충만하지 아니하냐"(렘 23:24). 이런 분에게서 벗어날 사람이 없어서 그분은 "사람이 내게 보이지 않으려고 누가 자신을 은밀한 곳에 숨길 수 있느냐"고 하십니다. 그래서 다윗은 "내가 주의 영을 떠나 어디로 가며 주의 앞에서 어디로 피"할 수 있느냐고 말합니다(시 139:7). 하나님은 우리가 달아나서 심지어 하늘로 올라갈지라도 거기 계시고 스올로 내려가도 거기에 계십니다(시 139:8). 친구로서 하나님을 떠날 수 없으면 좋은데 원수로서 그분을 떠날 수 없다면 이것보다 더 무서운 일은 없을 것입니다.

그래서 "하나님을 가까이하라"는 야고보의 조언은 대단히 긴요한 말입니다. 이에 대한 우리의 반응은 순종밖에 없습니다. 그런데 우리가 하나님을 가까이하기 위하여 구해야 할 구체적인 내용은 저마다 다릅니다. 야고보는 먼저 "죄인들은 손을 깨끗하게 하라"고 권합니다. 죄인들의 악한 마음은 손으로 흘러나옵니다. 그래서 마음의 행동대장 격인 손은 분노의 폭력과 미움의 피로 붉게 물들어 있습니다. 이렇게 손이 더러운 죄인은 하나님을 가까이 하지 못합니다. "손에 피가 가득"한 자에 대하여 하나님은 "너희가 손을 펼 때에 내가 내 눈을 너희에게서 가리고 너희가 많이 기도한다 할지라도 내가 듣지 아니할 것"이라고 하십니다(사 1:15). 같은 맥락에서 바울은 "분노와 다툼이 없이 거룩한 손을 들어 기도"할 것을 권합니다(딤전 2:8). 바울과 동일하게 시인도 기도의 "손이 깨끗"한 자만이 "여호와의 산"에 오르고 "그의 거룩한 곳"에 설 것이라고 했습니다(시 24:3-4). 기도의 응답과 거룩한 곳의 출입만이 아닙니다. 욥기의 기록처럼, "손이 깨끗한 자는 점점 힘을 얻"습니다(욥 17:9). 손을 깨끗하게 하는 방법은 죄악을 저지르지 않는 것입니다. 더 적극적인 방법은 하나님의 명령에 대한 적극적인 순종을 위하여 손이 분주한 것입니다. 손이 하루 종일 뭘 하는지를 관찰하며 손 단속을 하십시오. 손의 하루치 쓰임새를 기록하고 분류해 보십시오. 비율이 깨끗한 일과 깨끗하지 않은 일 중 어디로 기울고 있습니까? 좌절의 등을 토닥여 주고, 슬픈 이웃의 눈물을 닦아 주고, 배고픈 자에게 빵을 건네주고, 외로운 자에게 문자라도 보내 주고, 연약한 자를 부축해 주는 그러한 일들에 손이 분주한 사람이 되십시오.

"두 마음을 품은 자들"(δίψυχοι)에 대해서 야고보는 "마음을 청결하게 하라"고 권합니다. 이는 손이라는 외모뿐 아니라 그 손을 움직이는 마음까지 깨끗해야 한다는 말입니다. 여기에는 두 마음의 사람은 마음이 청결하지 않다는 뜻이 내포되어 있습니다. 하나님과 세상에 양다리를 걸친 두 마음, 하나님과 재물을 겸하여 섬기는 두 마음, 찬송과 저주를 하나의 같은 입으로 쏟아내는 두 마음, 교만함과 겸손함을 다 소지한 두 마음, 하나님께 가까이 나옴과 멀리 떠남을 수시로 번복하는 두 마음은 결코 깨끗하지 않습니다. 마음을 청결하게 하는 비결은 자비롭고 정의로운 하나님만 사랑하고 하나님만 섬기고 찬송에만 입을 사용하고 겸손한 마음으로 하나님께 가까이 나아가는 것입니다. 같은 취지에서 미가 선지자는 표현을 바꾸어서 "오직 정의를 행하며 인자를 사랑하며 겸손하게 네 하나님과 함께 행하는 것"이 주께서 원하는 것이라고 말합니다(미 6:8).

9슬퍼하고 애통하며 우십시오 여러분의 웃음을 애통으로,
여러분의 즐거움을 근심으로 바꾸어 보십시오

손과 마음의 깨끗함을 강조한 야고보는 슬픔과 애통과 울음을 권합니다. 손과 마음을 깨끗하게 한다는 것은 본성을 깎고 익숙한 습관과 결별해야 하는 막대한 고통을 수반하는 일입니다. 영혼의 거듭남이 없이는 불가능한 일이고 거듭난 이후에도 거듭남에 준하는 지속적인 변혁이 요구되는 일입니다. 야고보가 권하는 슬픔과 애통과 울음은 그런 고통을 표현한 것입니다. 동시에 우리의 죄악을 인정하는 것이고, 스스로 해결하지 못하는 우리의 연약함을 인정하는 것이고, 능히 치유하실 하나님의 긍휼과 능력을 인정하는 것이고, 하나님께 도움을 구하는 것입니다.

사실 우리의 본성이 악으로 물들어 있다는 사실을 슬퍼하고, 내 힘으로는 그 본성의 문제를 해결하지 못하기에 애통하며, 몸부림과 발버둥을 다

동원하여 온몸이 찢어질 정도의 울음을 터뜨리는 것은 절망적인 울분이 아닙니다. 이에 대하여 칼뱅은 "우리를 회개로 이끄는 구원적인 울음 혹은 슬픔"을 뜻한다고 말합니다. 이것을 주님께서 받으시면 진실로 구원적인 희망이 됩니다. 이에 대한 증언들을 보십시오. 시인은 "하나님이 구하시는 제사는 상한 심령"이며 "상하고 통회하는 마음을 주께서 멸시하지 않"는다고 말합니다(시 51:17). 멸시하지 않는 정도가 아니라 "여호와는 마음이 상한 자를 가까이 하시고 충심으로 통회하는 자를 구원"해 주십니다(시 34:18). 이사야의 기록에도 하나님은 "통회하고 마음이 겸손한 자와 함께" 계시면서 그의 영과 마음을 소생시켜 주신다는 말씀이 나옵니다(사 57:15).

나아가 야고보는 기존의 웃음을 애통으로, 기존의 즐거움을 근심으로 바꾸라고 말합니다. 야고보의 이 조언은 예수님의 말씀에 근거한 것입니다. "화 있을진저 너희 지금 웃는 자여 너희가 애통하며 울리로다"(눅 6:25). 웃는 자들과는 달리 "우는 자는 복이 있나니 너희가 웃을 것"(눅 6:21)이라고 하십니다. 그러나 세상에서 "웃음"과 "즐거움"은 바꾸어야 할 대상이 아닙니다. 소중한 것으로 여기며 흠모하고 많은 사람들이 갖기를 바라는 것입니다. 신약에서 야고보만 쓴 단어인 "웃음"(γέλως)은 "기쁨이나 만족의 표시로서 나오는 밝은 감정의 표현"인데 70인경에는 주로 히브리어로 "조롱거리 혹은 비웃음"을 의미하는 "세호크"(qAf.)의 헬라어 번역어로 나옵니다. 이 단어는 욥이 고난 당할 때에, 그리고 예레미야 선지자가 하나님의 뜻에 순종했기 때문에 모든 백성이 그를 비웃는 맥락에서 쓰인 말입니다(욥 17:6, 렘 20:7, 애 3:14). 즉 이 웃음은 웃는 게 아니라 하나님과 그의 선지자나 의인을 무시하고 조롱하는 용도로 쓰인 것입니다. 그리고 "우매한 자들의 웃음"을 표현할 때에도 쓰인 말입니다(전 7:6). "즐거움"(χαρά)은 "웃음의 원인 혹은 내면의 웃음"을 나타내는 말입니다. 야고보는 외적인 웃음과 내적인 즐거움을 모두 바꾸라고 말합니다.

바꾸어야 할 정도로 부정적인 이 웃음과 즐거움은 무엇에 근거한 것일까요? 이 서신의 맥락에서 보면, 세상과 친구 된 것과 자랑이나 거짓말로 더 높아지고 더 부해지고 더 유명해진 것에 근거한 듯합니다. 이런 종류의 즐거운 웃음에 대한 전도자의 증언을 들어 보십시오. "내가 웃음에 관하여 말하여 이르기를 그것은 미친 것이라 하였고 희락에 대하여 이르기를 이것이 무슨 소용이 있는가 하였노라"(전 2:2). 다른 곳에서 전도자는 "슬픔이 웃음보다 나음은 얼굴에 근심하는 것이 마음에 유익하기 때문"(전 7:3)이라고 말합니다. 야고보도 전도자의 이런 견해를 알고 있었을 것입니다. 아마도 같은 맥락에서 세상과 친구가 된 본성의 오염된 웃음과 즐거움에 근본적인 변화가 필요함을 강조한 것이 아닐까 싶습니다. 계속해서 웃고 즐기는 동안에는 변혁의 필요성을 느끼지 못하고 변화의 의욕도 생기지 않습니다. 오히려 웃음과 즐거움에 미끄러져 더 깊은 세상으로 빠집니다. 이는 얌전하게 타일러서 해결될 수 있는 문제가 아닙니다. 더 세속화된 본성과 돌처럼 굳어진 마음을 깨뜨리는 돌도끼 같은 애통과 존재를 꺼뜨릴 정도의 육중한 근심으로 헛된 감정의 거품을 뽑아내지 않으면 소망이 없습니다.

"애통"(πένθος)의 경건한 용도에 대해서는 잘 알지만, "슬픔을 표출하는 풀 죽은 모습"을 나타내는 "근심"(κατήφεια)에 대해서는 부정적인 이미지를 가진 사람들이 많습니다. 이런 이미지는 대체로 "근심하지 말라"는 예수님과 사도들의 언급에 근거한 것입니다. 그러나 근심에도 종류가 있습니다. 바울은 "후회할 것이 없는 구원에 이르게 하는 회개를 이루는" "하나님의 뜻대로 하는 근심"도 있고 "사망을 이루는" "세상 근심"도 있다고 말합니다 (고후 7:10). 야고보는 바울처럼 하나님의 뜻에 부합한 근심을 권하고 있습니다.

성경에서 애통과 근심의 모범을 보인 사람은 예레미야 선지자일 것입니다. 그는 하나님께 "우리의 마음에는 기쁨이 그쳤고 우리의 춤은 변하여 슬픔이 되었다"는 탄식을 쏟아내며 민족의 "범죄"를 고백하고 하늘의 진노를 거두어 주시라는 탄원을 올립니다(애 5:15-16). 물론 이 선지자가 스스로 동포의 "웃음을 애통으로" 바꾸고 "즐거움을 근심으로" 변경한 것은 아닙니다. 하나님의 진노로 나라가 멸망의 문턱을 밟고 선 상황에서 저항할 수 없는 애통과 근심이 발생한 것입니다. 그럼에도 불구하고 이 애통과 근심에는 선지자의 진심이 담겨 있습니다. 하나님의 그의 중심을 보시며 응답해 주십니다. 에스더의 시대에 이스라엘 백성의 사례를 보십시오. 죽으면 죽을 것이라는 각오로 주님께 나아갔을 때에 그 민족은 "슬픔이 변하여 기쁨이 되고 애통이 변하여 길한 날이 되"는 하나님의 은총을 받은 것입니다 (에 9:22). 시인의 고백에 따르면, 주님은 "나의 슬픔을 변하여 내게 춤이 되게 하시며 나의 베옷을 벗기고 기쁨으로 띠 띠우"시는 분입니다(시 30:11). 진실로 하나님은 우리가 이 세상의 웃음과 즐거움을 버리고 애통과 근심을 선택할 때에 하늘의 웃음과 즐거움을 주십니다.

10여러분이 주 앞에서 낮아지면 그가 여러분을 높이실 것입니다

세상의 웃음과 즐거움은 교만한 자들의 것이고 마음의 애통과 근심은 겸손한 자들의 것입니다. 그런 맥락에서 야고보는 교만을 버리고 겸손을 취하라고 말합니다. 이러한 조언은 하나님의 불변적인 섭리에 근거한 것입니다. 그런 섭리에 대한 언급이 잠언에 나옵니다. "사람이 교만하면 낮아지게 되겠고 마음이 겸손하면 영예를 얻으리라"(잠 29:23). 이 섭리는 하나님이 정하신 것입니다. 인류의 모든 역사에서 하나님은 계층이나 학벌이나 민족이나 빈부와 무관하게 교만한 자를 낮추시고 겸손한 자를 높여 주십니다. 앞에서 야고보는 교만한 자와 겸손한 자를 멸망과 은혜로 설명했고 지금은 낮아짐과 높아짐의 대조로 설명하고 있습니다.

야고보는 우리에게 낮아지되 "주 앞에서"(ἐνώπιον κυρίου) 낮아져야 한다고 말합니다. 즉 낮아짐의 현장은 사람 앞이 아니라 "주 앞"입니다. 물론 베

드로의 말처럼 사람들 사이에서도 "서로 겸손으로 허리를 동이"는 게 맞습니다(벧전 5:5). 그러나 야고보의 강조점은 사람들이 보기에 겸손하고 낮은 자가 아니라 주님께서 보시기에 겸손하고 낮은 자가 되라는 것입니다. 하나님의 존재를 고려하지 않은 겸손은 가짜일 가능성이 높습니다. 베드로는 더 자세하게 말합니다. "하나님의 능하신 손 아래에서 겸손하라"(벧전 5:6). "능하신 손"이라는 표현 때문에 우리는 하나님의 존재만이 아니라 그의 전능하심, 즉 하나님의 속성을 모른 채 자신을 낮추는 겸손도 의심할 수밖에 없습니다. 바울은 "꾸며낸 겸손"도 있고 그런 겸손의 꾸며낸 개념으로 교회를 정죄하는 사람들도 있다고 말합니다(골 2:18). 그래서 겸손에 대한 분별력이 필요한데 우리는 그럴 능력이 없습니다. 우리는 외모를 따라 판단하는 잘못, 즉 "눈에 보이는 대로 심판"하고 "귀에 들리는 대로 판단"하는 우를 범합니다(사 11:3). 이사야의 예언에 따르면 겸손의 분별력은 예수님께 있습니다. 이사야는 그가 "정직으로 세상의 겸손한 자를 판단할 것"이라고 말합니다(사 11:4). 세상에서 소문난 겸손의 소유자도 하나님의 정직 앞에서는 벌거벗은 것처럼 실체가 드러날 것입니다.

우리가 스스로 겸손하지 못할 때에는 주님께서 겸손의 기회를 만들어주십니다. 그 기회는 대체로 환란이나 고통을 통해 마련됩니다. 역대하의 기록에 따르면, 므낫세가 "환난을 당하여 … 그의 조상들의 하나님 앞에 크게 겸손하여 기도"한 경우가 있습니다(대하 33:12). 그리고 "하나님의 말씀을 거역하며 지존자의 뜻을 멸시"하는 자들에게 하나님은 "고통을 주어 그들의 마음을 겸손하게 하셨다"는 시인의 고백도 있습니다(시 107:11-12). 우리 자신을 보더라도 다양한 환란과 역경이 임하는 것은 우리를 겸손하게 하시려는 하나님의 의도적인 조치일 때가 많습니다. 바울의 옆구리에 박힌 사탄의 가시는 그로 하여금 교만하지 않고 낮은 곳에 머물도록 마련된 겸손의 편입니다. 바울은 그 가시가 하나님에 의해 주어진 것임을 알고 "나를 쳐서 너무 자만하지 않게 하려 하심"인 목적도 알고 있습니다(고후 12:7). 물론 처음에는 모르고 세 번이나 기도를 드렸지만 "내 은혜가 네가 족하다"는 응답을 받은 후에는 기도를 접습니다. 연약함의 거룩한 쓸모를 깨닫고 오히려 가시로 말미암은 자신의 연약함을 "도리어 크게 기뻐"하는 반응을 취합니다(고후 12:9).

스스로 자신을 주님 앞에서 낮추는 경우이든, 하나님의 섭리로 말미암아 낮아지게 되든, 우리도 바울처럼 크게 기뻐하는 마음의 경건한 태도를 가지는 게 좋습니다. 낮추든 낮아지든, 하나님은 낮은 자를 "높이실 것입니다"(ὑφόω). 내가 낮아지는 것은 내가 할 수도 있고 하나님이 하실 수도 있습니다. 그러나 내가 높아지는 것은 주님만이 하실 수 있습니다. 스스로 높아지는 것은 교만이고 하나님이 높이시는 것은 영광입니다. 야고보는 하나님이 겸손한 자를 높이시는 시점에 대해서는 말을 아끼지만 베드로는 "때가 되면" 높이실 것이라고 말합니다. 여기에서 "때"(καιρός)는 사람이 알지 못하는 시점, 하나님이 정하시고 아시는 때, 그 사건이 일어나야 할 최적의 때를 뜻합니다. 그런데 우리는 겸손한 자가 높아지는 시점을 모릅니다. 낮아지는 일은 우리에게 속하였고 높이시는 일은 하나님께 속한 줄을 알고, 높아지는 시점에 과도한 관심을 기울이지 말고 너무 예민하게 반응하지 마십시오. 높이시는 하나님의 권한을 침해하지 말고 낮아지는 우리의 일에 만전을 기함이 좋습니다. 주님께서 최적의 때에 높이심을 믿고 우리는 기다리며 계속해서 낮아지는 것입니다. 기다림도 겸손을 위해서는 보약과 같습니다.

약 4:11-17

¹¹형제들아 서로 비방하지 말라 형제를 비방하는 자나 형제를 판단하는 자는 곧 율법을 비방하고 율법을 판단하는 것이라 네가 만일 율법을 판단하면 율법의 준행자가 아니요 재판관이로다 ¹²입법자와 재판관은 오직 한 분이시니 능히 구원하기도 하시며 멸하기도 하시느니라 너는 누구이기에 이웃을 판단하느냐 ¹³들으라 너희 중에 말하기를 오늘이나 내일이나 우리가 어떤 도시에 가서 거기서 일 년을 머물며 장사하여 이익을 보리라 하는 자들아 ¹⁴내일 일을 너희가 알지 못하는도다 너희 생명이 무엇이냐 너희는 잠깐 보이다가 없어지는 안개니라 ¹⁵너희가 도리어 말하기를 주의 뜻이면 우리가 살기도 하고 이것이나 저것을 하리라 할 것이거늘 ¹⁶이제도 너희가 허탄한 자랑을 하니 그러한 자랑은 다 악한 것이라 ¹⁷그러므로 사람이 선을 행할 줄 알고도 행하지 아니하면 죄니라

❖ ❖ ❖

¹¹형제들이여 서로를 비방하지 마십시오 형제를 비방하는 자나 자신의 형제를 판단하는 자는 율법을 비방하고 율법을 판단하는 것입니다 만약 당신이 율법을 판단하면 율법의 준행자가 아니요 판단자가 되는 것입니다 ¹²능히 구하기도 하시고 멸하기도 하시는 입법자와 판단자는 한 분입니다 그런데 이웃을 판단하는 당신은 누구입니까? ¹³'오늘이나 내일 우리가 어떤 도시로 가서 거기에서 일 년을 머물며 장사하여 이득을 보리라'고 말하는 여러분은 이제 보십시오 ¹⁴여러분 중에 누구도 그곳의 내일을 알지 못합니다 여러분의 생명은 어떤 것입니까? 여러분은 잠시 보이다가 이후에 없어지는 안개일 뿐입니다 ¹⁵여러분은 주님께서 원하시면 우리가 살기도 하고 이것이나 저것을 할 것이라고 말하는 것과 반대로 ¹⁶지금도 여러분의 허탄한 확신 속에서 자랑하고 있습니다 그렇게 자랑하는 것은 모두 악한 것입니다 ¹⁷그러므로 선 행하기를 알면서 행하지 않는 것은 그에게 죄입니다

17 분수를 파악하라

11형제들이여 서로를 비방하지 마십시오 형제를 비방하는 자나
자신의 형제를 판단하는 자는 율법을 비방하고 율법을 판단하는 것입니다
만약 당신이 율법을 판단하면 율법의 준행자가 아니요 판단자가 되는 것입니다

야고보는 겸손히 낮추면 높이시는 주님의 섭리를 가르친 이후에 높아지는 교만의 문제를 다룹니다. 교만한 자는 형제를 동등한 존재로 보지 않고 비방하고 판단하는 방식으로 그 위에 군림하는 자입니다. 그러나 야고보는 예수님의 가르침(마 7:1)을 따라 형제를 비방하지 말고 판단하지 말라고 명합니다. "비방하는 것"(καταλαλέω)은 "타인에 대해 적개심을 가지고 말하는 것"입니다. "판단하는 것"(κρίνω)은 "타인의 상태나 행위가 자신의 기준에 부합한지 아닌지를 평가하는 것"입니다. 칼뱅은 타인에 대한 비방과 판단을 "인간의 본성에 내재된 또 다른 질병"(alter humano ingenio ingenitus morbus)으로 규정하고 "모든 사람은 모든 타인이 자신의 의지나 공상에 따라 살기 원한다"는 설명을 붙입니다. 칼뱅의 말처럼, 비방과 판단은 자신이

옳다고 여기는 삶의 법칙(vivendi legem)을 타인에게 강요하는 것입니다. 문제는 어떠한 사람도 모든 사람에게 적용될 정도로 완벽한 삶의 법칙을 가지고 있지 않다는 것입니다. 혹시 가졌다고 할지라도 그 법칙을 타인에게 강요하는 것은 타인의 인권과 자유를 침해하는 일입니다.

나아가 야고보는 형제를 비방하고 판단하는 것이 율법을 비방하고 판단하는 것이라고 말합니다. 왜 그럴까요? 기독교는 성경에 기록된 하나님의 법을 신앙과 삶의 규범으로 삼습니다. 모든 시대의 모든 사람에게 적용되고 온 인류가 따라야 하는 보편적인 규범은 만물을 만드시고 인간을 지으시고 온 우주를 통치하고 계신 하나님의 법 밖에 없습니다. 그럼에도 불구하고 인간이 자신의 법을 기준으로 삼아 타인을 판단하고 비방하는 것은 자기 기준의 보편화를 도모하는 것이며, 이는 이미 정해져 있는 하나님의 우주적인 법에 도전장을 내미는 짓입니다. 형제를 비방하고 판단하는 것은 한 개인의 인권만 훼손하지 않고 그를 지으신 하나님의 법도 건드리는 심각한 일입니다. 이는 "가난한 사람을 조롱하는 자는 그를 지으신 주를 멸시하는 자"라는 원리와 같습니다(잠 17:5). 사람들은 하나님을 직접 비방하지 않으면 괜찮다는 착각에 빠져 형제에 대한 비방과 판단을 범하기에 겁이 없습니다. 이는 하나님과 직접적인 원수 됨이 아니라면 괜찮다고 생각하여 당당하게 세상을 친구로 삼는 것과 다를 바 없습니다.

그리고 형제를 비방하고 판단하는 자는 무사하지 못합니다. "너희가 비판하는 그 비판으로 너희가 비판을 받을 것"이라는 예수님의 말씀을 보십시오(마 7:2). 이는 모든 사람에게 적용되는 말입니다. 비판도 뿌린 대로 거두는 부메랑과 같습니다. 내가 받는 모든 비판을 뒷조사해 보면 어김없이 거기에 나의 오래된 지문이 찍혀 있습니다. 타인을 친 비판은 반드시 되돌아와 나 자신을 칠 것입니다. 예수님의 말씀처럼, "형제를 대하여 라가라 하는 자는 공회에 잡혀가게 되고 미련한 놈이라 하는 자는 지옥 불에 들어가게" 될 것입니다(마 5:22). 누군가를 비판할 때마다 우리는 우리가 받게 될 무서운 비판의 땔감을 비축하는 셈입니다. 비판의 대상이 하나님일 경우에는 더 심각한 결과를 낳습니다. 시인은 "주를 비방한 그 비방을 그들의 품에 칠 배나 갚"아 주시라는 기도를 드립니다(시 79:12). 여기에는 칠 배나 더 심각한 비방의 원리가 계시되어 있습니다. 하나님 비방은 피조물이 감히 자신의 기준에 하나님도 구겨 넣으려는 것이어서 칠 배의 비난, 즉 하늘의 법정 최고형을 받는다는 말입니다.

비판이 비판을 낳는다는 원리를 따라 우리가 비판하지 않는다면 비판받지 않을 것이고 정죄하지 않으면 정죄당하지 않을 것입니다(눅 6:37). 이처럼 성경의 모든 무서운 경고에는 자비로운 해답도 그 안에 감추어져 있습니다. 서로를 비방하지 않고 정죄하지 않는 비결에 대하여, 바울은 우리의 형제와 자매가 모두 주님의 동등한 종이라는 사실과 "우리가 다 하나님의 심판대 앞에 서리라"는 사실을 명심해야 한다고 말합니다(롬 14:10). 형제를 비판해도 되는 쿠폰이나 자격증을 가진 사람은 하나도 없습니다. 이런 기조와는 달리, 바울은 우리가 세상뿐 아니라 천사도 판단할 것이라고 말합니다(고전 6:2-3). 비판에 대한 바울의 말에는 비판을 하라는 것인지 말라는 것인지 상충되는 듯합니다. 그러나 문맥을 보면 그런 오해가 풀립니다. 즉 교회가 주님과 왕 노릇하는 차원에서 세상과 천사도 판단할 것이라는 말이고, 자의적인 기준을 따라 형제를 비방하고 비판하는 짓은 금하라는 뜻입니다.

야고보는 자신의 기준으로 형제를 비방하고 비판하여 신앙과 삶의 유일한 규범인 율법을 비방하고 판단하면 "율법의 준행자"가 아니라 "율법의 판단자"(κριτής)가 된다고 말합니다. 이 말에서 우리는 "율법의 준행자"가 되어야 함을 배웁니다. 이는 구약의 모든 페이지가 강조하는 바입니다. 동시에 "율법의 재판관"이 되면 안 된다는 것도 배웁니다. 율법은 우리에게 순종의 대상이지 판단의 대상이 아닙니다. 그러나 사람들은 하나님의 법도 자신들의 판단을 받아야 한다는 생각으로 마구 해체하고 분석하고 편집하고 다시 종합하는 방식으로 변경하되 그 법에서 신적인 의미를 발견하지 않고 인간적인 의미를 그 법에 부여하는 해석학적 무례를 범합니다. 이런 무례의 역사는 태초까지 소급될 정도로 깊습니다. 아담과 하와는 하나님이 정해 놓으신 법을 준행하지 않고 마귀의 거짓에 근거한 판단, 즉 재해석을 했습니다. 이처럼 우리도 하나님의 법 자체를 최종적인 권위로 여기며 순종하는 태도를 취하지 않으면 지극히 높으신 하나님의 법을 우리의 하등한 기준으로 판단해도 되는 대상으로 삼는 동일한 결례를 범합니다.

12능히 구하기도 하시고 멸하기도 하시는 입법자와 판단자는 한 분입니다
그런데 이웃을 판단하는 당신은 누구입니까?

이 구절에서 야고보는 우리가 율법의 판단자가 아니라 준행자인 이유를 밝힙니다. 즉 구하기도 하고 멸하기도 하는 구원과 멸절의 권능이 없다면 누구도 율법의 입법자와 판단자가 될 수 없습니다. 그런데 신명기의 기록처럼 오직 하나님만 "죽이기도 하며 살리기도 하며 상하게도 하며 낫게도 하"는 그러한 권능을 가지고 계십니다(신 32:39). 사람들은 비록 몸을 세우거나 멸할 수는 있지만 영혼을 세우거나 멸하지는 못합니다. 그러나 하나님은 인간의 몸뿐 아니라 영혼의 운명도 결정하실 수 있습니다. 욥의 말처럼 "지혜와 권능이 하나님께 있고 계략과 명철도 그에게 속하"여서 하나님은 개인뿐만 아니라 "민족들을 커지게도 하시고 다시 멸하기도 하"십니다(욥 12:13, 23). 같은 맥락에서 다니엘도 하나님은 "왕들을 폐하시고 왕들을 세우시"는 분이라고 말합니다(단 2:21). 이사야도 하나님은 "귀인들을 폐하시며 세상의 사사들을 헛되게 하시"는 분이면서 동시에 "피곤한 자에게는 능력을 주시며 무능한 자에게는 힘을 더하시"는 분입니다(사 40:23, 29). 나아가 하나님이 폐하시면 누구도 세우지 못하며 하나님이 세우시면 누구도

폐하지 못합니다(시 148:6). 하나님은 "내 손에서 건질 자가 없도다 내가 행하리니 누가 막"을 수 있느냐고 하십니다(사 43:13). 물론 하나님의 허락을 받은 대리인, 바울의 표현을 빌리자면 하나님이 정하시고 위임하신 "다스리는 자들"은 판단의 권한을 갖습니다(롬 13:1-3). 빌라도가 예수님을 재판하고 사형을 언도한 권한도 자신의 고유한 것이 아니라 "위에서 준" 것입니다(요 19:11).

그런데 사람들은 형제를 비방하고 판단하며 율법을 비방하고 판단하는 재판관이 됨으로써 자신들이 마치 구원과 멸망의 고유한 권한이나 힘이라도 가진 것처럼 무례한 월권을 행합니다. 자신의 사사로운 기준을 타인에게 강요하며 하나님이 만드시고 정하신 규범의 무시를 대수롭지 않게 여깁니다. 이사야는 "악을 선하다 하며 선을 악하다 하며" 선악의 지계표를 임의로 옮기는 자들이 있었다고 말하고(사 5:20), 아모스는 "정의를 쓴 쑥으로 바꾸며 공의를 땅에 던지는 자들"이 있었다고 말합니다(암 5:7). 바울은 모든 시대를 통틀어서 "썩어지지 아니하는 하나님의 영광"을 썩어지는 피조물의 우상으로 바꾸고 "하나님의 진리를 거짓 것으로 바꾸"고, 남자들과 여자들은 "순리대로 쓸 것을 바꾸어 역리로" 썼다고 말합니다(롬 1:23-27). 로마 가톨릭의 한 문헌(*Prompta bibliotheca*, art.2.)은 교황이 "마치 지상의 하나님 같고 그리스도 믿는 자들의 유일한 으뜸이며 모든 법의 최고 법"(quasi Deus in Terra, unicus Christifidelium Princeps, Regum omnium Rex maximus)이기 때문에 "그는 심지어 신적인 법들도 수정할 수 있다"(possit quoque Leges Divinas modificare)고 말합니다.

이처럼 진리를 변경하는 방식으로 하나님을 대적하는 사람들의 등장은 특정한 시대만의 현상이 아닙니다. 우리의 시대에도 사이비 종교들과 이단들의 교주들은 자신들의 생각을 진리로 포장하고 하나님의 법 바꾸기를 우습게 여깁니다. 심지어 기독교 내에서도 해석과 실천의 차원에서 하나님의 법을 더 정확하게 읽자는 명분을 앞세우며 은밀하게 가감하는 일들이 있습니다. 그러나 하나님은 모세를 통해 "내가 너희에게 명령하는 이 모든 말을 너희는 지켜 행하고 그것에 가감하지 말라"고 하십니다(신 12:32). 같은 맥락에서 예수님도 "누구든지 이 계명 중의 지극히 작은 것 하나라도 버리"면 "천국에서 지극히 작다 일컬음을 받을 것"이라고 하십니다(마 5:19). 그럼에도 불구하고 하나님의 법에 변경을 가한다면 하늘의 책망을 받고 거짓의 아비를 따라 거짓말하는 자가 된다고 지혜자는 말합니다(잠 30:6).

야고보는 율법의 입법자와 심판자가 "한 분"(εἷς) 밖에 없다고 말합니다. 입법자와 심판자는 다르지 않고 동일한 분입니다. 그 "한 분"은 하나님을 뜻합니다. 하나님은 율법의 제정과 심판의 권한을 타인에게 양도하신 적이 없습니다. 비록 교회에 직분자를 세우시고 세상에 관원을 세우시는 분이지만 그들에게 배당된 권세는 언제나 하나님 의존적인 것입니다. 그들의 권세는 영원하지 않고 한시적인 위탁일 뿐입니다. 하나님과 무관한 권세의 행사는 폭력일 뿐입니다. 하나님 없는 권세로는 아무것도 하지 못합니다. 이는 마치 "나를 떠나서는 너희가 아무것도 할 수 없다"(요 15:5)고 하신 예수님의 말씀과 같습니다. 하나님의 권세를 맡은 사람들은 율법의 재판관이 아니라 하나님의 대리인일 뿐입니다. 그렇기 때문에 힐라리우스의 말처럼 "성경의 율법이 모세와 엘리야, 세례 요한 같은 많은 대리인을 통해 주어진 것이지만 그래도 율법은 하나밖에 없으며 그 율법을 주신 분도 한 분밖에 없습니다." 성경의 모든 법은 단일한 입법자와 심판자 되신 하나님의 법이지 대리인의 법이 아닙니다. 그러므로 율법은 모세의 뜻이 아니라 하나님의 뜻을 깨달아야 비로소 제대로 읽은 것입니다.

형제들을 서로 판단하지 말라고 한 야고보는 이제 "이웃을 판단하는 당신"은 누구냐고 묻습니다. 형제가 아닌 이웃을 판단하는 것도 율법 준행자의 권한이 아니라는 말입니다. 이는 구약에서 시인의 고백과 신약에서 바울의 글에도 나오는 말입니다(시 15:3, 롬 13:10). "이웃"(πλησίον)은 "가까이에 있는 사람들"을 뜻합니다. 모든 이에게는 지리적인 이웃, 정서적인 이웃,

경제적인 이웃, 정치적인 이웃, 종교적인 이웃 등 다양한 이웃들이 있습니다. 혹여라도 누군가가 우리의 기분을 침해하고 재물을 침해하고 건강을 해치고 자유를 침해하면 우리는 단숨에 비판의 도마에 올립니다. 우리에게 어떤 가해의 기미만 보여도 곧장 정죄의 칼을 뽑습니다. 야고보는 그러지 말라고 권합니다. 바울은 더 적극적인 자세로 "우리 각 사람이 이웃을 기쁘게 하되 선을 이루고 덕을 세우도록" 하라고 권합니다(롬 15:2). 이는 오직 하나님만 입법자와 심판자 되심을 우리가 인정할 때에 가능한 일입니다.

13'오늘이나 내일 우리가 어떤 도시로 가서 거기에서 일 년을 머물며 장사하여 이득을 보리라'고 말하는 여러분은 이제 보십시오

야고보는 타인의 삶에 과도한 권한을 행사하며 간섭하는 비방과 판단의 문제를 언급한 이후에 이야기의 국면을 돌려 자신에 대한 과신의 문제를 다룹니다. 어떤 사람들은 자신의 밝은 미래에 대한 확신과 기대감에 취해 있습니다. 이는 자신의 환경과 자신의 판단에 근거한 것이기에 엄밀하게 보면 "오늘이나 내일"의 모든 일이 하나님의 통치 아래에 있다는 사실을 부정하는 일입니다. 야고보의 시대에 어떤 사람들은 오늘이나 내일 어떤 도시로 가서 1년간 장사하며 큰 이득을 보리라는 기대에 부풀어 있습니다. "도시"이기 때문에 사람들이 많습니다. 다양한 기회들이 기다리고 잠재적인 소득들이 유혹의 촉수를 내밉니다. 1년만 사업을 해도 큰 이득을 볼 것 같은 달콤한 예감도 있습니다. 그래서 내일에 대한 기대감에 오늘도 행복에 흠뻑 젖습니다. 입만 열면 그것에 대해 "말합니다"(λέγω). 이는 대부분의 사람에게 일상적인 일입니다. 경제학과 통계학을 비롯한 여러 학문들이 예측력을 과시하며 이런 일상에 보탬이 되려고 선두를 다툽니다. 예측력이 높을수록 그 학문의 몸값도 오릅니다. 내일에 대한 확신과 기대가 사회에

서 일어나는 너무도 평범하고 일상적인 일인데도 야고보는 문제가 있다고 말합니다. 자세한 이유는 다음 구절에 나옵니다.

> 14여러분 중에 누구도 그곳의 내일을 알지 못합니다 여러분의 생명
> 어떤 것입니까? 여러분은 잠시 보이다가 이후에 없어지는 안개일 뿐입니다

사실 사람들의 문제는 "그곳의 내일(τὸ τῆς αὔριον)을 알지 못한다"는 것입니다. 한 도시의 내일은 아무도 모릅니다. 이는 야고보의 고유한 통찰력이 아닙니다. 구약의 전도자도 "우매한 자는 말을 많이 하거니와 사람은 장래 일을 알지 못한다"는 말을 했습니다(전 10:14). 야고보는 "너희"라는 대명사가 말해주는 것처럼 하나님의 사람들도 내일을 모른다고 말합니다. 내일을 알지 못하는 정도뿐 아니라 내일 일을 마음대로 디자인할 수도 없습니다. 그래서 지혜자는 "하루 동안에 무슨 일이 일어날지" 알 수 없기 때문에 "너는 내일 일을 자랑하지 말라"고 말합니다(잠 27:1). 자랑뿐 아니라 근심에 대해서도 예수님은 "내일 일을 위하여 염려하지 말라 내일 일은 내일 염려할 것"이라고 하십니다(마 6:34). 이사야의 시대에는 "내일 죽으리니 먹고 마시자"는 체념을 내뱉는 사람들과(사 22:13), 향락에 취하여 "우리가 독주를 잔뜩 마시자 내일도 오늘같이 크게 넘치리라 하"며 포도주를 찾는 탐욕적인 개들이 있었다고(사 56:12) 성경은 말합니다. 지혜자도 내일 무슨 일이 일어날지 모르기 때문에 도움을 요청하는 사람에게 "갔다가 다시 오라 내일 주겠노라 하지 말"라고 말합니다(잠 3:28). 이처럼 모르는 내일에 대해 기대하고 자랑하고 염려하고 절망하고 미루는 것은 성경의 가르침이 아닙니다.

그래서 내일이 우리의 손아귀에 있다고 확신하며 말하는 것은 올바르지 않다고 야고보는 말합니다. 그러면 내일에 대해서는 아무것도 모르니까 아

무엇도 준비하지 말고 아무렇게 살아도 되는 것일까요? 아닙니다. 준비하는 삶의 지혜는 성경이 가르치고 권하는 바입니다. 맨톤의 꼼꼼한 분석처럼, 지혜자는 "먹을 것을 여름 동안에 예비하며 추수 때에 양식을 모으"는 "개미에게 가서 그가 하는 것을 보고 지혜를 얻으라"고 했습니다(잠 6:6-8). 실제로 요셉은 기근의 때를 대비하여 애굽에 식량을 저축해야 한다는 조언을 했고 "바로와 그의 모든 신하가 이 일을 좋게 여"겼으며(창 41:35-37) 사도들의 시대에는 기근에 대한 아가보의 예언을 신뢰하고 유대에 사는 형제들을 위해 "부조를 보내기로 작정"한 사례가 있습니다(행 11:28-29).

나아가 전도자는 내일에 대한 무지에 안주하지 말고 "장래 일을 가르칠 자가 누구"냐고 물으라고 권합니다(전 8:7). 장래 일을 알 가능성은 열려 있습니다. 사람들은 모르지만 하나님은 우리의 장래 일을 능히 가르치실 수 있습니다. 느부갓네살 왕의 꿈은 "크신 하나님이 장래 일을 왕께 알게 하신 것이라"고 다니엘은 말합니다(단 2:45). 하나님의 가르침을 받는다면 요엘의 기록처럼 왕뿐만 아니라 어린 "자녀들도 장래 일을 말할 것"입니다(욜 2:28). 자녀들의 말은 다음 세대의 생각이고 그들이 사회의 주류가 되면 그들의 생각도 현실이 될 것이기에 장래 일을 말한 것입니다. 어떤 식으로든 내일 일에 대한 하나님의 약속이나 언질이 있다면 우리가 자랑하고 선포할 수 있습니다.

이스라엘 백성의 출애굽 직전에 하나님은 "내일 이 땅에서 이 일을 행하리라" 하시고 그대로 행하신 기록이 모세의 글에 있습니다(출 9:5). 여호수아 또한 하나님이 "내일 너희 가운데에 기이한 일들을 행하실 것이라"는 예언을 했습니다(수 3:5). 예수님도 바리새파 사람들을 향해 "오늘과 내일은 내가 귀신을 쫓아내며 병을 고"칠 것이라는 이야기를 헤롯에게 전하라고 하셨습니다(눅 13:31-32). 이스라엘 백성에게 하나님은 베냐민 지파와 싸우는 문제에 대해 "올라가라 내일은 내가 그를 네 손에 넘겨 주리라"고 하셨습니다(삿 20:28). 이처럼 하나님의 말씀이 주어졌을 경우에는 내일에 대해서도 모르지 않았으며 자랑을 하거나 두려움에 떨기도 했던 것입니다.

그러나 알지도 못하는 장밋빛 내일을 임의로 설계하고 설레며 자랑하는 사람들에 대해 야고보는 묻습니다. "여러분의 생명은 어떤 것입니까?" 신약에서 "생명"(ζωή)은 대체로 인간의 근본이고 인생의 목적이며 거룩하고 의로운 삶의 결과로서 주어지는 보상을 뜻합니다. 그러나 야고보의 문맥에서 "생명"은 인간의 덧없는 실존, 혹은 반드시 파악해야 할 인간의 분수, 혹은 헛된 목표를 가리키는 말입니다. 야고보가 말하는 인생의 실상은 "잠시 보이다가 이후에 없어지는 안개"와 같습니다. 공기처럼 기화된 물인 "안개"(ἀτμίς)의 비유적 의미에 대하여 지혜자는 "속이는 말로 재물을 모으는 것은 죽음을 구하는 것이라"고 말하면서 그것이 "안개"라고 했습니다(잠 21:6). 같은 맥락에서 베드로도 속임수를 즐기고 이성 없는 짐승처럼 "탐욕에 연단된 마음을 가진 자들"을 가리켜 "물 없는 샘이요 광풍에 밀려 가는 안개"라고 했습니다(벧후 2:17). 그러나 야고보는 불의하고 거짓된 계층의 사람들이 아니라 모든 사람을 "안개"로 규정하고 있습니다.

"잠시"(πρὸς ὀλίγον)라는 말처럼, 안개는 이틀을 살지 못합니다. 하루도 버티지 못합니다. 안개는 수명의 짧음뿐 아니라 아무리 좋은 안경을 껴도 앞이 보이지 않는다는 특징도 있습니다. 인생은 이처럼 짧은데 좌우를 분간하지 못하고 코앞에 뭐가 있는지도 모르는 안개와 같습니다. 이러한 안개라는 인간의 보편적 실존을 모르면 엉뚱한 목표에 매달려 짧은 인생을 탕진하며 살아갈 수밖에 없습니다. 욥은 고통 속에서 인간의 실존을 깨닫고 "나의 날은 베틀의 북보다 빠르니 희망 없이 보내"고 "내 생명이 한낱 바람 같음을" 고백하며 하나님의 긍휼을 구합니다(욥 7:6-7). 시인도 "사람은 입김이며 인생도 속임수"에 불과해서 "저울에 달면 그들은 입김보다 가벼"울 것이라고 탄식하며 "재물이 늘어도 거기에 마음을 두지 말라"고 권합니다(시 62:9-10). 14절은 인간의 덧없는 실존을 지적하는 동시에 칼뱅의 말처럼 그런 "현재의 삶에만 기초를 둔 목적은 모두 덧없다는 사실"도 보여

주고 있습니다. 즉, 잠시 있다가 사라지는 일시적인 것이 아니라 영원히 보존되는 가치와 의미를 인생의 목표로 삼으라고 말합니다.

> [15]여러분은 주님께서 원하시면 우리가 살기도 하고
> 이것이나 저것을 할 것이라고 말하는 것과 반대로

안개와 같은 사람들, 그중에서도 온 세상에 흩어진 주님의 나그네는 "주님께서 원하시면 우리가 살기도 하고 이것이나 저것을 할 것"이라고 고백해야 한다고 야고보는 말합니다. 사람이 살고 죽는 것의 여부는 주님의 원하심에 달려 있습니다. 시인의 고백처럼 "생명의 원천은 주께 있"고(시 36:9), 욥의 증거처럼 "모든 생물의 생명과 모든 사람의 육신의 목숨은 다 그의 손에 있"습니다(욥 12:10). 성부 안에 생명이 있는 것처럼 성자께도 "생명을 주어 그 속에 있게 하셨"기 때문에 예수님은 자신을 "생명"으로 밝히셨고 요한은 예수님을 "생명" 즉 "사람들의 빛"이라고 말합니다(요 1:4, 14:6). 그러므로 우리는 주님의 원하심 없이는 누구도 생명을 소유할 수 없습니다. 지금 살고 있다면 주님의 원하심이 있다는 뜻이고 우리는 주님께 감사하며 경배해야 마땅할 것입니다.

"이것이나 저것"을 행하는 것도 주님의 소원에서 벗어나지 못합니다. 시인은 하나님을 "사람의 걸음을 정하시고 그의 길을 기뻐하"는 분이라고 말합니다(시 37:23). 바울도 하나님은 우리의 마음에 "소원을 두고 행하게 하시"는 분이라고 말합니다(빌 2:13). 물론 각 사람은 이것이나 저것을 행하려는 삶의 계획을 세웁니다. 그러나 예레미야 선지자는 "사람의 길이 자신에게 있지 아니하고 걸음을 지도함이 걷는 자에게 있지 않다"고 말합니다(렘 10:23). 엘리후도 하나님을 "사람의 걸음을 주목"하고 "사람의 모든 걸음을 감찰"하는 분이라고 증거하고, 지혜자는 "사람이 마음으로 자기의 길을

계획"해도 "그의 걸음을 인도하는 분"이시며(잠 16:9) "마음의 경영은 사람에게 있어도 말의 응답은 여호와"께 있다(잠 16:1)고 말합니다. 그러므로 죽고 사는 문제와 이것이나 저것을 행하는 문제가 모두 하나님의 소원에 달렸다고 고백하는 것이 좋습니다.

그런데 문제는 하나님의 사람들도 그렇게 고백하지 않는다는 것입니다. "반대로"(ἀντί) 엉뚱한 태도를 취합니다. 마땅히 말해야 할 것에 대해서는 침묵하고 말하지 말아야 할 것에 대해서는 떠듭니다. 이런 종교적 청개구리 심보의 배후에는 하나님을 거부하고, 심하게는 배신하고 공격하며 하나님과 맞서려는 마귀의 욕망이 조용히 작용하고 있습니다. 하나님의 사람들도 사나 죽으나 주님의 것이라는 사실을 망각하고 오늘이든 내일이든 주님을 위하여 존재해야 하는 피조물의 신분을 망각하고 하나님과 동등함을 취할 것으로 여기는 교만에 길들여져 있습니다. 이는 야고보의 시대에만 나타난 현상이 아닙니다. 지금도 주님께서 "생명과 호흡과 만물"(행 17:25)을 주셔야만 우리가 살고 이것이나 저것을 행한다는 이 사실을 망각하고 인간의 자유로운 선택과 능력의 위대함을 드높이는 일에 매몰되어 있습니다.

16지금도 여러분의 허탄한 확신 속에서 자랑하고 있습니다
그렇게 자랑하는 것은 모두 악한 것입니다

야고보는 범사에 하나님을 인정하지 않고 오히려 "허탄한 확신 속에서 자랑"하는 성도를 책망하고 있습니다. 여기에서 "허탄한 확신 속에서 자랑"하는 것은 내일 일도 모르고 사람의 생명이 잠시 있다가 소멸되는 안개일 뿐이라는 덧없음도 모르고 내일 일을 자랑하고 성공의 기만적인 예감에 들떠서 이것저것 할 것이라고 요란하게 떠드는 것을 뜻합니다. 하나님께 뿌리를 두지 않은 모든 확신은 명확한 근거들이 아무리 많아도, 거기에 호응

하고 공감하는 사람들이 아무리 뜨겁게 열광해도, 허탄한 것입니다. 지혜자는 "환난 날에 진실하지 못한 자를 의뢰하는 것은 부러진 이와 위골된 발같"다고 말합니다(잠 25:19). 썩어 없어지는 모든 피조물 혹은 피조물의 약속에 뿌리를 둔 확신도 부러진 이나 위골된 발과 다르지 않습니다.

자신의 허탄한 확신에 근거하여 자랑하는 것은 "모두 악한 것"(πονηρός)입니다. 악한 이유는 자랑의 근거를 하나님이 아니라 다른 무언가에 대한 자신의 확신에 두었다는 사실에 있습니다. 자신의 확신을 의지하는 것은 자신을 신뢰하는 것이고 하나님이 허탄한 분이라고 조롱하는 것이며 자신을 그분보다 더 위대한 존재라고 스스로를 높이는 것입니다. 하나님과 무관하게 내일 일을 자랑하는 것은 우매한 일이지만 그 자랑이 자신의 허탄한 확신에 근거하는 것은 악한 것입니다.

17그러므로 선 행하기를 알면서 행하지 않는 것은 그에게 죄입니다

흩어져 있는 열두 지파는 모두 하나님을 알고 하나님께 근거한 확신 속에서 하나님을 자랑해야 하고 하나님의 뜻이라는 선을 이루어야 한다는 것도 알고 있습니다. 그런데도 선을 행하지 않는 하나님의 사람들이 많습니다. 여기에서 야고보는 아는 것과 행하는 것의 일치를 강조하고 있습니다. 앎과 삶 사이에는 네 가지의 조합이 있습니다. 첫째, 선을 알면서도 행하지 않는 것입니다. 둘째, 선을 몰라서 행하지 않는 것입니다. 셋째, 선을 알기 때문에 선을 행하는 것입니다. 넷째, 선을 무의식 중에 행하는 것입니다. 네 가지 중에서 첫째가 가장 나쁩니다. 이 평가는 "주인의 뜻을 알고도 준비하지 아니하고 그 뜻대로 행하지 아니한 종은 많이 맞을 것"이라는 예수님의 말씀(눅 12:47)에 근거한 것입니다. 아우구스티누스는 선을 몰라서 행하지 않는 것도 죄라고 말합니다. 진리의 지식이 없는 소원과 행함은 결코 선하

지 않습니다(잠 19:2). 그러나 교부는 알고도 행하지 않으면 "더 무거운 죄를 짓는 것"이라고 말합니다. 셋째는 당연한 선입니다. 진정한 앎과 진정한 삶의 필연적 연관성 때문에 알면 행합니다. 그리고 넷째는 가장 좋은 선입니다. 이는 의식의 과정을 거치지 않고 선을 행하는 것입니다. 인격과 체질에 밴 선입니다. 예수님의 어법으로 말한다면, 오른손이 행하는데 왼손이 모르는 그런 선입니다.

"선 행하기"(καλὸν ποιεῖν)는 성도가 모를 수 없습니다. 그러나 시인의 증언처럼 "주는 선하사 선을 행하시"는 분입니다(시 119:68). 그렇게 선하신 주님께서 우리 안에 거하시면 선을 행하지 않을 수 없습니다. 선행은 영원한 생명과 결부되어 있습니다. 예수님의 말씀에 따르면, "선한 일을 행한 자는 생명의 부활로, 악한 일을 행한 자는 심판의 부활로 나"옵니다(요 5:29). 이러한 가르침을 따라 바울도 주님께서 "선을 행하여 영광과 존귀와 썩지 아니함을 구하는 자에게는 영생으로 하"신다고 말합니다(롬 2:7). 그리고 성경의 목적에는 예수님을 믿고 구원에 이르는 지혜의 공급도 있지만 하나님의 사람으로 온전하게 하여 모든 선을 행하는 능력의 구비도 있습니다(딤후 3:16-17). 성경의 끝은 이처럼 선행을 향하고 있습니다. 선 행하기를 모르면 하나님의 사람이 아닙니다. 그런데도 성도가 선을 행하지 않으면 하늘의 회초리를 부르는 "죄"(ἁμαρτία)입니다. 선 행하기를 아는 자에게는 그 회초리가 더 굵습니다.

이 구절에서 우리는 기독교가 이론과 실천, 지식과 행함, 아는 것과 사는 것의 균형과 조화를 강조하는 종교라는 사실을 배웁니다. 어느 것 하나도 소홀히 여기지 않습니다. 그리고 선행의 실천은 기독교 진리의 꽃입니다. 선 행하기를 아는 것만 자랑하고 정작 행하지는 않는 지식 편향적인 시대에 야고보의 지혜로운 강조점은 바로 행함에 있습니다.

J

약 5:1-6

¹들으라 부한 자들아 너희에게 임할 고생으로 말미암아 울고 통곡하라 ²너희 재물은 썩었고 너희 옷은 좀먹었으며 ³너희 금과 은은 녹이 슬었으니 이 녹이 너희에게 증거가 되며 불 같이 너희 살을 먹으리라 너희가 말세에 재물을 쌓았도다 ⁴보라 너희 밭에서 추수한 품꾼에게 주지 아니한 삯이 소리 지르며 그 추수한 자의 우는 소리가 만군의 주의 귀에 들렸느니라 ⁵너희가 땅에서 사치하고 방종하여 살륙의 날에 너희 마음을 살찌게 하였도다 ⁶너희는 의인을 정죄하고 죽였으나 그는 너희에게 대항하지 아니하였느니라

❖ ❖ ❖

¹부한 자들이여 지금 가십시오 여러분의 임박한 재앙들에 대하여 통곡하며 우십시오 ²여러분의 재물은 썩었고 여러분의 의복은 좀을 먹었으며 ³여러분의 금과 은은 녹이 슬었으니 그것들의 녹이 여러분께 증거가 되고 불처럼 여러분의 살을 파먹을 것입니다 여러분은 말세에 재물을 쌓는 것입니다 ⁴보십시오 여러분의 땅을 추수한 품꾼의 빼앗긴 품삯이 소리를 지릅니다 추수하는 이들의 그 절규가 만군의 주의 귀에 들어갔습니다 ⁵여러분은 땅에서 사치하고 방탕하게 살며 살육의 날에 여러분의 마음을 살찌게 했습니다 ⁶여러분은 의인을 정죄하고 죽였으나 그는 여러분께 대항하지 않았습니다

18 부자들은 들으시오

1부한 자들이여 지금 가십시오
여러분의 임박한 재앙들에 대하여 통곡하며 우십시오

야고보는 부한 자들에게 엄중한 경고장을 날립니다. 부자들에 대한 이야기는 야고보서 2장에도 나옵니다. 거기에서 야고보는 부자들이 아니라 그들을 차별하여 우대하는 형제들의 문제를 다룹니다. 그런데 5장은 부자들의 치명적인 문제를 조목조목 다룹니다. 야고보의 논지 전개 방식은 덜 사악한 문제에서 더 사악한 문제로 나아가는 점강법을 따릅니다. 즉 그의 논증이 1) 넘치는 재물을 나누지 않고 썩히는 문제, 2) 품꾼의 품삯을 탈취하는 문제, 3) 비무장 상태의 의인을 정죄하고 죽이는 문제 순으로 나갑니다. 4장에서 슬퍼하고 애통하며 울라고 한 야고보의 명령은 마치 5장에서 부자들에 향한 경고의 준비인 듯합니다.

부자는 하늘의 영원한 것이 아니라 땅의 일시적인 것을 추구하는 자입니다. 그는 땅만 생각하고 하늘은 생각하지 않습니다. 땅의 육신적인 생각은 사망이라 한 바울의 사상과 야고보는 크게 다르지 않습니다. 야고보는 부자들을 향해 "지금 가라"(Ἄγε νῦν)고 말합니다. 이는 맨톤의 말처럼 부자들을 하나님의 법정으로 소환하는 듯한 뉘앙스를 가진 말입니다. 나아가 그들의 심각한 현실과 끔찍한 미래를 당장 가서 자신들의 눈으로 보라는 것입니다. 왜곡된 땅의 법정이 아니라 정확한 하늘 법정에서 확인된 자신들의 실상을 보고 "통곡하며 울라"고 말합니다. 이 땅에서는 부자들의 실상이 잘 보이지 않습니다. 언론과 검찰과 사법부와 문화를 막대한 재물로 길들여서 그들의 이미지는 너무도 정교하게 꾸며져 있습니다. 그래서 타인도 속이고 자신들도 속습니다.

칼뱅은 야고보의 경고가 부자들의 회개를 위함이 아니라 오히려 그들의 절망적인 실상을 드러내고 이로써 믿음의 사람들을 가르치는 것이라고 말합니다. 이 가르침의 심층적인 의미는 둘입니다. 첫째, 부자들의 운명을 부러워할 필요가 없다는 것입니다. 둘째, 신자들을 고난에 빠뜨리는 문제들의 정의로운 보응이 하나님께 있다는 것입니다. 나아가 칼뱅은 이 단락이 금전적인 부자들만 겨냥하지 않고 "쾌락에 파묻히고 교만으로 들떠 있고 세상만 사모하고 채워지지 않는 심연처럼 모든 것을 잠식하는 자들"에게 주는 야고보의 포괄적인 경고라고 말합니다. 칼뱅의 견해에 일리가 있지만, 야고보의 의중은 알 수 없습니다. 대단히 엄중한 야고보의 경고가 확증되고 돌이킬 수 없는 하늘의 판결과 파멸에 대한 선언일 수도 있겠지만, 돌 같은 마음에 일말의 자비로운 균열을 일으키는 선한 도구로, 혹은 죽은 영혼을 깨어나게 하는 성령의 채찍질로 쓰일 가능성이 더 커 보입니다.

야고보는 부한 자들에게 "재앙들"(ταλαιπωρίαις)이 "임박해"(ἐπερχομέναις) 있다고 말합니다. 그런데도 그들은 날마다 파티를 열고 환락에 취합니다. 웃고 떠들고 즐깁니다. 예수님의 말씀처럼 그들은 "영혼아 여러 해 쓸 물건을 많이 쌓아 두었으니 평안히 쉬고 먹고 마시고 즐"기자고 말합니다 (눅 12:19). 그러나 야고보는 마치 감정의 세계를 잘 모르는 사람처럼 부자들이 통곡하며 울어야 한다고 말합니다. 하지만 부자들과 빈자들은 모두 야고보의 말을 비웃을 것입니다. 누가 보더라도 부의 감정은 기쁨이지 통곡이 아닙니다. 대체로 부가 클수록 기쁨도 커지는 법입니다. 그래서 부자들은 통곡과 울음이 아닌 해맑은 감정과의 경박한 열애에 빠집니다. 이는 부자들이 자신들의 치명적인 실상을 모르기 때문에 발생하는 일입니다. 그들은 재앙들이 임박해 있다는 사실도 모르고 임박한 재앙들의 원인도 모릅니다. 마치 현재의 나른한 안락함이 그들의 지성을 마비시킨 듯합니다. 그들의 즐김과 기쁨은 이러한 무지에서 나온 광란의 춤입니다. 이는 "웃을 때에도 마음에 슬픔이 있고 즐거움의 끝에도 근심이 있다"(잠 14:13)는 지혜자의 말처럼 비참한 일입니다. 더 즐기고 더 기쁠수록 진실에 대한 무지는 더욱 심해지고 그들이 맞이하게 될 재앙들로 인한 놀람과 충격은 더욱 커질 것입니다. 이런 부자들의 실상을 아는 야고보의 "통곡하며 울라"는 충고는 결코 가혹하지 않습니다. 망하라는 말 같은데 자세히 보면 돌이키고 살라는 말처럼 들립니다. 부자들이 붙잡아야 할 마지막 희망의 줄 같습니다. 그러나 이것도 거부하면 부자들은 어떠한 핑계나 변명도 통하지 않는 확고한 정죄의 물증이 될 것입니다. 그래서 야고보의 경고는 양날의 검입니다. 성경 전체가 이런 양날의 검입니다.

²여러분의 재물은 썩었고 여러분의 의복은 좀을 먹었으며

야고보는 부자들이 통곡하며 울어야 할 구체적인 이유들을 다룹니다. 첫째, 그들의 재물이 썩었기 때문입니다. 썩은 음식은 먹지 못하고, 썩은 집에서는 살지 못하고, 썩은 동아줄은 안전하지 않고, 썩은 지식에는 거짓의 악취만 풍깁니다. 재물도 썩으면 쓸모가 없습니다. 오히려 인생의 흉물로 변합니다. 재물이 "썩었다"(σέσηπεν)는 말은 열두 지파의 뇌리에 모세 시대

의 만나 사건을 떠올릴 것입니다. 당시 이스라엘 백성은 만나의 일용할 분량만 거두라는 모세의 명령을 무시하고 더 많이 거둡니다. 더 많이 거두어도 덜 거둔 사람에게 나누면 괜찮은데 나누지 않고 아침까지 남깁니다. 그랬더니 남은 만나에는 벌레가 생기고 썩어서 악취를 풍깁니다(출 16:20). 썩은 만나는 먹지 못합니다. 부의 증대에도 보탬이 되지 않습니다. 오히려 부끄럽고 지저분한 짐입니다. 심지어 해로운 독입니다. 야고보는 자신의 시대에도 부자들의 부가 그렇다고 말합니다. 그들의 주변에는 썩은 돈 냄새를 맡은 파리들만 들끓을 것입니다. 바울은 이러한 진리를 자신에게 적용하여 "무엇이든 내게 유익하던 것을" 그리스도 예수를 위하여 "다 해로 여"깁니다(빌 3:7). 재물에 대한 사도들의 이런 자세는 교부들이 계승했고 중세와 종교개혁 시대의 경건한 사람들도 배웠으나 지금은 실종된 것 같습니다.

둘째, 부자들의 의복이 좀의 먹거리(σητόβρωτα)가 되었기 때문입니다. "의복"(ἱμάτιον)은 인생의 날개와 같습니다. 명예와 자존심과 성취감과 지위와 권력을 나타내는 것이 옷입니다. 그런 날개를 좀이 씹어 먹었다는 것은 더 이상 비상할 수 없다는 말입니다. 그런데도 화려한 날개만 보고 자그마한 좀을 무시하며 비상하면 치명적인 위험에 빠집니다. 높이 오를수록 추락의 피해는 더욱 커집니다. 그런데 부자들은 이러한 사태를 알지 못합니다. 모르니까, 있는 힘껏 높이 오릅니다. 그래서 더더욱 통곡할 일입니다. 좀에 대한 야고보의 지적은 보물을 땅에 쌓아 두면 동록이나 도둑과 더불어 좀이 해한다는 예수님의 가르침(마 6:19)에 충실한 말입니다. 세상의 창고는 안전하지 않습니다. 아무리 견고한 자물쇠가 있어도 좀이 먹거나 도둑에게 빼앗길 수 있습니다. 상하고 빼앗긴 부가 클수록 더 큰 좌절과 상실감에 빠집니다. 이 땅에서도 그렇지만 장차 인생을 결산할 마지막 심판의 때에는 더더욱 큰 절망과 멸망을 당할 것입니다.

지금 야고보가 "여기에서 말하는 악들은 모든 부자에게 해당되는 것이 아니라"고 칼뱅은 말합니다. 그들 중에서 사치에 빠진 자들, 과시와 자랑에 고액을 소비하는 자들, 그리고 자신의 오물에 빠져 비참하게 살아가는 부자들을 향한 것입니다. 같은 맥락에서 길도 부자들 중에는 선한 사람들도 있다고 말합니다. 나아가 존 길은 야고보가 여기에서 "교회 내에서의 부자"에 대해서만 썼다고 말합니다. 그 부자는 "신앙을 고백하되 하나님에 대해서는 부하지 않고 자신을 위하여 보물을 축적하고 자신들의 부를 신뢰하고 그 부의 막대함을 자랑하나 하나님을 신뢰하지 않고 그의 영광을 위해서도 사용하지 않는" 사람을 뜻합니다. 그러나 칼뱅은 "부정한 방식으로 부를 축적하는 자들 혹은 그 부를 어리석게 남용하는 자들 모두에게 주어지는 보편적인 정죄"라고 말합니다. 야고보의 일차적인 수신자는 흩어진 열두 지파이기 때문에 길의 말처럼 교회 내에서의 부자를 뜻하지만 교회도 일종의 세상이기 때문에 칼뱅의 말처럼 모든 부자에게 확장해도 아무런 문제가 없습니다.

3여러분의 금과 은은 녹이 슬었으니 그것들의 녹이 여러분께 증거가 되고 불처럼 여러분의 살을 파먹을 것입니다 여러분은 말세에 재물을 쌓는 것입니다

야고보는 재물이 썩었다는 앞 절의 말을 풀어서 "금과 은은 녹이 슬었다"고 말합니다. 칼뱅의 말처럼 우리에게 주어진 금과 은은 녹이나 좀의 위장을 위함이 아닙니다. 의미와 가치를 산출하기 위한 도구로서 맡겨진 것입니다. "녹이 슬었다"(κατίωται)는 말에는 오랫동안 사용하지 않았다는 의미가 함축되어 있습니다. 녹이 슬 때까지 사용하지 않았다는 것은 꼭 필요한 것이 아니라는 말입니다. 자신에게 필요하지 않은 것을 필요한 타인에게 나누지도 않았다는 뜻입니다. "금과 은"은 가치를 축적하는 도구이며 그것이 많을수록 값진 인생처럼 여겨져서 금과 은을 창고에 비축하는 사람

들이 많습니다. 하지만 미래의 필요를 채워줄 든든한 가능성이 저장되어 있는 금과 은 같은 모든 사회적 화폐의 대용물이 지금의 필요를 위한 것은 아닙니다. 그런데도 그 가능성이 현실에도 위력을 발휘하여 미래에 대한 안도감과 더불어 지금 기뻐하고 즐기는 삶을 가능하게 만듭니다. 그런데 문제는 금과 은의 잠재력에 녹이 슬었다는 것입니다. 녹으로 부패한 부는 우리의 미래도 부패하게 만들 것입니다. 우리의 금과 은, 즉 풍부한 지식이나 권력이나 재능이나 시간이나 인맥이나 재물에는 녹이 없습니까? 날마다 녹의 유무를 확인하고 하나님이 뜻하신 용도에 맞게 나누든지 사용하십시오. 그러지 않으면 그것들이 배신하고 심각한 문제를 일으킬 것입니다. 나누거나 사용하지 않고 소유만 하면 그게 다 녹으로 변합니다.

금과 은을 먹는 "녹"(ἰός)은 세 가지의 문제를 만든다고 야고보는 말합니다. 첫째, 녹이 "여러분께 증거(μαρτύριον)가 된다"는 것입니다. 무엇을 위한 증거가 된다는 것인지는 명확하지 않지만, 임박한 심판의 때에 유죄의 명백한 증거물로 채택되어 재앙들이 그들에게 쏟아지게 할 단서라는 의미로 들립니다. 재물은 진노의 날에 무익할 것이라고 지혜자는 말합니다 (잠 11:4). 그러나 야고보는 무익한 정도가 아니라 해로운 증거물이 될 것이라고 말합니다. 비록 이 땅에서는 금과 은이 검찰의 수사권과 기소권을 주무르고 사법부의 판단을 구부리는 뇌물로 활용될 수 있겠지만 하늘의 법정에는 통하지 않습니다. 하나님의 심판대 앞에서는 금과 은이 아니라 거기에 박힌 녹이 증거물로 제시되어 부자들의 유죄가 확정되고 통곡하고 울수밖에 없는 심판의 단초가 될 것입니다.

둘째, 금과 은의 녹은 "불처럼 여러분의 살을 파먹을 것입니다." 맨톤의 지적처럼, 부자들이 "지금은 욕망과 근심으로 영혼을 불태우고 이후에는 절망과 양심의 가책으로 영혼을 태울 것입니다." 금과 은의 녹은 육체뿐만 아니라 영혼도 위태롭게 만듭니다. 하나님은 "금과 은을 곳간에 저축"한 자들이 "그 재물로 말미암아 네 마음이 교만하"게 되었다는 질타를 하십니다

(겔 28:4-5). 야고보의 말을 빌리자면, 이는 금과 은의 녹이 불처럼 부자의 마음을 파먹은 것입니다. 구약뿐 아니라 예수님의 시대에도 어느 부자 청년은 구원의 말씀을 들어도 "재물이 많으므로 이 말씀을 듣고 근심하며 가"야 했습니다(마 19:22). 이는 재물의 녹이 청년으로 하여금 영혼의 양식이신 예수님을 거부하게 만들며 영혼을 파먹은 것입니다. 이처럼 창고에 쌓인 재물은 부자에게 유익하지 않고 오히려 무서운 해를 끼칩니다. 영혼의 생살을 파먹는 줄도 모르고 "재물을 자기에게 해가 되도록 소유하는 것"은 "해 아래에서 큰 폐단되는 일"이라는 전도자의 관찰은 야고보의 시대에도 다르지 않습니다(전 5:13).

셋째, 말세에 재물을 쌓는다는 것입니다. 이것은 긍정적인 부의 증대가 아닙니다. 칼뱅은 야고보가 명시하지 않은 내용을 보충하되 "하나님의 진노와 저주"라는 역설적인 재물을 쌓는 것이라고 말합니다. 이는 자신들이 악이라고 판단한 짓을 동일하게 저지르는 자들이 "진노의 날 곧 하나님의 의로우신 심판이 나타나는 그날에 임할 진노를 네게 쌓는" 것이라고 한 바울의 말에 근거할 때 일리가 있습니다(롬 2:5). 이런 면에서 "부자인 채로 죽는 것은 정말 부끄러운 일이며 자식에게 유산을 물려주는 건 저주를 퍼붓는 것과 같다"고 일갈한 카네기는 야고보를 닮아있습니다. 또한 글의 맥락으로 보아 하나님의 진노를 촉발하는 불의한 재물을 쌓는 것이고 동시에 그 재물을 파먹는 녹이라는 물증을 쌓는다고 해석해도 좋습니다. 맨톤은 야고보가 "부를 비축하는 [부자들의] 허영심에 세금을 부과하는 것"이라고 말합니다. 부자들이 모은 재물은 그들의 눈에 보물로 보이지만 종말의 눈으로 보면 진노의 흉물일 뿐입니다. 재물뿐 아니라 세상의 명예나 세속적인 성취나 사람의 자랑과 영광도 그러한 이중성을 가지고 있습니다.

"말세"라는 말에서 우리는 재물에 대한 부자의 지독한 집착을 읽습니다. 가난한 자들을 돌보는 부자의 공적인 책무를 망각하는 것뿐만 아니라, 재물이 썩고 옷이 좀먹고 금과 은이 녹슬도록 나누지 않을 뿐만 아니라, 말세가 될 때까지도 재물 쌓기에 여념이 없는 부자들의 광적인 재물 사랑이 일종의 종교와 같습니다.

4보십시오 여러분의 땅을 추수한 품꾼의 빼앗긴 품삯이 소리를 지릅니다
추수하는 이들의 그 절규가 만군의 주의 귀에 들어갔습니다

여기에서 야고보는 부자들이 종말의 심판을 준비하는 것이라고 선언한 본질적인 이유를 밝힙니다. 그들은 자신들의 재물이 녹슬고 좀먹어도 가난한 자들과는 절대로 나누지 않는 고약함에 그치지 않고 자신들의 땅에서 일하는 품꾼의 임금을 탈취하는 짓까지 했습니다. 품꾼에 대한 조항은 신명기에 나옵니다. "곤궁하고 빈한한 품꾼은 너희 형제든지 네 땅 성문 안에 우거하는 객이든지 그를 학대하지 말며 그 품삯을 당일에 주고 해 진 후까지 미루지 말라"고 했습니다(신 24:14-15). 만약 품삯을 미룬다면 품꾼이 여호와께 호소할 것이고 주인은 정죄당할 것입니다. 그런데 야고보는 신명기의 조항보다 더 악독한 부자들의 횡포를 다룹니다. 품꾼들의 품삯을 탈취까지 했다고 말합니다. 탈취의 방식으로 품삯을 미루거나 체불하는 것도 있지만 그들에게 배분된 품삯도 뺏는다는 뉘앙스가 강합니다. 그런 부자들은 얼마나 심각한 정죄를 당할까요?

야고보는 지금 품꾼의 "빼앗긴 삯이 소리를 지른다"고 말합니다. 그들의 서러운 눈물이 부자들의 땅을 적시고 그들의 피맺힌 절규가 허공을 빼곡히 채웁니다. 어쩌면 부자들은 시간이 지나면 피눈물도 마르고 절규도 아득히 잊혀질 것이라는 생각과, 자신들을 함부로 건드리지 못하는 관원들의 귀에 들어가도 시끄러운 소음에 불과하고 결국 불기소 처분이 내려질 것이라는 전망과, 기소되어 법정으로 들어가도 솜방망이 처분이 내려질 것이라는 뻔뻔한 기대로 당당하게 무시했을 것입니다. 부르짖다 지치면 입을

다물 것이라는 무심한 태도를 넘어 일꾼들의 입을 사납게 틀어막고 다시 입을 열면 없앤다는 꼼꼼한 협박까지 했을 가능성도 있습니다.

부자들은 사람들의 눈을 가리고 귀를 막고 증인을 제거하면 자신들의 범죄가 덮어질 것이라는 착각에 빠져 있습니다. 그러나 세상 사람들이 다 속아도, 사법부의 귀를 막아도, 아니 세상의 모든 귀가 가난한 자들의 호소를 외면해도, 그들의 입을 꼼꼼하게 봉쇄해도, 그들을 들으시는 분이 계십니다. 야고보는 "만군의 주의 귀"가 일꾼들 쪽으로 기울어져 있다고 말합니다. 이미 그들의 민원이 하늘의 귀로 들어간 상태라고 말합니다. "만군의 주"는 신문이 떠들고 방송국이 중계하지 않아도 이 세상의 모든 소리를 들으시는 분입니다. 주님의 귀는 단 한 마디도 놓치지 않고 미세한 신음도 다 듣습니다(출 6:5). 심지어 소리가 되기 이전의 생각도 다 아시고 아주 멀리서도 다 아십니다(시 139:2). 아벨의 경우처럼, 죽은 피해자의 핏소리도 들으시는 분입니다(창 4:10). 주님의 전능한 귀에 감지되지 않은 절규는 없습니다.

야고보는 품꾼의 절규를 들으신 분이 "만군의 주"(Κυριου Σαβαωθ)라고 말합니다. 이 호칭은 야고보와 바울의 글에만 나옵니다. 이사야가 쓰고(사 1:9) 바울이 인용한 글에서는(롬 9:29) "만군의 주"가 소돔과 고모라를 멸망시킨 분으로 나옵니다. 두 도시는 하늘에서 "유황과 불"이 "비같이 내"려와서 멸망한 곳입니다(창 19:24). 이러한 심판의 주께서 품삯을 빼앗긴 일꾼들의 탄원을 들으셨기 때문에 두려움에 떨지 않을 부자는 하나도 없을 것입니다. 그래서 칼뱅은 "만군의 주"라는 호칭이 하나님의 "힘과 권능을 암시하며 이로써 그의 심판을 더욱 두렵게 만든다"고 말합니다. 만군의 주는 모든 피조물을 군대로 동원하여 사용하실 수 있는 분입니다. 한 명의 천사로도 "앗수르 진영에서 군사 십팔만 오천 명"을 치신 분입니다(왕하 19:35). 사사기의 기록에는 별들도 시스라와 싸웠다고 나옵니다(삿 5:20). 천사들과 별들뿐 아니라 "구름으로 자기 수레를 삼으시고 바람 날개로 다니시며 바람을 자기 사신으로 삼으시고 불꽃으로 자기 사역자를 삼으시"는 분입니다(시 104:3-4). 이러한 만군의 주께서 심판을 내리시고 진노를 쏟으시면 누구도 피하지 못합니다.

5여러분은 땅에서 사치하고 방탕하게 살며
살육의 날에 여러분의 마음을 살찌게 했습니다

부자들의 죄목은 더 있습니다. 가난한 일꾼들의 불쌍한 등가죽을 벗기는 고통을 가하면서 정작 자신들은 "땅에서 사치하고 방탕하게 살"았다는 것입니다. "사치스럽게 산다"(τρυφάω)는 말은 신약에 한 번 사용된 단어로서, 화려한 장식으로 꾸며진 공공 목욕탕에 가서 향락을 즐기는 1세기의 삶을 암시하는 말입니다. 앞 구절과 연결해서 보면, 생존에 전혀 필요하지 않은 사치를 위해 연약한 자들의 주머니를 털어 절규가 터지도록 괴롭히는 짓을 부자들이 했다는 것입니다. 타인의 고통과 괴로움을 사치와 방탕의 밑천으로 썼다는 것입니다. 얼마나 잔인한 짓입니까! 예수님의 이야기에 나오는 한 부자는 "자색 옷과 고운 베옷을 입고 날마다 호화롭게 즐기"되 "그의 대문 앞에 버려진" "나사로라 이름하는 한 거지"를 무시하며 살다가 음부의 고통을 당하는 대목이 나옵니다(눅 16:19-20). 거기에 부자가 나사로의 봉급을 빼앗으며 그를 괴롭힌 이야기는 나오지 않습니다. 그런데도 그 부자는 지옥의 고통을 겪습니다. 요한의 계시록에 보면, 바벨론에 취하여 "사치하던 땅의 왕들"이 바벨론의 "불타는 연기를 보고 위하여 울고 가슴을 치며" 고통의 무서움에 떨었다는 이야기가 나옵니다(계 18:9-10). 욥은 부하고 강하고 평안하게 사는 악인들이 "그들의 날을 행복하게 지내다가 잠깐 사이에 스올에 내려가"는 운명에 처한다고 말합니다(욥 21:13).

야고보도 구약과 신약의 시대를 막론하고 부자들의 사치를 만군의 주께

서 다 알고 계신다는 동일한 경종을 울립니다. 맨톤의 말처럼, 순간적인 "여기에서 웃고" 영원한 "거기에서 우는 것"은 참으로 불행하고 슬픈 일입니다. 바울의 말에 따르면, 사치와 향락을 위하여 사는 자들은 살았으나 죽었습니다(딤전 5:6). 교부들은 부자들이 가진 필요 이상의 소유물은 가난한 자들에게 돌아가야 할 그들의 것이라고 말합니다. 그들에게 나누는 것은 그들에게 돌려주는 것이지 구제도 아니라고 했습니다. 나눔도 대단한 것인 양 자랑하지 말라고 했습니다. 그런데 나누지도 않고 자신들이 소비하는 것은 주인이 맡긴 남의 소유물을 탈취하는 도둑질과 다르지 않다고 말합니다.

야고보가 사용한 "방탕하게 산다"(σπαταλάω)는 단어를 바울은 쾌락을 추구하며 살아가는 과부의 방탕한 삶을 설명할 때에 썼습니다(딤전 5:6). 다른 곳에서 바울은 술 취하는 것이 방탕한 것이라고 말합니다(엡 5:18). 70인경에서 이 단어는 유일하게 에스겔의 기록에 나오며 거기에서 소돔의 딸들이 저지르는 죄악을 설명할 때에 수식어로 쓴 말입니다(겔 16:49-50). 방탕한 삶은 술이나 도박이나 성적인 욕망에 빠져 불량한 행실을 꾸준히 저지르는 삶입니다. 재물이 범람할 정도로 풍족하여 사치를 부리고 즐기면 필히 육신적 방탕함에 빠집니다. 사치가 주는 육신적인 쾌락은 마음을 둔하게 만들고 몸을 함부로 오용하게 만듭니다.

맨톤은 "모든 쾌락의 최후 목적이자 완성은 정욕"이라고 말합니다. 정욕과 몸의 방탕함은 연결되어 있어서 바울은 "정욕을 위하여 육신의 일을 도모하지 말라"고 말합니다(롬 13:14). 필요 이상의 재물을 가진 부자가 불필요한 재물로 불필요한 일에 사용하면 그의 마음과 몸은 불필요한 일에 남용되어 상할 수밖에 없습니다. 육적인 방탕함의 패턴과 유사하게 호세아는 이스라엘 백성이 "먹여 준 대로 배가 불렀고 배가 부르니 그들의 마음이 교만하여 이로 말미암아" 주님을 잊는 방식으로 영적인 방탕함에 빠졌다고 썼습니다(호 13:6). 사랑과 정의와 진리와 거룩과 정직과 선함의 주님이 고려되지 않은 모든 소유와 일은 모든 사람에게 방탕의 촉수를 내밉니다.

그리고 부자들은 "살육의 날"에 자신들의 "마음을 살찌게 했습니다." "살육의 날"은 무고한 약자들이 죽어가는 날입니다. 피의 절규가 허공을 흔들고 죽은 눈물이 땅을 적시는 날에 부자들은 도리어 마음의 살이 포동포동 쪘다는 것은 약자들의 살육을 즐기는 부자들의 마음에 피도 눈물도 없는 극도의 매정함과 악독함이 가득한 현실을 고발하는 말입니다. 소시오패스(sociopath, 도덕적 구분이 가능하여 부도덕한 행동에 대해 인지는 하지만 양심의 가책은 느끼지 못하는 정신적 장애)와 사이코패스(psychopath, 감정의 결여로 자신의 부도덕한 행위에 대한 심각성 자체를 인지하지 못하는 정신적 장애) 같은 반사회적 인격장애 증상을 보이는 이런 부자들은 인간의 기본적인 정서가 마비되어 자신의 잘못에 대한 죄책감이 없고 타인의 고통을 공감할 줄도 모르고 오히려 고통에서 나오는 피눈물을 영화처럼 관람하고 절규를 달콤한 음악처럼 즐깁니다. 이는 하나님의 사람들을 굶주린 맹수들의 밥으로 던지던 로마의 원형 경기장 모습을 닮아있습니다. 이처럼 사치와 방탕과 살육은 모두 남아도는 재물이 저지르는 짓입니다. 사람은 재물에 부역하는 종입니다. "부는 지혜로운 사람의 노예이자 바보의 주인"이란 세네카의 지적은 고대에나 현대에나 틀리지 않습니다.

야고보는 2장에서 부자를 "너희를 억압하며 법정으로 끌고 가"는 갑질의 대명사로 묘사한 바 있습니다(약 2:6). 그런데 5장에서 야고보는 약자들의 살육으로 마음이 즐거움을 포식하는 부자들의 더욱더 강화된 잔혹함에 거룩한 의분을 토합니다. 제국의 시대에 야고보가 여기에서 말하는 부자들의 정체성을 짐작하는 것은 어렵지 않습니다. 고위직과 귀족층과 부유층의 로마인도 부자이긴 하지만, 이 서신의 맥락에서 보면 흩어진 열두 지파 중에 있었을 것입니다. 그렇다면 로마의 제국주의 지배에 배신자 혹은 앞잡이 노릇으로 부역하며 자신의 주머니를 챙긴 자들일 가능성이 높습니다. 민족의 중흥보다 자신의 이권을 서둘러 확보하는 야비한 순발력과 수단이나 방법을 가리지 않는 무자비를 무슨 대단한 신공인 것처럼 구사하는 이 부자들은 하나님의 나라보다 세상의 유익을 취하려고 교회를 이용하고 약탈하고 파괴하는 종교 사기꾼과 많이 닮아있습니다.

야고보는 부자들의 과격한 외모보다 그들의 타락한 마음의 문제에 강한 관심을 보입니다. 세월이 흐르면 몸과 문화는 바뀌어도 마음은 바뀌지 않습니다. 그래서 1세기의 부자들과 21세기의 부자들은 본성이 다르지 않습니다. 왜냐하면 한 사람이 부자가 되기까지 그가 가진 전투적인 마음, 살인적인 경쟁, 잔혹한 성취, 그 성취를 위해 지금까지 지불한 비용의 폭력적인 회수, 회수된 유익의 방탕한 즐김 등의 패턴은 세월이 흘러도 바뀌지 않기 때문입니다. 그런 패턴을 거쳤어도 정신이 멀쩡하고 생활이 정상적인 부자는 어느 시대에도 없을 것입니다.

⁶여러분은 의인을 정죄하고 죽였으나 그는 여러분께 대항하지 않았습니다

야고보는 "살육의 날"에 죽은 자들이 의인이며 부자들이 그 의인을 정죄하고 죽였다고 말합니다. 의인은 의로운 자입니다. 그런데도 정죄하는 것은 정죄하는 주체와 기준이 의롭지 않다고 자백하는 셈입니다. 불의한 자에 의해서 불의한 법을 따라 의인이 정죄를 당하는 것은 결코 예사롭지 않습니다. 이는 사법부가 썩었다는 뜻입니다. 지도층의 분별력과 판단력이 굽었다는 뜻입니다. 사회의 법질서가 규범성을 잃었다는 뜻입니다. 그것을 용인하는 그 사회의 국민성에 중병이 들었다는 뜻입니다. 야고보가 고발하는 부자들은 아모스의 시대에 "정의를 쓴 쑥으로 바꾸며 공의를 땅에 던지는 자들"과 하나도 다르지 않습니다(암 5:7). 아모스의 말처럼, 이는 마치 말들이 바위 위에서 달리고 소가 거기에서 밭을 가는 것처럼 터무니없는 일입니다(암 6:12). 야고보의 시대처럼 부자들이 의인에게 유죄를 선고하고

사형을 언도하는 것은 그 시대의 정의와 공의를 처형하는 것과 같습니다. 의인을 죽이면 의로움의 예시도 사라져서 자신들의 불의한 법을 합법으로 둔갑시킬 수 있고 자신들의 불의한 행실을 정의의 열매로 포장하기 쉬울 것입니다. 그러나 그렇게 하는 것은 자신을 잠시 숨길 수는 있어도 한 사회를 죽이고 한 시대를 죽이는 것입니다.

야고보는 의인이 자신을 부당하게 판결하고 죽이려는 부자들의 폭거에 대항하지 않았다고 말합니다. 저항하지 않았다는 것은 의인이 자신의 실력을 행사하지 않았고 주변의 유력한 지인들도 동원하지 않았다는 것입니다. 그러나 이런 의미보다 의인이 스스로를 지키고 보호할 능력이 없고 그런 능력을 가진 지인들도 없는 연약한 자일 가능성이 더 높아 보입니다. 이로 보건대 당시의 부자들은 군사적인 면에서나 경제적인 면에서나 사법적인 면에서나 비무장 상태에 있는 맨몸의 의인을 최고의 화력으로 공격하고 정죄하고 죽인 것입니다. 저항하지 않는 의인을 사법권과 경찰력을 동원해서 정죄하고 죽인 부자들의 야비함과 악독함은 하늘의 진노가 최대치로 쏟아지는 천벌을 천 번 받아도 마땅해 보입니다. 또 다른 가능성이 있습니다. 즉 의인들은 억울함을 당했으나 자신의 손으로 보복하지 않고 하나님의 정의로운 보응을 기다리며 묵묵히 순교의 길을 걸어간 것입니다. 그들은 악의 문제를 해결하기 위해 인위적인 방법을 쓰지 않고 역사의 절대적인 주관자가 당신의 때에 당신의 방법으로 의로운 판단력과 엄중한 심판권을 행사하실 것을 믿고 의지하며 기다린 것입니다. 그래서 그들이 의로운 자로 불리는 것인지도 모릅니다.

예수님의 말씀에 따르면, 하나님과 재물은 우리가 겸하여 섬길 수 없습니다. 부자는 하나님이 아니라 재물을 섬김의 대상으로 선택한 자입니다. 재물을 소유한 자가 아니라 재물을 섬기는 자입니다. 목숨과 마음과 뜻과 힘을 재물에 쏟습니다. 야고보는 본문에서 이러한 부자의 끔찍한 죄악성과 더 끔찍한 종말을 알리며 엄중한 경고를 보냅니다. 하나님을 버리고 재물을 선택한 부자의 심각성은 재물을 썩도록 비축하고 이웃의 필요를 외면하고 돌보아야 할 가난한 노동자의 임금을 탈취하고 본받아야 할 의로운 사람의 목숨까지 끊는다는 것입니다. 이처럼 부자는 재물을 위하여 하나님도 버리고 이웃도 버리고 사명도 버리고 인류도 저버리는 자입니다. 이 비루한 거래를 보면 돈을 사랑함이 모든 악의 뿌리라는 바울의 교훈이 야고보의 돈 이해와 다르지 않아 보입니다.

나는 누구입니까? 자신에게 질문을 던져 보십시오. 나는 의인입니까? 아니면 그를 죽이는 부자입니까?

7그러므로 형제들아 주께서 강림하시기까지 길이 참으라 보라 농부가 땅에서 나는 귀한 열매를 바라고 길이 참아 이른 비와 늦은 비를 기다리나니 8너희도 길이 참고 마음을 굳건하게 하라 주의 강림이 가까우니라 9형제들아 서로 원망하지 말라 그리하여야 심판을 면하리라 보라 심판주가 문 밖에 서 계시니라 10형제들아 주의 이름으로 말한 선지자들을 고난과 오래 참음의 본으로 삼으라 11보라 인내하는 자를 우리가 복되다 하나니 너희가 욥의 인내를 들었고 주께서 주신 결말을 보았거니와 주는 가장 자비하시고 긍휼히 여기시는 이시니라 12내 형제들아 무엇보다도 맹세하지 말지니 하늘로나 땅으로나 아무 다른 것으로도 맹세하지 말고 오직 너희가 그렇다고 생각하는 것은 그렇다 하고 아니라고 생각하는 것은 아니라 하여 정죄 받음을 면하라

❖ ❖ ❖

7그러므로 형제들이여 주님의 오심까지 길이 참으십시오 보십시오 땅이 이른 비와 늦은 비를 취할 때까지 농부는 기다리며 그것의 귀한 열매를 얻습니다 8주님의 오심이 임박했기 때문에 여러분도 길이 참으며 마음을 굳건하게 하십시오 9형제들이여 서로에 대하여 원망하지 마십시오 그러면 심판 받지 않습니다 보십시오 심판자가 문 앞에 서 계십니다 10형제들이여 주님의 이름으로 말한 선지자들을 고난과 인내의 본으로 삼으십시오 11보십시오 우리는 인내하는 자를 복되다고 말합니다 여러분은 욥의 인내를 들었고 주님의 결국, 즉 주님은 긍휼이 가득하고 자비로운 분이심을 봤습니다 12하지만 나의 형제들이여 무엇보다 맹세하지 마십시오 하늘로나 땅으로나 다른 어떤 것으로도 맹세를 [하지 마십시오] 여러분이 심판 아래로 떨어지지 않도록 여러분의 예는 예이고, 아니오는 아니오가 되게 하십시오

19 길이 참으라

⁷그러므로 형제들이여 주님의 오심까지 길이 참으십시오 보십시오 땅이 이른 비와 늦은 비를 취할 때까지 농부는 기다리며 그것의 귀한 열매를 얻습니다

부자들에 대한 경고 이후에 야고보는 믿음의 형제들을 향해 말합니다. 동시에 부자들을 부러워할 필요가 없다고 말합니다. 혹시 부자들의 폭거에 피해를 당했어도 주님께서 하늘의 정의를 따라 응징해 주시고 보상해 주신다고 말합니다. 이러한 주님의 공의로운 섭리를 믿는다면 "주님의 오심까지 길이 참으라"(Μακροθυμήσατε)고 야고보는 말합니다. 이는 부자들의 지독한 폭거에 대응하는 형제들의 마지막 방법은 인내라는 말입니다. 그러나 하나님의 신속하고 단호한 조치를 추구하고 기대하는 일부의 형제들은 "길이 참으라"는 말에 숨이 막힙니다. 숨막힐 때마다 하나님의 섭리를 깊이 생각해 보십시오. 하나님은 모든 정의를 사람의 일정표가 아니라 하나님의 정하신 때에 이루어 주십니다. 형제들은 그때를 모르기 때문에 인내할 수밖에 없습니다. 짧은 인내가 아니라 이루어질 때까지 길이 참아야 한다고

야고보는 말합니다. 하나님의 신실한 정의를 진실로 믿는다면 오래 걸려도, 끝이 보이지 않아도 인내할 수 있습니다.

그런데 원수들도 하나님의 정하신 때를 모릅니다. 똑같이 모르지만 그들은 형제들의 꾸준한 인내와 다른 태도를 취합니다. 전도자의 말처럼, "악한 일에 관한 징벌이 속히 실행되지 않으므로 인생들이 악을 행하는 데에 마음이 담대"한 모습을 보입니다(전 8:11). 하나님의 보상과 징벌의 정해진 때가 더디게 보이면, 선한 사람들은 인내하며 원숙한 인격의 소유자가 되고 악한 사람들은 잠재된 악의 남은 광기마저 들통나고 사악한 본색의 바닥을 보입니다. 더디게 보이는 하나님의 조치는 이렇게 두 부류의 더욱 극명한 구분을 만듭니다. 더디다고 주님께 야속해 할 필요가 없습니다.

물론 선지자나 욥이나 시인처럼 어느 때까지냐고 (욥 7:19, 시 13:2, 사 6:11, 합 1:2) 탄식할 수 있습니다. 그럼에도 불구하고 기다림의 유익 때문에 취소되지 않을 역사의 마지막 일정인 "주님의 오심까지" 우리는 기꺼이 기다릴 수 있습니다. 죽을 때까지 주님이 오시지 않을 수 있어서 인내가 나의 생명보다 더 길어질 수도 있습니다. 주님께서 오실 때와 관련하여 맨톤은 예수님의 말씀(눅 18:8)에 근거하여 세상에서 믿음을 볼 수 없을 정도로 주님을 "가장 적게 찾는 때"라고 말합니다. 이는 신앙을 유지하기 어려울 정도로 세상의 부패와 타락이 극에 달한 때임을 말합니다. 그런데도 히브리서 저자의 말처럼 "오실 이가 오시리니 지체하지 아니하"실 것입니다(히 10:37).

인내에는 유익이 있다는 사실을 야고보는 농부의 사례로 설명합니다. 땅은 이른 비와 늦은 비를 취한 이후에야 농부의 품에 "귀한 열매"를 안깁니다. 그런데 이른 비와 늦은 비 외에는 땅의 열매를 억지로 맺을 다른 방법이 없습니다. 게다가 이른 비와 늦은 비의 시기를 농부는 앞당길 수도 없습니다. 비 내리는 시기 결정은 농부의 권한 밖입니다. 그래서 비가 내릴 때까지 기다릴 수밖에 없습니다. 기다리되 농부는 열매가 반드시 주어짐을 해마다 경험하여 고통과 초조함이 아니라 설렘과 희망 속에서 참습니다.

인내에 대해 말하는 야고보는 구약을 통해 비와 관련된 하나님의 섭리를 잘 알고 있었을 것입니다. 예레미야 선지자의 기록에 의하면, 하나님은 "우리에게 이른 비와 늦은 비를 때를 따라 주시며 우리를 위하여 추수 기한을 정하시는" 분입니다(렘 5:24). 즉 농부가 이른 비와 늦은 비를 기다리고 열매의 수확을 기대하는 것은 때마다 찾아오는 비를 신뢰함이 아닙니다. 그 비를 때마다 주시는 하나님을 신뢰하는 것입니다. 이른 비는 10월에 내리고 늦은 비는 3월에 내려서 예측할 수 있는 비의 기다림은 어쩌면 연습인 것 같습니다. 은혜의 비는 내리는 시점을 우리가 도무지 모릅니다. 그 비의 기다림은 시기를 정하시는 하나님을 전적으로 신뢰하는 것입니다. 그러나 우리는 비의 시기를 모르고 농부의 경험과 감각이 없어도 신실하신 하나님 때문에 얼마든지 기다릴 수 있습니다. 우리가 원하는 때에 비가 내리지 않더라도, 주님 오실 때까지 내리지 않더라도 포기하지 않고 참습니다. 생명보다 더 소중한 하나님의 신실하심 때문에 참다가 죽어도 인내를 멈추지는 않습니다.

8주님의 오심이 임박했기 때문에 여러분도 길이 참으며
마음을 굳건하게 하십시오

야고보는 "주님의 오심이 임박했기 때문에" 기다림이 그리 길지 않을 것이라고 말합니다. 이로 보건대, 야고보의 관심은 역시 비 내림이 아니라 주님의 오심에 있습니다. 그런데 믿음의 사람에게 임박한 주님의 오심은 부자에게 심판의 재앙이 임박한 것과 대조를 이룹니다. 동일한 때인데 맞이하는 내용이 다릅니다. 야고보가 주님의 오심과 비를 함께 언급한 것은 선지자의 어법을 따른 것으로 보입니다. 일례로서, 호세아는 주님의 오심이 "새벽 빛 같이 어김"이 없으며 "비와 같이, 땅을 적시는 늦은 비와 같이 우리에게 임하"실 것이라고 했습니다(호 6:3). 그런데 이른 비와 늦은 비가 땅에 내리면 땅의 열매를 맺지만 주님이 오시면 하늘의 열매를 맺습니다. 그러므로 비를 기다리는 것보다 주님을 기다림이 더 간절할 수밖에 없습니다.

"주님의 오심이 가까워졌다"(ἤγγικεν)는 야고보의 말은 사도들의 관용어 같습니다. 요한은 "지금이 마지막 때라"고 하고(요일 2:18), 베드로는 "만물의 마지막이 가까이 왔"다고 하고(벧전 4:7), 바울은 "주님께서 가까이" 계시고(빌 4:5) 심판의 때가 가까움을 본다고 말합니다(히 10:25). 주님의 임박한 오심에 대해, 맨톤은 1) 각자의 특별한 심판이 임하는 죽음의 날을 뜻하기도 하고 2) 모두에 대한 일반적인 심판이 임하는 재림의 날을 뜻하기도 하다고 말합니다. 후자의 경우, 사람이 볼 때에는 심판의 날이 먼 미래처럼 보여도 천년이 하루 같은 하나님의 관점으로 보면 그날이 임박한 것입니다. 실제로 베드로는 하나님의 시간관에 대해 "주께는 하루가 천년 같고 천년이 하루 같다"고 말하면서 "주의 약속은 어떤 이들이 더디다고 생각하는 것 같이 더딘 것이 아니라 오직 주께서는 너희를 대하여 오래 참으"시는 것인데 그 이유는 "아무도 멸망하지 아니하고 다 회개에 이르기를 원하"시기 때문이라고 했습니다(벧후 3:8-9). 더디게 보이는 것은 애달프게 하심이 아니라 사랑하심 때문입니다.

시간은 상대적인 것입니다. 칼뱅의 말처럼, 마음이 약할수록 기다림은 아득해 보이고 마음이 강할수록 기다림은 짧아 보입니다. 그래서 야고보는 때가 곧 올 테니까 "마음을 굳건하게 하라"(στηρίζατε)고 권합니다. 이는 불안함 없는 안정된 마음의 상태를 지키라는 말입니다. 이러한 야고보의 말도 마음의 중요성을 강조하는 구약과 무관하지 않아 보입니다. 지혜자는 "사람의 심령은 그의 병을 능히 이"기지만 "심령이 상하면 그것을 누가 일으"킬 수 있느냐고 묻습니다(잠 18:14). 마음이 무너지면 자신도 그 마음을 일으킬 수 없고 다른 사람도 일으켜 주지 못합니다. 마음이 무너지면 모든 것이 무너지기 때문에 지혜자는 마음을 생명의 샘이 솟아나는 원천으로 여기며 심혈을 기울여 지키라고 말합니다(잠 4:23). 바울은 오직 하나님만 우리의 마음을 지키실 수 있기 때문에 하나님께 구하라고 말합니다(빌 4:6-7). 마음을 지키는 기도의 구체적인 사례로서 시인은 "내 마음을 주의 증거들로 향하게 하시고 탐욕으로 향하지 말게 하소서"라는 기도를 드립니다(시 119:36). 마음의 굳건함도 주님께 구하는 것입니다. 스스로 마음을 강하게 만들면 돌처럼 굳은살이 배기지만, 히브리서 저자는 "마음은 은혜로써 굳게 함이 아름답다"(히 13:9)고 말합니다. 은혜로 빈틈없이 빵빵해진 마음은 부자들의 광기에도 흔들리지 않습니다.

⁹형제들이여 서로에 대하여 원망하지 마십시오
그러면 심판 받지 않습니다 보십시오 심판자가 문 앞에 서 계십니다

마음을 굳건하게 하고 인내할 것을 권한 야고보는 서로에 대해 원망하지 말라고 권합니다. 원망은 단단하지 않은 마음에서 발생하는 현상 같습니다. 인내는 부자들에 대한 것이고 원망하지 않음은 형제들에 대한 것입니다. 야고보의 이 말은 새로운 것이 아닙니다. 구약에도 "동포를 원망하지 말라"는 교훈이 나옵니다(레 19:18). 제네바 성경은 야고보가 언급한 이 "원망"을 "참지 못함의 전조로서 어떤 내적인 불평"으로 봤습니다. 풀어서 설명하면, "원망하다"(στενάζω)는 말은 어떤 부정적인 일로 말미암은 압박 때문에 마음에 고인 분노나 불안이 범람하여 타인에게 거북함을 주먹질 없이 드러내는 것입니다. 살다 보면, 부자들의 외적인 폭거에 대해 잘 참았으나 그 참음의 응어리가 내적으로 해소되지 않아 형제들을 향한 원망으로 표출되는 경우가 있습니다. 이는 당한 일이 너무도 분하고 원통해서 아무 잘못도 없는 형제에게 그 분풀이를 하는 것입니다. 이것은 야고보가 1장에서 밝힌 인내의 온전한 성취가 아닙니다. 인내가 어설프면 가장 가까운 사

람에게 원망을 엎지르는 방식으로 들키는 법입니다. 우리의 곁에 있는 형제는 너무도 가깝고 편해서 자신의 미숙한 인내를 표출하는 일에 거리낌이 없습니다. 부끄러운 줄도 모릅니다.

분이 풀리지 않은 것 외에도 형제에게 원망하는 다른 이유가 있습니다. 그 형제가 부자들의 그 폭거에 가담했기 때문일 수 있습니다. 혹은 그 형제 때문에 자신이 부자의 폭거에 당했을 수도 있습니다. 혹은 그 형제가 그 폭거를 보고서도 비겁해서 자신을 보호해 주지 않았기 때문일 수도 있습니다. 그러나 야고보는 혹시 형제에게 잘못과 책임이 있다고 하더라도 그를 원망하지 말라고 말합니다. 원망은 은밀하고 소극적인 보복을 가하는 것입니다. 하나님의 심판권을 침해하는 동시에, 원망하는 동안에는 자신의 마음에 칼을 품고 그것으로 자신의 마음을 계속해서 찌르고 벨 수밖에 없습니다. 이는 자신에게 심판을 스스로 가하는 것입니다.

더 큰 문제는 원망의 끝에 하나님이 계신다는 것입니다. 광야 시대에 이스라엘 백성이 자신들을 광야로 인도한 것에 대해 모세와 아론에게 원망을 했습니다. 이에 대하여 모세는 "너희의 원망은 우리를 향하여 함이 아니요 여호와를 향하여 함"이라고 했습니다(출 16:8). 이 원망에 대하여 하나님은 "나를 원망한 자 전부가 … 내가 맹세하여 너희에게 살게 하리라 한 땅에 결단코 들어가진 못할 것이라"고 하십니다(민 14:29-30). 야고보의 말처럼, 원망하지 않으면 이런 심판을 받지 않습니다.

형제들에 대해 원망하지 않아도 되는 이유에 대해 야고보는 "심판자가 문 앞에 서 계시다"고 말합니다. 이 말은 예수님의 말씀과 무관하지 않아 보입니다. 예수님은 종말의 징조로서 천사들이 하나님의 "택하신 자들을 하늘 이 끝에서 저 끝까지 사방에서 모으"는 "이 모든 일을 보거든 인자가 가까이 곧 문 앞에 이른 줄 알라"고 하셨습니다(마 24:33). 이처럼 심판자가 문 앞에 있다는 말은 심판의 임박성을 뜻합니다. 칼뱅의 말처럼, 마지막 날에 "하나님은 모두의 보편적인 심판자"(communis omnium iudex)가 되실 것입니다. 베다의 해석처럼, 하나님은 "문 앞에 앉아 계시기에 여러분이 하는 모든 일을 보실 수 있으며, 곧 오셔서 모든 사람에게 각자가 받아 마땅한 것을 내리실 것"입니다. "여러분의 인내에는 상을 내리시고 여러분의 적들에 대해서는 합당한 벌을 내리실 것입니다." 인내의 푸짐한 보상이 당장 주어지지 않고 적들에게 따끔한 형벌이 당장 쏟아지지 않는다고 원망하지 마십시오.

그런데도 원망하면 형제에게 혹은 하나님께 쏟아낸 모든 원망에 대해서 그에 상응하는 조치가 내려질 것입니다. 맨톤의 표현처럼, 형제가 형제와 더불어 원망하며 다투는 것은 "혀가 혀를 대항하고, 펜이 펜을 대항하여 무장하는 것"입니다. 이는 대단히 슬픈 일인데, 형제와 형제가 "서로를 대항하여 원망하며 기도가 기도를 대항하고 탄원이 탄원을 대항하는 것은 더욱 슬픈 일입니다." 바울은 형제에 대하여 "만일 서로 물고 먹으면 피차 멸망"할지 모른다고 말합니다(갈 5:15). 그런데도 멸망하지 않는 것보다 원망하여 피차 멸망하는 것을 선택하는 어리석은 형제들이 많습니다. 개인의 마음만 다스리면 모두의 공멸을 방지할 수 있는데도 기필코 원망을 택합니다. 형제에게 원망하지 않아서 멸망을 피하는 유일한 비결은 문 앞에 서 계신 하나님을 심판자로 인정하며 그분에게 모든 것을 의탁하는 것입니다. 동시에 내가 판단하는 그 판단으로 나를 판단하실 것이라는 두려움과 떨림을 갖는 것입니다. 하나님을 인정하지 않고 형제를 원망하면 가인에게 주신 하나님의 말씀처럼 "죄가 문에 엎드려 있"을 것입니다(창 4:7).

10형제들이여 주님의 이름으로 말한 선지자들을
고난과 인내의 본으로 삼으십시오

무조건 참으라고 하면 막연하고, 생소한 길에 첫걸음을 내딛는 것은 어려운 일입니다. 그래서 야고보는 선지자와 같은 믿음의 선배들이 남긴 고난과 인내의 발자취를 따르라고 말합니다. 인내는 아무도 걸어가지 않은 새로운 길이 아닙니다. 수천 년의 발자국이 찍힌 검증된 길입니다. 야고보가 생각하는 "선지자"는 "주님의 이름으로 말한" 자입니다. 선지자는 자신의 사사로운 생각을 말하거나 사적인 유익을 구한 것이 아니라 하나님의 스피커가 되어 그의 뜻을 선포하며 그의 이름을 기념했을 뿐입니다. 그런데도 고난당한 것입니다. 혹은 그러했기 때문에 고난당한 것입니다. 이런 선지자는 하나님께 원망하거나 자신들을 아프게 하는 형제들을 원망하는 것이 너무도 당연해 보입니다. 그런데도 야고보는 선지자가 원망하지 않고 참았다고 말합니다. 고난이 부당해도 참습니다. 원망이 합당해도 참습니다.

고난의 종류에 대해 히브리서 저자는 믿음의 선배들이 "조롱과 채찍질뿐 아니라 결박과 옥에 갇히는 시련도 받았으며 돌로 치는 것과 톱으로 켜는 것과 시험과 칼로 죽임을 당하고 양과 염소의 가죽을 입고 유리하여 궁핍과 환난과 학대를 받았"다고 말합니다(히 11:36-37). 이것들 중에는 끔찍하지 않은 고난이 하나도 없습니다. 그런데 이러한 고난과 고통 속에서도 그들은 "구차히 풀려나기를 원하지 않았다"고 말합니다(히 11:35). 이런 사람들의 마음에는 원망의 그림자도 머리 둘 곳이 없습니다. 우리는 야고보의 가르침을 따라 오로지 하나님을 신뢰하기 때문에 고난을 참아낸 이런 믿음의 사람들을 고난과 인내의 본으로 삼습니다. 다른 이유로 고통 중에 인내하는 유력한 정치인, 뛰어난 지성인, 경건한 부자, 용맹한 군인 등을 존중하고 칭찬할 수는 있지만 고난과 인내의 본으로 삼지는 않습니다.

"고난과 인내의 본"(ὑπόδειγμα τῆς κακοπαθίας καὶ τῆς μακροθυμίας)은 믿음의 선배들이 우리에게 물려준 최고의 선물입니다. 그런데 이 선물을 받은 세대는 그 다음 세대에게 물려줄 책임이 있습니다. 다음 세대가 기성 세대를 통해 신앙 선배들의 고난과 인내를 보지 못하면 작은 고난 앞에서도 두려움에 빠지고 쉽게 원망하며 무너질 것입니다. "고난과 인내의 본"이라는 선물은 결코 작지 않습니다. 하나님 나라의 존속과 확장에 든든한 버팀목이 될 것입니다. 우리 세대가 고난을 당한다면 다음 세대에게 줄 선물을 준비하는 것입니다. 고난이 크면 클수록 더 좋은 선물이 준비되는 것입니다. 그래서 고난 중에서도 원망할 필요가 없습니다. 그런데 가장 좋은 선물은 인내로 마련되는 것입니다. 그러므로 우리의 관심사는 어떻게 고난을 피할 것이냐가 아니라 얼마나 잘 인내할 것이냐에 있습니다. 고난과 인내에 있어서 우리의 세대에 본보기의 대가 끊어지지 않도록 가장 온전한 인내를 시도하는 것이 기독교의 미래를 가장 잘 준비하는 것입니다.

11 보십시오 우리는 인내하는 자를 복되다고 말합니다 여러분은 욥의 인내를 들었고 주님의 결국, 즉 주님은 긍휼이 가득하고 자비로운 분이심을 봤습니다

야고보는 "인내하는 자를 복되다"고 말합니다. 이는 사도뿐만 아니라 "우리" 모두가 동의하는 말입니다. 우리가 인내를 복으로 여기지만 솔직히 우리 자신에게 적용하고 싶지는 않습니다. 사람들이 인내하지 않는 것은 인내의 복을 모르거나 싫기 때문이 아닙니다. 인내가 너무도 괴롭기 때문에 인내의 복이 좋은 줄 알면서도 그 복을 포기하는 것입니다. 그러나 우리에게 인내가 없으면 하늘의 복이 아예 없습니다. 하늘의 영적인 복은 부패한 본성의 회복과 연관되어 있습니다. 본성의 태생적인 부패 때문에 예리한 고난의 칼날로 연마되지 않으면 본성에는 어떠한 개선이나 성장도 없습니다. 반면, 고난을 인내하지 않고 속히 벗어나면 세상의 눈에는 편하고 형통한 것처럼 보입니다.

야고보는 믿음의 선배들 중에 최고의 인내를 보인 최고의 사례로서 욥의 인내에 대해 말합니다. 온유의 대명사는 모세지만 인내의 대명사는 욥입니다. 욥은 인간이 경험할 수 있는 최고 난이도의 고난을 체험한 분입니

다. 그는 동방에서 "가장 훌륭한 자"(욥 1:3)로서 최고의 행복을 누리다가 갑자기 든든한 가축들을 빼앗기고 충직한 종들이 살해되고 아늑한 집이 무너지고 그곳에 거하던 금지옥엽 같은 자녀들이 동시에 사망하고 자신의 건강도 상하여 온몸에 악창이 나자 "하나님을 욕하고 죽으라"(욥 2:9)는 아내의 자살 권유까지 당하는 극도의 비참한 불행에 빠집니다. 경험한 행복과 불행이 극과 극이어서 체감 불행은 우주보다 컸을 것입니다.

그런데도 욥은 이유도 없이 무법하게 자신의 행복을 빼앗아 간 스바 사람의 멱살을 붙잡지 않고, 갈대아 사람을 원망하며 복수의 칼을 가는 태도를 취하지 않습니다. 하나님을 원망하지 않습니다. 이 대목은 도무지 이해되지 않습니다. 욥은 종의 보고를 통해 하늘에서 떨어진 재앙이 "하나님의 불"(욥 1:16)이라는 사실을 알았고 그래서 행복의 박탈과 불행의 엄습이 여호와의 거두심에 의한 것임을 알면서도 어떻게 "이 모든 일"(욥 1:22)에 대해 원망과 항변을 쏟아내지 않을 수 있다는 말입니까? 오히려 그는 하나님의 이름이 찬양을 받기에 합당한 분이라는 지극히 아름다운 고백을 남깁니다. 이 고백의 비용이 얼마나 큰지 상상할 수조차도 없습니다. 욥이 보여준 인내는 분노를 삭히며 고통을 꾹 참아낸 것이 아닙니다. 경외의 실질적인 이유가 모조리 사라져도 하나님을 향한 찬양과 경배에 어떠한 변화도 일어나지 않도록 하나님의 고결한 영광과 지고한 권위에 대한 자신의 신뢰를 목숨보다 더 소중하게 여기며 사력을 다해 버틴 것입니다.

욥은 결국 하나님의 은총으로 인해 "이전의 모든 소유보다 갑절이나" 많은 것을 얻고 "처음보다 더 많은 복"을 누립니다(욥 42:10, 12). 이것의 의미에 대해 아우구스티누스는 "욥처럼 세상의 불행을 견디되 그가 두 배로 돌려받은 세상의 재화를 그대의 인내에 대한 보상으로 기대하지 말고 오히려 주님께서 우리보다 먼저 가서 안전하게 확보하신 영원한 재화를 바라라"는 뜻이라고 말합니다. 욥의 인내에서 의미의 핵심은 세속적인 부의 갑절이 아니라 "주님의 결국"(τὸ τέλος κυρίου)에 있습니다. 이것을 읽어내는 야고보의 안목은 대단히 좋습니다. 사도의 시선은 언제나 세상이 아니라 하나님을 향합니다. 그래서 범사에 진리를 배웁니다. 궁극적인 진리로서 "주님은 긍휼이 가득하고 자비로운 분"입니다. 이처럼 인내의 본으로서 욥의 사례를 언급한 야고보의 의도는 자연인 욥의 위대한 인내를 드러내기 위함이 아닙니다. 하나님의 결국을 드러내기 위한 것입니다. 욥의 고난과 인내는 하나님이 "긍휼이 가득하고 자비로운 분이심"을 가장 잘 드러내는 본입니다. 하나님을 보여주지 않는 인생은 우리의 본이 아닙니다. 하나님의 성품에 대한 이런 깨달음은 고난당하는 자에게가 아니라 인내의 강을 건넌 자에게만 주어지는 것입니다. 이러한 깨달음의 위대함은 욥이 경험한 재앙 전부와도 족히 비교할 수 없습니다.

여기에서 저는 두 가지를 묻고 싶습니다. 첫째, 우리의 고난과 인내는 어떤 하나님을 드러내고 있습니까? 긍휼과 자비의 하나님이 아니라 복수의 하나님, 증오의 하나님, 분노의 하나님, 차가운 하나님을 드러내고 있지는 않습니까? 하나님이 약속을 어기시는 분으로 매도되고 계시지는 않습니까? 고난 속에서도 우리가 인내하며 긍휼과 자비의 하나님이 보이도록 처신하면 욥의 본을 계승하고 다음 세대에도 물려줄 것입니다. 둘째, 우리는 세속적인 회복이 아니라 하나님의 "결국"(τέλος)을 기다리고 있습니까? 고난에 빠지면 누구든지 그 고난의 제거라는 잿밥에 눈이 어두울 수 있습니다. 혹은 하나님이 우리에게 관심이 없으시고 멀리 계셔서 우리의 형편을 모르시고 알더라도 도와주실 마음이 없는 분인 것처럼 느낍니다. 그런 느낌에 충실하게 입으로 불평과 원망을 성급하게 꺼냅니다. 그러나 끝날 때까지는 끝난 게 아닙니다. 긍휼과 자비의 하나님은 자신을 부인하실 수 없습니다. 결국에는 긍휼과 자비를 베풀어 주십니다. 그런 하나님을 만나고 깨닫기 전까지는 온전한 인내가 아니고 인내가 끝난 것도 아닙니다.

¹²하지만 나의 형제들이여 무엇보다 맹세하지 마십시오 하늘로나 땅으로나
다른 어떤 것으로도 맹세를 [하지 마십시오] 여러분이 심판 아래
떨어지지 않도록 여러분의 예는 예이고, 아니오는 아니오가 되게 하십시오

야고보는 형제들을 향해 맹세하지 말라고 권합니다. 인내에서 가장 결정적인 부분은 맹세하지 않음이기 때문인 것 같습니다. 맹세하지 않음의 이러한 중요성 때문에 "무엇보다, 혹은 모든 것에 앞서서"(Πρὸ πάντων) 라는 말을 썼습니다. 이미 앞에서 다른 교훈들을 많이 하고 마지막 장 후반부에 이르러 "맹세하지 말라"는 말을 언급하기 때문에 "모든 것에 앞선다"는 표현은 모순처럼 보이지만, 맹세는 참다가 참다가 도저히 참지 못해서 터지는 것이니까 인내의 주인공이 마지막에 등장한 것인지도 모릅니다.

"맹세하지 말라"(μὴ ὀμνύετε)는 말을 하면서 야고보는 "하늘로나 땅으로나 다른 어떤 것으로도" 하지 말라는 강조법을 썼습니다. 이는 마치 맹세 자체의 전적인 부정처럼 보입니다. 그러나 성경이 어느 정도의 맹세는 허용하는 듯합니다. 히브리서 저자에 따르면, 맹세의 일반적인 원리는 "자기보다 더 큰 자를 가리켜" 맹세하는 것이고 맹세의 기능은 "다투는 모든 일의 최후 확정"입니다(히 6:16). 이러한 맹세는 세상 사람들의 전유물이 아닙니다. 야곱도 요셉에게 자신을 "조상의 묘지에 장사"할 것을 부탁하고 "내게 맹세하라"고 했습니다(창 47:30-31). 에스라도 하나님의 언약과 율법 행하기에 대해 모든 이스라엘 백성으로 하여금 맹세하게 했습니다(스 10:5). 시인도 "주의 의로운 규례들을 지키기로 맹세"했습니다(시 119:106). 맹세는 사람들만 하지 않고 하나님도 하십니다. 특징이 있다면 하나님은 지극히 크셔서 "가리켜 맹세할 자가 자기보다 더 큰 이가 없으므로 자기를 가리켜 맹세"하신다는 것입니다(히 6:13). 구체적인 표현을 보면, "내가 나의 삶을 두고"(겔 34:8) 혹은 "자기의 목숨을 두고"(렘 51:14) 맹세하십니다. 믿음의 조상에게 약속할 때에 맹세한 것보다 더 중요한 맹세의 사례는 예수님과

관계된 것입니다. 히브리서 저자의 말처럼, "예수께서 제사장이 되신 것은 맹세 없이 된 것이 아닙니다"(히 7:20).

그런데 야고보의 맹세 금지는 예수님의 가르침을 그대로 따른 것입니다. 예수님의 구약 해석에 따르면, "헛 맹세를 하지 말고 네 맹세한 것을 주께 지키라"는 것입니다(마 5:33, 레 19:12, 민 30:2). 그러나 이와는 달리 예수님은 "도무지 혹은 전적으로"(ὅλως) 맹세하지 말라고 하십니다(마 5:34). 하늘로도, 땅으로도, 예루살렘 성으로도 맹세하지 말라고 하십니다. 그러나 예수님과 야고보의 맹세 금지에는 맹세 허용이 내포되어 있습니다. 즉 하늘과 땅과 예루살렘 성을 비롯한 "다른 어떤 것으로도" 맹세하지 말라는 말은 역으로 하나님의 이름으로 맹세해도 된다는 여지를 남깁니다. 실제로 모세는 이렇게 말합니다. "네 하나님 여호와를 경외하여 그를 섬기며 그에게 의지하고 그의 이름으로 맹세하라"(신 10:20). 이 조항과 야고보의 맹세 금지는 전혀 충돌되지 않습니다. 물론 하나님의 이름으로 맹세하더라도 시인의 말처럼 "주를 대하여 악하게 말하며 주의 원수들이 주의 이름으로 헛되이 맹세하"는 경우도 있습니다(시 139:20). 그런 맹세는 분명히 "하나님의 이름을 욕되게 하"는 것입니다(레 19:12). 그래서 예레미야 선지자의 기록을 보면, 하나님의 이름으로 맹세하더라도 "진실과 정의와 공의로" 하면 "나라들이 나로 말미암아 복을 빌며 나로 말미암아 자랑하"게 될 것입니다(렘 4:2).

맨톤이 잘 분석한 것처럼, 당시 유대인은 맹세와 관련된 세 가지의 죄를 범했는데, 1) 자주 맹세하는 것, 2) 피조물에 의해 맹세하는 것, 3) 주의 이름으로 맹세하고 위반하는 것입니다. 맨톤의 인용처럼, 당시의 유대인 철학자인 필론은 "하나님을 두고 맹세하는 것은 죄요 헛된 것"이고 "우리 조상과 하늘과 별을 두고 맹세하는 것은 옳다"고 말합니다. 이는 맹세의 성경적 원리에 어긋나는 일입니다. 인간이 맹세를 하려면 자기보다 큰 자를 가리켜 맹세해야 하는데, 조상이나 하늘이나 별은 인간보다 크지 않습니다. 시인의 고백처럼, 인간은 주님보다 "조금 못하게" 지음을 받아서 위계적 질서에 있어서 주님과 우리 사이에 다른 존재는 없습니다. 즉 인간은 오직 하나님을 가리켜 맹세할 수밖에 없습니다. 그래서 예수님과 야고보는 하나님 이외에 하늘과 땅의 다른 어떠한 것으로도 맹세하지 말라고 한 것입니다.

맹세 금지령에 대한 칼뱅의 관점은 다릅니다. 그는 예수님과 야고보가 "어떤 우회적인 표현을 채택하면 면죄부를 가지고 맹세할 수 있다고 가르치는 사람들의 유치한 잔머리를 책망한 것"이라고 말합니다. 맹세할 때에 하나님의 이름을 공적으로 언급하지 않고 그 빈자리에 어떤 피조물을 언급하면 악이 아니라고 여기는 유대인의 교묘한 속임수가 문제라는 것입니다. 그래서 "하늘이나 땅으로 맹세하는 것은 하나님의 이름으로 공공연히 맹세하는 것보다 더 합당하지 않다"고 말합니다.

맹세를 하면 지켜야 한다는 책임이 따릅니다. 하나님은 모든 것을 다 이루실 정도로 자비롭고 전능하신 분이시기 때문에 어떠한 것에 대해서도 맹세하실 수 있습니다. 그러나 인간은 그럴 능력이 없습니다. 그런데도 자신이 돈을 많이 가졌거나, 유력한 인맥을 가졌거나, 부동산을 많이 가졌거나, 훈련을 많이 받았거나, 업적을 많이 남겼거나, 높은 지위와 권력을 가졌다는 이유로 맹세에 가까운 확신을 남발하는 사람이 있습니다. 우리가 내일을 모르기에 내일 일을 자랑할 수 없듯이, 그 어떤 것에 대해서도 유지될 것이라는, 혹은 이루어질 것이라는 확신과 맹세를 할 수 없습니다.

맹세의 문제를 해결하는 최고의 대안은 야고보의 말처럼 우리의 예를 예라고 말하고, 우리의 아니오를 아니오라 말하는 것입니다. 이 말의 의미에 대해 칼뱅은 "우리가 진리를 말해야 하고 우리의 말에 신실해야 한다"는 뜻이라고 말합니다. 이와 유사하게 키릴로스는 "우리의 삶이라는 증언이 맹세보다 더 강력한 것이 되게 하자"고 권합니다. "예"와 "아니오"에 대한 맨톤의 분석도 유익해 보입니다. 그는 "여러분의 예"가 약속을 가리키고 뒤따르는 "예"는 그 약속의 성취라고 말합니다. 즉 우리가 확답한 "예는 예"가 되게 하라는 말은 약속한 것을 지키라는 말입니다. 그리고 한번 "아니라"고 확언한 것에 대해서는 그 "아니오"의 일관성을 지키라고 말합니다. 이렇게 말이 곧 삶이면 맹세가 필요하지 않을 것입니다.

그럼에도 불구하고 "예"를 "아니오"로 바꾸고 "아니오"를 "예"로 바꾸는 자들이 있습니다. "너희 말은 옳다 옳다, 아니라 아니라 하라"는 가르침을 벗어나는 것을 예수님은 모두 "악"이라고 하십니다(마 5:37). 크리소스토모스는 "예"와 "아니오"에 무엇을 더하는 지나침과 그 반대인 모자람은 모두 악에서 나온다고 말합니다. 나아가 야고보는 그 "악"의 결과로 "심판 아래로 떨어"질 것이라고 말합니다. 이에 대해 칼뱅은 맹세의 맥락에서 "하나님의 이름을 망령되이 일컫는 것은 처벌을 면하지 못할 것이라는 뜻"이라고 말합니다. 그러므로 맹세하지 않는 것이 좋습니다. 맹세해야 한다면 하나님의 이름으로 하십시오. 그러나 맹세의 구색을 갖추려고 하나님의 이름만 앞세우는 것은 거짓 맹세일 뿐입니다. 그리고 맹세한 이후에 지키지 않는다면 하나님의 이름을 망령되이 일컫은 셈이 됩니다.

¹³너희 중에 고난 당하는 자가 있느냐 그는 기도할 것이요 즐거워하는 자가 있느냐 그는 찬송할지니라 ¹⁴너희 중에 병든 자가 있느냐 그는 교회의 장로들을 청할 것이요 그들은 주의 이름으로 기름을 바르며 그를 위하여 기도할지니라 ¹⁵믿음의 기도는 병든 자를 구원하리니 주께서 그를 일으키시리라 혹시 죄를 범하였을지라도 사하심을 받으리라 ¹⁶그러므로 너희 죄를 서로 고백하며 병이 낫기를 위하여 서로 기도하라 의인의 간구는 역사하는 힘이 큼이니라 ¹⁷엘리야는 우리와 성정이 같은 사람이로되 그가 비가 오지 않기를 간절히 기도한즉 삼 년 육 개월 동안 땅에 비가 오지 아니하고 ¹⁸다시 기도하니 하늘이 비를 주고 땅이 열매를 맺었느니라 ¹⁹내 형제들아 너희 중에 미혹되어 진리를 떠난 자를 누가 돌아서게 하면 ²⁰너희가 알 것은 죄인을 미혹된 길에서 돌아서게 하는 자가 그의 영혼을 사망에서 구원할 것이며 허다한 죄를 덮을 것임이라

❖ ❖ ❖

¹³여러분 중에 누군가가 고난을 당하고 계십니까? 기도를 하십시오 누군가가 생기가 돋습니까? 찬송을 하십시오 ¹⁴여러분 가운데에 누군가가 아파 하십니까? 교회의 장로들을 불러 그들로 하여금 그에게 기름을 바르며 그를 위하여 주의 이름으로 기도하게 하십시오 ¹⁵믿음의 기도는 아픈 자를 구할 것이고 주께서 그를 일으키실 것입니다 혹시 저지른 죄가 있다면 사하심을 받을 것입니다 ¹⁶그러므로 여러분은 서로에게 죄들을 고백하고 서로를 위하여 치유의 기도를 하십시오 의인의 기도는 역사하며 대단히 강합니다 ¹⁷엘리야는 우리와 성정이 같은 사람인데 비가 내리지 않도록 그가 간절히 기도하자 삼 년 육 개월동안 땅에 비가 내리지 않았으며 ¹⁸다시 기도하자 하늘은 비를 주었고 땅은 자신의 열매를 맺은 바 있습니다 ¹⁹나의 형제들이여 여러분 중에 누군가가 진리에서 떠났고 [다른] 누군가가 그를 돌이키게 한다면 ²⁰죄인을 그의 방황하는 길에서 돌이킨 사람은 그가 그 [죄인]의 영혼을 사망에서 구할 것이며 허다한 죄를 덮을 것임을 아십시오

20 형제를 돌이키라

13여러분 중에 누군가가 고난을 당하고 계십니까?
기도를 하십시오 누군가가 생기가 돋습니까? 찬송을 하십시오

맹세하지 말라는 언급 이후에 야고보는 다양한 교훈들을 다룹니다. 먼저
고난과 회복으로 구성된 인생의 일반적인 현상부터 다룹니다. 고난당하는
사람들에 대해서는 기도해야 한다고 말합니다. 고난을 좋아하여 기꺼이 인
생의 안방으로 들이는 사람은 없습니다. 고난은 부르지도 않았는데 찾아온
불청객과 같습니다. 게다가 고난은 우리가 스스로 제어할 수도 없습니다.
그러나 고난에 무릎 꿇지 마십시오. 우리에겐 기도가 있습니다. 하나님의
가용한 도우심이 있습니다. 고난은 우리로 하여금 시선을 돌려 하나님을
바라보며 그분을 찾게 만듭니다. 하나님과 대화하며 그분을 더 알아가고
더 의지하게 만듭니다. 기도하면 하나님은 우리를 고난에서 능히 건져 주
십니다. 이런 방식으로 우리는 고난 중에서도 그분에게 영광을 돌립니다.
　그러나 이런 고난의 사이클을 거부하고 야고보의 권고도 무시하며 기도

의 무릎보다 고난의 가시적인 원인 제거에 골몰하는 사람들이 있습니다. 하나님의 도우심이 아니라 나 자신의 방식으로 고난에 대처하면 부작용이 생깁니다. 원수가 원수를 낳는 쳇바퀴의 악순환에 빠집니다. 무엇보다 고난의 본질적인 메시지와 교훈을 놓치는 문제가 생깁니다. 칼뱅은 고난을 하나님의 초대라고 말합니다. 우리는 범사에 하나님을 인정해야 하는데, 고난 속에서도 예외가 아닙니다. 때때로 하나님은 고난으로 우리에게 진지한 말을 거십니다. 우리는 거부가 아니라 기도로 주님과의 대화에 참여할 수 있습니다. 고난은 그 자체로 이미 괴로운데 그 속에서 하나님도 만나지 못한다면 가장 심각한 고난일 것입니다.

고난의 정반대인 생기 돋는 형통에 대한 야고보의 대처는 찬송하는 것입니다. 형통이 하나님의 선물이기 때문에 그분께 찬송과 경배를 드리라는 것입니다. 생기가 돋고 의욕이 솟구치는 것은 사람의 실력이 아닙니다. 물론 스스로 파이팅을 외치며 자신에게 희망 에너지를 주입하며 할 수 있다는 최면을 거는 일이 아무런 효과가 없다는 게 아닙니다. 긍정적인 마음으로 살면 부정적인 마음으로 사는 것보다 훨씬 좋습니다. 그러나 성경의 기록처럼 우리의 마음과 영혼이 기운을 차리고 회복되는 소생의 근거는 오직 하나님께 있습니다(시 23:3, 사 57:15). 시인에 따르면, 소생의 구체적인 도구는 "하나님의 법"입니다(시 19:7). 맥락도 없이 무기력이 찾아올 때 성경을 펴서 하나님의 법을 한 문장씩 복용해 보십시오. 천지를 창조한 말씀의 놀라운 기력을 얻습니다. 영혼이 소생하지 않을 수 없습니다.

야고보는 기력이 회복된 사람에게 찬송을 권합니다. 맨톤은 "찬송을 하라"는 헬라어(ψαλλέτω)를 "시편을 노래하게 하라"로 번역할 것을 권합니다. 칼뱅도 야고보가 "불경하고 고삐 풀린 쾌락에 대응하여 시편 부르기"를 권한다고 말합니다. 마음과 영혼이 소생하면 대부분의 사람들은 시편으로 하나님을 찬송하는 것보다 자신의 육신적인 흥을 돋우는 일반적인 노래를 부릅니다. 그러나 1세기의 맥락에서 보면 회복된 기력의 용도는 하나님의 감동으로 만들어진 노래, 즉 시편을 부르는 것입니다. 하나님 찬송은 목적이고 기력의 회복은 도구입니다. 하지만 "새 노래로 여호와께 노래하라"(시 96:1)는 시인의 강조를 배제하는 것은 아닙니다. 하나님의 은혜와 영광은 너무도 위대해서 특정한 가사나 곡조로는 다 표현할 수 없기에 시대마다 사람마다 새로운 노래가 나오는 것은 죄도 아니고 이상한 것도 아니고 지극히 정상적인 일입니다.

고난당할 때 기도해야 하고 생기 돈을 때 찬송해야 한다는 야고보의 교훈은 구약의 가르침을 그대로 요약한 것입니다. 전도자의 말입니다. "형통한 날에는 기뻐하고 곤고한 날에는 되돌아보아라 이 두 가지를 하나님이 병행하게 하사 사람이 그의 장래 일을 능히 헤아려 알지 못하게 하셨구나"(전 7:14). 야고보의 교훈과 전도자의 말을 결부시켜 보면, 기도하는 것은 자신의 뒤를 성찰하는 것이고 찬양하는 것은 하나님을 기뻐하는 것입니다. 기도는 하나님께 소원을 성취해 달라고 떼쓰는 것이 아니라 자신의 잘못을 돌아보며 하나님께 회개하는 것입니다. 찬송은 감사한 마음으로 시편 부르기를 통해 영혼의 가장 깊은 감사를 음악으로 하나님께 표현하며 그분을 영화롭게 하는 것입니다. 전도자와 비슷하게 시인은 기도와 찬송을 묶어서 이렇게 말합니다. "환난 날에 나를 부르라 내가 너를 건지리니 네가 나를 영화롭게 하리로다"(시 50:15). 하나님은 인생의 씨줄과 날줄 같은 환난의 날과 형통의 날을 병행하게 하셨기에 우리는 우리의 미래를 잘 모릅니다. 어쩌면 모르는 게 더 낫습니다. 알면 인간의 욕망이 미래도 가만 두지 않고 서둘러 망칠 것입니다. 우리는 늘 현재 속에서 환난의 날에는 기도로 주님께 나아가고 형통의 날에는 찬송으로 그에게 나아가는 수밖에 없습니다. 하나님이 정하신 삶의 이러한 리듬을 벗어나면 문제만 생깁니다.

¹⁴여러분 가운데에 누군가가 아파 하십니까? 교회의 장로들을 불러 그들로 하여금 그에게 기름을 바르며 그를 위하여 주의 이름으로 기도하게 하십시오

생기가 돋는 사람들의 경우에는, 하나님께 감사의 찬송을 드리면 되기에 다른 별도의 교훈이 필요하지 않습니다. 그래서 야고보는 고난당하는 사람들의 문제만 더 상세하게 다룹니다. 고난 중에서도 몸이 아픈 사람들이 어떻게 처신해야 할 지에 대한 지침을 먼저 나눕니다. 영혼의 아픔은 마지막 19-20절에서 논합니다. 아픈 사람들은 어느 시대에나, 어디에나 있습니다. 사람을 아프게 하는 질병은 왜 생기는 것일까요? 근원적인 이유는 죄입니다. 아담과 하와가 죄를 범하기 이전의 태초는 인간에게 질병도 없었고 아픔도 없었고 당연히 치유도 필요하지 않았던 때입니다. 그러나 죄가 세상에 들어온 이후에 사람의 영혼은 하나님을 떠나고 땅도 저주를 받습니다. 즉 하나님의 통제 아래에 있지 않은 인간의 영혼은 병들고, 영혼의 통제 아래에 있지 않은 인간의 육체도 병들고, 지구의 영혼과 같은 인간의 통제 아래에 있지 않은 지구의 육체인 땅은 저주를 받습니다.

특별히 인간의 몸은 흙에서 왔기 때문에 땅 의존도가 대단히 높습니다. 그런데 땅이 저주를 받았기 때문에 그 땅을 의존하는 인간의 몸에도 문제가 생길 수밖에 없었던 것입니다. 그나마 주님의 은혜로 땅에는 많은 영양소가 아직도 남아 있습니다. 그 영양소를 모아 인간에게 전달하는 역할을 하는 게 식물, 즉 나무와 풀입니다. 동물은 땅의 영양소를 다른 방식으로 저장하고 있습니다. 식물의 뿌리나 줄기나 잎사귀나 열매나 고기의 방식으로 우리는 땅의 영양분을 먹고 육체의 건강을 유지합니다. 대부분의 사람은 땅과의 화목을 도모하는 방식으로 건강을 챙기지만, 성경은 우리에게 하나님과 인간의 화목을 깨뜨린 죄 문제의 해결을 전인 건강의 비결로서 소개하고 있습니다. 왜냐하면 모든 질병과 아픔의 근원이 아담과 하와의 본래적인 죄로 소급되고 타락 이후에 출생한 사람 개개인의 실질적인 죄

도 각자의 질병과 아픔에는 추가적인 원인으로 작용하고 있기 때문입니다. 물론 아주 예외적인 경우로서 질병의 당사자인 "이 사람이나 그 부모의 죄로 인한 것이 아니라 그에게서 하나님이 하시는 일을 나타내"기 위하여 맹인이 된 사례도 있습니다(요 9:3).

하나님은 악도 선으로 바꾸시는 분입니다. 인간의 죄로 말미암아 발생한 모든 질병과 모든 아픔도 하나님은 선의 도구로 쓰십니다. 야고보는 질병으로 인해 아픈 사람들로 하여금 "교회의 장로들"을 부르라고 말합니다. 칼뱅은 야고보가 언급하는 "장로"(πρεσβύτερος)를 목회자만 가리키지 않고 회중에 의해 선택된 자로서 "교회를 감독하는 모든 사람"을 뜻한다고 말합니다. 맨톤은 "장로"가 구약의 조상들과 같이 평판이 좋은 어른들, 고대의 슬기로운 성도들, 혹은 교회의 항존직에 해당하는 장로들을 뜻한다고 말합니다. 저는 "장로"를 각 지역에 흩어진 열두 지파가 교회의 온전한 조직을 갖추기가 쉽지 않았던 시대의 상황을 고려하여 교회의 원숙하고 슬기로운 어른들로 이해하되, 제도적 골격을 갖춘 일부 교회 안에서는 항존직의 하나로 보아도 좋다는 입장을 취합니다.

어려운 일이 생기면 장로들이 아니라 또래를 찾거나 다수의 무리를 찾는 사람들도 있습니다. 그러나 야고보는 신실하고 원숙한 어른들을 부르라고 권합니다. 고난과 아픔은 연륜이 있는 믿음의 눈으로 읽어야 그 배후의 보이지 않는 원인도 파악하고 의미도 보입니다. 그러나 신실하지 않고 미숙한 사람들의 눈에는 고난과 아픔의 표면만 보입니다. 문제의 핵심을 진단하지 못하고 유효한 해결책 제시도 기대할 수 없습니다. 오히려 긁어서 부스럼만 만들고 문제의 덩치만 키웁니다.

자세히 보십시오. 야고보의 처방은 장로들이 알아서 아픈 사람을 찾아가는 것이 아니라 아픈 사람이 와 달라고 요청하는 것입니다. 당시는 환자의 병력에 대한 개인정보 보호가 제도화된 때는 아니지만 교회 안에서는 환자의 요청이 없어도 고쳐 주겠다는 호의를 명분으로 그를 찾아가는 것은 일반적인 현상이 아니었던 것만은 분명해 보입니다. 환자라 할지라도 그의 인권과 자유로운 판단을 존중하는 의식이 당시의 교회에 있었다는 것은 교회가 그 시대의 윤리를 선도하고 있었다는 추정을 가능하게 만듭니다. 동시에 우리는 야고보의 이 말에서 당시 장로들의 공적인 책무들 중의 하나를 유추할 수 있습니다. 즉 아픈 자들을 치유하는 것입니다. 이는 "병든 자를 고치라"는 예수님의 명령에 충실한 일입니다(마 10:8).

치유하는 방법은 두 가지로 이루어져 있습니다. 첫째는 환자에게 기름을 바르는 것이고, 둘째는 "그를 위하여 주의 이름으로 기도"하는 것입니다. 기름을 바르는 것은 야고보의 새로운 의료적 처방이 아닙니다. 이미 예수님의 보내심을 받아 복음을 전파하며 "많은 병자에게 기름을 발라 고치"던 제자들의 행동과 같습니다(막 6:13). 여기에서 기름을 바르는 행위의 실체와 의미에 대해서는 다양한 해석들이 있습니다. 맨톤이 분석한 것처럼, 위클리프(John Wycliffe, 1328-1384) 경우에는 "팔레스타인 안에서의 기름이 탁월하여 약효가 있다"고 보았으나 칼뱅은 "약 혹은 의술"(medicamentum)이 아니라 "성령의 효력"(effectum spiritus sancti)으로 이해할 것을 권합니다. 중세와 종교개혁 당시에 교황주의 학자들은 야고보의 이 기록에 근거하여 기름에 치료의 효능을 부여하며 과용한 것에 대하여 맨톤은 "웃기는 위선"일 뿐이라고 평합니다. 이에 대하여 저는 기름 부음을 성령의 자비로운 효력이 배제되지 않은 치료의 활동으로 보아도 큰 문제가 없다는 입장을 취합니다. 이것을 오늘날에 적용하면, 몸의 질병이나 아픔의 문제를 해결하기 위해 병원이나 약국으로 가되 그 모든 치료의 수단을 성령께서 쓰시는 치유의 도구로 여기는 것입니다.

야고보는 환자에게 기름만 바르지 않고 기도도 드리라고 말합니다. 환자를 위하여 "주의 이름으로 기도"하는 것은 주님만이 치유의 궁극적인 주체라는 사실을 인정하는 것입니다. 그래서 15절에서 야고보는 "주님께서 그를 일으키실" 분이라고 말합니다. 물론 환자의 치유를 돕는 간호사들, 약사들, 의사들이 있지만 그들은 치유자가 아닙니다. 치유도 복음의 진리를 가르치는 원리와 다르지 않습니다. 복음을 전하고 진리를 가르칠 때에도 비록 선지자들, 사도들, 목회자들, 교사들이 말씀의 씨를 심고 사랑의 물을 뿌리지만 복음의 진리에 대한 지식의 키를 자라게 하시는 분은 하나님 뿐입니다(고전 3:7). 의료 전문가가 치료를 위해 도구들을 사용하는 것처럼, 하나님도 치유의 주체로서 의료계에 종사하는 모든 분을 당신의 의로운 병기로 쓰십니다. 그러나 치유의 주체는 주님이기 때문에 우리가 "주의 이름으로" 기도하는 것입니다.

베드로도 성전 미문에서 날마다 구걸하는 태생적인 앉은뱅이 걸인을 보고 주님의 "이름으로 일어나 걸으라"고 했습니다(행 3:6). 이 사람이 "걷기도 하고 뛰기도 하"는 기적을 본 모든 백성은 사도에게 심상치 않은 추앙의 눈빛을 보냅니다. 이에 베드로는 "이스라엘 사람들아 이 일을 왜 놀랍게 여기느냐 우리 개인의 권능과 경건으로 이 사람을 걷게 한 것처럼 왜 우리를 주목하"는 것이냐고 묻습니다(행 3:12). 우리도 주님의 이름으로 기적을 일으켜도 여전히 인간 베드로를 주목하는 군중의 심리를 경계하고 교정하기 위해 "주님의 이름으로 기도"하되 기적의 공로와 영광을 오직 주님께만 돌려야 할 것입니다. 교회의 장로들이 아픈 사람들을 찾아가서 기도하고 치유의 기적이 일어나도 사람에게 영광이 돌아가지 않도록 입술을 깨물고 저항하지 않는다면 교회에서 기적 장사꾼이 나올 수도 있습니다.

칼뱅은 환자가 장로들로 하여금 멀리서 기도해 줄 것을 부탁하지 않고 불러서 자신에게 오도록 했다는 사실을 주목하며 환자와의 근거리 기도를 권합니다. 환자와 가까우면 "더 강한 애정을 가지고"(maiore affectu) 기도할 수 있습니다. 기름 바르기와 안수는 아픈 사람과 같은 공간에서 가까이 있을 때에만 가능한 일입니다. 엘리야나 바울의 경우에는 기도의 대상이 이미 죽었기 때문에 머리에 손을 얹는 안수가 아니라 죽은 사람의 몸 위에 자신의 몸을 포개는 방식으로 살리는 기적을 일으킨 바 있습니다. 안수나 기름 바르기는 포개기의 단순화된 형태를 띄고 있지만 기도의 대상과 함께 있다는 점에서는 다르지 않습니다. 오늘날의 기도하는 문화에도 원격 기도보다 근거리 기도를 회복하는 것이 좋습니다.

> 15믿음의 기도는 아픈 자를 구할 것이고 주께서 그를 일으키실 것입니다
> 혹시 저지른 죄가 있다면 사하심을 받을 것입니다

야고보는 1장 6절에서 말한 것처럼 교회의 장로들이 구해야 할 기도는 "믿음의 기도"(ἡ εὐχὴ τῆς πίστεως)여야 한다고 말합니다. 이는 불러서 기도를 부탁해야 할 대상이 신실한 장로여야 한다는 뜻입니다. 칼뱅은 "믿음의 기도"가 의심하지 않는 기도, 약속이 결부된 기도라고 말합니다. 그러면서 "누구든지 참으로 응답이 되도록 추구하는 사람은 기도가 헛되지 않다는 것을 온전히 확신해야 한다"라고 말합니다. 이런 이해는 "기도하고 구하는 것은 받은 줄로 믿으라 그리하면 너희에게 그대로 되리라"라는 예수님의 말씀과 같습니다(막 11:24). 믿음의 기도는 하나님을 전적으로 신뢰하며 그의 뜻을 따라 치유해 달라고 그의 도우심을 구하는 것입니다. 앞에서도 말한 것처럼 믿음의 기도는 치유의 주체가 기도하는 사람이 아니라 응답하는 분이라는 사실을 분명하게 밝힙니다.

야고보는 믿음으로 기도하면 "아픈 자를 구할 것"이라고 말합니다. 그러나 오늘날의 현실에서 아픈 사람을 위해 기도해도 치유되지 않는 경우들이 많습니다. 왜 그럴까요? 저는 치유의 은사가 야고보의 시대에나 유효한 "일시적인" 것이었고 "영구적인 것으로 여겨지는 일은 없어야 한다"라는 칼뱅의 해석에 동의하지 않습니다. 성령은 어제나 오늘이나 영원히 동일한 분입니다. 질병과 아픔도 예나 지금이나 다르지 않습니다. 물론 지금은 의술이 발달하여 더 많은 질병을 치료할 수 있게 되었지만 불치의 병도 더 많

이 알려진 상황이라 차이가 있더라도 치유의 은사를 반납할 정도의 유의미한 차이는 아닙니다.

기도해도 아픈 자를 구하지 못하는 이유는 두 가지일 것입니다. 첫째는 기도자가 믿음으로 기도한다 하면서도 믿음 없이 기도하기 때문입니다. 기도자의 믿음이 없거나 약해진 이유는 의학의 발달로 치유가 의술의 몫이라고 생각하며 기도에 대해서는 기대감을 가지지 않기 때문일지 모릅니다. 저만 보더라도 아픈 사람의 이야기를 들으면 먼저 "병원에 가 봤어? 약은 먹었어?"라고 묻습니다. "주님께 기도는 드렸냐?"라고 묻지를 않고, "주님께 기도하자" 혹은 "주님께 기도할게" 같은 말은 대체로 겸연쩍은 위로의 용도로만 쓰입니다.

둘째는 "주께서 그를 일으키실 것"이라는 야고보의 말에 근거할 때 주께서 아픈 자를 일으키길 원하지 않으시기 때문입니다. 이것은 아픈 사람을 구하지 못하는 근원적인 이유일 것입니다. 치유도 주님께서 정하시는 것이지만 치유하지 않음도 주님께서 정하시는 것입니다. 주께서 원하지 않으시면, 기도자가 믿음으로 기도해도, 아픈 사람이 치유를 간절히 소원해도, 치유되지 않습니다. 이는 주님께 사랑이 없어서가 아니라 환자의 죄를 돌이키게 하거나 게으름을 고치려는 의도일 것입니다. 치유되지 않는 것이 주님의 신적인 정의를 이루거나 믿음의 역설적인 진보를 이루는 경우에도 치유는 없습니다. 때로는 바울의 경우처럼 그에게 주어진 은혜가 이미 족하다는 무응답의 응답일 수도 있습니다.

예레미야 선지자의 기록을 보면, 주님께서 약자들을 괴롭히고 무익한 거짓말을 신뢰하고 살인과 간음과 도둑질을 저지르며 이방신을 따르는 이스라엘 백성들에 대해 선지자를 향하여 "너는 이 백성을 위하여 기도하지 말라 그들을 위하여 부르짖어 구하지 말라 내게 간구하지 말라 내가 네게서 듣지 아니"할 것이라고 말씀하신 적도 있습니다(렘 7:16). 이는 기도에 응답하지 않으신 것이 아니라 기도 자체를 막으신 것입니다. 바울은 투옥을 여러 번 겪었으나 하나님은 때때로 그런 상태를 그대로 두십니다. 그 이유는 바울의 고백처럼 "내가 당한 일이 도리어 복음 전파에 진전이" 되기 때문입니다(빌 1:12). 우리도 신체적인 아픔과 사회적인 곤란을 당할 때 주님께서 우리를 구하시지 않는다고 불평하지 말고 이로 말미암은 복음의 진전이 있는지를 숙고함이 좋습니다.

야고보는 "믿음의 기도"를 드리면 "혹시 저지른 죄가 있다면 사하심을 받을 것"이라고 말합니다. 야고보의 섬세한 표현을 보십시오. "그리고 만약, 또는 혹시"(κἄν)라는 단어를 썼습니다. 이는 아픈 사람의 질병이 죄로 말미암은 것일 수도 있지만 아닐 수도 있다는 말입니다. 치유의 기도를 믿음으로 드리면 몸의 물리적인 치유만 일어나지 않습니다. 주님은 언제나 문제의 궁극적인 원인도 제거해 주십니다. 즉 하나님의 영광을 드러내기 위해 아픈 경우와 실수로 말미암은 아픔의 경우에는 죄를 결부시킬 필요가 없지만, 죄의 형벌로서 신체적 아픔이 주어질 수도 있기에 그런 경우에는 죄까지도 주님께서 용서해 주신다는 것입니다. 야고보의 이 말은 중풍병자 한 사람을 치유하신 이후에 "네 죄 사함을 받았"다는 예수님의 말씀에 근거한 것입니다(눅 5:20). 예수님이 이렇게 질병을 고치시는 것뿐만 아니라 죄도 사하시는 것은 그분이 친히 우리의 질고를 지고 몸의 고난을 당하셨을 뿐만 아니라 우리의 죄를 대신하여 죄의 삯인 죽음도 당하셨기 때문에 정당한 것입니다.

맨톤의 말처럼 "죄가 남아 있는 동안에는 질병이 멈출 수는 있어도 치료될 수는 없습니다 … 하나님이 질병을 없애시고 죄책은 제거하지 않으시면 그것은 구원이 아니라 현재의 형벌에서 유예되는 것입니다." 칼뱅의 말처럼, 죄와의 인과성이 알려지지 않은 "우리의 질병과 기타 재난에 대한 유일하고 합당한 치료법"은 "하나님과 화해하고 죄사함을 얻기 위하여 자신을 주의하여 살피는 것"입니다. 자신을 돌아보는 소극적인 치료와는 달리, 맨톤은 적극적인 "순종이 최고의 약제"라고 말합니다. 이는 모세에게 하신 하나님의 말씀에도 잘 나와 있습니다. "나 여호와의 말을 들어 순종하고 내가 보기에 의를 행하며 내 계명에 귀를 기울이며 그 모든 규례를 지키면 내가 애굽 사람에게 내린 모든 질병 중 하나도 너희에게 내리지 않으리니 나는 너희를 치료하는 여호와라"(출 15:26).

16그러므로 여러분은 서로에게 죄들을 고백하고 서로를 위하여
치유의 기도를 하십시오 의인의 기도는 역사하며 대단히 강합니다

야고보는 형제들을 향해 "서로에게 죄들을 고백하고 서로를 위하여 치유의 기도를 하라"고 권합니다. 주님께 스스로 나아가 회개의 기도를 드릴 수 있는 죄들이나 너무도 사사로운 허물을 서로에게 고백할 필요는 없어 보입니다. 의인의 기도가 필요할 만큼의 버거운 "죄들"(ἀμαρτίας)을 고백의 내용으로 삼는 게 좋습니다. 그리고 "서로"(ἀλλήλων)는 죄와 관계된 1) 가해자와 피해자일 수도 있고, 2) 가해자와 제 3자일 수도 있습니다. 첫째는 가해자가 피해자를 찾아가 자신이 죄를 지었다고 고백하며 용서를 구하고 피해자는 가해자를 위하여 치유의 기도를 드리는 것입니다. 대표적인 사례가 엘리바스, 빌닷, 소발, 그리고 욥 사이에 일어난 일입니다. 욥을 정죄한 그의 세 친구들은 욥에게 가서 번제를 드리며 자신들의 죄를 고백하며 용서를 구합니다. 욥은 그들을 위하여 치유의 기도를 드립니다. 그러자 하나님은 그 친구들을 향한 보응을 거두시고 욥에게는 복을 "이전 모든 소유보다 갑절이나 주"십니다(욥 42:10). 죄를 숨기지 않고 고백하며 서로를 위하여 기도하자 친구들은 하나님의 긍휼히 여기심을 받고 욥은 형통의 복을 얻습니다. 지혜자는 욥의 이러한 사례를 설명하듯 말합니다. "자기의 죄를 숨기는 자는 형통하지 못하나 죄를 자복하고 버리는 자는 불쌍히 여김을 받으리라"(잠 28:13).

둘째는 가해자가 제3자에게 자신의 죄를 고백하고 제3자는 가해자의 영적인 치유를 위해 기도해 주는 것입니다. 제가 보기에는 이 두 번째가 야고보의 의도인 것 같습니다. 주기도문 안에서도 나 자신의 죄뿐만 아니라 "우리의 죄"(마 6:12)를 용서해 달라는 기도문이 나옵니다. 내가 범하지 않은 죄에 대해서도 믿음과 사랑의 공동체 의식 속에서 형제를 위해 기도하는 것은 주님의 뜻에 부합한 일입니다. 칼뱅은 야고보의 이 권면이 로마 가톨릭의 고해성사 제도를 정당화할 수 없다고 말합니다. 사제가 포함된 특정한 종교적 계층에게 죄를 고백하는 것이 아니라 동등한 "서로에게" 고백하는 것이기 때문에 야고보의 말은 형제들 사이에서 서로를 도와주는 기도의 섬김을 강조한 것입니다. 돕기 위해서는 서로의 깊은 사연을 아는 것이 우선이기 때문에 고백을 권한 것입니다. 맨톤은 "고백"을 영혼이 죄를 게워내는 것이라고 말합니다. 고백은 독백이 아닙니다. 말은 누군가의 귀에 들어가야 고백이 되는 것입니다. 듣는 귀가 없으면 본성에까지 스며든 죄를 꺼내지 못합니다. 귀도 서로에게 경청의 방식으로 베푸는 고귀한 사랑의 선물일 수 있습니다. 그리고 맨톤은 "고백이 하나님의 공의에 대한 기소장을 제시하는 것이 아니라, 하나님의 동정심과 긍휼에 대한 슬픈 항소문을 제시하는 것"이라고 말합니다. 고백은 자신의 죄를 인정하며 긍휼을 구하는 것입니다.

영혼의 암 덩어리 같은 죄를 밖으로 꺼내면 영혼이 건강해질 것입니다. 고백으로 죄가 드러나면 자신과 타인에게 정직해질 수 있습니다. 죄를 은폐하기 위해 필요한 다수의 거짓말도 만들지 않습니다. 우리가 죄를 서로 고백하면 우리는 더욱 주의하고 타인은 우리를 불쌍히 여깁니다. 그리고 범죄한 사람의 그 죄를 그것과 아무런 상관도 없는 제3자가 하나님께 치유의 기도를 드린다는 것은 무언가를 암시하는 듯합니다. 암시의 내용은 우리의 죄를 그것과 아무런 상관도 없으신 예수님이 아버지 하나님께 저들의 죄를 사하여 달라는 치유의 기도를 드린 것입니다. 나와 무관한 형제의 죄에 대하여 내가 기도하는 것은 자신과 더더욱 무관한 우리의 죄를 위하여 기도를 드리시는 예수님의 기도에 비하면 아무것도 아닙니다. 이런 맥락에서 아우구스티누스는 예수님의 이런 기도의 본보기를 따라 죄 많은 우리도 더더욱 서로를 위해 마땅히 기도하고 용서해야 한다고 말합니다.

여기에서 우리는 또한 우리의 죄를 고백할 대상을 엄선해야 함도 배웁니다. 고백의 대상을 선정할 때에 신중하지 않으면 일평생 그에게 볼모로 잡힌 인생을 살아갈 수도 있습니다. 야고보는 "의인의 기도"(δέησις δικαίου)를 말하면서 의인을 고백의 대상으로 삼으라고 권합니다. 불의하고 거짓되고 신실하지 않은 사람에게 자신의 은밀한 치부와 약점을 고백하지 마십시오. 그런 사람은 우리의 죄를 위하여 하나님께 치유의 기도를 드리지 않고 사람에게 발설하여 우리를 곤란하게 만들 것입니다. 지혜자는 허물을 사람에게 "거듭 말하는 자는 친한 벗을 이간하는 자"라고 했습니다(잠 17:9). 게다가 "남의 말하기를 좋아하는 자의 말은 별식과 같아서 뱃속 깊은 데로 내려가"서(잠 18:8) 다른 사람들의 귀에 들어간 우리의 고백을 회수할 수도 없습니다.

이처럼 도움을 얻기는 고사하고 오히려 형제들 사이에서 고립되는 악화가 초래될 수도 있습니다. 더 심하게는 우리의 허물을 타인에게 확 불어 버린다는 협박으로 우리의 몸을 유린하고 금품을 갈취할 수도 있습니다. 이런 문제를 해결하는 두 가지 방법이 있습니다. 첫째, 야고보의 조언처럼 일방적인 고백이 아니라 쌍방적인 고백을 하는 것입니다. 한쪽뿐 아니라 양쪽이 서로의 허물을 알면 균형과 견제가 저절로 이루어져 어느 쪽도 다른 사람에게 함부로 발설하지 못합니다. 둘째, 우리가 정직하고 신실한 의인에게 우리의 죄를 고백하는 것입니다. 의인은 우리의 죄를 다른 사람에게 중개하지 않고 우리를 위하여 주님께만 치유의 기도를 드려 줄 것입니다. 그러므로 의로우신 예수님을 닮은 사람에게 고백을 하십시오.

야고보는 "의인의 기도는 역사하며 대단히 강하다"고 말합니다. 이는 구약도 가르치는 바입니다. 지혜자는 하나님을 "의인의 기도를 들으시"는 분이라고 말합니다. 야고보의 말을 뒤집어서 보면, 불의한 자의 기도는 전적으로 무력하여 아예 역사하지 않습니다. 요한의 말처럼, "하나님은 죄인의 말을 듣지 않으시"는 분입니다(요 9:31). 기도의 응답은 누가 기도를 하느냐에 달려 있습니다. 문제는 신구약의 말씀처럼 의인이 이 세상에는 한 명도 없다는 것입니다(시 53:3, 롬 3:10). 하나님 앞에서 유일하게 의로우신 예수님 외에는 의인이 없습니다. 그 예수님은 지금도 언제나 하나님의 보좌 우편에 앉아 우리를 위해 간구해 주십니다. 제가 보기에 야고보가 말하는 "의인의 기도"는 유일한 의인이신 예수님의 이름으로 드리는 기도와 다르지 않습니다. 그리고 예수님의 이름으로 기도를 드리는 자는 그를 신뢰하는 자입니다. 맨톤의 말처럼, 의인은 믿음으로 말미암아 하나님의 의롭다 하심을 받은 자입니다. 그런 자에게 예수님은 자신의 이름으로 기도하면 무엇이든 다 행하실 것이라고 했습니다(요 14:14). 이는 기도가 반드시 역사하고 대단히 강하다는 야고보의 말과 같습니다. 기도는 역사하는 응답이 있기에 강한 것입니다. 역사의 주관자 되신 주님의 약속을 가진 의인의 기도보다 더 강력한 기도의 역사는 없습니다.

> 17엘리야는 우리와 성정이 같은 사람인데 비가 내리지 않도록
> 그가 간절히 기도하자 삼 년 육 개월동안 땅에 비가 내리지 않았으며
> 18다시 기도하자 하늘은 비를 주었고 땅은 자신의 열매를 맺은 바 있습니다

야고보는 논지를 제시한 이후에 그것의 근거 혹은 사례를 제시하는 글쓰기의 본입니다. 인내의 본으로서 욥을 언급한 야고보는 이제 의인이 드리는 기도의 본으로서 엘리야를 다룹니다. 야고보에 의하면 엘리야는 "우리와 성정이 같은"(ὁμοιοπαθὴς ἡμῖν) 분입니다. 그러나 엘리야는 범접할 수

없을 정도로 대단한 분입니다. 사르밧 과부의 죽은 아들을 살렸고, 바알과 아세라 선지자 850명과의 갈멜산 대결에서 홀로 이겼으며, 까마귀를 통해 생계를 유지했고, 한 번의 식사로 40주야를 버텼으며, 배도 없이 강을 건넜으며, 불병거를 타고 하늘로 올라간 분입니다. 심지어 예수님의 시대에 모세와 함께 변화산에 나타나 예수님과 대화까지 나눈 분입니다.

그런데도 야고보의 말은 거짓이 아닙니다. 칼뱅은 야고보가 제시한 엘리야는 우리처럼 "죽을 수밖에 없는 인간"이며 "우리와 같은 지위"에 있다는 면에서 우리와 성정이 같다고 말합니다. 야고보는 우리가 본받을 엄두도 내지 못하는 다른 차원의 의인을 제시하지 않습니다. 야고보가 말하는 믿음의 기도, 의인의 기도는 유별난 사람의 전유물이 아니라 예수님을 믿어 의롭다 하심을 얻은 모든 사람에게 허락된 것입니다. 힘이 세다고, 돈이 많다고, 지식이 많다고, 업적이 많다고 기도의 더 강력한 응답이 주어지지 않습니다. 하나님의 특별한 부르심을 받은 사람에게 응답이 더 강력한 것도 아닙니다. 믿음으로 의롭다 하심을 받은 자라면 누구든지 주님의 강한 응답을 받습니다.

엘리야가 비의 멈춤을 위해 기도하자 3년 6개월간 비가 내리지 않았으며 다시 간절히 기도하자 하늘에서 비가 내렸으며 땅은 열매를 맺습니다. 여기에서 야고보는 엘리야가 "간절히 기도했다 혹은 기도를 기도했다"라고 말하면서 기도의 명사형(προσευχη,)과 동사형(προσεύχομαι)을 동시에 사용하여 기도의 간절함과 절박성을 드러내고 있습니다. 바울도 기도의 명사형과 동사형을 사용하되 "모든 기도와 간구를 통하여(διὰ) 기도하라"(엡 6:18)고 명합니다. 이것은 "기도를 기도했다"를 풀어서 설명한 듯합니다. 야고보와 바울은 기도에 있어서도 통하는 게 많습니다.

칼뱅은 야고보의 엘리야 예증이 기도자의 기도법을 주목하게 함이 아니라 엘리야의 기도를 주님께서 응답하신 것처럼 우리의 기도도 들으심을 강조하는 것이라고 말합니다. 진실로 야고보의 의도는 응답의 공로를 엘리야의 의로운 됨됨이가 아니라 주님의 자비에 돌리려는 것입니다. 다만 "의인의 기도"가 어떤 것인지를 알기 위하여 우리가 엘리야의 상황을 살펴볼 필요는 있습니다. 바알과 아세라 선지자 850명은 자신의 신들에게 "아침부터 낮까지" 기도를 드렸으나 "아무 소리도 없고 응답하는 자나 돌아보는 자가 아무도 없"어서 더 강력하게 절규하며 "그들의 규례를 따라 피가 흐를 때까지 칼과 창으로 그들의 몸을 상하게" 했습니다(왕상 18:26-28). 그래도 응답이 없습니다. 그러나 엘리야는 일반적인 기도를 드립니다. 그런데도 응답을 받습니다.

응답의 여부는 기도의 방법이 좌우하지 않습니다. 제가 보기에 엘리야의 기도에서 응답의 요건은 둘입니다. 첫째는 기도의 올바른 대상이고 둘째는 기도의 올바른 내용인 듯합니다. 엘리야는 "아브라함과 이삭과 이스라엘의 하나님 여호와"께 기도를 드렸으나 그들은 바알에게 기도했습니다. 그리고 엘리야는 하나님의 하나님 되심과 이스라엘 백성의 돌이킴을 위해 기도했고(왕상 18:37) 그들은 자신에게 응답해 달라는 기도만 했습니다(왕상 18:26). 여기에서 주목할 것은 엘리야의 기도가 하늘에서 불이 제물에 떨어지는 것을 목적으로 삼지 않았다는 것입니다. 엘리야가 보여준 의인의 기도는 하나님의 하나님 되심과 이스라엘 백성의 돌이킴을 위한 기도, 즉 하나님과 이웃을 사랑하는 기도였습니다. 이처럼 의인의 기도는 기도의 방법이 아니라 대상에 따라 결정되고, 하나님께 드리는 기도라고 할지라도 내용에 따라 응답의 여부가 결정됩니다. 하나님께 기도를 드려도 자신의 유익을 위한 기도는 의인의 기도가 아니라 이기적인 종교인의 주문일 뿐입니다. 우리에게 선물과 특권처럼 허락된 기도는 하나님과 이웃 사랑의 도구임을 잊지 마십시오.

이제 3년 6개월의 비 멈춤과 내림에 대한 엘리야의 기도를 보십시오. 엘리야가 비록 "내 말이 없으면 수년 동안 비도 이슬도 있지 않을 것이라"(왕상 17:1)고 말했으나 이것은 하나님의 뜻을 대언한 것이라고 봄이 좋습니다. 엘리야는 자신을 일컬어 "이스라엘 하나님 여호와"를 섬기는 자라고 말합니다. 즉 수년의 비 멈춤을 말한 것도 자신이 비에게 무슨 권한을 가지고 멈추라고 명령한 것이 아니라 하나님을 섬긴 것입니다. 비 내림에 대해서도 엘리야의 고유한 권한이나 공로에 근거한 것이 아니라 "너는 가서 아합에게 보이라 내가 비를 지면에 내리리라"(왕상 18:1) 하신 하나님의 뜻에 근거한 것입니다. 우리와 성정이 달라서 엘리야가 비를 주관한 것이 아닙니다. 그 증거는 엘리야가 기도를 하면서도 종에게 비 내림의 여부를 7번이나 물었다는 것입니다. 엘리야 자신이 비를 주관하는 자였다면 비 내림의 여부가 궁금하지 않았을 것입니다. 비 내림의 여부는 주님의 전적인 권한이기 때문에, 주님의 때를 엘리야도 모르기 때문에 종에게 물은 것입니다. 이는 우리와 하나도 다르지 않습니다.

19나의 형제들이여 여러분 중에 누군가가 진리에서 떠났고 [다른] 누군가가 그를 돌이키게 한다면 20죄인을 그의 방황하는 길에서 돌이킨 사람은 그가 그 [죄인]의 영혼을 사망에서 구할 것이며 허다한 죄를 덮을 것임을 아십시오

야고보는 의인이 형제의 죄 고백을 듣고 원망이 아니라 기도를 하면 엘리야의 기도처럼 역사하는 힘이 크다고 했습니다. 이제 야고보는 가장 강력한 역사의 한 사례로서 진리를 떠나 방황하는 형제의 돌이킴에 대해 논합니다. 형제를 돌이키기 위해 우리는 주를 향하여 기도하고 그 형제를 향하여는 책망을 몇 장 꺼냅니다. 이 구절과 관련하여 제네바 성경은 "모든 책망이 정죄를 받는 것은 아니라"고 말합니다. 9절에 언급된 것처럼, 형제에게 불평하고 원망하는 것은 분명히 하나님의 심판을 받습니다. 그러나 표출된 사랑일 경우에는 책망도 정죄 받지 않습니다. 지혜자는 "면책이 숨은 사랑보다 낫다"고 말합니다(잠 27:5). 사랑은 쌍방의 교류이기 때문에 입 다문 사랑보다 비록 뾰족하고 아파도 입 열린 사랑이 낫습니다. 심지어

"친구의 충성된 권고"는 "기름과 향이 사람의 마음을 즐겁게" 하는 것처럼 아름다운 것이라고 말합니다(잠 27:9). 마치 야고보는 그 이유를 설명해 주는 듯합니다. 진실로 형제를 향해 표출된 사랑의 책망은 그의 잘못을 고발하기 위함이 아니라 형제로 하여금 그 잘못에서 돌아서게 만듭니다. 책망이 주는 약간의 불쾌함은 돌이킴의 값진 비용일 뿐입니다.

영적인 방황의 대표적인 문제는 "진리에서 떠나는 것"입니다. 야고보는 형제가 진리에서 떠나는 것이 지성의 문제가 아니라 영혼의 문제라고 말합니다. 그러나 이렇게 심각한 문제에 빠진 형제를 대하는 우리의 책망은 그의 돌이킴이 아니라 그 형제를 정죄하고 파괴하는 방향일 때가 많습니다. 하지만 본문에 사용된 동사의 상태를 보십시오. "떠난다"가 아니라 "떠나게 된다"(πλανηθῇ)는 수동태로 되어 있습니다. 형제가 자신의 자유로운 선택을 따라 일부러 스스로 진리를 떠나는 경우는 거의 없습니다. 아담과 하와가 속아서 죄를 범하였던 태초의 상황처럼 진리를 떠나는 형제들의 원인도 대체로 다양한 종류의 속임수일 것입니다. 그런데 인간은 왜 속임수에 넘어가서 진리를 떠나는 것일까요? 그 이유는 예레미야 선지자의 인간론에 잘 나타나 있습니다. 즉 만물보다 심히 부패하고 거짓된 인간의 마음(렘 17:9) 때문입니다. 그래서 진리보다 거짓이 우리에게 달콤하고, 우리가 정직보다 속임수에 마치 동족을 만난 것처럼 더 쉽게 끌리는 것입니다. 결국 진리를 떠나 거짓의 강을 건넙니다.

진리에서 떠나 죄를 범하는 형제는 우리 주변에도 있습니다. 심지어 나 자신일 수도 있습니다. 야고보는 우리에게 그런 형제를 돌이켜야 한다고 말합니다. 히브리서 저자도 심판의 "그날이 가까움을 볼수록 더욱" "서로 돌아보아 사랑과 선행을 격려"해야 한다고 말합니다(히 10:24-25). 그러나 진리를 말하지 않고 거짓에 빠져 거짓을 두둔하면 그 형제를 돌이키는 것보다 꺾으려는 적개심을 보입니다. 형제의 돌이킴은 결코 무의미한 일이 아닙니다. 그 형제의 "영혼을 사망에서 구"하는 일입니다. 야고보는 특별히 육체가 아니라 "영혼"(ψυχή)을 건지라고 말합니다. 그런데 예수님은 피조물 중에 어떠한 자들도 우리의 영혼을 어찌하지 못한다고 하셨으며 오직 주님만이 우리의 영혼과 육체 모두를 지옥으로 멸하실 수 있다고 하십니다(마 10:28). 그렇다면 "영혼"을 건진다는 것은 어떤 피조물의 위협에서 건지는 게 아닙니다. 하나님의 진노를 촉발하는 죄와 관련된 것입니다. 야고보의 말처럼, 영혼을 건진다는 것의 의미는 "허다한 죄를 덮는다"는 것입니다.

야고보는 대체로 교훈을 간결하게 말하지만 그 교훈을 이루는 방법에 대한 설명은 제공하지 않습니다. 그럼 어떻게 형제의 허다한 죄를 덮을 수 있을까요? "사랑은 모든 허물을 가린다"(잠 10:12)는 지혜자의 말과 "사랑은 허다한 죄를 덮는다"(벧전 4:8)는 베드로의 말에 근거할 때, 형제를 돌이켜 그의 영혼을 죄에서 혹은 사망에서 건지는 방법은 사랑밖에 없습니다. 그런데 과연 우리는 형제를 사랑하고 있습니까? 가인처럼 "내가 내 아우를 지키는 자"(창 4:9)냐고 따지지는 않습니까? 범죄한 형제의 등을 멸망의 벼랑으로 떠밀고 있지는 않습니까? 혹시 사랑을 하더라도 형제의 육신적인 문제뿐 아니라 죄라는 영적인 문제에 우선적인 관심을 기울이고 있습니까? 배고프면 돈이나 양식을 주면서도 죄 쪽으로 걸어가는 형제의 영적인 방황에는 무관심한 사람들이 많습니다. 1장에서 언급된 것으로서, 하나님 앞에서의 참된 경건은 나 자신을 지켜 세속에 물들지 않는 영적인 문제의 해결을 넘어 형제의 영적인 문제 해결까지 포함하고 있습니다. 다른 각도로 보면, 야고보는 나의 자아를 나 자신에게 제한하지 말고 형제에게까지 확대할 것을 가르치고 있습니다.

편지 전체에서 야고보의 중차대한 마지막 권고는 진리를 떠나 방황하며 죽어가는 형제를 돌이켜서 그의 영혼을 사망에서 건지라는 것입니다. 이 주제가 무엇이 그리도 중요해서 이 서신의 결론처럼 언급되는 것일까요? 마태의 기록처럼 예수님은 "자기 백성을 그들의 죄에서 구원할 자"로 오셨으며(마 1:21), "의인을 부르러 온 것이 아니요 죄인을 불러 회개"하게 만들려고 오셨으며(눅 5:32), 만약 "죄인 한 사람이 회개하면 하늘에서 회개할 것 없는 의인 아흔 아홉으로 말미암아 기뻐하는 것보다 더합니다"(눅 15:7). "하나님의 사자들 앞에 기쁨이"(눅 15:10) 될 뿐만 아니라 하나님도 "악인이 그의 길에서 돌이켜 떠나 사는 것을 기뻐하"십니다(겔 33:11). 이처럼 야고보의 마지막 교훈은 예수님이 이 땅에 오신 목적과 관련되어 있고 하나님의 가장 큰 기쁨을 위한 것입니다.

이러한 사실을 야고보는 "알라"(γινωσκέτω)고 명합니다. 이는 지식과 정보를 취하라는 말이 아닙니다. 행함과 실천을 강조하는 야고보의 의도는 알고 행하라는 것입니다. 그에게는 아는 것과 믿는 것과 사는 것이 다르지 않습니다. 올바르게 알면, 올바르게 믿으면, 반드시 행합니다. 하나님은 우리가 아는 것뿐만 아니라 진리를 떠나 방황하는 형제들을 사망에서 건지기를 원하고 계십니다. 가까운 형제뿐만 아니라 땅끝에 있는 먼 형제까지 사망에서 건지는 증인의 사명은 야고보의 마지막 교훈, 즉 하나님의 뜻에 가장 충실한 일입니다.

부록 : 야고보서 사역 | 한병수

1장

1 하나님과 주 예수 그리스도의 종 야고보는 흩어짐 중에 있는 열두 지파에게 문안을 드립니다

2 나의 형제 여러분, 다양한 시험들에 빠질 때마다 여러분은 모든 것을 기쁨으로 여기시기 바랍니다

3 여러분이 [겪는] 믿음의 시련이 인내를 이룬다는 것을 아시면서 [말입니다]

4 그 인내가 온전한 사명을 감당하게 하십시오 그러면 여러분은 온전하고 완전하여 어떠한 것에서도 부족함이 없게 될 것입니다

5 만약 여러분 중에 누군가가 지혜가 부족하면 모든 이에게 후히 주시고 꾸짖지 않으시는 하나님께 구하세요 그러면 그에게 주어질 것입니다

6 그러나 어떠한 것도 의심하지 말고 믿음으로 구하시기 바랍니다 의심하는 자는 바람에 밀려 요동하는 바다의 물결 같습니다

7 그런 사람은 주에게서 어떠한 것도 얻을 것이라고 생각하지 마십시오

8 그는 그의 모든 길에서 안정됨 없이 두 마음을 가진 자입니다

9 낮은 형제는 자신의 높음을 자랑하고

10 부한 자는 자신의 낮아짐을 [자랑해야 하는데] 이는 그가 풀의 꽃처럼 지나갈 것이기 때문입니다

11 열기와 함께 태양이 떠오르면 풀을 말립니다 그것의 꽃은 떨어지고 그 모양의 맵시도 사라지는 것처럼 부한 자도 그의 여정 속에서 쇠잔할 것입니다

12 시험을 참는 사람은 인정된 자가 [주께서] 자기를 사랑하는 자들에게 약속하신 생명의 면류관을 가질 것이기 때문에 복됩니다

13 누구든지 시험을 당하거든 "내가 하나님께 시험을 당한다"고 말하지 마십시오 하나님은 악에게 시험을 받으실 수 없고 친히 아무도 시험하지 않으시는 분입니다

14 각자가 시험을 당하는 것은 자신의 욕심에 이끌려서 미혹되기 때문인데

15 욕심이 잉태하여 죄를 낳고 죄가 온전하게 되어 사망을 낳는 것입니다

16 내 사랑하는 형제들이여 미혹되지 마십시오

17 모든 좋은 주어짐과 모든 온전한 선물은 위로부터 존재하고 빛들의 아버지로부터 내려오는 것입니다 그에게는 변함도 없고 회전하는 그림자도 없습니다

18 [그는] 진리의 말씀으로 우리를 낳으셔서 우리가 그의 피조물들 중에 어떤 첫

열매가 되게 하시려고 결의하신 분입니다

19 그러므로 내 사랑하는 형제들이여 모든 사람은 듣기는 신속하며 말하기는 더디 하며 성내기도 더디 하십시오

20 사람의 성냄은 하나님의 의를 이루지 못합니다

21 그러므로 여러분은 온갖 더러움과 넘치는 악을 내버리고 여러분의 영혼을 능히 구원할, 심겨진 말씀을 온유한 [마음]으로 받으시기 바랍니다

22 그러나 여러분은 말씀의 준행자가 되고 듣기만 하여 자신을 속이는 자가 되지는 마십시오

23 만약 누군가가 말씀의 청자가 되고 준행자가 되지 않는다면 그는 거울로 자신의 생긴 얼굴을 쳐다보는 사람과 같습니다

24 자신을 보고 나가면 그 [모습]이 어떠함을 곧장 잊기 때문입니다

25 자유의 온전한 법을 바라보고 가까이에 머무는 자는 망각의 청자가 아니라 행위를 산출하는 자입니다 이 [사람]은 자신의 행위 안에서 복된 자입니다

26 누구든지 [자신을] 경건한 자라고 생각하되 자신의 혀를 제어하지 않고 자신의 마음을 속인다면 이 [사람]의 경건은 헛됩니다

27 하나님 아버지로 말미암은, 정결하고 더러움이 없는 경건은 이러한데, 고아와 과부를 그들의 어려움 속에서 돌아보고 세속에 물들지 않도록 자신을 지키는 것입니다

2장

1 나의 형제들이여, 차별 속에서 우리의 주 영광의 예수 그리스도에 대한 믿음을 갖지는 마십시오

2 만약 여러분의 회당에 금 가락지를 끼고 화려한 옷을 입은 사람이 들어오고 또 남루한 옷을 입은 가난한 사람이 들어올 때

3 여러분이 화려한 옷 입은 자를 주목하며 "당신은 좋은 이곳에 앉으세요"라고 말하고 또 가난한 자에게는 "네가 내 발등상 아래에 거기 서 있든지 앉든지 하라"고 말한다면

4 여러분은 자신들 안에서 차별하고 악한 생각의 심판자가 되는 것 아닙니까?

5 [잘] 들으세요 나의 사랑하는 형제들이여, 하나님은 믿음에 부요하게 하시고 자

기를 사랑하는 자들에게 약속하신 나라의 상속자가 되도록 세상에서 가난한 자들을 택하신 [분] 아닙니까?

6 그런데 여러분은 가난한 자들을 멸시하고 있습니다 부자들은 여러분을 압제하고 법정으로 끌고 가지 않습니까?

7 여러분께 부여된 아름다운 이름을 모독하는 자들 아닙니까?

8 그러나 만일 여러분이 성경을 따라 '네 이웃을 네 자신처럼 사랑해야 한다'는 지엄한 법을 이룬다면 잘하는 것이지만

9 만일 여러분이 차별을 보인다면 죄를 저지르는 것이며 율법에 의해 범법자로 정죄될 것입니다

10 누구든지 온 율법을 지키다가 하나에서 넘어지면 모든 것에 유죄가 되는 이유는

11 '간음하지 말라'고 말하신 분이 또한 '살인하지 말라'고 말하셨기 때문입니다 그래서 만약 당신이 간음하지 않아도 살인을 저지르면 율법의 위반자가 되는 것입니다

12 여러분은 자유의 법으로 말미암아 심판을 받을 것처럼 이런 방식으로 말하기도 하고 이런 방식으로 행하기도 하십시오

13 긍휼을 행하지 아니하는 자에게는 긍휼 없는 심판[이 있습니다] 긍휼은 심판 위에 스스로를 높입니다

14 내 형제여 만일 누군가가 믿음을 가졌다고 말하면서 행함이 없다면 무슨 유익이 있습니까? 그 믿음이 그를 구원할 수 있습니까?

15 만일 형제나 자매가 헐벗고 일용할 양식이 없는데

16 당신들 중에 누군가가 그에게 "평안히 가라, 따뜻하게 하라, 배부르게 하라"고 말하면서 몸의 필요를 제공하지 않는다면 무슨 유익이 있습니까?

17 이처럼 믿음은 행함이 없다면 그 자체로 죽은 것입니다

18 그러나 어떤 사람은 말할 것입니다 "너에게는 믿음이 있고 나에게는 행함이 있는데 너는 너의 그 믿음을 행함 없이 나에게 보이라 나는 [나의] 그 믿음을 나의 행함으로 너에게 보이리라"

19 당신은 하나님이 한 분이신 줄 믿습니까? 잘 하십니다 그런데 귀신들도 믿고 떤답니다

20 오 허탄한 사람이여 행함 없는 믿음이 헛되다는 것을 알고자 하십니까?

21 우리 조상 아브라함은 자신의 아들 이삭을 제단에 바치면서 행함으로 의롭다 하심을 받은 게 아닙니까?

22 그대가 보시듯이 믿음은 그의 행함과 함께 일하고 믿음은 그 행함으로 말미암아 온전하게 되는 것입니다

23 또한 성경이 "아브라함은 하나님을 믿었고 그것이 그에게 의로 여겨졌고 그는 하나님의 벗이라고 불렸다"고 말한 바가 이루어진 것입니다

24 당신은 사람이 행함으로 의롭다 하심을 받고 믿음으로 말미암은 것만은 아니라는 것을 보고 있습니다

25 이와 유사하게 기생 라합은 전령들을 접대하고 다른 길로 내보내며 행함으로 의롭다 하심을 받은 게 아닙니까?

26 이는 영혼 없는 몸이 죽은 것처럼 행함 없는 믿음도 죽은 것이기 때문입니다

3장

1 나의 형제들이여 여러분은 [선생된] 우리가 더 큰 심판을 받는다는 것을 아시고 선생이 많이 되지 마십시오

2 이는 우리 모두가 많은 잘못을 범하기 때문인데 만일 누구든지 말에서 잘못하지 않는다면 그는 온몸도 능히 통제하는 온전한 자입니다

3 만약 우리가 말들의 입에 재갈을 물린다면 우리가 그것들의 온몸을 제어하는 것입니다

4 그리고 배들도 보십시오 그렇게도 크고 거친 바람에 밀려가는 것이지만 지극히 작은 키에 의해 이끌려서 사공이 원하는 곳으로 향합니다

5 이와 같이 혀도 조그마한 지체지만 큰 것들을 자랑합니다 보십시오 너무도 작은 불이 얼마나 큰 숲을 태우는지!

6 혀는 곧 불입니다 혀는 우리의 지체들 중에서 온몸을 더럽히고 생의 바퀴를 불사르고 지옥이 불지른 불의의 세계입니다

7 짐승과 새와 벌레와 바다 생물의 모든 본성은 인간 본성에 의하여 제어되고 제어되어 왔습니다

8 그러나 쉬지 아니하는 악이요 치명적인 독이 가득한 혀는 사람들 중에 누구도 능히 제어할 수 없습니다

9 우리는 그것으로 주님과 아버지를 찬양하고 또 그것으로 하나님의 형상을 따라 지어진 사람을 저주하니

10 한 입에서 찬양과 저주가 나옵니다 내 형제들이여 이건 그럴 수 없습니다

11 어떻게 샘이 같은 구멍에서 단 물과 쓴 물을 낸다는 말입니까?

12 내 형제들이여 어떻게 무화과나무가 올리브를 맺고, 포도나무가 무화과를 맺습니까? 소금도 물을 달게 만들지 못합니다

13 여러분 중에 누가 지혜롭고 총명한 자입니까? 그는 지혜의 온유함 속에서 자신의 일들을 선한 행실로 보여 주십시오

14 그러나 여러분이 마음에 독한 시기와 투기가 있다면 진실을 거슬러서 자랑하지 말고 거짓말도 하지 마십시오

15 이러한 지혜는 위로부터 내려온 것이 아니라 세속적인 것이요 정욕적인 것이요 마귀적인 것입니다

16 시기와 투기가 있는 곳에는 혼란과 모든 악행도 있습니다

17 그러나 위로부터 [온] 지혜는 첫째 성결하고 그 다음에 평화롭고 적정하고 양순하며 긍휼과 선한 열매가 가득하고 편견과 가식이 없습니다

18 게다가 의의 열매는 평화를 만드는 자들의 평화 속에 뿌려져 있습니다

4장

1 여러분 중에 싸움들은 어디에서, 다툼들은 어디에서 [나옵니까]? 이것에서, 즉 여러분의 지체들 중에서 싸우려는 여러분의 욕망에서 [나오는 거] 아닙니까?

2 여러분은 욕심을 내어도 가지지 못하고, 살인하고 시기해도 능히 취하지 못하니까 싸우고 다투는 것입니다 여러분은 구하지 아니하기 때문에 얻지 못합니다

3 구해도 얻지 못하는 이유는 정욕 가운데서 쓰려고 잘못 구하기 때문입니다

4 '간음한 여인들아 세상과 친구가 되는 것이 하나님께 원수가 되는 것임을 알지 못하느냐?' 그러므로 누구든지 세상과 벗이 되려는 자는 스스로 하나님과 원수가 되려는 자입니다

5 여러분은 '하나님이 우리 안에 거하게 하신 성령이 시기하실 정도로 사모한다' 한 성경이 헛되게 말하는 것이라고 보십니까?

6 그러나 그는 더욱 큰 은혜를 주십니다 이러므로 그 [성경]은 말합니다 '하나님은 교만한 자를 겪으시고 겸손한 자에게는 은혜를 주십니다'

7 그러므로 여러분은 하나님께 순복하고 마귀를 대적해 보십시오 그리하면 여러분을 피할 것입니다

8 하나님을 가까이 하십시오 그리하면 여러분을 가까이 하실 것입니다 죄인들은 손을 깨끗하게 하고 두 마음을 품은 자들은 마음을 청결하게 하십시오

9 슬퍼하고 애통하며 우십시오 여러분의 웃음을 애통으로, 여러분의 즐거움을 근심으로 바꾸어 보십시오

10 여러분이 주 앞에서 낮아지면 그가 여러분을 높이실 것입니다

11 형제들이여 서로를 비방하지 마십시오 형제를 비방하는 자나 자신의 형제를 판단하는 자는 율법을 비방하고 율법을 판단하는 것입니다 만약 당신이 율법을 판단하면 율법의 준행자가 아니요 판단자가 되는 것입니다

12 능히 구하기도 하시고 멸하기도 하시는 입법자와 판단자는 한 분입니다 그런데 이웃을 판단하는 당신은 누구입니까?

13 '오늘이나 내일 우리가 어떤 도시로 가서 거기에서 일 년을 머물며 장사하여 이득을 보리라'고 말하는 여러분은 이제 보십시오

14 여러분 중에 누구도 그곳의 내일을 알지 못합니다 여러분의 생명은 어떤 것입니까? 여러분은 잠시 보이다가 이후에 없어지는 안개일 뿐입니다

15 여러분은 주님께서 원하시면 우리가 살기도 하고 이것이나 저것을 할 것이라고 말하는 것과 반대로

16 지금도 여러분의 허탄한 확신 속에서 자랑하고 있습니다 그렇게 자랑하는 것은 모두 악한 것입니다

17 그러므로 선 행하기를 알면서 행하지 않는 것은 그에게 죄입니다

5장

1 부한 자들이여 지금 가십시오 여러분의 임박한 재앙들에 대하여 통곡하며 우십시오

2 여러분의 재물은 썩었고 여러분의 의복은 좀을 먹었으며

3 여러분의 금과 은은 녹이 슬었으니 그것들의 녹이 여러분께 증거가 되고 불처럼 여러분의 살을 파먹을 것입니다 여러분은 말세에 재물을 쌓는 것입니다

4 보십시오 여러분의 땅을 추수한 품꾼의 빼앗긴 품삯이 소리를 지릅니다 추수하는 이들의 그 절규가 만군의 주의 귀에 들어갔습니다

5 여러분은 땅에서 사치하고 방탕하게 살며 살육의 날에 여러분의 마음을 살찌게

했습니다

6 여러분은 의인을 정죄하고 죽였으나 그는 여러분께 대항하지 않았습니다

7 그러므로 형제들이여 주님의 오심까지 길이 참으십시오 보십시오 땅이 이른 비와 늦은 비를 취할 때까지 농부는 기다리며 그것의 귀한 열매를 얻습니다

8 주님의 오심이 임박했기 때문에 여러분도 길이 참으며 마음을 굳건하게 하십시오

9 형제들이여 서로에 대하여 원망하지 마십시오 그러면 심판 받지 않습니다 보십시오 심판자가 문 앞에 서 계십니다

10 형제들이여 주님의 이름으로 말한 선지자들을 고난과 인내의 본으로 삼으십시오

11 보십시오 우리는 인내하는 자를 복되다고 말합니다 여러분은 욥의 인내를 들었고 주님의 결국, 즉 주님은 긍휼이 가득하고 자비로운 분이심을 봤습니다

12 하지만 나의 형제들이여 무엇보다 맹세하지 마십시오 하늘로나 땅으로나 다른 어떤 것으로도 맹세를 [하지 마십시오] 여러분이 심판 아래로 떨어지지 않도록 여러분의 예는 예이고, 아니오는 아니오가 되게 하십시오

13 여러분 중에 누군가가 고난을 당하고 계십니까? 기도를 하십시오 누군가가 생기가 돋습니까? 찬송을 하십시오

14 여러분 가운데에 누군가가 아파 하십니까? 교회의 장로들을 불러 그들로 하여금 그에게 기름을 바르며 그를 위하여 주의 이름으로 기도하게 하십시오

15 믿음의 기도는 아픈 자를 구할 것이고 주께서 그를 일으키실 것입니다 혹시 저지른 죄가 있다면 사하심을 받을 것입니다

16 그러므로 여러분은 서로에게 죄들을 고백하고 서로를 위하여 치유의 기도를 하십시오 의인의 기도는 역사하며 대단히 강합니다

17 엘리야는 우리와 성정이 같은 사람인데 비가 내리지 않도록 그가 간절히 기도하자 삼 년 육 개월동안 땅에 비가 내리지 않았으며

18 다시 기도하자 하늘은 비를 주었고 땅은 자신의 열매를 맺은 바 있습니다

19 나의 형제들이여 여러분 중에 누군가가 진리에서 떠났고 [다른] 누군가가 그를 돌이키게 한다면

20 죄인을 그의 방황하는 길에서 돌이킨 사람은 그가 그 [죄인]의 영혼을 사망에서 구할 것이며 허다한 죄를 덮을 것임을 아십시오